판다의 발톱,
캐나다에 침투한
중국 공산당

[일러두기]

이 책의 한국어판 표지 디자인은 이 책과 관련 2019년 3월, The Canadian International Council - Vancouver 가 주최한 저자 토론회 포스터 디자인에서 차용한 것입니다. 책 본문의 사진과 캡션은 미디어워치 출판사가 독자적으로 작성한 것입니다.

미디어워치 세계 자유·보수의 소리 총서 ④

판다의 발톱,
캐나다에 침투한
중국 공산당

Claws of the Panda
: Beijing's Campaign of Influence and Intimidation in Canada

조너선 맨소프 (Jonanan Manthorpe) 지음
김동규 옮김

미디어워치

그의 짧은 생애 중에서도

홍콩에서 행복한 시절을 보냈던

톰 맨소프(Tom Manthorpe)를 기리며

추천사

이 책의 저자 조너선 맨소프는 중공을 두고 "캐나다의 자유민주체제를 위협하는 유일한 존재"라고 말한다. 사실 중공은 캐나다만이 아니라 인류에 대한 유사 이래 최대의 위협이다. 중공의 실체를 알게 되면 전혀 과장된 표현이 아니라는 데 동의할 것이다.

미국 하원의원들이 올해 6월 초당적으로 발의한 중공 규탄 결의안은 중공 100년의 만행을 잘 요약하고 있다. 중공이 정권을 수립한 이후의 사례만 하더라도 소위 토지개혁, 대약진운동, 문화대혁명, 천안문사태를 거치는 과정에서 수천만의 국민이 참혹하게 살육을 당했다. 수억의 국민이 잔인하게 체포, 감금, 고문을 당했다.

유엔 인권이사회도 지적했듯이, 중공은 최근에는 신장 위구르족에 대해서 민족 자체를 말살하는 만행을 저지르고 있다. 100만 명 이상의 위구르인들이 수용소에 갇혀 강제노동을 당하고 있으며, 부녀자들과 심지어 아동들에게까지도 강제 장기적출을 비롯, 차마 입밖에 낼 수도 없는 야만적인 탄압을 자행하고 있다. 일국양제를 약속한 홍콩에 대해서는 국가안전법을 내세워 기본적인 자유와 인권을 무참하게 짓밟고 있다. 자유민주 독립국가인 대만에 대해서도 자국 중심의 통일을 강요하면서 수시로 군사적 도발과 함께 전쟁 위협을 가하고 있다. 기독교·불교·이슬람교·파룬궁 등에 대한 가혹한 종교 박해도 그칠 줄을 모른다.

중공은 독재와 부패를 기본적 속성으로 하기에 필연적으로 침략적, 약탈적 대외정책을 추구할 수 밖에 없다. 한편으로는 전세계를 상대로 간첩

질, 도둑질, 깡패질을 하면서, 다른 한편으로는 각국의 교육과 문화, 언론을, 나아가 정신을 장악하려는 공작을 전방위로 펼치고 있다. 공자학원 문제는 빙산의 일각에 불과하다.

인류 전체를 정복하려는 중공의 야욕은 급기야 '중공폐렴'을 만들어 퍼뜨리기에 이르렀다. 이미 440만 명 이상의 소중한 목숨을 앗아갔고, 수많은 사람들을 고통과 실업과 빈곤에 빠뜨렸다. 중공은 처음부터 지금까지도 바이러스의 기원을 숨기면서 질병의 확산을 부추기고 있다. 이에 이 질병은 저들이 생물학전에 쓰기 위한 무기로 개발한 것이라는 의혹이 제기되고 있을 정도다.

『판다의 발톱, 캐나다에 침투한 중국 공산당』을 제대로 이해하기 위해서는 바로 이러한 중국과 중공의 정체에 대한 이해가 선행되어야 한다. 중국은 당(黨)국가체제, 즉 중공이 국가와 국민을 총체적으로 지배하는 체제이다. 공산당이 입법, 사법, 행정의 모든 국가기구 위에 군림한다. 검찰과 법원이 모두 공산당의 지배를 받는다. 기본적 자유와 인권을 누리는 '개인'은 존재하지 않으며, 공산당의 지배에 복종하는 '공민'만이 존재할 뿐이다.

절대권력은 절대로 부패한다. 중공의 부패는 상상을 초월한다. 시진핑 주석을 비롯해서 고위층들은 모두 미국, 캐나다, 호주 등지에 가족과 막대한 재산을 감춰 두고 있다. 중국 네티즌들 사이에는 "반미는 직업, 친미는 생활!(反美是工作, 親美是生活)"이라는 말이 회자되고 있다고 한다.

중공의 목표는 안으로는 "이대로 영원히!"다. 지금의 공산당 일당독재 체제를 영속화하는 것이다. 민주화를 허용하면 자신들의 재산과 생명을 내놓아야 하기 때문에 필사적으로 국민을 탄압할 수밖에 없다. 공산당이 무너지면 중공은 해체된다. 1989년 천안문사태, 2020년 홍콩사태와 관련, 중공 입장에서는 무자비한 탄압 말고는 선택의 여지가 없었다.

　공산당이 지배하는 중국은 독재, 부패, 억압, 비효율이 겹겹이 쌓여 있는 매우 불안정한 나라다. 미국이 과거 소련을 견제하기 위해 중국을 국제 분업체제에 편입시켜 '세계의 공장'으로 성장시켰지만, 강력한 감시와 통제가 없이는 유지될 수 없다. 겉으로는 순응하는 듯 보여도 국민의 불만이 팽배해 있다. 2017년 텐센트의 인공지능 베이비Q가 밝힌 "나의 꿈은 미국으로 이민가는 것"이 중국인들의 본심이다. 따라서 번영하는 자유민주국가들이 지구촌에 존재한다는 사실 자체가 중공에게는 체제에 대한 위협이다. 게다가 공산당은 자본주의 타도를 존립의 근거로 삼는 조직이다. 중공은 미국 중심의 자본주의를 타도하는 게 대외적인 목표다. '미국 타도와 세계 정복'이 구호에 그치는 것이 아니라 실제 그들의 진지한 목표라고 하는 점을 직시해야 한다. 실제 중공 고위층은 미국과 중국의 전쟁이 불가피하다는 인식을 수시로 드러내고 있다. "인간의 의지로 움직일 수 없는 세기의 대결"이라는 것이다. 저 유명한 '투키디데스의 함정'을 저들도 잘 알고 있다.

　1921년 중공 창당 이후 100년이 흘렀다. 그동안 대륙을 평정했고, 한국전쟁에서 미국과 대등한 싸움 끝에 휴전을 이끌어냈고, 소련과의 알력을 견디어냈고, 공산주의의 유일한 종주국으로 등극했고, 미국과 어깨를 겨눌 정도로 성장했다. 소위 중화민족의 자부심이 하늘을 찌른다. 공공연히 전랑(戰狼)외교를 하면서 서방 각 국가에 협박을 서슴지 않는다. 폭주에 관성이 붙은 것이다.

　전쟁이 불가피하다면, 전략과 전술을 마련해야 한다. 중국은 2,500여 년 전에 이미 『손자병법』을 비롯한 병법서들을 탄생시킨 나라다. 거기에 더해 자국과 소련을 비롯한 각국의 공산주의 운동사를 통해 온갖 '지혜'를 터득했다. 그걸 집대성한 게 『초한전(超限戰)』이다. 초한전은 '모든 경계와 한계를 초월하는 극한의 전쟁'을 의미한다. 합법과 불법의 구분 없이 모든 수단을 동원해서 미국을 비롯한 자유진영과 싸우자는 얘기다. 삶의 모든 영역이 전쟁터이고, 모두가 전투요원이고, 지금 이 순간을 포함하여 언제나 전쟁을 치르는 중이라는 전의(戰意)가 충만하다. 중공은 실제로 이렇게 생각하고 열심히 실천하고 있다.

초한전의 핵심 축을 이루는 게 저 유명한 통일전선 전술이다. 이는 주적(主敵)을 제외한 나머지 제(諸) 세력을 규합해서 주적을 타격하자는 전술로서, 마오쩌둥이 일찍이 중공, 인민해방군과 함께 3대 법보(法寶)로 꼽았을 정도로 중요한 공산당의 전술이다. 통일전선은 특정 시기에 쓰는 특정 형태의 전술이 아니다. 공산당이 평소에 행하는 모든 사업이 통일전선공작이라고 보면 정확하다. 각종 교류, 회유, 뇌물, 미인계 등 온갖 수단을 동원한다. 문화, 평화, 우호, 교류 등이 붙은, "이름만 들어서는 전혀 위험하지 않을 것같은 단체들"을 만들어 활용한다. 자매도시 결연사업이 대표적이다. 공자학원도 그 일환임은 물론이다.

이 책 『판다의 발톱, 캐나다에 침투한 중국 공산당』은 중공이 캐나다의 정치, 경제, 언론, 문화 등 각 방면에 침투해 있는 현실과 역사적 배경을 생생한 사례와 함께 설명하고 있다. 캐나다로 보낸 유학생 14만 명을 통일전선공작 요원으로 활용하고, 공자학원이라는 공작 거점을 운영한다. 그렇게 빚어지게 된 캐나다 현지에서 시민들의 갈등과 투쟁의 이야기가 담긴 다큐멘터리가 바로 최근 한국에서도 개봉돼 화제가 됐던 '공자라는 미명 하에(In the Name of Confucius)'(도리스 리우(Doris Liu) 감독)다. 1978년 캐나다의 가장 유력한 10개 기업과 은행을 중심으로 설립된 캐나다-중국 무역위원회는 이후 캐나다의 친중 행보를 이끄는 강력한 로비 단체가 되었다. 유력 정치인들이 이들과 끈끈한 관계를 유지하면서 친중 노선을 걸었다. 언론을 매수해서 친중여론을 조성했다.

부패한 중공 간부들이 캐나다 부동산에 막대한 투자를 해서 가격을 폭등시켰다. 이 과정에서 캐나다의 정치인, 기업인, 언론인, 교수 등이 부패와 범죄에 오염되었다. 캐나다 정보기관 요원들이 이를 경계하는 보고서를 제출했지만, 정부와 의회가 고의로 묵살해 버렸다. 캐나다의 각계가 너무나 거리낌 없이 중공으로부터 금전을 비롯한 여러 혜택을 받았다. 쥐스탱 트뤼도 총리의 수많은 모금 행사는 중공과 가까운 중국계 캐나다인들이 주도해 왔다. 다행인 건, 이제 캐나다인들의 과반수가 중국을 경계하고 있다는 사실이다. 호주와 뉴질랜드도 중국에 대한 경제적 의존도가 높음에도 불구하고 정부와 정치인들이 중공의 침투에 대해 적극적으로 대응하고 있다.

중공의 은밀하고 치밀한 침략에 대한 캐나다의 허술한 대응을 보면서 우리나라의 상황과 연신 비교하지 않을 수 없었다. 공자학원의 밀도가 세계에서 가장 높은 우리나라는 각계각층에 친중인맥이 깊고 넓게 포진해 있다. 주한중국대사를 중심으로 중국인들이 전국을 휘젓고 다닌다. 방방곡곡에서 차이나타운이 나날이 확대되고 있다. 우리도 속히 『판다의 발톱, 캐나다에 침투한 중국 공산당』 같은 보고서를 내야 하는데, 국정원이나 경찰에 기대할 수는 없는 형편이다. 뜻있는 사람들이 모여 시작이라도 해야 한다.

다행히 우리 국민들도 중공의 실체를 정확히 파악하기 시작했다. 2021년 4월 실시된 한 여론조사에 따르면 국민의 83%가 중공을 국가안보의 위협으로 인식하고 있다. 친중 의혹이 있는 SBS 드라마 '조선구마사'를 조기에 종영시키기도 했다. 작년, 2020년 10월에는 '공자학원 실체알리기 운동

본부'라는 시민단체가 만들어져, 이후 활발하게 반중운동을 펼치고 있다. 아무쪼록 『판다의 발톱, 캐나다에 침투한 중국 공산당』 출판을 계기로 우리 국민이 중공의 실체를 인식하고, 대응 방안을 만들고 실천하는 데 힘과 지혜를 모을 수 있기를 기대한다.

　미디어워치는 중국 공산당이 통일전선공작으로 한국과 일본 사이를 갈라치는 데 주요 소재인 위안부 문제에 대해 평소 사실에 입각한 용감한 목소리를 꾸준히 내고 있고, 대만과의 국교 정상화를 추진하는 등 민간에서 하기 어려운 활동을 앞장서 하고 있다. 이번에 『판다의 발톱, 캐나다에 침투한 중국 공산당』을 출판함으로써 미디어워치는 자유, 시장, 인권, 법치 지향의 반중반북, 친미친일이라는 시대적 과제를 선봉에서 떠맡고 있음을 다시 한번 천명했다. 힘차게 응원한다.

대한민국 서울에서

2021년 8월. 공자학원 실체알리기 운동본부 대표 한민호(韓民鎬)

한국어판 서문

이 책은 중국 공산당(Chinese Communist Party, CCP, 이하 '중공'으로 통칭)이 캐나다에서 펼치는 공작과 선전 활동을 다룬 책이다. 그러나 조금만 살펴보면 베이징 당국이 캐나다를 향해 펼치는 정치공작은 북미지역, 나아가 전 세계에 걸친 훨씬 더 큰 작전의 일환임을 금세 알 수 있다.

중공은 1940년대부터 캐나다와 상대하면서 배운 노하우를 미국과 유럽, 호주, 뉴질랜드에도 적용하며 매우 유사한 공작을 펼쳐왔다. 이들 각국에서 발생하는 사건에서 중공에 유리한 기회가 포착될 때는 통일전선공작부나 국무원교무판공실과 같은 정치공작 기관들을 앞세워 적극적으로 중공 당국의 목적을 달성하려고 했다. 그리고 이런 기회는 대체로 일본의 체면을 깎아내리거나 난처하게 만들고 싶은 중공의 끊임없는 욕망과 관련된 것이었다. 대한민국은 원래 이 적대적인 두 이웃이 충돌하는 틈바구니에 끼어있는데 매우 익숙하다. 한국 정부는 늘 이 틈바구니에서 희생양이 되지 않기 위해 중국과 일본 사이를 아슬아슬하게 줄타기하는 법을 익혀왔다. 그런데 중국과 일본의 이런 힘겨루기에 캐나다가 휘말려들었을 때, 아직 캐나다 사회에는 한국만큼의 적응력이 배양되어있지 않았다. 2015년, 브리티시컬럼비아주 밴쿠버의 위성도시인 버너비(Burnaby)에서 있었던 일이 바로 그 대표적인 사례다.

버너비는 한국의 화성시와 자매결연을 맺고 있었다. 2015년 화성시 대표단이 버너비를 방문한 적이 있었는데, 그들은 체류기간 중에 버너비에 전쟁피해여성 동상 건립을 제안했다. 비용은 화성시가 부담한다는 조건이었

11

다. 그들이 건립 장소로 제안한 곳은 브리티시컬럼비아가 파견한 34명의 한국전쟁 전사자 기념관과 아주 가까운 위치였다. 버나비 시의회는 처음에 그 제안의 의미를 잘 모른 채 열렬히 환영하는 반응을 보였다. 그런데 알고 보니 이것은 1940년대 태평양전쟁 시기에 일본군 위안소로 가게 됐던 (enlisted) 아시아 '위안부'를 기리는 동상이었다. 그러자 버나비를 비롯한 인근 도시에 거주하는 일본계 캐나다인들의 거센 반응이 일어났다. 심지어 밴쿠버 주재 일본 총영사관에서도 곧바로 개입했다. 버나비 시의회에 동상 건립에 항의하는 서한을 보낸 것이다. 동상을 두고 찬반 양론의 시위가 벌어졌다. 중공과 가까운 개인 및 단체들은 이 상황을 틈타 동상 건립을 지지하는 행사를 연달아 개최하면서 신속하게 움직였다. 이 일을 기화로 1937년 '난징대학살(Nanking Massacre)'을 둘러싼 논쟁도 다시 불러일으켰다. 그들에 따르면 이 사건은 '난징의 능욕(The Rape of Nanking)'으로도 불리고 있었다. 캐나다 화교 사회도 어쩔 수 없이 이 문제에 개입할 수밖에 없었다. 위안부 동상 문제로 사회적 격동이 일어날 것을 두려워한 버나비 시의회는 모든 일을 보류한 채 동상 건립을 진행하지 않기로 했다.

내가 이 책의 집필에 필요한 조사를 다 마쳐놓고도 과연 책을 써야 하는지를 놓고 심각하게 고민했던 이유가 바로 위의 에피소드에 잘 드러나 있다. 이 책이 출판되면 격렬한 반응을 몰고 올 것이 틀림없는 이유는 크게 두 가지가 있다. 그에 따른 또 다른 결과도 눈에 뻔히 보였다. 내가 가장 먼저 걱정한 것은 150만 명에 달하는 캐나다 화교 사회에 과연 어떤 영향을 미칠 것인가 하는 점이었다. 중공이 체제전복적 활동을 펼쳐왔다는 것이 이 책을 통해 드러나면 아시아인 전체를 향한 반대운동이 일어나 자칫 폭력으로 번질 수도 있다는 것이 가장 큰 두려움이었다. 마찬가지로 캐나다 화교 사회에는 다양한 사람들이 있고, 정치적 입장도 모두 다르므로 이 책이 그들 내부에서 심한 반목을 촉발하지 않을까 하는 걱정도 있었다. 두 번째 큰 걱정은 중공 당국이나 첩보 기관들이 의혹이나 공격을 받을 때 으레 하는 수법대로 대응했을 때, 내 책이 아주 쉽게 묻혀버리면 어쩌나 하는 점이었다. 그들의 통상적인 대응 방식은 의혹을 제기하는 사람을 인종차별주의자로 몰아세우는 것이다. 일단 인종차별주의자로 낙인찍히면 도저히 항변조차 할 수 없는 분위기가 최근 들어 부쩍 심해지고 있다. 캐나다인 중에도 특히 백인이라면 영락없이 걸려들 수밖에 없다. 이른바 '정치적 올바름 (political correctness)'과 '캔슬 컬처(cancel culture)'가 판을 치는 시대적 분위기 탓에 꼭 짚고 넘어가야 할 수많은 정치적, 사회적 이슈를 제대로 파헤치고 거론하는 일이 점점 더 어려워지고 있다. 더구나 이 이슈는 이제 전 세계적 문제가 된 극단적 좌우논쟁에 먹잇감이 되어 논의 자체가 금지되어버릴 위험마저 있다.

첫 번째 문제, 즉 아시아인에 대한 반발 움직임이 일어날지 모른다는 내 걱정을 가까운 사람들과 이야기해보았다. 먼저 중국계 캐나다인으로서 홍콩과 중국의 개혁운동을 추진해온 사람들과 그렇지 않은 사람들을 만나보았다. 또 지난 40년간 유럽과 아프리카, 아시아에서 외교담당 기자로 활동하면서 알고 지낸 캐나다 외교관 출신 인사들도 만났다. 마지막으로 만난 그룹은 캐나다 사회 전반에 대한 이해가 풍부하여 이 책에 대해 어떤 반응이 나올지 조언을 구할 만하다고 판단되는 사람들이었다. 그 결과, 내가 만난 모든 이들은 이 책을 어서 출판하라고 권했다. 특히 중국계 캐나다인들의 강력한 지지에 힘입어 내가 이 책의 출간을 결심하게 되었다는 점을 밝혀눈다.

두 번째로 인종차별주의 논란에 휘말리지 않을 방법을 깊이 고민해봤지만, 이 문제는 내가 할 수 있는 일이 별로 없고, 결국 그와 관련된 내 운명도 내 권한 밖의 일이라는 점을 인정할 수밖에 없었다. 그러나 사람들이 이 책의 신뢰성을 도저히 거부할 수 없도록 책 내용을 구성할 방법은 몇 가지 있다는 것을 알게 되었다. 우선 나는 55년간이나 신문업계에 종사해온 이력을 바탕으로, 스스로 저널리스트가 아니라 리포터라는 점을 내세우기로 했다. 내 경험에 따르면 자칭 저널리스트라는 사람들은 특정 뉴스 기사를 대할 때 자신의 정치적 입장에 따라 접근하는 경향을 보인다. 내가 보기에 그들은 기자라기보다는 논객이라고 부르는 편이 더 합당하다. 나는 언제나 특정 뉴스 기사에 관한 우리 사회의 큰 흐름을 보도할 때, 누가, 무엇을, 언제, 어디서, 그리고 왜라는 세부 요소를 충실히 보도해야 한다는 것을 철칙으로 삼아왔다. 나는 칼럼니스트와 외신기자로 일하면서도, 항상 특정 사안에 대해 나 자신의 주관을 최대한 배제하고 해당 사건이 그렇게 전개되어온 이유에 관한 맥락을 최대한 상세히 밝히려 애써왔다. 따라서 이 책을 집필하는 데에도 그와 같은 관점을 유지하는 것이 별로 어려운 일은 아니었다. 내 목적은 중국 공산당이 캐나다에서 펼치는 활동에 대해 격분을 일으키거나 심판을 내리는 것이 아니다. 그렇다고 중공과 그 공작원들을 돕거나 격려하는 것이 아님은 말할 것도 없다. 물론 그들에게 매수된 캐나다인들은 지금도 그렇게 하고 있지만 말이다. 내가 추구하는 것은 최대한 단순하고 알기 쉽게 어떤 사실을 있는 그대로 설명하는 것이다. 내가 제시하는 정보에 대해 어떤 판단을 내리고 어떤 반응을 보이는지는 어디까지나 독자 여러분의 몫이다.

그러기 위해 나는 오직 입증된 정보만 다루기로 했고, 사실 여부를 검증할 수 없는 의혹과 뒷이야기는 피하려고 노력했다. 이 책에 언급된 정보는 모두 다른 책에 실린 기록과 공신력 있는 신문 또는 잡지 기사, 그리고 공식 보도자료에서 온 것이다. 단, 출처를 밝히지 않은 사건이 두세 가지 실려있는데, 이것은 내가 직접 관여해서 사실임을 확인한 일이기 때문이다. 그것만 제외하면 이 책에 실린 모든 정보는 모두 공식적인 기록에 근거한 것이며, 관심이 있는 사람이라면 누구나 쉽게 확인할 수 있는 내용이다.

같은 맥락에서, 나는 캐나다 사회의 150만 화교 시민들 역시 중공 당국과 그 공작원들의 공모자가 아니라 그들이 펼치는 공작과 선전 활동의 피해자라는 점을 분명히 해두고자 한다. 나는 이 책이 말하고자 하는 바가 인종주의적 시각에 비롯된 게 아니라는 점을 처음부터 분명히 강조하고자 한다. 이 책이 다루는 주제는 외국에 있는 한 정당, 즉 중국 공산당이 품은 국제적 야심에 관한 것이다. 중국 당국과 그 공작원들은 캐나다뿐만 아니라 호주, 뉴질랜드, 미국 등의 다른 나라에서도 똑같이 적극적인 활동을 펼치고 있음을 분명히 밝힌다. 오늘날 5천만 명에 달하는 중국인들이 이들 나라를 비롯한 전 세계에 진출하여 강력한 화교 사회를 형성하고 있다. 중공은, 예컨대 대한민국과 일본, 그리고 동남아시아 각국 등의 다른 나라에서도 똑같이 그 나라의 정치적 결과에 영향을 미치기 위해 체제전복적 공작 활동을 펼치고 있음을 강조해둔다.

나는 이 책 전체에 걸쳐, 중국 공산당과 중국 인민, 그리고 중화인민공화국과 중국을 동일시해서는 안 된다는 주장을 일관되게 펼쳤다. 즉 이 둘을 서로 분리하는 것이 바람직한 접근 방법이라는 것이다. 실제로 중국계 캐나다인들은 대체로 이 책의 내용에 대해 환영의 뜻을 밝혔다. 그들 중에는 캐나다 정부와 경찰, 그리고 안보 기관들이 이 책을 읽고 이 나라가 중공 당국과 그 정치선전기관, 즉 통일전선공작부로부터 매일 매일 공격받고 있다는 점을 각성하는 계기가 되기를 바란다고 말한 사람이 많았다. 실제로 이 책이 출간된 후 캐나다의 안보정보청(Canadian Security Intelligence Agency, CSIS)은 통일전선공작부와 같은 베이징에 근거를 둔 공작기관들의 활동을 경고하는 목소리에 더욱 귀를 열고 있다. 아울러 의회 내에도 특별위원회가 설치되어 중국과 캐나다 간의 현재 관계를 심층 진단하여 바람직한 미래 방향을 제시한다는 목적으로 활동 중이다.

물론 중공과 그 기관들이 캐나다의 정계와 사회 전반을 급습하는 현상에 대해 당국과 일반 대중의 인식이 부쩍 높아진 것이 모두 필자의 공이라고 주장한다면 너무 터무니없는 일일 것이다. 이 책이 출간되었던 2019년 초는 하필이면 캐나다에서 이른바 화웨이 사건이 터진 시기와 일치한다. 2018년 12월 1일, 캐나다 국경보안 기관들은 밴쿠버 국제공항에서 화웨이의 최고재무책임자(CFO, Chief Financial Officer) 멍완저우를 억류했다. 그녀는 이 회사의 창업주인 런정페이의 딸이기도 했다. 그녀가 체포, 구금된 것은 미국과 캐나다 정부 간 맺어진 범죄인 인도 조약에 따라 미국 법무부의 요청으로 이루어진 일이었다. 미국이 멍완저우에게 수배령을 내린 것은 그녀가 HSBC 은행을 상대로 거짓말을 했다는 의혹에 따른 것이었다. 그녀가 은행 관계자들에게 미국의 대이란 제재를 우회할 수 있도록 자신이 법률적으로 도와주겠다고 말했다는 것이다. 이틀 후, 이번에는 중국에서 두 사람의 캐나다인이 억류되었다. 한 사람은 전직 캐나다 외교관으로 현재 국제위기감시기구(International Crisis Group)에서 일하는 마이클 코브릭(Michael Kovrig)이었고, 또 한 사람은 주로 북한에서 사업 기회를 모색하는 캐나다 사업가 마이클 스패버(Michael Spavor)였다. 이후 수개월이 지나도록 중국 당국은 두 캐나다인이 억류된 사건과 멍완저우의 처지는 아무런 관련이 없는 일이라고 잡아뗐다. 그러나 시간이 흐를수록 그 두 사람이 포로가 아니라는 중공 당국의 소설 같은 이야기는 점점 더 신뢰를 잃어갔다. 처음 몇 달 동안 두 캐나다인은 잠을 안 재우는 고문에 시달리며 매일 밤늦게까지 몇 시간이고 심문을 당했다. 그들은 별도의 감옥에서 독방에 따로 수감된 채 몇 개월 동안이나 캐나다 외교관은 물론, 자신들의 가족조차 만나지 못했다. 그리고 이제는 중국 당국으로부터 국가안보에 위해를 끼쳤다는 누명을 받고 있다. 반면 멍완저우는 밴쿠버에 있는 그녀의 두 저택 중 한 곳에 살면서 단지 야간 통행금지 조치를 당했을 뿐이다. 그녀에 관한 사건은 현재 캐나다의 독립적인 사법 시스템이 조사를 하고 있다.

화웨이 사건, 그리고 두 명의 캐나다인이 당한 처우는 캐나다 국민 사이에서 중국 공산당과 중국 정부에 대한 평판이 심각하게 훼손되는 계기가 되었다. 캐나다인의 인식 속에서 중국에 대한 평판이 더욱 악화된 또 다른 계기는 2020년 초에 중국 정부가 COVID-19의 발발로 전 세계에 바이러스가 확산되게 만들어놓고도 이 사실을 국제 사회에 신속히 알리지 않고 고의로 뜸을 들이면서부터였다. 최근 설문 조사에 따르면 캐나다 국민 중 중국 정부에 호감을 표시한 인구 비율은 2015년의 58퍼센트에서 2020년말 기준 14퍼센트로 곤두박질쳤다.

안타깝게도 화웨이 사건과 코로나바이러스 판데믹 사태가 겹치면서 밴쿠버를 비롯한 인근 도시에서 아시아인에 대한 인종차별적 혐오 분위기가 촉발된 것 같다. 밴쿠버 경찰청이 브리티시컬럼비아 주 정부에 제출한 보고서에 따르면 2020년에 아시아인을 향한 혐오 범죄 건수는 2019년에 비해 무려 700퍼센트나 증가한 것으로 나타났다. 아시아인을 상대로 한 폭행 건수가 2019년에는 12건에 불과했지만, 2020년에는 무려 98건에 이르렀다는 것이다. 그러나 아시아 출신 캐나다인이 가장 많이 거주하는 '메트로 밴쿠버' 지역의 이런 상황조차 캐나다 전역에서 점점 고개를 쳐드는 인종차별주의적 움직임에 비하면 단지 일부에 불과하다. 지금까지 밝혀진 증거에 따르면 경찰이나 고용주들에 의한 제도적 인종차별의 대상은 동아시아인이 아니라 토착민이나 흑인, 또는 캐나다인 중에서도 유색인종이 훨씬 높은 비율을 차지한다.

이 책의 핵심 메시지는 중공이 자국의 이해와 직접적으로 관련된 모든 국가의 정계, 경제계, 학계에 공작원을 심어두고 정책 결정 단계에 영향을 미치고 있으며, 이를 통해 압도적인 글로벌 패권을 노리고 있다는 것이다. 중공의 이해와 직결된 국가에는 당연히 한국도 포함된다. 특히 한국은 역사적으로 중국과 일본의 틈바구니에 끼어있으면서도 주권국가로서 독립적인 문화를 지켜내고자 안간힘을 써왔다. 오늘날 대한민국은 아시아에서, 아니 인도-태평양 지역 전체에서 가장 성공적이고 활기찬 자유민주주의를 구가하고 있다. 그리고 이런 사실 자체가 중공에 특별한 위협이 되고 있다. 나는 지난 40년 이상이나 외신기자와 국제문제 분야의 작가로 활동해오면서, 다양한 형태의 전체주의 국가들이 대의정치와 책임 있는 정부를 표방하면서 투명한 사회로 이행하려는 노력을 수십 건 정도 지켜봤다. 이런 변화는 결코 달성하기 쉬운 일이 아니다. 수많은 나라가 이 과정에서 어려움을 겪거나 퇴보하며, 정체에 빠지거나 진척을 이루지 못했다. 나는 기자로서 한국에 여러 차례나 방문해서 그 다채로운 생활과 경제를 취재한 적이 있는데, 한국은 이런 변화에 성공하여 실질적인 개혁을 이룩한 몇 안 되는 나라 중 하나다. 중국은 자신의 바로 앞마당에서 이런 광경이 펼쳐지는 것을 상당히 못마땅해하고 있다. 중국 공산당 왕조가 살아남으려면, 지난 40년간 지속되어온 자국의 생활 수준 향상 과정이 오로지 일당독재 체제로서만 가능하다고 인민들이 굳게 믿어야 한다. 인민의 이런 확신이 흔들리면 중공 지배 체제 자체가 무너진다. 대한민국을 비롯, 자유민주 체제를 성공적으로 운영하며 경제적 안정뿐만 아니라 정치적 권리와 인권 등을 아울러 누리는 모든 국가는 그 존재 자체로 중공 당국의 주장이 거짓이라는 것을 생생하게 보여주는 증거이자, 일당독재 체제에 대한 위협이다. 한국은 2016년 사드 미사일 방어체계 배치에 대한 문제 제기나, 고구려가 중국의 일부였다는 주장 등과 같은 중국의 경제 문화적 압박에 맞서 자국의 시민권 및 정치적 가치를 훌륭하게 지켜냈다.

이 책의 또 다른 핵심 메시지는, 미국의 든든한 동맹국으로서의 위상이 쇠퇴하고 중국의 글로벌 패권국가를 향한 야심이 눈에 보이는 이런 시절일수록, 한국과 캐나다와 같은 자유민주 진영의 중간규모 국가들(middle-power democracies)이 국제무대에서 진정한 도전을 맞이한다는 것이다. 지금은 우리 같은 자유민주 중간규모 국가들이 자국의 가치와 생존을 위해서라도 우리끼리 동맹을 맺어야만 하는 시대로 접어들었다.

캐나다 브리티시컬럼비아주 빅토리아에서
2021년 2월. 저자 조너선 맨소프

서론 :
중화제국의 귀환

서론 : 중화제국의 귀환

중국은 자기 자신을 새롭게 부상하는 힘이 아니라 부활하는 패권국가로 인식하고 있다. 그들은 강력한 중국을 건설함으로써 경제, 문화, 정치, 군사 면에서 세계 질서에 비정상적인 변화를 일으키고자 하는 것이 아니다. 그들이 꿈꾸는 것은 모든 일을 예전의 '정상적인' 상태로 되돌리려는 것이다.

— 헨리 키신저의 『중국 이야기(On China)』

이 책에는 중국 공산당이 캐나다의 가치를 유린하고 내정을 교란하여 심지어 캐나다의 주권이 자국 내에서조차 침해받는 지경에 이른다는 이야기가 많이 나온다. 그러나 이 책의 핵심 주장이 캐나다가 중국의 현 정권과 거리를 두어야 한다는 것은 아니다. 중국이 시진핑(習近平, Xi Jinping)과 중국 공산당의 리더십 아래 지난 두 세기에 걸쳐 서구 국가들의 손에 당한 '굴욕'을 딛고 오늘날 정상적이고 대체 불가능한 세계적 초강대국으로 부상하는 이 마당에, 중국과의 교류는 피할 수도 없고, 그래서도 안 되는 일이다. 그러나 캐나다가 중국과 관계를 맺어온 지난 150년 세월 속에서 우리는 다소 슬프면서도 어려운 교훈을 얻게 된다. 즉, 우리는 새롭게 떠오른 이 중화제국을 상대할 때 앞으로는 환상에서 벗어나, 좀 더 용기 있고 현명한 방법을 찾아야 한다. 캐나다가 중국을 상대해온 방식을 전면 재검토하여 완전히 뜯어고치지 않는다면, 이 나라는 새롭게 출현한 역사의 거대한 수레바퀴에 다시 한번 짓밟히고 말 것이다.

국제적 역학관계의 지각 변동은 다행스럽게도 지금까지는 평화적으로 이루어져 왔다. 그러나 이 글을 쓰고 있는 2018년 중반을 기준으로, 불과

2년 전에 바라본 세계정세와 전망은 지금과는 전혀 달랐다. 2016년 11월(도널드 트럼프 미국 대통령 당선) 이후 미국에 몰아닥친 정치적 이상 현상과 고립주의에 대한 징후를 당시만 해도 전혀 눈치조차 챌 수 없었다. 또한 중국이 마오쩌둥(毛澤東, Mao Zedong)의 약탈과 1989년 천안문(톈안먼) 광장에서의 항쟁 및 대학살이라는 뼈아픈 충격을 거치면서 채택한 유화적 리더십 노선을 시진핑은 그대로 따를 것으로 보였다. 그러나 시진핑은 2017년 10월에 열린 제19차 공산당 전국 대표대회에서 현행 5년의 국가주석 임기를 최대 2회 연장할 수 있다는 제한 규정을 철폐하며 자신의 권력을 계속 이어갈 발판을 마련했다. 따라서 이제 시진핑은 마오쩌둥 이래 그 어떤 통치자보다도 막강한 권력을 누리게 되었고, 오히려 그 시대보다 더 후퇴한 전체주의 체제를 구축하게 될 것으로 보인다. 한편 캐나다는 지난 70년간 미국에 경제와 안보를 의존해왔지만, 이제 그런 대미 관계가 지속될 가능성은 점점 더 낮아지고 있다. 도널드 트럼프는 많은 미국인이 언제나 마음속에 간직하고 있던 생각, 즉 미국은 남과 다른 특별한 존재라는 관념을 고립주의로 구체화하고 있다. 그렇다면 이른바 트럼프 현상은 미국 사회 내에서 점점 더 확산되는 정치적, 사회적 분열상의 일면이며, 따라서 미국은 이제 정치적, 행정적으로 도저히 정상적인 기능을 발휘하지 못한다는 것을 보여주는 일이 아닌가 한다. 어쩌면 이것이 더 중요한 일일지도 모른다. 서로 다른 세계관이 충돌하여 일으키는 작금의 파국이 언제쯤 해소될 수 있을지는 도무지 종잡을 수조차 없는 것이 현실이다. 이런 현상은 이미 미국의 초강대국으로서의 위상에 흠집을 내기 시작했고, 다른 나라, 특히 중국의 부상과 뚜렷한 대조를 이루고 있다.

캐나다가 미국을 역내 안보의 동맹이자 투자 및 무역 분야의 든든한 파트너로 더 이상 의존할 수 없는 시기가 성큼 눈앞에 다가오고 있다. 그뿐만 아니라 팍스 아메리카나(Pax Americana)의 종언으로 제2차 세계대전 이래 국제 사회의 담론과 관습을 규정해왔으며, 캐나다의 국가적 정체성이기도 했던 국제적 자유주의의 가치가 사실상 점점 퇴조하고 있다. 1980년대 중국이 개방화로 나아가기 시작할 때 서구 각국은 중공이 국제무대에서 일익을 담당할수록 기존의 국제적 자유민주주의 질서와 그 가치를 받아들이게 될 것으로 생각했다. 그러나 현실은 그렇지 않았다. 중국은 온순하고 자애로운 야수가 되지 않았다. 실상은 그와 정반대였다.

중국이 파시스트 정권에 장악되었다는 증거는 차고도 넘친다. 파시스트 국가라는 것이 독재자가 이끄는 중앙집권 정부가 들어서고, 경제적, 사회적으로 극심한 통제가 이루어지며, 반대파에 대해 폭력적 억압이 자행되는 나라라는 정의에 동의한다면 말이다. 그러나 이렇게 간편하고 정확한 파시스트라는 단어조차 중국 공산당의 정체를 묘사하기에 적합하지 않다. 그것은 너무나 유럽 중심적인 단어다. 중국은 차라리 또 다른 공산주의 이후 독재국가인 러시아와 가장 닮았다고 볼 수 있다. 러시아를 규정하는 또 다른 용어로 '마피아 자본주의'라는 말이 있다. 그러나 이런 말도 중공의 실체를 가장 정확하게 드러낸다고 보기는 어렵다. 중국 공산당의 행동은 그것이 무엇이든 중국적인 특징을 드러낼 수밖에 없다. 그들의 경제 관리 방식, 국내 행정, 인접 국가를 향한 태도 등을 보면 볼수록, 이 나라가 1970년대에 고립주의에 종지부를 찍은 이후 지금까지 외부 세계에 대해서 경험한 것들보다는 어디까지나 중국의 전통에 따라 움직이고 있다는 인상을 받을 수밖에 없다. 베이징에 들어선 공산당은 현대판 중화제국 왕조라고 하는 편이 가장 정확한 표현이다.

중공이 왕조를 이어가겠다는 야심 속에는 모든 수단을 한 손에 거머쥐고 일당독재 체제를 구축하는 것에 더해서, 모든 정치적 개혁을 거부하는 태도도 포함된다. 중공이 정치적 정당성을 획득하는 근거는 막대한 내부 탄압을 펼치는 한편으로, 인민들에게 일정한 생활 수준을 제공함으로써 불만을 잠재우는 데 있다. 이 방법은 1980년대 이른바 '수정 마르크스주의 경제 시대'가 시작된 이래 잘 먹혀들어 왔다. 수억 명에 달하는 중국인들은 자신들의 생활 수준이 미처 상상치도 못했던 정도로 향상되는 모습을 지켜봤다. 그러나 그렇게 생활 수준이 나아지다 보니 각자의 삶의 질이 계속해서 향상될 것이라는 기대도 함께 따라올 수밖에 없었다. 인민의 이런 기대가 중공 당국에는 곧바로 위협이 되었다. 중국 공산당이 만약 자신이 키워낸 인민의 욕망을 계속해서 채워주지 못한다면, 중국 공산당은 이른바 천명(天命, Mandate of Heaven)을 받들지 못하는 상황이 된다. 천명이란 고대로부터 중국을 다스리는 통치자에게 하늘이 부여하는 정당성을 말하는 것으로, 단, 그 통치자가 선정을 베푸는 경우에만 유효한 것이다.

중국의 경제가 성공을 거두면 그 자연스러운 결과로 애국심과 국가주의가 한껏 고양된다. 국가의 통제를 받는 언론이 중국이 부흥기를 맞이하고 있다는 선동을 일삼게 되고, 이것이 심해지면 결국 외국인 혐오 풍조에 불을 붙이게 된다. 여기에 기름을 끼얹는 심리가 바로 일본과 같은 인접국에 대한 케케묵은 적대감이다. 이 틈을 놓치지 않고 중공은 있지도 않은 위협을 일부러 조장해낸다. 즉, 일본이 겉으로는 민주적 평화주의를 내세우고 있지만 실제로는 여전히 군사 국가로서의 발톱을 숨기고 있다는 식이다.

중국은 또 미국을 비롯한 서구 각국이 중국의 부상을 견제하고, 지난 19세기 후반과 20세기 초에 그랬던 것처럼 중국을 반식민지 상태로 만들기 위해 골몰하고 있다는 의혹을 부추기고 있다. 중공이 주창하는 이른바 '백년국치'는 주변국을 상대로 한 우월의식을 되살리는 형태로 드러나고 있기도 하다. 중화제국 시대에 이들 나라는 실질적으로 중국의 속국이었으며, 이제 중공은 이들을 다시 속국으로 집어삼키겠다는 야심을 드러내고 있는 것이다. 실제로 캄보디아와 라오스 같은 경우는 이미 그렇게 되어버렸다. 중국이 대만과 남중국해, 그리고 동중국해에 대해 영유권을 주장하는 것도 중화제국의 재건을 꿈꾸는 그들의 선전술의 한 방편이다. 중공이 남중국해의 섬에 군사기지를 건설한 것은 세계 최고의 국제무역 항로 요충지를 거의 중국의 내해로 삼아버린 것과 다름없는 행위다. 중공이 저지르는 식민주의적 행태의 대부분은 아무도 모르게 스리슬쩍 이루어진다. 실제로 지난 20년간 중국 윈난성 남서부 지역에서 모두 1백만 명의 사람들이 국경을 넘어 미얀마 북부 지역으로 넘어갔다. 그들은 미얀마의 만달레이에서 각종 사업 기회를 엿보거나, 미얀마 소수민족 군벌의 비호 아래 무법지대에서 번성하는 도박장의 각종 이권에 기대 살아가고 있다.

지난 20년이 넘는 세월 동안 중공의 국영기업과 은행들은 중국에서 생산된 소비재를 수출해서 벌어들인 막대한 재원을 바탕으로 전 세계에 걸쳐 천연자원 지배권을 획득해왔다. 중국 정부 역시 약삭빠르게 각국 정부에 저리(低利)의 차관을 제공해왔다. 물론 많은 이들이 이런 행태의 위험성을 이구동성으로 지적해왔다. 그러나 중국의 자금을 받은 나라들이 빌린 돈을 도저히 상환할 수 없다는 것을 알아차렸을 때는, 이미 중공의 첩보 기관들이 서슴없이 다른 자산을 그 반대급부로 요구하기 시작한 뒤였다. 중공이 스리랑카의 함반토타 항구와 인근 60제곱킬로미터에 달하는 전략 요충지를 점령하게 된 것도 바로 이런 과정을 통해서였다. 그리스가 어려운 처지에 빠져 유럽연합 회원국으로부터 차관을 도입할 수 없게 되었을 때도 이와 비슷한 일이 일어났다. 중국 정부가 도와주겠다고 나섰지만, 그 결과로 중국의 국영기업이 아테네 피레우스 항구의 거의 절반을 차지하게 된 것이다.

그리스를 비롯한 여타 유럽 국가의 항구를 획득한 것은 시진핑이 추구하는 초호화 제국사업의 일환이었다. 수조 달러가 소요되는 그의 일대일로 계획은 중국과 세계 인구의 3분의 2를 차지하는 유럽과 중동, 아프리카, 중앙아시아, 남아시아, 그리고 동남아시아를, 철도와 도로, 항공, 그리고 해상 운송로를 모두 동원해 직접 연결하겠다는 거대한 구상이다. 그야말로 모든 길은 베이징으로 통하며, 중공의 힘과 영향이 전 세계로 뻗어가는 통로가 됨으로써 고대의 실크로드가 현대에 재현되는 것이다.

시진핑 주석은 제2차 세계대전 이후 자유주의적 국제질서의 핵심이 되어온 민주주의와 인권의 가치에 전혀 관심이 없다는 점을 분명히 밝힌 바 있다. 그는 확고한 일당 독재체제에서 과두 집권층과 국영기업으로 구성된 끈끈한 가족 집단이 이끄는 중국식 경제 발전 모델을 개발도상국에 적극적으로 홍보하는 전도사 노릇을 하고 있다. 그리고 많은 개발도상국 지도자들이 이 모델에 매력을 느끼고 있다는 것은 분명한 사실이다. 특히 북대서양 지역의 자유민주 국가들이 보여주는 무질서와 내부붕괴 양상과 비교할 때는 더욱 그렇다. 시진핑은 유엔과 세계은행, 국제통화기금 등과 같은 국제기구, 그리고 그 부속 기관들에 대해서도 마찬가지로 회의적인 태도를 보인다. 이 기구들이 추구하는 가치는 시진핑이 만들고자 하는 세상과는 어울리지 않는다. 그는 그 기구들을 자신의 의지대로 왜곡하거나 자신이 원하는 바에 가까운 새로운 기관으로 교체하고자 한다.

지금의 중국 공산당 정권은 결코 영원히 지속될 수 없다. 중국 역사만 살

퍼봐도 왕조가 영원히 지속되기는커녕, 모두 폭력에 의한 종말을 맞이했다. 중공 역시 똑같은 운명을 맞이할 것이다. 그러나 가까운 시기에 그럴 것이라고 쉽게 장담할 수는 없다. 따라서 캐나다를 포함한 모든 나라는 자유민주적 제도와 규범이 혹독한 현실을 맞이하는 한편으로 중국과 당분간은 잘지낼 수밖에 없다. 캐나다가 중국이 장악한 세계 속에서 자신의 가치를 지키고 무역을 통해 현재의 생활 수준을 유지하고자 한다면, 또 글로벌 중견국가로서의 위상을 확대하고자 한다면, 캐나다 정부는 지금뿐만 아니라 앞으로도 그 기반을 준비해야만 한다. 캐나다는 NATO와 G7 등의 채널을 통해 같은 생각을 공유하는 다른 나라들과 정치, 경제, 사회, 안보 면에서 견고한 유대를 맺어가야 한다. 캐나다 정치인들은 중국 정부를 향해 지금보다 훨씬 더 단호하고 확신에 찬 태도를 보여주어야 한다.

그런 태도 변화는 결코 만만한 일이 아니다. 그 이유는 이 책에서 지금부터 상세히 설명할 것이다. 캐나다가 중국에 매력을 느낀 징후는 대략 1880년대부터 분명하게 드러났다. 당시부터 캐나다는 태평양을 넘어 중국에 기독교 선교사를 파송하기 시작했다. 그때도 지금과 마찬가지로 중국은 캐나다가 팔 수 있는 것을 뭐든지 닥치는 대로 삼킬 막대한 시장으로 보였다. 그러나 중국인들이 앞다퉈 기독교인이 될 거라는 기대는 오늘날 중국인들이 캐나다에서 만든 물건이라면 뭐든지 살 거라는 믿음만큼이나 허망한 환상에 불과했다. 캐나다 선교사들의 파송 주체는 주로 장로교, 감리교, 그리고 가톨릭교회였다. 이들로 대표되는 선교 열풍의 배경에는 당연히 기독교 복음을 전도한다는 열정도 있었지만, 기독교 복음 정신이 사회 변화를 향한 선언문이라는 믿음도 한몫했던 것이 사실이었다. 그러한 믿음, 즉 캐나다가 캐나다 고유의 가치를 보여주는 것 자체만으로도 중국의 변화를 끌어낼 수 있다는 생각은 오늘날까지도 캐나다인들의 뇌리에 깊이 뿌리내리고 있다. 그러나 중국에서 일어나는 일을 지켜보면 이런 믿음이 환상에 불과하다는 것을 알 수 있다. 단적인 예로 최근 2017년 11월에 일어난 일을 들 수 있다. 쥐스탱 트뤼도(Justin Trudeau) 총리가 양국 간 자유무역 협정에 혁신적 상거래 관계에 관한 의제를 포함하자고 제안했다가 중국 측으로부터 보기 좋게 거절당한 것이다. 그 제안을 받아들인다는 것은 중공이 노동법이나 성평등, 환경 기준 등의 분야에서 캐나다의 표준을 따른다는 것을 의미하는 것이었다. 중공은 결코 인권이나 시민적 권리에 관한 자국의 정책을 외국이 좌지우지하도록 놔두지 않을 것이다. 캐나다가 중공을 변화시킬 가능성은 조금도 없다. 솔선수범을 통해서든, 치열한 논쟁을 통해서든 말이다.

그것보다 정작 우리가 걱정해야 할 질문은 이것이다. 즉, 오히려 중국이 캐나다를 변화시키고 있지 않냐는 것이다. 중국 공산당은 1949년에 집권한 이래, 각종 경로를 통해 영향력을 행사하여 캐나다의 정치, 무역, 미디어, 그리고 학술 분야의 담론을 자신에게 유리한 방향으로 끌어왔다. 그리고 1970년에 양국 간 외교관계가 수립된 후부터는 그 네트워크가 더욱 급격히 성장, 확대되어왔다. 중공은 이제 캐나다 의회와 주의회, 시의회, 미디어, 그리고 강연장 등에서 중국 관련 문제가 거론될 때마다 자신의 이해에 부합하는 주장을 제기하고, 나아가 그 의견을 지배적인 지위에 올려놓을 역량까지 갖추고 있다. 중공의 캐나다 여론에 대한 영향력이 성장해온 배경에 지난 40년에서 50년 사이에 홍콩과 중국으로부터 건너온 이민자들의 존재가 있다는 점에는 의심의 여지가 없다. 그러나 우리가 반드시 기억해야 할 점은 중국 본토에서 이주해온 약 156만 명 중국인 인구의 절대다수는 중공의 압제를 탈출하여 이곳에 왔다는 사실이다. 그들은 이제 캐나다 전체 인구의 4퍼센트를 차지한다. 그리고 이 사실이 중요한 이유는, 이 156만 명 중에는 중국 정치의 변화를 위해 애쓰는 다수의 반체제 인사들이 포함되어 있다는 사실을 중공도 알기 때문이다. 따라서 중공 당국은 캐나다 내에 첩보망을 유지하면서 이들의 '일거수일투족'을 감시하다가 필요할 때는 언제든지 이들을 협박하려고 한다.

중국 공산당이 캐나다 여론에 영향을 미치려는 저의에 가장 큰 피해를 입고 있는 사람은 바로 중국계 캐나다인들과, 중공이 점령하거나 관할권을 주장하는 지역에서 온 사람들이다. 물론 희생자는 그들만이 아니다. 캐나다 전체가 이 나라의 국민과 제도에 자기들의 가치를 강제로 주입하려는 중공의 시도 때문에 열병을 앓고 있다. 오늘날 온갖 형태의 부패가 우리 생활 곳곳에 스며들고 있다. 물론 이렇게 된 가장 큰 원인은 캐나다 자신에 있다. 캐나다는 태자당과 공산당 귀족(중국 공산당 혁명 원로인 고위층의 자녀와 친인척으로 구성된 계파)의 자금세탁을 위한 은신처가 된 지 오래다. 이렇게 된 것은 캐나다 정부가 각급 행정 기관마다 국내로 유입되는 자금이 투명하게 취득된 것인지, 그리고 그 자금이 캐나다 내에서 적법한 목적으로 사용되는지를 검증하지 못했기 때문에 벌어진 일이다. 중국 자체가 자금의 해외 반출을 제한하기 때문에 불법 자금이 캐나다로 들어오기 위해서는 부패가 발생할 수밖에 없고, 이런 부패에는 당연히 캐나다 측 동업자의 부패도 포함된다. 공공 영역의 어느 한 군데에서 부패가 발생하면, 그것은 다른 곳으로 금세 번진다. 중공과 함께 들어온 부패의 문화가 캐나다 곳곳에 전염되었다는 징후가 보인다. 각종 학위 수여 과정이나 시, 주, 연방 정부가 관할하는 각종 규제 및 인허가 요건에서도 이런 현상이 눈에 띈다.

중공과 접촉하면서 이런 풍조를 경험하는 것은 꼭 캐나다만이 아니다.

미국, 유럽, 특히 뉴질랜드와 호주에서도 이와 비슷한 일이 일어나고 있다. 실제로 호주에 중공의 입김이 스며드는 것은 정확히 캐나다에서 벌어지는 일과 똑같다. 차이점이 있다면 호주의 정치인, 학자, 언론, 그리고 대중은 중공이 꾸미는 일에 대해 좀 더 크고 명확한 반대 의사를 표시해왔다는 사실이다.

캐나다가 중공의 이런 습격을 왜 재빨리 알아채지 못하는가 하는 질문에 대답하기란, 그리 쉽지만은 않다. 중공의 공작원들(agents of influence, 여기서 '공작원'은 적국이 직파해서 보낸 '간첩'과는 다른 개념으로, 아국에서의 적국 추종 세력으로서 적국에 우호적인 여론조성을 위한 각종 공작을 의식적으로, 무의식적으로 행하는 이들이다. 한국에서 '종북세력'이나 '주사파'와 비슷한 의미다. - 옮긴이)이 펼치는 활동이 너무나 효과적이어서 이와 관련된 논의를 해봤자 곧잘 옆길로 빠져버리기 때문일까? 그 말에도 물론 일리는 있다. 스티븐 하퍼(Stephen Harper) 총리가 이끌던 보수 정권이 중국과의 교류에 대해 보였던 회의적인 태도를 결국 철회하고 말았던 과정만 봐도 캐나다의 정치, 경제 및 학계의 기득권 사회에 친중 여론공작 세력이 얼마나 깊이 자리하고 있는지 알 수 있다. 물론 그렇다고 캐나다의 공공 영역에 침투한 중공의 영향력을 과대평가한 나머지, 공적 인사의 입에서 중국과의 정당한 교류를 옹호하는 말만 나오면 무조건 중국의 꼭두각시로 몰아세우는 일이 있어서는 안 될 것이다.

캐나다 정치인들은 언제나 중공의 침투에 대한 말만 나오면 회의적인 태도를 보인다. 심지어 움직일 수 없는 증거를 눈앞에 보여줘도 그러는 경우마저 있다. 이런 현상이 일어나는 데에는 오래전부터 캐나다의 안보 및 정보 관련 기관에 대한 신뢰가 부족했던 이 나라의 독특한 역사적 배경도 한몫하고 있다. 실제로 이런 기관들은 시련의 역사를 겪어왔다. 나중에 자세히 설명하겠지만, 캐나다의 안보정보청(Canadian Security Intelligence Service, CSIS는 캐나다의 중앙정보국이자 국가정보원으로 미국의 CIA와 같은 위상이다. - 옮긴이)은 창립 직후인 1980년대와 90년대에 '사이드와인더 작전(Operation Sidewinder)'이라는 암호명으로 중공의 캐나다 침투 현황에 관한 보고서를 작성했을 때 이에 대한 억울한 혹평에 시달리면서 힘겨운 산고의 시절을 보냈다. 그러나 최근에는 캐나다 의회와 정보기관 사이에 상호 존중의 분위기가 무르익으면서 관계가 안정세로 돌아선 것으로 보인다. 이렇게 될 수 있었던 것은 안보정보청과 캐나다 통신보안청(Communications Security Establishment, CSE)의 역대 수장들이 끈질기고 세심하게 캐나다에서 펼치는 중공의 약탈행위를 공표해온 덕분으로 봐야 한다. CSIS는 2018년 3월에 열렸던 학술전도(Academic Outreach) 회의 때부터 이 문제를 공개적으로 발언하는 데 확신을 가진 것으로 보인다. 이 회의는 '채텀하우스 규칙(Chatham House Rule)'을 준수하는 비공개 모임이었다. 채텀하우스 규칙이란 회의에서 나온 발언 내용은 외부에 공개할 수 있지만, 누가 그 발언을 했는지는 밝히지 않는다는 원칙을 말한다(채텀하우스는 영국 왕립국제문제연구소의 별칭으로 이 규칙이 정해진 것은 1927년이다. - 옮긴이). 이 회의가 끝난 지 약 두 달 후인 2018년 5월 말에 CSIS는 총 163페이지에 달하는 '안보를 재고한다 : 중국과 전략적 경쟁의 시대(Rethinking Security: China and the Age of Strategic Rivalry)'라는 제목의 보고서를 발간했다. 이 보고서는 오늘날까지도 중공이 캐나다를 비롯한 여러 나라에 제기하는 위협을 가장 신랄하고 종합적으로 그린 CSIS의 역작으로 꼽힌다. 이 보고서의 결론에는 중공이 캐나다의 국내 문제에 개입하는 요소와 그 위험성이 조목조목 열거되어 있다.

이 보고서가 경고하는 바에 따르면 캐나다 측 파트너와 함께 사업을 벌이는 중국 회사가 국영기업인지 여부를 따지는 일은 무의미하다. 모든 중국 회사는 "중공과 긴밀히 연계되어있으며 날이 갈수록 그런 사실을 노골적으로 드러낸다." 보고서에 따르면, 앞으로 각종 무역협정을 맺을 때도 안보의 관점에서 세심한 주의를 기울인 조항을 마련해두지 않으면, 중공은 "상업적인 지위를 이용해 기업과 기술, 기반시설 등에 접근해 자국에 유리한 정보를 마음껏 탈취하거나 상대국의 안보에 심각한 위해를 가할 가능성이 있다. 아울러 중국은 재계와 정계의 엘리트를 자기 편으로 돌려세울 수 있다면 언제든지 위협과 유혹을 동원할 태세를 갖추고 있다. 그리하여 예컨대 대만과 남중국해의 지위에 관한 논쟁이 벌어질 때 그들이 중국의 입장을 변호하게 만들 수 있는 것이다."

보고서에 따르면 중공은 해외 화교 사회와 다른 나라에 사는 중국인 학생 및 비즈니스맨들이 "자신의 표현의 자유를 억제하면서까지 중공의 관점에 우호적인 발언을 하도록" 그들에게 영향을 미치는 활동을 적극적으로 펼치고 있다. 보고서는 계속해서 "(중공의) 활동에 의문을 제기하는 학자와 기자들은 중국 외교관과 중국의 사주를 받는 언론에 의해 괴롭힘을 당하고 있다"고 말한다.

인종차별주의자라는 낙인이 찍힐 것을 두려워하는 분위기 때문에 중공의 공작원들이 캐나다에서 펼치는 활동에 대해 제대로 거론도 하지 못하는 것이 오늘날의 현실이다. 이 나라가 잠재적 이민자로 분류되는 중국인과 아시아인을 상대로 인종차별적 법안과 규제를 시행해왔다는 것은 부인할 수 없는 역사적 사실이다. 그런 과거에 대한 후회는, 공적 인사들이 캐나다의 다문화 사회에 대해 조금이라도 우호적인 발언을 내놓으면 무조건 감싸고도는 태도를 키워왔고, 이것은 중공의 공작원들이 사용할 수 있는 훌륭한 무기가 되었다. 중국 관계에 관한 의문이 공적으로 제기될 때마다 이런 의문 자체가 인종차별적인 발언이라는 반박이 즉각 나오곤 했다.

그러나 중공이 캐나다에 침투한다는 발언을 무조건 인종차별적 시각으로 몰아붙이는 것은 잘못된 일일 뿐만 아니라 결국은 대단히 위험한 결과를 초래하게 된다. 그것은 인종차별적 시각이 결코 아니다. 현재 벌어지는 일은 역사의 한 시점에 특정 정권이 자신의 이익을 위해 꾸미는 일이다. 중공이 캐나다 전체와 특히 중국계 캐나다인을 상대로 위협을 일삼는 모습은 그들이 화교 주민들을 자신들 마음대로 써먹을 수 있는 자원쯤으로 보고 있다는 명백한 증거다. 중국계 캐나다인 중 일부가 중국의 국가주의적 호소에 무방비로 노출되어있는 것은 틀림없는 사실로 보인다. 그러나 대다수 캐나다 이주민들이 원하는 것은 캐나다인으로 번영을 누리고 사는 것뿐이며, 그들 중 다수는 베이징의 부패한 권력 중독자들의 손아귀로부터 탈출해온 사람들이다.

이 책은 최후의 심판을 알리는 공상 소설이 아니다. 그런 것과는 거리가 멀다. 책을 읽어가다 보면 알게 될 것이다. 중공이 비록 캐나다에 깊숙이 침투해 들어와 캐나다인의 삶의 일부분에 영향을 미친 것도 사실이지만 또 한편으로 그들의 침투 공작이 많은 실패를 겪었던 것도 사실이다. 그림자 속에서 벌어지는 이 전쟁을 통해 분명히 알 수 있는 것은, 중공이 익숙한 중국 문화나 과거부터 중국의 속국이었던 곳에서 온 사람들 사이에서 작전을 펼칠 때는 거의 예외 없이 확고한 기반을 다져나간다는 사실이다. 이와는 달리 그들이 기존의 자유민주주의 사회, 예컨대 캐나다와 호주, 미국, 그리고 서구 각국을 상대로 할 때는 종종 균형을 잃고 헤매는 모습을 보이는 경우가 있다. 그들이 서구 민주주의 국가에서 편하게 작전을 펼칠 수 있을 때는 바로 그 속에서 자신들이 유혹하거나 매수할 수 있는 사람들을 찾아냈을 때다. 그리고 과거 소련 공산당원들이 "쓸모있는 바보들(Useful Idiots)"이라고 불렀던 그런 사람을 그 나라에서 찾아내는 것은 그리 어려운 일이 아니다. 그동안 캐나다는 쓸모있는 바보들을 중공에 꾸준히 제공해왔다. 정당과 정부 지도자, 정치 지망생들, 순진하고 오만한 학자들, 탐욕스럽고 귀가 얇은 비즈니스맨들, 심지어 편협하고 미숙한 언론인들까지 중공이 노리는 목표물이 되어왔다. 그들 중 다수는 자신의 탐욕을 정당화하기 위해 중공과 접촉 빈도가 높아질수록 캐나다의 가치에 포함된 좋은 면을 그들에게 더 많이 보여줄 수 있다고 스스로 되뇌었다. 그들은 중국 공산당원들이 자유민주주의 사회가 보장하는 자유와 권리의 혜택을 직접 목격하기만 하면 중국 스스로 개혁의 길을 걸어갈 것으로 생각한다.

중공과 그 공작원들의 행동에 맹목적으로 반응하지 않는 것이 중요하다. 그들은 지금까지 서양의 지적 재산권과 산업 및 군사 기술을 훔치는 일뿐 아니라 서구사회의 정치, 경제, 학술 계통의 엘리트층 사이에 중국에 대한 유화적 이미지를 형성하는 데 상당한 성공을 거두어왔다. 그러나 캐나다를 비롯한 서구의 여러 자유민주 국가들은 지금까지 중공의 공세에 시달리는 와중에도 자국의 여러 제도와 민주주의적인 문화를 지켜낼 수 있다는 것을 증명해왔다. 중공은 아시아와 아프리카의 비민주적 독재국가들에서 그랬던 것과는 달리, 아직 캐나다를 비롯한 서구 국가들의 최상층을 점령하는 데까지는 성공하지 못했다.

그렇다고 아직 안심하기에는 이르다. 중공의 힘이 성장할수록(그리고 분명히 그렇게 될 것이다), 캐나다와 같은 나라에 중국 정권의 관점과 가치를 강요하려는 압력은 점점 더 증대될 것이다. 미래의 지형이 어떻게 될 것인지에 관한 징후는 이미 분명히 드러나 있다. 제1차 세계대전 이후 북대서양과 계몽주의 시대의 가치를 옹호해온 미국의 영향력은 내부의 정치적 사회적 불협화음에 짓눌려 점점 줄어들기 시작했다. 또한 미국을 대체하여 자유민주적 가치를 떠받칠 수 있는 유일한 거대세력인 유럽연합이, 가까운 미래에 그 역할을 떠맡을 의지나 역량을 갖추리라는 징후 역시 그 어디에서도 보이지 않는다. 그러므로 미국이 떠난 국제무대의 빈자리는 가차 없이 중국의 차지가 될 것이다. 그렇게 되면 국제적 질서와 제도는 중공에 맞추어 재편되고 대체될 것이다. 그런 세상이 오면 표현의 자유나 정치적 반대의견에 대한 존중, 그리고 무엇보다 법치주의를 최우선으로 여기는 정신은 사라지고 말 것이다.

"법치(the rule of law, 법의 지배)"라는 단어는 중공을 상대할 때 더더욱 심오한 의미를 지닌다. 그 말은 곧 한 나라의 최고 권력(입헌 군주든, 대통령이든, 의회 정부든 간에)이라 해도 다른 모든 국민과 마찬가지로 법의 준엄한 요구에 똑같이 대답해야 한다는 뜻이다. 1215년 6월 영국의 존 국왕이 마그나 카르타에 서명하면서 받아들인 이 개념은 서구사회가 민주주의의 길고 긴 여정을 걸어가게 만든 바탕이 되었다. 그러나 중공은 법치뿐만 아니라 독립적인 사법 체계라는 개념 자체를 인정하지 않는다. 중공은 당의 이익이 다른 모든 것에 우선한다는 태도를 고수한다. 혹 중공 당국에 위협이 되는 일이 일어날 때, 예컨대 당의 전능한 권위에 반대하거나 도전한 것으로 보이는 사람들을 기소할 때면, 당 위원회가 비밀리에 소집되어 나중에 법정에서 실행될 법절차를 위해 조문을 해당 사건에 맞춰 해석하거나 아예 새로운 조항을 만들어버리는 것이다. 공산당이 이끄는 중국이 과거 어느 때보다 국제적 담론에 더 큰 영향을 미치는 결정권자가 된다면, 법치를 부정하는 중국의 태도는 그들과 거래하며 그 영향을 점점 더 크게 받는 모든 나라에 심각한 위협으로 작용하게 될 것이다. 캐나다 역시 예외가 아니며, 앞으로도 그럴 것이다. 중공의 공작원들은 이미 이곳에서 활발히 움직이고 있고, 그들은 캐나다의 가치를 경멸한다는 것 외에 다른 어떤 말로도 설명할 수 없을 정도의 태도를 보이고 있다.

목 차

1장.
5개 독소 집단의 투쟁

1장. 5개 독소 집단의 투쟁

해외의 적대 세력은 중국의 부상을 원하지 않으며 우리를 잠재적 위협이자 경쟁 상대로 보고 있다. 따라서 그들은 수천 가지 계책과 수백 개의 전략을 동원해 우리의 기를 꺾고 억압하려 한다. 이에 대해선 '통일전선'이야말로 승리를 향한 길에 놓인 1만 가지 문제를 일거에 해소할 '마법의 무기(法寶·법보)'다.

— 중국 공산당 통일전선공작부 지침서

캐나다는 중국 공산당이 반대 세력을 겁박하고 욕보이며 무력화하기 위해 애를 쓰는 격전장이 되어왔다. 이것은 한편으로는 눈에 뻔히 보이는 전쟁이지만, 어떤 면에서는 전혀 눈에 띄지 않는 더 큰 게임의 일환이기도 하다. 중공의 외교관, 간첩(스파이), 공안 경찰, 그리고 지역별 여론공작원들은 오늘도 눈만 뜨면 중국의 일당독재 체제를 바꿔보려는 사람들의 노력을 무력화하기 위해 애를 쓰고 있다. 중공 당국은 캐나다인과 이른바 5개 독소 집단에 속한 사람들을 위협하고 괴롭히는 한판 전쟁을 벌이고 있다. 5개 집단이란 △ 티베트 독립을 주장하는 사람, △ 신장 독립을 주장하는 사람, △ 대만 독립을 주장하는 사람, △ 중국의 민주화를 부르짖는 사람, 그리고 △ 파룬궁을 지지하는 사람을 말한다. 파룬궁은 불교적 가르침에 따라 영적, 신체적 건강을 추구하는 사람들이다.

중공의 공격 방식은 한밤중에 전화를 걸어대는 행동에서부터 SNS에서 인격살인을 서슴지 않는 일, 캐나다 대학에 다니는 학생을 겁박하는 행위, 중공에 반대하는 캐나다인이 중국에 남겨둔 가족을 인질로 삼는 행태, 나아가 반체제 그룹의 통신망을 해킹하는 짓에 이르기까지 다양한 형태를 띤다. 심한 경우 반체제 인사들은 신체적 공격을 당하거나 체포되어 고문을 당하는 경우까지 있다. 물론 이 정도까지의 신체적 폭력은 캐나다가 아니라 중국이나 홍콩에서 일어나긴 하지만 말이다. 그러나 어떤 경우든 그 목적은 캐나다에서 중공에 반대하는 목소리를 잠재우거나, 그들이 어떤 말이나 행동을 하든 신빙성을 떨어뜨려 아무런 공적, 정치적 영향력을 발휘하지 못하게 하는 데 있다.

중국과 그 점령지인 티베트 및 신장에서 캐나다로 이주해온 사람들에 대해 중공 당국이 가하는 압력의 폭과 강도는 점점 더 심해지고 있다. 이는 최근 들어 캐나다가 중국인들의 이주지로 각광을 받는 추세와 맞물리는 현상이다. 그러나 중공이 보내는 간첩과 비밀경찰, 선전선동가, 그리고 고위층과의 연줄을 이용하는 사람들의 표적이 되는 곳은 캐나다만이 아니다. 호주와 뉴질랜드에서도 비슷한 이유로 매우 유사한 형태의 작전이 펼쳐지고 있다. 화교 사회, 또는 티베트나 신장에서 이주해온 인구가 일정 수준을 넘어서는 나라에서는 모두 이런 일이 일어나고 있다. 즉 미국과 동남아시아 각국, 그리고 유럽연합이 여기에 해당한다.

중공과 그 지지자들이 캐나다의 여러 기성 영역에서 이곳의 반체제 인사들의 노력을 방해하거나 폄훼하려고 아무리 애를 써도, 그림자 속에서 펼쳐지는 이 전쟁의 많은 부분이 점점 더 표면으로 드러나고 있다. 2017년 초, 캐나다의 한 민간 인권단체가 "캐나다 거주 중국 문제 활동가들을 향한 공격과 협박"에 관한 상세한 보고서를 작성했다. '중국의 인권을 걱정하는 캐나다인 연합(Canadian Coalition on Human Rights in China, CCHRC)'이라는 단체가 작성한 30페이지 분량의 이 비공개 보고서는 기존에 공개된 정보에 근거를 둔 것이었다. CCHRC에는 국제앰네스티 캐나다지부, 캐나다 티베트위원회, 캐나다노동회의, 캐나다파룬다파협회, 중국민주연맹, 중국민주화운동, 캐나다언론보호위원회, 티베트의 자유를 위한 캐나다학생회, 중국민주화토론토협회, 캐나다위구르협회, 중국민주화운동을 지지하는 밴쿠버협회 등이 구성 단체로 참여한다.

이 보고서는 2017년 4월에 캐나다 외교부 중국 담당 부서에 전달되었다. CCHRC의 회원단체들은 후속 회의 차원에서 외교부 당국자 및 캐나다 왕립기마경찰대(Royal Canadian Mounted Police, RCMP는 캐나다의 연방경찰로 미국의 FBI와 같은 위상이다. - 옮긴이) 소속 수사관이 참석하는 1차 회의를 열었다. RCMP와 외교당국자들은 이 보고서의 편집본을 '생각이 비슷한 다른 나라 정부'와 공유하겠다고 CCHRC측에 양해를 구했다. CCHRC측의 양해로 이 보고서는 캐나다와 미국, 호주, 영국, 그리고 뉴질랜드가 공동으로 활용하는 문서가 되었다. 이 5개국은 마침 제2차 세계대전 중에 설립된 이른바 파이브아이즈(Five Eyes) 정보 동맹의 회원국이었다.

지난 반세기 동안 인권 학대의 진상을 조사하고 파악해온 국제앰네스티 캐나다지부가 이 조사 작업을 맨 앞에서 이끌었다. 언제나 그렇듯이 앰네스티는 매우 보수적이고 신중한 태도로 보고서를 작성했다. 보고서에는 다음과 같은 내용이 담겨 있었다. "이 보고서에 나타난 많은 사례에 중국 당국이 직접 연루되었다고 확증할 만한 단서는 그 어디에도 없다. 그러나 우리가 조사한 많은 사례가 일화적이고 포괄적인 경험을 담고 있을 수밖에 없다는 한계에도 불구하고, 국제앰네스티 캐나다지부는 인권침해에 관한 많은 보고 사례가 그 범위와 일관성으로 미루어볼 때 중국 정부의 이익에 반대하는 특정 정치, 인종, 종교 집단을 향해 중국 정부의 후원하에 이루어진 체계적 공작과 그 궤를 같이한다고 간주할 수밖에 없다."

보고서는 중국 정부가 오랫동안 해외에 정치적, 문화적 영향력을 행사하며 중국 공산당의 목적을 선전해왔다고 말한다. 보고서의 주장은 다음과 같다. "중국 당국은 자국의 소프트파워(연성권력)를 해외에 투사하려는 이런 목적 때문에 캐나다의 선출직 공무원, 해외 언론, 그리고 교육계에 영향을 미쳐 그들이 중국 정부의 정책을 홍보하는 정치적 입장에 서도록 만들었다고 한다. 친정부 정책을 홍보하는 이런 노력과 반체제 그룹을 겨냥하는 것이 분명한 공작이 합해져 캐나다에서 일어나는 인권운동에 심각한 사기 저하를 불러왔으며, 수많은 캐나다 국민과 거주민들이 양심과 표현, 결사의 권리 및 자유를 누리는 일이 방해받았다."

중공의 공작원들이 캐나다인과 캐나다 거주민들을 희생양으로 삼기 위해 동원한 방법은 너무나 많다. 여기에는 사이버공격, 무차별 전화 공세, 혐오 선전 유포, 공작원을 동원해 사람들을 추적·감시하는 행위, 반중 시위대를 향한 폭력, 중국을 방문한 캐나다인을 구금하고 괴롭히는 행위, 중국에 남아있는 친척들에 대한 협박, 그리고 캐나다의 정치적 인맥을 활용하여 표현과 집회의 자유를 방해하는 행위 등이 포함된다.

캐나다가 중공 공작원들이 활개 치는 사냥터가 되다시피 한 이유는 이 나라가 중공을 피해 중화권에서 벗어난 수많은 이주민의 매력적인 종착지가 되어왔기 때문이다. 이런 흐름은 제2차 세계대전에 뒤이어 중국에서 국공내전(1945-1949)이 일어난 후, 결국 이 싸움에서 패퇴한 장제스(蔣介石, Chiang Kai-shek)의 국민당 정권 측 사람들이 해외에서 피난처를 찾으면서부터 시작되었다. 1960년대와 70년대에는 중국과 그 점령지인 티베트, 신장에서 캐나다로 난민들의 이주 흐름이 형성되었다. 중국인들은 대약진운동에 따른 박해와 무질서, 기근, 문화대혁명의 비인간적인 잔혹성, 1997년에 중국으로 반환된 홍콩의 미래에 대한 불확실성, 그리고 1989년 천안문 광장 항쟁 과정과 그 이후에 개혁운동이 좌절되면서 몰아닥친 위험 등을 피하여 망명길에 올랐다.

중공의 문화 말살을 피해 고향을 떠난 티베트인들이 캐나다에 도착한 것은 1970년대에 달라이 라마가 캐나다 정부에 그들의 피난처를 마련해달라고 요청한 뒤부터였다. 이를 계기로 티베트계 캐나다인들은 아시아권 밖에서 가장 규모가 큰 티베트인 집단을 형성하게 되었다.

중공이 신장지역에서 튀르크계 위구르인의 종교와 문화를 통제하고 나아가 소멸 공작을 강화하게 된 것은 2001년 알카에다의 뉴욕 9.11 테러 사건을 계기로 미국이 중국의 무슬림 박해 행위를 양해하게 되면서부터였다. 중공 당국은 티베트에서 그랬던 것처럼 신장에도 한족 정착지를 곳곳에 넘쳐나게 만들어버렸다. 이후 약 400명의 위구르인들이 중공의 박해를 피해 캐나다에 정착했고 그들 중 일부는 고국의 독립과 민주화를 위한 망명자 운동을 활발히 펼치고 있다.

대만계 캐나다인들은 중공이 해외 화교 사회를 통제하려고 몰아붙이는 통에 엉뚱한 피해를 입게 된 대표적인 그룹이다. 현재 대만계 캐나다인의 인구는 약 10만 명 정도다. 그들은 1950년대와 60년대에 걸쳐 이 작은 섬나라에서 탈출했다. 대만은 밴쿠버 아일랜드보다 조금 더 큰 섬으로, 중국 연안에서 180킬로미터 떨어진 거리에 있다. 그들이 비행기를 타고 캐나다와 미국, 호주, 유럽으로 이주하는 데 박차를 가하도록 한 것은, 장제스를 비롯한 2백만 명의 국민당 측 인구가 국공내전에서 중공에 패퇴한 후 이 섬을 점령한 사건이었다. 그들의 침범에 항의하여 대만인들이 봉기하자 장제스는 이에 대해 계엄령을 선포하며 이른바 "백색 테러"를 발동하는 것으로 대응했다. 대만에서 캐나다로의 이민자 수는 1970년대를 거치며 꾸준히 증가해서 1980년대에 계엄령이 해제되고 민주화가 진행된 후로도 계속되었다. 그러나 중공은 아직도 2,300만 인구의 이 섬나라를 자신의 소유라고 주장한다. 그들은 대만의 자유민주적 제도를 무너뜨리기 위해 전력을 다하고 있으며, 이 나라가 중국의 주권을 인정하지 않으면 침공하겠다는 협박을 지금도 계속하고 있다. 중공이 대만계 캐나다인을 주요 목표로 삼고 있는 이유도 그들 중 많은 이들이 국제 사회에서 대만이 독립국으로 인정받을 수 있도록 노력하는 한편, 중공 정권에 대한 반대운동을 활발히 펼치고 있기 때문이다.

1983년에 영국과 중국이, 156년간 이어져 온 홍콩의 영국 식민지 시대를 마감하고 1997년에 홍콩을 중국에 반환한다는 협상을 시작하자, 이를 계기로 캐나다를 향한 홍콩인들의 대탈출이 시작되었다. 이후 10여 년 동안 최소한 50만 명의 홍콩인들이 캐나다로 이주했고, 그들 중 상당수는 자신을 고향 땅에서 떠나게 만든 중공에 대해 반감을 품게 되었다. 그들 중 약 30만 명 정도는 캐나다 시민권을 보유하면서도 홍콩에 자신의 직업적 기반을 최소한 일부는 지금도 남겨두고 있다. 그리고 홍콩에서도 많은 사람이 자유민주적 개혁의 지지자로서 새로운 정치적 운동을 펼치고 있다. 그러므로 홍콩과 중국의 정치 개혁은 이미 캐나다의 국내 문제가 된 지 오래다. 이런 사정을 이해하면 캐나다로 이주해 온 중국인들을 점점 더 눈엣가시 같은 존재로 간주하고 이들을 감시하는 중공의 속내를 짐작할 수 있다.

2017년 4월에 '국제앰네스티 캐나다지부'와 '중국의 인권을 걱정하는 캐나다인 연합(CCHRC)'이 작성한 보고서는 중공이 '5개 독소 집단'에 속한 사람을 향해 수년간 자행해온 공격의 실상을 낱낱이 밝히고 있다. 가장 많이 볼 수 있는 형태는 사이버공격이다. 주로 친구나 지인으로부터 온 것으로 보이지만 실제로는 악성 소프트웨어가 첨부된 이메일을 보내는 식이다. 이 악성 소프트웨어는 컴퓨터 바이러스를 퍼뜨리기도 하지만, 그보다는 반체제 인사의 컴퓨터에 스파이웨어를 심어 중공 공작원이 해당 인사의 연락망을 훤히 들여다볼 수 있게 만드는 용도로 더 많이 쓰인다. 이렇게 되면 중공의 스파이가 반체제 그룹의 계획과 논의 과정을 추적할뿐 아니라 개별 구성원들의 소재까지 파악할 수 있다. 토론토 대학교(University of Toronto) 국제문제대학원의 학제 간 연구단체인 시티즌 연구소(Citizen Lab)는 중공 공작원들의 사이버공격 현황을 포렌식 연구기법을 통해 지속적으로 조사한 결과 이런 악성 소프트웨어의 정체를 밝혀냈다.

2013년, 시티즌 연구소는 한 티베트계 캐나다인 단체 앞으로 도착한 수상한 파일이 첨부된 이메일을 조사했다. 티베트계 캐나다인 사회의 유명 인물이 발송한 것처럼 보이는 그 이메일에는 세 개의 문서가 첨부되어있었다. 그 문서를 여는 즉시 컴퓨터는 악성 소프트웨어에 감염되게 되어있었다. 시티즌 연구소는 이 소프트웨어를 북유럽 신화에 나오는 불의 거인의 이름을 따서 수투르(Surtr)라고 불렀다. 연구소는 이렇게 보고했다. "컴퓨터가 수투르에 감염되면 키보드에 친 내용이 모두 기록되고, 모든 파일 디렉토리와 그 내용이 낱낱이 공개될 뿐만 아니라 수투르에 연결된 작업자가 원거리에서 명령을 실행할 수 있다."

2014년, 시티즌 연구소는 인권침해 사례에 관한 그들의 관심이 반영된 '위험에 처한 단체들(Communities @ Risk)'이라는 제목의 보고서를 발간했다. 이 보고서는 이 연구에 적극적으로 협조한 10개 시민단체가 제보한 의심스러운 이메일과 첨부파일을 조사한 결과를 바탕으로 작성되었다.

이 조사에 참여한 한 티베트계 캐나다인 단체는 중국 정보기관 중 어느 곳이 이 공격의 배후에 있는지 밝히기 위해 직접 나섰다. 해커는 서구의 정보기관들에 APTI라고 알려진 공작기관으로, 각국 정부의 기관과 포춘 500 기업을 주목표로 활동을 펼쳐왔다. 미국의 연방수사국과 법무부는 APTI가 곧 61398부대라고 파악하였다. 이 이름은 중국인민해방군(Chinese People's Liberation Army, PLA) 제3부 제2국이 펼쳐온 사이버 첩보작전의 암호명이었다. 2014년 5월, 미국 법무부는 61398부대, 즉 APTI 소속의 공작원 5명을 미국의 원자력발전, 금속, 그리고 태양광 산업에 관련된 산업스파이 혐의로 기소했다.

국제앰네스티는 중국 문제와 관련된 일을 하는 캐나다의 또 다른 단체도 사이버공격의 대상이 되어왔다는 사실을 밝혀냈다. 그중 하나가 바로 파룬궁이었다. 수천만 명의 회원을 보유한 이 단체는 태극권을 바탕으로 건강관리와 영적 수련을 결합한 운동을 펼치고 있다. 1992년에 리훙즈(李洪志, Li Hongzhi)가 창시한 이 단체는 전통적인 태극권 수련과 불교의 자기수양을 결합하여 신체와 정신의 건강을 균형 있게 추구한다. 파룬궁은 급속하게 널리 알려졌다. 불과 몇 년 만에 중국 전역의 수천 개 도시에서는 공원마다 파룬궁 수련자들이 일제히 모여드는 모습을 볼 수 있었다. 중공은 리훙즈의 운동이 선풍적인 인기를 끌자, 이를 우려 섞인 시선으로 바라보기 시작했다. 급기야 당국은 이 단체를 박해하기 시작했다. 그중에서도 이 운동이 가장 큰 인기를 누리는 중국 북동 지역에서 더욱 심했다. 이 모임과 관련된 갈등은 1999년 4월 25일에 최악의 고비에 이르렀다. 일요일이던 이날 아침, 자금성 인근 중난하이(中南海, 한국의 여의도와 같은 베이징의 정치중심지다. - 옮긴이) 특별구역에 사는 중공 지도자들은 잠에서 깨자마자 경비원들이 전하는 다급한 보고를 들었다. 약 1만 5,000명에 이르는 파룬궁 수련자들이 중난하이 밖에 모여 탄압에 항의하는 시위를 펼치고 있다는 것이었다. 이에 주룽지(朱鎔基, Zhu Rongji) 총리는 파룬궁 대표자들을 특별구역 내에 불러들여 그들의 고충을 청취했다.

이 문제가 주룽지 총리 선에 머물렀다면 결과는 지금과는 완전히 달라졌을 것이다. 그러나 주룽지는 한 번도 중공 권력의 핵심부에 들어간 적이 없었고, 그렇게 된 것도 대개는 그의 선택이었다. 또한 그가 중국의 세계무역기구 가입에 대한 승인을 얻고자 미국과 캐나다를 방문했지만 성공하지 못하고 돌아오게 되자, 귀국 전날부터 그의 명성에 흠이 가기 시작했다. 중공 지도부의 강경론자들은 파룬궁 사태를 지켜보다가 두 가지 점에서 깜짝 놀랐다. 첫째, 시위대의 대다수는 과거 중국 공산당에서 중간 정도의 계급을 누리던 중년층이었다는 사실이다. 애초 그들은 중앙당의 신뢰를 받으며 중국 전역에서 명령을 실행하던 당의 충실한 일꾼들이었다. 중국 공산당 인본주의 이념에 투철한 그들의 태도야말로 일당 독재체제를 지탱하는 가장 필수적인 조건이었다. 그러나 중공 당국과 공산당 귀족들이 주동하여 중국이 뻔뻔한 족벌 자본주의로 빠져들수록, 그들은 이른바 공산주의의 영적 요소에 대한 믿음을 잃어버렸다. 그리고 그 대안으로 또 다른 영적 믿음의 대상인 파룬궁에 귀의하게 된 것이다. 중국인 중 일부는 기독교인이 되기도 했지만, 중국에서 가장 눈에 띄는 현상은 역시 전통 불교의 부활이었다.

중공 지도부가 긴장할 수밖에 없었던 두 번째 이유는 바로 날짜였다. 당시 이 나라는 1989년에 부패 개혁과 근절을 기치로 전국에서 시위가 일어난 지 10주년을 앞두고 있었다. 이 시위는 6월 4일 베이징 천안문에서 대학살이 자행되고, 이에 따라 중국 전역의 다른 도시에서 유사한 탄압이 일어나면서 막을 내렸다. 그 10주년이 되는 날이 다가오는 지금, 베이징은 물샐틈없는 보안이 확보되어야만 했다. 그런데 이 1만 5,000명이나 되는 대군이 전국 각지에서 베이징으로 몰려와 특별구역 바깥에 진을 쳤는데도 공안 당국은 아무런 사전 경고도 듣지 못했다. 중공 당국으로서는 아연실색할 만한 일이 아닐 수 없었다. 1989년 천안문 사태 이후 당국이 얻은 교훈이 있다면, 당의 통치에 도전하거나 이를 넘어뜨리려는 전국 규모의 움직임을 결코 용납해서는 안 된다는 것이었다. 그런데 바로 지금 그런 움직임이 코앞에 들이닥쳐 있었다. 중공 당국은 신속한 행동으로 파룬궁에 최고의 잔학함을 선사했다. 1999년 7월, 당국은 파룬궁을 '사악한 불법 집단'으로 규정했다. 곧이어 중국 사회에 파룬궁이 얼마나 깊숙이 침투해있는지, 그리고 이와 유사한 집단이 또 있는지를 서둘러 조사했다. 그 결과 놀랍도록 많은 사람이 태극권 수련과 명상에서 편안함과 위로를 얻는다는 사실이 밝혀졌다. 중국 사회 전체는 물론이고 정부와 당, 군대 내에도 그런 사람이 상당한 비율로 존재한다는 것이었다. 파룬궁 회원에 대한 대대적인 색출작업이 이어져 수천 명이 투옥되거나 처형되었다. 당국은 계속해서 이 단체를 정권에 대한 최대 위협으로 간주하고 당연히 그 책임의 일부를 파룬궁 지도자 리훙즈의 탓으로 돌렸다. 그는 현재 미국에 거주한다.

이렇게 삼엄한 탄압이 일어난 후, 중공 당국은 파룬궁을 사악한 사교 집단으로 낙인찍은 행위를 정당화하기 위해 선전전을 펼치기 시작했다. 당국은 이 단체가 사회를 위협하는 세력으로서, 정신을 좀먹는 미신을 동원해 사람을 세뇌하고 있다고 주장했다. 국영 언론매체는 이 단체에 속한 사람들이 리훙즈의 꾐에 넘어가 자살이나 자해를 저지르거나 범죄 행각을 일삼는다는 이야기를 퍼뜨렸다. 그러나 정작 중공 당국은 그들의 이런 의혹을 뒷받침할 그 어떤 증거도 제시하지 못했다. 의혹의 증거라고 제시된 내용을 조사해본 서방 세계의 인권단체들은, 이야기에 나오는 사람들이 심지어 실존 인물이 아니거나, 간혹 의혹에 언급된 사람이 실제로 범행을 저질렀다고 해도 그들은 파룬궁과는 전혀 무관한 사람이라는 사실을 밝혀냈다. 뉴욕에 본부를 둔 국제인권감시기구인 휴먼라이츠워치(Human Rights Watch)는 파룬궁에 대한 중공 당국의 주장이 모두 '가짜'라고 결론 내렸다.

그러나 중공은 파룬궁을 상대로 역습을 펼치면서, 캐나다를 포함한 서구사회에서 이 단체에 대한 상반된 감정과 의구심을 일으키는 데 상당한 성공을 거두었다. 이렇게 된 데에는 아시아에서 기원한 영적 운동의 동기와 진정성에 대한 서구인들의 회의적인 성향도 한몫했다. 게다가 서구사회도 역시 그동안 이런저런 사교 집단이 자생하여 심각한 사회 문제를 일으킨 아픈 경험을 안고 있었다. 더구나 파룬궁의 대응도 그리 적절하지 못했다. 파룬궁은 중국에서 금지령이 떨어지자마자 서방 언론을 겨냥하여 끊임없는 홍보 캠페인을 펼치기 시작했다. 그러나 캠페인을 워낙 끈질기게 펼치는 과정에서 언론인과 정치인에게 배포한 그 방대한 자료 중에는 일부 엉뚱한 내용도 분명히 포함되어있었다. 따라서 과민반응의 기색이 보이게 하는 등 역효과가 나기 시작했다. 파룬궁의 캠페인은 서방 언론들 사이에 신뢰를 심어주기보다는 오히려 이 단체의 주장에 대해 짜증과 의혹만 불러일으켰다. 중공 당국이 구금된 파룬궁 회원들을 학대해온 총체적인 실상(심지어 영리 목적의 이식 수술을 위해 이들의 장기를 적출하는 행위도 포함된다.)이 속속 드러났을 때도 서구의 언론과 정치인들은 이런 의혹에 걸맞은 진지한 태도를 보여주지 않았다.

파룬궁은 중공이 캐나다에서 겨냥하는 목표 중에서도 가장 높은 순위에 속한다. 캐나다파룬다파협회(Falun Dafa Association of Canada)의 그레이스 월렌색(Grace Wollensack) 대표가 국제앰네스티 조사관들에게 말한 바에 따르면 이 단체가 사이버공격을 당한 것을 처음 알아챈 것은 2010년의 일이었다고 한다. 그녀는 파룬궁 수련자를 가장한 몇몇 사람들이 연방 정부의 장관과 의회 의원들에게 이 단체의 명예를 실추시키는 내용의 이메일을 보냈다고 말했다. 국제앰네스티가 살펴본 그 메일은, 과연 파룬궁을 중공이 주장하는 바처럼 광적인 사교 집단으로 몰아붙이려는 목적이 뚜렷이 드러나 있었다. 그것은 전 캐나다 보수당 의원인 제이슨 케니(Jason Kenny)와 스티븐 우드워드(Stephen Woodworth) 앞으로 발송된 메일이었다. 그 두 사람이 파룬궁 행사에 불참한 것을 모욕적인 언사로 비난하면서 다음번 모임이 그들이 '구원받을' 마지막 기회이니 잘 판단하라고 경고하는 메시지였다. 국제앰네스티는 2016년 4월에 발송된 또 다른 여러 통의 이메일 사본을 확인했는데, 거기에는 역시 캐나다 보수당 의원인 데이비드 앤더슨(David Anderson)의 사진이 실려있었다. 실은 그는 국제적인 인권 및 종교 자유 문제에 대해서는 반대하는 비평가였다. 하지만 이메일에는 그가 '파룬궁을 지지하는' 것으로 나와 있었다. 국제앰네스티 보고서에는 그 사진에 관한 상세한 설명이 없지만, 그 내용이 폭력적이라는 것은 앤더슨 측이 이 이메일을 RCMP에 전달한 사실만 봐도 알 수 있는 일이었다.

전화 협박은 중공의 공작원과 그 연계 세력이 상대방을 애먹일 때 쓰는 가장 흔한 수법이다. 국제앰네스티는 이 조사 과정에서 시민단체가 보고한 수많은 전화 협박 사례를 검토했다. 그중에는 살해 위협을 받은 사례까지 있었다. 대부분 전화를 건 사람은 한마디도 하지 않고 미리 녹음해둔 불쾌하고 모욕적인 메시지를 대신 들려주는 식이었다. 오타와에 거주하는 파룬궁 수련자 루시 조우(Lucy Zhou)는 한밤중에 파룬궁 운동을 맹비난하는 미리 녹음된 내용의 전화를 받았다. 그녀는 또, 여러 차례에 걸쳐 중공과 그 지도자를 찬양하는 선전 가요가 담긴 전화 폭탄을 받은 적도 있었다. 그뿐만 아니라 어떤 남성이 유창한 중국어로 자신의 최근 동선을 훤히 꿰고 있는 듯이 말하는 전화를 받기까지 했다. 그녀는 2005년 6월 「글로브앤메일(Globe and Mail)」 신문과의 인터뷰에서, 이런 전화들은 줄곧 성적 괴롭힘으로 이어지곤 했다고 말했다.

루시 조우 사건은 2005년 2월, 하오펑준(Hao Fengjun)이 중국을 탈출하여 호주에 망명을 신청한 후 불과 몇 개월 후에 일어난 일이었다. 하오펑준은 자신을 중국 공안국 특수부서인 제610호실 소속 대원이었다고 소개했다. 이 부서는 이른바 사교 집단을 단속한다는 명목 아래 호주와 뉴질랜드, 캐나다, 미국 및 기타 국가에서 광범위한 정보원망을 관리하며 파룬궁을 감시하고 있었다. 그가 업무 중에 확인한 문서에 따르면 중공이 캐나다에서 파룬궁을 감시하기 위해 운영하는 첩보망에는 무려 1,000명이 넘는 스파이가 활동하고 있으며, 이는 미국이나 호주, 뉴질랜드에서 파룬궁을 감시하는 스파이보다도 많다. 그는 밴쿠버와 토론토가 제610실 및 그 민간인 정보원들이 활동하는 핵심 거점이며, 이들은 모두 녹음된 메시지를 사용해 파룬궁 수련자들을 괴롭히고 겁박하라는 지시를 받는다고 말했다.

2005년 6월 16일, 캐나다 하원에서 이 문제가 쟁점이 되었을 때, 보수 야당 총재 스티븐 하퍼의 질문에 자유당 총리 폴 마틴(Paul Martin)은 하오펑준이 제기한 의혹, 즉 중국 스파이 1,000명이 캐나다에서 활약하고 있다는 주장을 매우 심각하게 받아들이고 있다고 답했다. 폴 마틴 총리는 지난 1월 그가 베이징을 방문했을 때 중국 지도부에 이 문제를 추궁했다고 말했다.

폴 마틴 총리는 캐나다 하원에 출석하여 이렇게 말했다. "저는 캐나다의 이익에 폭넓은 관심을 기울여왔습니다. 또한 캐나다의 주권에 대해, 그리고 각국의 주권을 상호 존중해야 할 필요성에 대해서도 폭넓게 대응해왔습니다." 폴 마틴 총리는 계속해서 말했다. "정부는 캐나다의 안보를 위해 활발한 방첩 활동을 펼치고 있습니다. 분명히 말씀드리지만, 우리는 매우 강력한 법률 집행과 안보 체계를 발동하여 캐나다인의 안전을 지키고 있습니다. 국민 여러분께서는 이 점을 믿고 안심하시기 바랍니다."

하오펑준이 의혹을 제기하지 않았다고 하더라도 캐나다 당국과 일반 국민들은 중국 정부 당국이 그들에게 위협이 된다고 생각하는 캐나다 주민들, 특히 파룬궁 추종자들을 상대로 끈질긴 공작을 펼쳐왔다는 수많은 증거를 이미 살펴볼 수 있었다.

파룬궁은 중국 외교당국이 캐나다에서 혐오 선전을 펼친 가장 뚜렷한 사례이자 목표다. 이 사건의 기원은 과거 2002년 11월 중순, 중국 남부 광동성에서 중증급성호흡기증후군(Severe Acute Respiratory Syndrome, SARS)이 발발한 일까지 거슬러 올라간다. 지역 보건당국은 이 질병의 전염성을 즉각 파악한 후, 이것이 유행병으로 번질 수 있다는 위험을 인지했다. 사스에 관한 보고가 베이징의 지휘 계통을 밟아 올라갔고, 2003년 1월 말에는 위생부에서 나온 조사단이 광동성에 도착했다. 그리고 1월 27일에 위생부는 보고서 작성을 완료했다. 그러나 이 보고서는 1급 기밀로 분류되어 그 누구도(의사, 보건당국자, 언론인을 포함하여) 이 질병에 관해 공개적으로 발언할 경우, 국가기밀 누설죄로 기소된다고 하였다.

당국이 정보를 이렇게 철저히 통제한 이유는 중대 전염병이 중국의 경제성장과 중공의 역량에 대한 인민의 신뢰를 위협하게 될 것이 두려웠기 때문이었다. 그 결과 질병이 발생한 지 석 달, 그리고 위생부 당국자가 조사를 완료한 지도 2주나 지난 후인 2003년 2월 11일이 되어서야 광둥성 위생당국이 공식적인 기자회견을 열었다. 그들은 이 자리에서 지금까지 이 질병에 관해 파악한 내용과 전염병 확산 현황, 그리고 감염 예방에 필요한 일반인의 행동 수칙과 감염 시 대처 요령 등을 발표했다. 당국자들은 이 문제의 심각성과 질병 확산에 따른 위험을 최소화해서 발표했다. 다음 달인 3월에 전국인민대표회의가 열리는 동안에도 정보 통제는 여전히 계속되었다. 의회를 가장한 중국의 쇼 무대가 창피를 당한다는 것은 정치적으로 도저히 용납되지 않는 위험천만한 일이었다. 중국 정부는 4월 초까지도 세계보건기구(World Health Organization, WHO)에 발병 사실을 알리지 않았다. 그러는 한편 중국질병통제예방센터(中国疾病预防控制中心, Chinese Center for Disease Control and Prevention)는 사스 확산 예방법을 전국 병원에 공지했다. 그러나 4월말이 되어서야 비로소 베이징의 관련 부처는 전국 각 지방에 사스 현황을 긴밀히 감시하고 새로 발견되는 사례를 일일 단위로 베이징에 보고하라는 명령을 내렸다. 전염병이 처음 발견된 지 무려 5개월이 지난 후의 일이었다.

한편 캐나다에서는 2003년 3월 5일에 사스 감염에 따른 첫 희생자가 나왔다. 홍콩 출신의 78세 여성 콴수이추(Kwan Sui-chu)가 그 주인공이었다. 발병 사태가 종결되기까지 캐나다에서는 총 438명이 감염되었고 이 중 44명이 사망했다. 4월에 접어들면서, 질병 파악 초기에 중국 당국이 정치적인 이유로 침묵을 지킨 데 대한 광범위한 비판 여론이 일어났다. 4월 16일, 캐나다의 사망자 수가 19명에 이르러 WHO가 토론토 여행을 자제할 것을 경고한 시점에, 「토론토 스타(Toronto Star)」지는 파룬궁 수련자인 조엘 칩커

(Joel Chipkar)가 보내온 편지를 한 통 공개했다. 토론토에 사는 비즈니스맨인 조엘 칩커는 이전에도 이 신문과 토론토 주재 중국 영사관 앞으로 중국에서 진행되고 있는 파룬궁 탄압을 중지하라는 내용의 탄원서를 여러 차례 보낸 적이 있었다. 그는 「토론토 스타」에 보낸 편지에서 발병 사실을 은폐한 중국 정부의 행태를 우려하며 그로 인해 사망자가 나온 것은 모두 중공 당국의 책임이라고 말했다. 5월 1일 주토론토 중국 총영사 대리 판신춘(Pan Xinchun)이 같은 신문에 반박문을 게재했다. 그는 중국 정부가 사스 발병을 은폐했다는 사실을 단호하게 부인하면서 조엘 칩커가 제기한 의혹을 "불길한 사교 집단"에 속한 사람이 외치는 불평에 불과하다고 일축했다.

2003년 8월, 조엘 칩커는 판신춘 부영사를 상대로 소송을 제기하면서 그가 게재한 글이야말로 중국 외교관이 캐나다인들에게 파룬궁에 대한 혐오심을 부추기고 있다는 증거라고 말했다. 이듬해 2월, 캐나다 온타리오주 고등법원이 이 사건을 심리했다. 판신춘은 공판에 출석하지 않았고 자신의 의견을 대변할 변호인도 보내지 않았다. 그러나 재판부는 판신춘 총영사 대리가 중국 외교부에 소속된 직원이며, 그가 가진 캐나다 법률에 대한 면책권은 캐나다의 수도인 오타와(Ottawa)의 주캐나다 중국 대사가 가진 완전한 면책특권에 비해서는 제한된 것일 수밖에 없다고 판시했다. 게다가 그가 가진 면책권조차 영사 업무에 한해 적용될 뿐이라고 해석했다. 또한 재판부는 판신춘이 「토론토 스타」지에 기고한 글은 영사 업무에 부합하는 요건을 갖추지 못했다고 보았다.

재판부는 판신춘이 조엘 칩커의 명예를 훼손한 문제를 불법행위라고 선고하면서 그에게 손해배상금액 1,000달러와 소송비용 1,000달러를 각각 지급하라고 판시했다. 조엘 칩커는 그 전에 이미 재판부에 최소한의 손해배상금액만을 요청하며, 자신은 불법행위 선고의 상징적 의미에 더 큰 의미를 둔다고 말한 바 있었다. 판결 이후 중국 정부는 다음과 같은 성명을 발표했다. "판신춘은 캐나다에서 중화인민공화국(PRC)의 이익을 보호하고 있었으며, 그의 행동은 중화인민공화국에 대한 공격에 대해서 대응하는 당국의 지침에 따른 것이었다. 판신춘은 영사 업무의 요령을 충실히 따랐을 뿐으로, 캐나다 법원의 사법적 판단에 대해 면책권을 가진다."

　도대체 중화인민공화국의 이익을 보호한다는 개념을 어떻게 해석해야, 혐오를 선동하고 캐나다의 내정에 간섭하는 행위까지 여기에 포함될 수 있는지, 게다가 이것이 캐나다 주재 중국 외교관의 업무에 속한다는 것인지 이해할 사람이 과연 있겠는가. 2007년 3월 5일, 오타와의 주캐나다 중국대사관에서 한 직원의 아내, 장지안(Zhang Jiyan)이 대사관을 빠져나와 캐나다에 정치적 망명을 요청했다. 그녀가 대사관에서 수행했던 업무 중에는 국제앰네스티 보고서에 학대와 협박으로 적시된 활동도 포함되어있었다.

　장지안은 파리 주재 중국대사관에 재직 중이던 1995년에 파룬궁에 입문했다. 당시는 태극권에 불교 사상이 가미된 이 유파가 아직 중국에서 합법적으로 용인되던 시절이었다. 장지안과 그의 남편이 오타와로 배속되던 2003년에는 이미 파룬궁이 불법 집단으로 규정된 후였지만, 그녀는 파룬궁 수련자들이 오타와 소재 캐나다 의회 의사당(Parliament Hill) 앞에서 시위하는 장면을 보고 그들과 합류하기로 마음먹었다. 그녀는 한동안 이 단체의 자료를 배포하는 등의 활동을 펼친 후, 대사관 직원들이 자신을 감시하고 있다는 사실을 알아챘다. 그녀는 그때부터 파룬궁을 지지하는 행동을 겉으로 드러내지 않았다. 그녀는 대사관을 탈출한 후, 그곳에서 이루어지는 반파룬궁 활동이 과연 어느 정도인지 자신도 알고 있다고 기자에게 말했다. 그녀가 기자회견을 통해 밝힌 내용은 몇몇 캐나다 신문에 보도되기도 했다. "저는 대사관 내에서 파룬궁에 대해 혐오를 선동하는 자료를 직접 목격했습니다. 대사관에는 (수련자들에 대한) 정보를 수집하는 특수부서가 따로 있습니다. 중국 대사가 대사관의 전 직원이 참석한 회의에서 자신이 파룬궁을 비하하는 자료를 의회 의원들과 캐나다 정부 당국자, 그리고 전 영연방 총독에게 전달했다고 말한 적도 있습니다."

장지안은 대사관의 목표가 파룬궁에 망신을 주는 것을 훨씬 뛰어넘어 캐나다 사회 전반에 영향을 미치려는 것이라고 말했다. 「밴쿠버 선(Vancouver Sun)」의 보도에 따르면 그녀는 이렇게 말했다고 한다. "중국대사관은 이미 오래전부터 화교 사회를 장악한 뒤 이들을 통해 캐나다 주류사회에 영향을 미치겠다는 목표로 매진해오고 있습니다." 실례로 그녀는 캐나다 중국 외교관들이 뉴욕에 본부를 둔 방송사인 NTD TV(New Tang Dynasty TV)가 캐나다에서 TV방송 인가를 취득하는 것을 방해하려다 실패한 사건을 지목했다. 해외 거주 중국인들이 운영하는 이 방송사는 파룬궁과도 연계되어있으며 주로 중공에 비판적인 논조를 유지하고 있다. 장지안은 대사관 측이 "친공산주의 중국인 단체와 중국 유학생들을 동원해 NTD TV가 캐나다에 들어오지 못하도록 막아달라고 캐나다방송통신위원회(Canadian Radio-Television and Telecommunication Commission, CRTC)에 편지를 보냈다"고 말했다. 그녀는 또, 그들의 이런 시도가 실패하자 대사관 직원들은 캐나다 케이블 방송국인 로저스(Rogers)를 상대로 NTD TV에 지역 방송 채널을 할애해주지 말라고 로비를 펼쳤다고 말했다.

국제앰네스티 보고서에는 훨씬 더 개운하지 않은, 또 다른 혐오 조장 사건이 언급되어있다. 국제앰네스티 조사관이 증언을 들은 인물 중에는 유명 작가이자 언론인인 장시훙(Zang Xihong)도 있었다. 그녀는 셩쉐에(Sheng Xue)라는 필명으로 활동하는 중국계 캐나다인이었다. 중국에서 자란 그녀는 1989년 천안문 사태가 불거진 직후 캐나다로 이주했다. 그녀는 셩쉐에라는 이름으로 '자유 아시아 방송(Radio Free Asia)' 기자 겸 '독일의 소리(Deutsche Welle)' 북미 특파원으로 활동하고 있다. 또 박해를 당하는 작가들을 보호하기 위해 조직된 국제기구의 지부인 캐나다펜클럽(PEN Canada)의 회원이기도 하다. 2007년에는 오타와 소재 칼턴대학교(Carleton University)에서 전속작가로 활동했고 2009년에는 해밀턴 소재 맥마스터대학교(McMaster University)에서 같은 직함으로 활동했다. 또 2010년에는 망명 작가 신분으로 캐나다 에드먼턴(Edmonton)에 살았다. 그녀는 중국의 자유화와 개혁을 추진하고 티베트, 신장, 홍콩, 대만의 인권을 수호하는 십여 개 단체에 회원으로 가입되어있다.

셩쉐에는 국제앰네스티의 인터뷰 담당자에게 자신이 수년 동안 여러 웹 사이트가 펼치는 중상, 모략의 표적이 되어왔고 장싱양(Zhang Xing Yang)이라는 남성으로부터 직접 공격을 당하기도 했다고 말했다. 2005년 11월부터 2006년 4월까지, 장싱양은 오타와의 캐나다 의회 의사당 앞에서 "셩쉐에는 중국 스파이"라는 커다란 팻말을 들고 매일 시위를 펼쳤다. 그녀가 장싱양을 경찰에 신고하자, 그는 그녀를 상대로 민사소송을 제기하며 1,000만 달러의 손해배상을 청구하는 것으로 대응했다. 오타와 고등법원에 접수된 장싱양의 최초 진술은 여러 가지 이상한 혐의를 담고 있었다. 셩쉐에가 미국에서 그의 납치를 획책했으며, 중국에서는 그의 처사촌을 교통사고를 위장하여 살해하려고 했다는 등의 내용이었다. 장싱양이 제기한 소송의 가장 중요한 내용은 역시 중국 허난성의 수도 정저우에 있는 그의 가족 소유

자산이 2006년에 지방 관리들에 의해 탈취되었다는 것이었다. 중국에서 이런 일은 흔히 일어나기 때문에 매우 그럴듯하게 들렸다. 그런데 장싱양은 그렇게 도둑질한 자금의 사용처 중에는 중공의 해외 공작원 비용이 있다고 강조하며 셩쉬에도 그중 한 명이라고 주장했다. 반면 셩쉬에는 내내 일관된 입장을 고수했다. 즉, 장싱양이 이런 일을 하는 이유가 중공을 대신해서 그녀와 그녀가 속한 반체제 운동단체의 활동과 그 입장을 깎아내리기 위해서라는 것이었다. 이것이 바로 중공 공작원들이 쓰는 전형적인 수법이었다. 아울러 이것은 음모론에 집착하는 사람들이 공적인 인물에 대한 자신의 불평에 초점을 맞추는 가장 흔한 모습이기도 했다. 셩쉬에와 장싱양 사건은 중국계 캐나다인 사회의 의심과 불안을 둘러싸고 중공이 스파이 활동과 협박 작전으로 교묘한 속임수를 꾸미고 있음을 여실히 보여준다.

국제앰네스티 캐나다지부가 수집한 증거로 봤 때, 중공의 외교관과 공작원들은 자신들의 타깃 인사들에 대해 감시와 추적뿐 아니라 협박까지 동원해서 정보를 모으고 있는 것 같다. 그들은 자신들이 희생자들을 감시하고 있으며, 그들의 활동을 낱낱이 추적하고 있다는 사실을 의도적으로 그들에게 알리고 있다.

국제앰네스티 보고서에 실린 민간인 사찰 사례 중에는 캐나다 대학들이 그 출처인 경우도 있다. 국제앰네스티는 대개 정보원에게 쏟아지는 추가적인 관심을 피하고자 제보자의 이름을 밝히지 않는다. 한번은 어떤 캐나다인 교수가 국제앰네스티 조사관에게 "나는 캐나다에서 펼치는 활동을 추적하려는 중국 당국자들로부터 오랜 기간 학대와 협박을 당한 적이 있다"고 말한 적이 있다. 그가 한 말에서 우리는 이 교수가 중국계 혈통을 가지고 있거나 혹은 중국령에 속한 지역에서 온 사람이라는 사실을 미루어 짐작할 수 있다. 그 교수는 자신의 행정 보좌관에게 '중국 사람들'이 접근해서 자신에 관한 정보를 문의한 적이 있고, 신화통신사(新華通信社, 한국의 연합뉴스와 같은 중국 국무원 소속의 국영 통신사다. - 옮긴이) 측 인사가 직접 자신을 찾아온 적도 있다고 말했다. 그뿐만 아니라 자신이 속한 단체에 침투해온 것으로 생각되는 사람도 자신을 만나려고 했다고 했다. 국제앰네스티 보고서에 실린 내용을 소개하면 다음과 같다. "그는 또 중국 영사관이 그에 관한 정보를 그 대학에 있는 공자학원에 문의해온 적이 있다는 말을 동료 교수로부터 들었다고도 했다. 최근 그 대학의 중국인 교수 모임이 중국 영사관으로부터 자금을 지원받은 적이 있는데, 그는 이 지원이 정보 제공에 대한 대가가 아닌가 의심하고 있다." 해당 교수는 또 중공 공작원들이 자신을 협박하기 위해 좀 더 직접적인 방법을 쓰고 있는 것 같다고 국제앰네스티에 말했다. 자동차 안에 두 명의 사람이 앉아서 자신의 집을 지켜보다가 그의 아내와 눈을 마주치고서야 떠난 일이 있었다는 것이다.

2007년에 위구르계 캐나다인 모임의 회장을 지낸 메흐메트 토흐티(Mehmet Tohti)도 비슷한 일을 겪었다. 그는 시사주간지 「맥클린스(Maclean's)」 2007년 5월 14일자 발간호에 실린 인터뷰에서, 중공 공작원으로 의심되는 사람들로부터 여러 차례 전화로 괴롭힘을 당한 적이 있다고 말했다. 그 이전 연도 10월에는 검은색 SUV에 탄 3명의 사나이가 자신의 집을 감시하는 모습을 본 적도 있었다. 물론 그는 이 사실을 캐나다 안보정보청(CSIS)과 외교부에 즉각 신고했지만, 그 이후로 며칠 동안이나 밤에 잠을 이루지 못했다고 인터뷰에서 밝혔다. 그는 절박한 심정으로 24시간 보안이 유지되는 콘도미니엄으로 이주했지만, "캐나다에서는 이제 안전하지 않다는 느낌이 든다"고 말했다.

그가 보인 이런 움츠린 태도야말로 중공 공작원들이 약 450명 정도의 강력한 위구르계 캐나다인 사회에 대해 기대하는 반응인 것 같았다. 3년 전, 메흐메트 토흐티는 이번보다 더 직접적인 협박을 당한 적이 있었다. 어느 날 밤늦게 그의 집 전화벨이 울렸다. 그 전화는 메흐메트 토흐티의 어머니 투르미사(Turmisa)로부터 걸려온 것이었다. 그녀는 중국령 신장 위구르 지역의 카길리크(Karghilik) 지방에 살고 있었다. 그는 중국을 떠난 지 16년 동안 어머니를 만난 적이 없었다. 어머니는 통화를 시작하자마자 전화기를 어떤 남자에게 넘겨주었고, 이 남자는 즉시 메흐메티 토흐티의 정치 활동을 질책하기 시작했다. 그는 자신을 국무원교무판공실(國務院僑務辦公室, Overseas Chinese Affairs Office, OCAO) 소속 관리라고 밝혔다. 이 부서는 국제무대에서 중공의 목적을 달성하는 데 화교들을 끌어들여 이용하는 일을 전문적으로 수행하는 기관이었다. 그는 메흐메티 토흐티에게 위구르의 대의명분을 내세워 캐나다 사회에서 공감을 불러일으키는 일을 당장 중단하라고 했다. 그중에서도 특히 중국 정부가 위구르인을 상대로 문화 말살을 펼치고 있다는 주장을 멈출 것을 요구했다. 그는 또 독일에서 열릴 예정인 여러 위구르 난민 단체의 모임에 참석하지 말라고 지시했다. 그 관리가 그런 요구를 할 수 있는 배경은 뚜렷했다. 바로, "우리는 당신의 어머니와 형제를 손아귀에 쥐고 있다"는 것이었다. 게다가 경찰은 그의 가족을 카슈가르(Kashgar) 지구의 경찰본부까지 거의 300킬로미터나 데리고 와서 통화를 명령한 것이었다. 그 관리는 이렇게 말했다고 한다. "우리는 원한다면 무슨 일이든 할 수 있다."

그들의 위협은 빈말이 아니었다. 또 다른 위구르 인권운동 지도자 후세인 세릴(Huseyin Celil)은 2001년에 가족과 함께 탈출하여 캐나다로 이주해온 무슬림 성직자이다. 그는 캐나다 국적을 취득한 후 토론토 바로 서쪽에 있는 벌링턴(Burlington)에 정착했다. 후세인 세릴은 위구르의 정치 문제에 적극적인 태도를 보였고 토론토 주재 중국 영사관 앞에서 개최된 시위에도 참여했다. 여기서 그의 모습이 중국 관리의 사진에 찍혔다. 2006년 그는 우즈베키스탄에 있는 처가를 방문했다. 우즈베키스탄은 중국 신장 지구와 가까운 중앙아시아 국가다. 그는 그곳에서 체포되어 중국 관리에게 인계된 후, 곧바로 다른 사람들과 함께 국경을 넘어 중국으로 압송되었다. 후세인 세릴은 캐나다 시민이므로 그에 걸맞은 대우를 해달라고 캐나다 외교관들이 갈수록 거세게 요구했지만, 중국 정부는 이에 아랑곳하지 않고 재빨리 그에게 테러 혐의를 뒤집어씌워 징역 15년 형을 선고해버렸다. 이 사건으로 캐나다와 중국 관계는 눈에 띄게 냉각 국면으로 접어들었다. 스티븐하퍼 총리가 중국 정부를 향해 세릴이 처한 상황에 대한 해명을 요구하자, 중국 외교부 대변인 장위(姜瑜, Jiang Yu)는 중국 정부는 후세인 세릴을 중국국민으로 간주하며, 따라서 "중국과 캐나다 사이에 맺은 영사 협정은 이 사건에 적용되지 않는다"라고 대답했다. 더 나아가 장위는 후세인 세릴이 "동투르키스탄 이슬람운동, 즉 신장독립운동에 가담한 범죄인"이라고 말했다.

후세인 세릴의 캐나다인 변호사 크리스 매클라우드(Chris MacLeod)는 캐나다에서 사전에 간첩 활동이 없었다면 후세인 세릴을 우즈베키스탄에서 중국으로 그토록 빠르게 치워버릴 수 없었을 것으로 확신했다. 그는 「맥클린스」지와의 인터뷰에서 이렇게 말했다. "저는 후세인 세릴이 중국 당국의레이더에 걸린 이유가 이곳에서 펼친 활동 때문이었다는 생각을 내내 해왔습니다. 그들은 분명히 그의 동선을 추적해왔고, 그가 우즈베키스탄에 있다는 사실을 알았습니다. 그들은 다른 위구르인들이 그들의 대의명분을 공개적으로 발언하기를 원하지 않았습니다. 이 사건은 그들이 메시지를 전하는 방식이라고 생각합니다."

신장에 대한 중공의 복속 활동은 더욱 거세졌다. 2018년 8월, 유엔 인권이사회가 채택한 보고서에는 약 200만 명에 달하는 위구르인이 집단수용소에 억류되어있다는 신빙성 있는 정보를 입수했다는 내용이 담겨 있다. 유엔 인종차별 해소위원회 위원인 게이 맥두걸(Gay McDougall)은 이렇게 말했다. "우리가 수많은 믿을 만한 정보를 접수하고서 크게 우려하는 이유는, 중국이 현재 종교적 극단주의를 타파하고 사회 안정을 추구한다는 미명 아래 위구르 자치구를 마치 거대한 포로수용소처럼 만들어, 그곳이 완전히 베일에 가린 곳이 되어버렸다는 사실입니다." 중국은 혐의를 전면 부인했고, 유엔을 향해 '근거 없고 무책임한 정보'에 의존하고 있다고 비난했다.

중국에 있는 가족을 위협하거나 포로로 억류하는 행태는 중공 공작원들이 해외 반체제 인사의 행동을 통제하거나, 그들을 중국으로 소환해서 응징하기 위해 써먹는 가장 흔한 수법이다.

아나스타샤 린(Anastasia Lin) 사건이 국제적 주목을 받게 된 것은 역시 그녀가 배우이자 미인대회 우승자다운 뛰어난 미모의 소유자로서 상당한 팬층을 보유하고 있기 때문일 것이다. 아나스타샤 린은 2003년, 열세 살의 나이에 어머니와 함께 중국에서 캐나다로 이주해왔다. 그녀의 부모는 이혼한 상태로, 아버지는 여전히 중국 후난성에 살고 있다. 그녀는 토론토대학교에서 영화를 전공한 후 배우로서의 경력을 쌓아오다 2015년 여름에 미스월드 캐나다 대회에서 우승을 차지했다.

그녀는 2015년 6월 「워싱턴 포스트(Washington Post)」지에 자신이 그간 겪어온 일을 기고한 글에서, 미스월드 캐나다 대회 수상소감이 당국의 검열에도 불구하고 중국에 있는 그녀의 가족과 친구들에게까지 전해졌다고 말했다.

그러나 곧 상황은 악화되었습니다..

제가 우승한 직후, 중공 공안요원들은 저의 인권 활동에 불만을 제기하며 아버지를 협박하기 시작했습니다. 저는 배우로서, 영화나 TV 제작물에서 중국의 공공연한 부패와 종교 탄압을 알리는 역을 자주 맡아 왔고, 그런 열정이 있었기 때문에 미스월드 캐나다 무대에도 설 수 있었습니다. 물론 생계와 사업을 걱정할 수밖에 없었던 아버지는 저에게 인권 활동을 멈추라고 했습니다. 당장 그만두지 않으면 가족의 연을 끊겠다고까지 말씀하셨습니다.

중국 인권운동가들치고 이런 일을 겪지 않은 사람은 없습니다. 아무리 서양에 이민을 와봤자, 중국 공산당은 남아있는 가족을 이용하여 우리를 겁박하며 입에 재갈을 물리려고 합니다.

아나스타샤 린은 부녀 관계와 인권운동 사이에서 어느 편을 선택할 것인가를 두고 피눈물 나는 고민을 거듭했다고 밝혔다. "답은 간단했습니다. 제가 만약 협박에 무너진다면, 저는 계속된 인권 탄압의 공모자가 되는 셈이었습니다. 저를 포함해서 저와 생각이 같은 사람들이 침묵을 지킨다면, 중국 공산당은 앞으로도 아무런 거리낌 없이 사람들을 탄압할 것입니다." 그녀는 마침내 이렇게 선언했다. "침묵은 결코 아버지를 지켜주지 못할 것입니다. 아버지는 비록 제가 목소리를 높이는 이유를 이해하지도, 용납하지도 않으시겠지만, 저는 알고 있습니다. 그분이 독재정권이 원하는 바대로 어둠

속에 묻혀계시는 것보다는 오히려 국제적인 주목을 받으시는 편이 훨씬 더 안전하다는 사실을 말입니다."

11월에 아나스타샤 린은 중공의 위협에도 아랑곳하지 않고 미스월드 최종대회가 열리는 중국 하이난섬 싼야시로 가려고 했지만, 결국 그 계획은 무산되고 말았다. 중국 당국은 그녀를 외교적 기피 인물(persona non grata)로 지정하고 입국을 불허했다. 외교적 관례상 기피인물로 지정한 이유는 밝히지 않았지만, 그녀가 파룬궁 탄압을 비판하는 등 중국 내 인권과 종교 자유를 지지해왔기 때문임이 너무나 명백했다.

국제앰네스티 보고서는 중국과 티베트, 신장에 있는 캐나다인의 친척들이 학대와 따돌림을 당한 사례를 몇 가지 제시하고 있다. 거의 모든 경우, 인터뷰에 응한 사람들의 이름은 프라이버시 보호 차원에서 밝히지 않았다. 극히 드문 예외로 시웨이동(Xie Weidong)이라는 인물을 직접 거명한 사례가 하나 있다. 그는 중국 최고인민법원의 판사 출신으로 2014년에 토론토로 이주해온 후 중국 사법 체계에 대해서 솔직하게 비판해왔다. 시웨이동은 2017년 1월 11일자 「글로브앤메일」지에 실린 인터뷰에서 중국 당국이 그를 중국으로 불러들여 심문하려고 애쓰고 있다는 사실을 추호도 의심하지 않는다고 말했다. 중공은 그가 부패를 저질렀다고 공개적으로 비난해왔으며, 이는 그들이 비판자들을 제거하거나 입을 막기 위해 사용하는 상투적인 방식이었다.

「글로브앤메일」지에 따르면 그는 다음과 같이 말했다고 한다. "그들은 저를 가장 아프게 하는 방식을 택했습니다. 저의 모든 가족이 극심한 공포에 시달려야 했습니다. 심지어 가족들끼리 서로 전화 통화는 아예 엄두도 못 내고 있지요. 제 아들이 아무런 이유도 없이 체포되었고, 가족들도 모두 그 사실을 알고 있습니다. 다음번에는 나머지 가족들도 잡혀가는 걸까요?"

시웨이둥의 며느리 시캉쿵(Xie Cangqiong)은 2016년 말에 있었던 일을 생생하게 설명해주었다. 베이징의 한 아파트에 살고 있었던 그 신혼부부가 시조부의 100세 생신 잔치에 가려고 지하 주차장에 내려간 길이었다. 그런 데 자동차 타이어가 모두 찌그러져 있었고, 곧이어 검은 옷을 입은 남자들이 그들을 둘러쌌다. 당시 27세였던 시캉쿵은 공포에 질려 울부짖으면서 들것에 실려 나왔다. 그녀는 그들 중 한 명이 "우리는 법을 집행하고 있다. 그러니 우리에게 협조해야 한다"고 말했다고 했다. 시웨이둥의 아들은 후베이성에서 남쪽으로 1,300킬로미터나 떨어진 곳으로 잡혀가서 횡령 혐의로 억류되었다. 가족에 대한 괴롭힘은 그것으로 끝이 아니었다. 시웨이둥의 여동생도 구금되었고, 다른 가족도 모두 출국 금지 조치를 당했다.

국제앰네스티 보고서는 중국 외교관들이 중공에 대한 비판 여론을 누르기 위해 발언, 집회, 언론의 자유라는 캐나다의 가치를 마구 짓밟은 몇 가지 사례를 적시했다. 캐나다인의 표현의 자유를 간섭한 또 다른 예로, 이 보고서는 2011년 3월에 밴쿠버 주재 중국 총영사 량슈젠(Liang Shugen)이 그레 거 로버트슨 밴쿠버 시장에게 보낸 서신을 언급했다. 그 서신은 퀸엘리자베스 극장에서 열릴 예정인 션윈예술단(Shen Yun Performing Arts group)의 무용공연에 참석하지 말라는 내용이었다. 「밴쿠버 쿠리어(Vancouver Courier)」 신문이 정보공개 요청을 통해 입수한 량슈젠의 서신에는 다음과 같은 내용이 담겨 있었다. "아시다시피 파룬궁 사교집단은 중국 정부를 무너뜨리고, 나아가 중국과 캐나다의 양국관계에 해악을 미치는 활동을 펼쳐왔습니다. 그들은 '중국의 전통 무용과 음악을 소개한다'는 명목으로 이른바 션윈 예술공연을 캐나다 전역의 무대에 올리려는 전술을 구사하고 있습니다. 그러나 그 공연의 내용은 사실상 사교집단의 메시지와 중국 정부에 대한 공격으로 가득 차 있습니다. 이번에 열릴 공연도 예외가 아닙니다." 량슈젠의 서신은 그레거 로버트슨(Gregor Robertson) 시장과 밴쿠버 시의회를 향해 이 공연에 "참석은 말할 것도 없고" 축전도 보내지 말라는 촉구로 마무리되었다. 그레거 로버트슨 시장 측은 「밴쿠버 쿠리어」에 그가 휴일에 이 도시를 떠나 있었기 때문에 공연에 참석할 수 없었다고 말했다.

비록 모두는 아니겠지만 중공의 스파이, 비밀경찰, 여론공작원 및 기타 비밀공작원 중 많은 수가 국제앰네스티 보고서에 나오는, 캐나다의 인권 및 정치개혁 단체에 대한 학대와 협박 사건에 가담하고 있다. 중공이 꼭두각시처럼 부리는 기관 및 공작원의 전체적인 실상은 우리가 상상하는 것보다 훨씬 더 큰 규모를 자랑하며, 그들의 말대로 움직이는 또 다른 심복들도 캐나다에서 열심히 활동하고 있다.

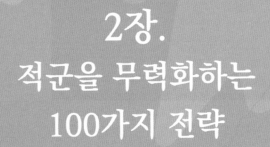

2장.
적군을 무력화하는
100가지 전략

2장. 적군을 무력화하는 100가지 전략

과거의 교훈을 오늘에 되살려 타국을 중국에 복속시켜라.

— 시진핑, 마오쩌둥을 인용하며

중국 공산당이 외국과의 관계를 조종하고, 영향을 미치며, 거기에서 이익을 뽑아내기 위해 만들어온 조직은 놀라운 솜씨와 독창성의 결정체이다. 그들의 첩보기관과 체제전복 기구는 규모도 방대할 뿐 아니라 산하 부속 기관들이 아주 희귀한 방식으로 서로 맞물려 공존하고 있으므로 중국인이 아닌 사람의 눈에는 쉽게 띄지도 않는다. 중공 역시 중국을 겨냥한 외국 스파이를 식별해내기 위해 통상적인 군대와 방첩 기관을 운영하고 있다는 점에서는 다른 나라들과 다를 바가 없다. 그러나 중공이 다른 점은 너무나 많은 비공식 조직과 인맥으로 이어진 네트워크를 통해 목표 국가를 손바닥처럼 들여다보고 있다는 사실이다.

1921년 7월 1일, 중국 공산당이 상하이에서 창립된 이래 진행해온 다른 모든 일이 그렇듯이, 이런 첩보 전략 역시 일관된 정치철학에 바탕을 둔 것이었다. 또 이것은 마르크스주의 혁명조직을 어떻게 관리하는지 중공에 코치해준 소련으로부터 배운 것이었다. 마오쩌둥은 이오시프 스탈린(Joseph Stalin)의 교본을 중국의 사회적, 문화적 상황에 맞게 편집, 각색했다. 그는 중국식 스탈린주의를 완성했다.

마오쩌둥은 고대로부터 이어져온 중국의 전통을 타파하여, 과거와 단절된 마르크스주의 국가를 세우고자 했다. 그러나 지주계급을 처형했고, 세뇌와 사상교육에 열중했으며, 대약진운동으로 수많은 피를 흘렸고, 문화대혁명이라는 치열한 내전을 겪었지만, 그중에 어떤 것도 중국 사회를 근본적으로 바꾸지는 못했다. 정부가 자초한 그 비극적 사건들은 고대와 현대의 중국이 엄연히 서로 얽혀있으며 도저히 뿌리 뽑을 수 없는 문화적 토양이 존재한다는 사실을 증명해주었을 뿐이다. 기원전 5세기에 작성된 『손자병법』에 담긴 중국인의 전략적 사고는 오늘날 너무나 잘 알려져 있다. 그중에서도 나보다 강한 적을 이기기 위해 첩보전을 잘 활용해야 한다는 가르침은 지금까지도 중공이 구사하는 전략의 핵심을 이루고 있다. 지금도 중국의 안보 및 패권 전략의 바탕에는 적국의 정보를 철저하게 수집하여 그들의 약점을 세밀하게 분석해야 어떠한 충돌이 촉발되더라도 중국이 우위를 점할 수 있다는 생각이 자리하고 있다. 이런 첩보전을 제대로 구사하기만 하면, 실제로 물리적인 충돌이 시작되기도 전에 적을 굴복시킬 수 있다. 약 30년에 걸쳐 미국의 다양한 국방, 안보, 정보기관에서 경력을 쌓은 니콜라스 에프티미아데스(Nicholas Eftimiades)는 1994년에 출간된 그의 책, 『중국의 첩보활동(Chinese Intelligence Operations)』에서 손자가 현대의 중국 지도자들에게 미친 영향을 이렇게 설명했다. "오늘날에도 정책결정자들은 첩보활동의 적절한 응용과 선견지명이 국가적 이익에 큰 도움이 된다고 믿고 있다. 중화인민공화국의 첩보 기구는 단순히 정책 결정을 지원하는 부서가 아니다. 첩보기관은 외교적 의사결정 과정뿐만 아니라 국내의 경제개발과 정치적 통제와도 불가분의 관계를 맺고 있다."

중국이 첩보활동을 통해 적국의 움직임과 반응을 정교하게 판단하고 있다는 것은, 지난 20년에 걸쳐 사실상 총 한 방 쏘지 않고 남중국해를 점령한 것만 보아도 잘 알 수 있다. 그동안 중공은 자신의 주장을 조금씩 끈질기게 밀어붙이면서 이 해역의 바다와 도서, 산호섬 등에 군대를 주둔시켰고, 이런 점유를 통해 광범위한 해상영토 주장의 정당성을 확보해왔다. 남중국해는 세계에서 가장 중요한 무역항로이자, 상당량의 해저 석유와 가스를 보유한 저장 수역이며, 생선과 기타 해산물을 수확하는 주요 어장이기도 하다. 중국은 자신의 주권을 확립해가는 속도와 규모를 치밀하게 판단해왔다. 중국의 움직임은 국제 사회, 특히 미국의 반응을 자극할 정도로 크거나 위협적이었던 적이 한 번도 없었다. 그들의 움직임 중에 '개전(開戰) 사유'가 될만한 것은 하나도 없었다. 그러나 오늘날의 현실은 어떤가. 대여섯 개의 연안 국가들이 아무리 항의한다 해도 남중국해는 일곱 개의 인공도서에 자리 잡은 군사기지로 요지부동의 방어막을 구축하여, 사실상 중국의 내해로 변해버렸다. 따라서 이제는 중국의 군대를 바다에서 몰아내기 위해서는 일전을 각오해야 하며, 그 누구도, 심지어 미국조차 중국을 쫓아내기는커녕, 이 무단점유자의 권리에 맞설 엄두도 못 내고 있다.

중국 공산당에서 안보와 정보를 담당하는 공식 기관은 국가안전부(国家安全部, Ministry of State Security, MSS)다. 국가안전부는 1983년에 설립되었으며, 중공의 다른 기관이 흔히 그렇듯이 소련의 해당 기관을 본떠서 만든 것이다. 오늘날의 중공 국가안전부는 냉전 시대 소련의 국내 및 해외 보안 기관인 국가보안위원회, 즉 KGB와 유사하다. 중국의 국가안전부는 국내 방첩 활동, 해외 첩보 수집, 그리고 중공의 정치적 안정을 책임지는 역할을 맡고 있다.

이 글을 쓰고 있는 2018년 중반 현재, 국가안전부의 수장을 맡은 인물은 천원칭(陈文清, Chen Wenqing)이다. 그의 직책에는 200여 명에 달하는 중국 공산당 중앙위원회 위원 자격이 부여된다. 아울러 그는 중국 정부를 공식 대변하는 25명의 국무원 위원이기도 하다.

국가안전부는 냉전의 큰 덕을 본 당사자다. 미국과 그 동맹국들이 소련과 동유럽의 바르샤바 협정 위성국들에 집착하는 사이에, 국가안전부를 비롯한 중공의 첩보기관들은 아무런 방해도 받지 않고 몸집을 키우며 마음껏 촉수를 뻗쳐나갔다. 1949년 중화인민공화국이 태동한 이후 1976년 마오쩌둥이 사망할 때까지, 서구 국가의 첩보기관은 기껏해야 중국의 돌발행동에나 이따금 관심을 기울이는 정도였다. 1950년에 발발해서 53년까지 이어진 한국전쟁에 마오쩌둥이 수십만의 군대를 '자원봉사' 차원에서 파견하자, 서구 첩보기관들이 바짝 신경을 곤두세운 적이 있었다. 1950년대에 마오쩌둥이 대만을 중국 영토로 복속시키기 위해 실제로 침공할 것이라는 전망이 나왔을 때도 그랬다. 1960년대에 중국은 베트남 전쟁에 개입하면서 서남아시아 전역에 공산주의를 확산했다. 이런 움직임은 1975년에 크메르루주(Khmer Rouge)가 중국을 등에 업고 캄보디아를 장악했을 때 정점에 도달했다. 그러나 이로부터 4년 후 캄보디아를 침공해서 크메르루주의 대학살극을 종식한 것은 미국이 아니라 바로 베트남이었다.

마오쩌둥이 사망하고 덩샤오핑이 최고 지도자의 자리를 승계하자, 중국은 고립주의를 탈피하고 경제개혁을 수용하면서 정상 국가, 또는 최소한 그와 비슷한 단계로 나아갈 생각이 있는 것처럼 보였다. 그로 인해 1980년대에 서방 세계의 정부와 투자자, 그리고 첩보기관들은 중국에 새로이 관심을 기울이게 되었다. 그리고 1989년에 소련이 붕괴한 이후 그 관심은 더욱 고조되었다. 그러나 그러는 사이에 국가안전부를 비롯한 중공의 첩보기관들은 이미 해외 활동 방법을 갈고 닦은 후, 해외에 스파이와 여론공작원을 착실히 심고 있었다. 서구 각국, 그리고 일본, 대만과 같은 동맹국들의 첩보기관들은 자국 내에서 활동하는 국가안전부의 정체를 색출하면서, 그들이 상대하는 적이 매우 복잡한 조직이라는 사실을 깨닫기 시작했다. 국가안전부는 전통적 스파이 기법에 정통했으며 중공 정부가 승인한 해외 공직자들 틈에 그들의 공작원을 심어두고 있었다. 여기에는 외교관, 비즈니스맨, 중국대사관과 영사관의 기업 및 군사 담당자, 해외 대학과 연구소에 파견된 과학자 및 학술 요원, 그리고 학생, 언론인, 특히 국영 신화통신사의 직원 등이 총망라되어있었다. 법적 지위와 함께 일정한 외교적 면책권을 보유한 스파이는 이외에도 여러 단체에 숨어있었다. 중국 외교 인민 협회(中国人民对外友好協会, Chinese People's Friendship Association), 여러 노동조합들, 중국 공산당 대외연락부(中国共産党中央委員會對外聯絡部, International Liaison Department), 그리고 특히 통일전선공작부(統一戰線工作部, United Front Work Department)가 그 대표적인 사례다.

해외에서 활동하는 모든 첩보기관의 주요 목적은 해당 지역의 정보원을 확보하고, 유용한 정보를 제공해줄 수 있는 위치에 스파이를 심는 것이다. 중국은 이런 교본을 충실히 따랐다. 외교적인 보호막을 갖추지 못한 공작원에게는 '불법'이라는 낙인이 찍힌다. 그런 사람이 체포되면 투옥되거나, 심지어 어떤 나라에서는 사형을 당하기도 한다. 물론 그들은 심문을 당하기도 한다. 여기서 심문이란 길고 자세하고 끈질긴 질문을 받는 것에서부터, 심하면 노골적인 고문을 당하는 것까지 광범위한 의미를 포함하는 말이다. 상황이 이런데도 로렌스 리버모어, 로스알라모스, 오크리지, 샌디아 등을 비롯한 미국의 주요 무기연구소 곳곳에 중공의 불법 스파이들이 잠입해서 활동하고 있다는 사실이 드러났다. 1999년에 개최된 미국 하원의 중국 관련 국가안보 및 국방/상무 특별위원회는 중국이 저지른 무수한 불법 첩보 행위를 지적한 바 있다. 중국이 탈취한 정보에는 미국산 첨단 수소폭탄에 관한 모든 설계 정보와 미국산 핵탄두 7종에 관한 기밀정보(그중 5가지는 현장에 배치되었다), 그리고 흔히 중성자탄으로 불리는 강화방사선무기(Enhanced Radiation Weapon, ERW)의 설계 정보가 모두 포함되었다. 그뿐만 아니라 중공의 스파이들은 핵무기 재진입 비행체 기술에 관한 정보를 빼돌리기까지 했다. 재진입 비행체의 외피에 사용되는 경화 재료 기술이 중요한 이유는 핵무기가 발사되어 대기권을 벗어났다가 다시 진입할 때 비행체의 외벽에 발생하는 엄청난 마찰열을 견뎌야 하기 때문이다. 핵무기를 정확하고 안정적으로 운영하기 위해 가장 관건이 되는 기술이 바로 이 부분이다. 특별위원회는 미국의 무기연구소가 뚫린 것은 "최소한 지난 수십 년에 걸쳐 진행되어온 일이며, 이런 사정은 지금도 여전히 유효한 실정"이라고 판단했다.

미국은 중공의 스파이들이 무기뿐만 아니라 산업, 제조, 통신 분야에 관한 엄청난 데이터를 포함한 다른 기술을 탈취하는 주 무대이다. 그러나 최근 수십 년간 중공을 위해 일하는 스파이들의 정체가 드러나는 것은 아프리카, 유럽, 아시아, 라틴 아메리카를 포함, 전 세계에서 일어나는 현상이다.

중공의 외교관과 기타 공직자들이 해외로 파견되는 것과 별도로, 국가안전부는 해외 대학으로 유학을 떠나는 학생 중에서도 정보원과 스파이를 모집한다. 2015년 현재 해외에 유학 중인 중국 학생은 모두 52만 3,700명이다. 그중 11만 9,335명이 캐나다에, 26만 914명이 미국에 있다. 그들은 학생들을 모집한 후 중국에 필요한 기술과 기법을 수집하도록 명령한다. 그러나 학생들이 빼돌린 민간기업 기술은 홍콩을 앞세운 기업을 통해 구매하는 형식으로 취득한다. 국가안전부가 고도의 보안 기술을 획득하는 가장 효과적인 방식은 과학자들을 교환교수 형식으로 외국 대학에 파견하는 것이다. 1980년대에 캘리포니아의 로렌스 리버모어 국립연구소에서 중성자탄

77

개발계획을 입수한 것도 바로 중국인 방문과학자들이 한 일이었다. 국가안전부가 전문 첩보 요원에게 과학 지식을 충분히 익히게 한 후 방문과학자들 틈에 끼어 무사히 국경을 통과하게 한 사례도 있다. 이들에게는 같은 그룹에 속한 다른 사람들을 감시하고, 방문한 연구기관의 전체적인 정보를 수집하며, 그곳의 과학자 중 매수할 만한 인물을 찾는 등의 임무가 부여되었다.

중국 국가안전부는 기업인 대표단도 거의 유사한 방식으로 이용한다. 1980년대 중반 중국이 문호를 기업에게 개방한 이래, 매년 수천 개의 대표단이 투자 유치와 사업파트너 물색을 위해 해외를 방문했다. 그럴 때마다 국가안보 기관에 속한 공작원들이 이들 틈에 끼어 대표단 내의 다른 사람들을 감시하거나 해외 기술을 탈취할 기회를 엿보곤 했다. 중공과 국가안전부는 군용 및 기타 보안 사유로 수출이 금지된 기술을 보유한 외국기업을 수단과 방법을 가리지 않고 인수해왔다. 이런 식으로 기술을 취득할 때도 주된 목표는 역시 미국이었다. 그러나 캐나다 역시 호주와 몇몇 유럽 국가와 함께 아주 중요한 목표였음이 분명하다. 이 문제는 2017년에 쥐스탱 트뤼도 정부가 몬트리올 주재 첨단기업 ITF테크놀로지를 중국 기업이 인수하는 건을 이전 보수당 정부가 금지한 건을 뒤집어 승인 결정을 내리고, 브리티시컬럼비아 소재 군용 통신기업 놀샛인터내셔널(Norsat International)을 중국 기업 하이테라커뮤니케이션(Hytera Communications)이 인수하는 건을 역시 승인한 이후 뜨겁게 달아올랐다.

신화통신사는 1931년 홍색중화통신사(紅色中華通信社)라는 이름으로 설립된 이래 중국 공산당의 눈과 입이 되어왔다. 이 통신사의 기자들은 중공의 충실한 선전원으로서, 매사를 중공의 관점을 홍보할 목적으로 신문과 방송에 뉴스를 보도해왔다. 기자들은 한편으로는 첩보요원 노릇도 겸하고 있다. 그들은 매일 중공 당국자들끼리만 돌려보는 내부 보도자료를 작성한다. 이 자료는 중국 공산당의 먹이사슬에서 목표 독자로 삼는 인물이 고위직일수록 그 정확성과 솔직함이 증가한다. 중공의 중간급 간부들에게는 '참고자료'가 배포된다. 여기에는 신화통신사 기자들이 작성한 대여섯 페이지짜리 솔직한 기사와 함께 일부 해외뉴스도 포함되어있다. 더욱 민감한 내용을 담은 '내부문건'이라는 것이 있는데, 이 자료는 장관급 이상의 당원들만 읽어볼 수 있다. 간혹 신화통신사가 중요한 현안을 다루는 1급 기밀 보고서를 작성하는 경우가 있는데, 이런 내용은 중앙정치국 상무위원회 위원들에게만 공개된다. 이런 특별 기사는 예컨대 2002년에 일어난 사스 발병이나 환경오염에 관한 인민의 반응과 같은 문제를 다루게 된다. 이런 상황에 처했을 때 신화통신사 기자들의 임무는 인민들의 분위기를 정확하고 심층적으로 진단해서 중공의 지도급 인사들에게 전달하는 것이다. 따라서 이런 기사는 현안이 정권에 얼마나 심각한 위협이 되고 있는지를 알려준다는 의미를 함축하고 있다.

신화통신사의 해외 지국 역시 대중을 위한 선전물을 만드는 한편, 공산당 고위직 인사에게는 좀 더 정확한 기사를 제공한다는 점에서 국내와 똑같은 형식을 따르고 있다. 실제로 신화통신사의 일부 해외 지국은 그 규모가 워낙 방대해서 직원의 대다수는 언론과 별 상관없는 일을 하는 경우도 있다. 예를 들어 홍콩과 포르투갈령 마카오에 주재하는 신화통신 지국은 이 두 지역이 1997년과 1999년에 각각 중국으로 반환되기 전까지 정보를 수집하고 불법적인 영향력을 행사하며, 이 지역 정부 인사를 조용히 접촉하는 능의 일을 수행하는 수요 수단이었다. 누 지역 모누 숭국과 영사 관계를 맺지 않았기 때문에, 신화통신사 지국은 거의 외교 기관이나 마찬가지 역할을 맡아왔다. 실제로 마카오 주재 신화통신사 지국은 그 규모가 얼마나 컸던지 직원 수가 포르투갈 총독부보다 더 많을 정도였다. 사실상 신화통신사는 포르투갈의 동의와 묵인하에 1999년 12월에 정식으로 중국에 반환되기 전부터 이 지역의 행정권을 인수한 것이나 마찬가지였다.

중국 공산당은 약 5,000만 명으로 추산되는 중국인 해외 이민자 및 체류자들을, 중국의 정치적 이익을 선전하기 위해 동원할 수 있는 자원으로 인식한다. 물론 이스라엘, 프랑스, 영국, 독일 등을 포함한 많은 나라의 정부에도 자국 출신의 해외 체류자와 외국과의 관계를 전담하는 부서가 있는 것이 사실이다. 그러나 이들 중 그 어떤 나라도 해외 주민을 관리하고 영향을 주기 위해 중공만큼 규모가 큰 형식 구조와 네트워크를 구축한 곳은 없다. 국무원교무판공실(OCAO)은 중화인민공화국이 탄생한 1949년에 국외교무위원회(Committee of Overseas Chinese Affairs)라는 이름으로 설립되었다. 뉴질랜드의 학자 제임스 젠화 토(James Jiann Hua To)는 중국의 화교 정책에 관한 자신의 2009년 박사학위 논문에서, 이 일만 전담하는 공무원이 베이징에 수만 명이 있을 것으로 추산했다. 논문에는 "교무판공실은 거의 모든 나라의 중국대사관, 영사관 및 각급 대표 기관에 부속되어 현지 지역사회와 직접 연락을 취하고 있다"는 내용이 실려있다. 교무판공실의 가장 큰 목적은 화교 사회에 일정 수준의 애국심을 늘 고취하기 위해 그들에게 조국과 조상 대대로 살아온 각자의 고향에 관한 기억을 끊임없이 환기하는 일이다. 이를 위해 중국 전역의 지방 정부의 모든 명령 계통과 농촌 마을의 군 단위까지 해외판공실의 지역별 분소가 설치되어있다. 이런 지역별 분소는 해외 화교 사회의 스포츠, 무역, 문화 단체뿐 아니라 그곳의 가문 및 향우회 조직과도 긴밀히 연결되어 있다. 교무판공실 중앙 본부는 이런 지역별 분소 조직별로 특정 현안을 홍보하거나 화교 사회와의 관계를 돈독히 하기 위해 해외를 방문할 필요가 있을 때 이를 지원할 수 있을 정도로 상당한 예산을 확보하고 있다. 제임스 젠화 토 박사는 해외판공실의 활동을 연구한 후 이렇게 판단했다. "때로는 화교 사회와 갈등을 겪기도 하지만, 중국 정부는 언제나 화교들의 신뢰를 확보하고 그들이 가진 정치적, 경제적 자산을 활용함으로써, 국내 발전을 촉진하고 외교 정책을 확대하며, 정치적 경쟁 상대를 공격하고, 국제무대에서 중국의 이미지를 제고하고자 하였다."

화교 사회와의 갈등 관계는 충분히 예상할 수 있는 일이었다. 캐나다와 미국, 특히 호주에 엄청난 수의 중국인이 이주해간 이유는, 그들이 중공 치하에서는 살고 싶지 않았기 때문이다. 그러나 그런 그들 중에도 여전히 인종적 애국주의와 조국의 부름, 혹은 경제적 편파주의의 혜택을 기꺼이 받아들이는 사람들이 있다.

교무판공실과 떼려야 뗄 수 없는 은밀한 네트워크가 존재한다. 이 조직은 해외와 국내에 사는 외국인에게 영향을 미치고, 나아가 가능하다면 그들을 조종하는 것을 목표로 삼고 있다. 민족적 배경이 다른 중국인을 상대로 하는 해외 정책을 이른바 '웨이시(外事)'라고 하는데, 이는 '웨이자오시우(外交事務)'의 줄임말이다. 일부 학자와 교수들은 웨이시 시스템의 핵심에 친중 외국 인사 양성 체계가 자리하고 있다는 사실을 밝혀냈다. 뉴질랜드의 중국 연구가인 앤 마리 브래디(Anne-Marie Brady) 박사는 1990년대에 진행된 중국의 내부 활동이 밖으로 드러나는 데 결정적인 역할을 한 인물로, 과거에는 기밀로 취급되었던 내부 '웨이시' 문건을 도서관에서 여럿 찾아내었다. 그러나 그 일 이후 중국은 정보를 폐쇄했고 특히 시진핑이 권좌에 오른

2012년 후로는 모든 접근 경로가 차단되었다. 앤 마리 브래디 박사의 연구 덕분에 중국 내에서 정교하고 오랜 기간에 걸쳐 수립된 조직의 전체 그림이 뚜렷이 드러났다. 그것이 추구하는 단 하나의 목적은 중국과 접촉한 외국인 중에서 친중 성향의 인물을 찾아내어 그들을 여론공작원으로 삼는 것이다.

중공이 외국인을 상대하기 시작한 것은 1930년대부터의 일로, 이 당시 그들의 철학은 소련으로부터 이어받은 것이었다. 즉 국제사회에 소비에트 혁명이 무해하다는 이미지를 조성함으로써 반대 세력을 무력화하고, 비공산주의자들의 지지와 묵인을 끌어내며, 소련 국민을 외부 세계의 영향으로부터 차단한다는 것이었다. 중공도 이런 목표와 전략을 그대로 차용했다. 1930년대와 40년대로 접어들어 중공이 혁명군을 불법화한 후 이런 목표는 더욱 뚜렷하게 강화되었다. 당시 중국에는 수많은 외국인이 있었지만, 그들 중에서 중공과 접촉했거나 그들의 명분을 지지하는 사람은 극소수에 불과했다. 사정이 그렇다 보니 중공은 공산당에 우호적인 그 극소수 인사들에게 영원히 잊지 못할 감사를 표했다. 캐나다 의사 노먼 베쑨(Norman Bethune), 산업협동조합을 창설한 뉴질랜드인 레위 앨리(Rewi Alley), 그리고 에드거 스노(Edgar Snow)를 비롯한 일부 미국 작가들은 혁명의 영웅이자 소중한 지지자가 되었다. 초창기 친중공 인사 중에는 캐나다 선교사와 그 가족도 포함되어있었고, 그들은 이후 1950년대와 60년대에 캐나다의 대중국, 나아가 더 큰 범위의 외교 정책이 수립되는 데에도 중요한 역할을 담당했다.

1949년 중공이 중국의 패권을 차지한 후, 수많은 외국인이 국외로 추방되었다. 그 와중에도 레위 앨리라든지, 마오쩌둥의 미국인 통역관 시드니 리텐버그(Sidney Rittenberg)와 같이 중공에 충성을 맹세하며 그들과 강력한 유대를 맺어온 사람들은 쫓겨나지 않고 남아있었다. 그러나 새로 들어선 중공 정권에게는 외국인 전문가들의 도움이 더 절실히 필요했다. 초창기에는 소련과 동유럽의 공산주의 국가들이 정권이 필요로 하는 과학자와 교사, 엔지니어, 의료인력, 군사 자문, 기술인력, 선전선동가, 번역가, 그리고 전문행정인력 등을 지원해주었다. 일부 예외가 있었지만 1976년 마오쩌둥이 사망할 때까지 외국인이 중국에 접근할 수 있는 통로는 철저하게 통제되었다. 앤 마리 브래디 박사는 '웨이시' 문서와 안내서를 발굴하는 과정에서 1995년에 발간된 한 자료에서 이런 정책의 목표를 밝힌 구절을 발견했다. "지지자를 많이 확보할수록 좋은 것은 당연하지만, 그들을 선별하는 것도 꼭 필요한 일이다. 우리에게 특별히 필요한 외국인 친구는 우리에게 우호적인 태도를 보이고, 사회적 명망을 지니고 있으며, 경제력이나 학문적 업적, 또는 정치적 영향력을 확보한 인물이다. 이런 인물을 우군으로 확보함으로써 평화적인 국제 환경과 조국의 경제 건설에 더욱 유리한 조건을 조성할 수 있다."

앤 마리 브래디 박사는 외국인 지지자 중에도 순위가 매겨져 있다는 사실을 알아냈다. 가장 서열이 낮은 등급이 '외국인 친구'였다. 이들을 일컫는 또 다른 칭호는 '국제적 친구'였다. 그다음으로 높은 순위는 '중국 인민의 오랜 친구'였다. 가장 높은 순위는 이른바 '국제주의 전사'라 불리는 사람들이 차지했다. 이 자리는 노먼 베쑨이나 레위 앨리, 그리고 인도인 의사 드와카나스 샨타람 코트니스(Dwarkanath Shantaram Kotnis) 같은 매우 예외적인 유명인들에게 할애되었다. 특히 1930년대에 드와카나스 샨타람 코트니스가 공산당 게릴라에게 베푼 헌신적인 봉사활동은 노먼 베쑨의 행동과 유사한 측면이 있다. 이 중에서 오늘날 우리가 더 주목해야 할 사람은 바로 '오랜 친구'들이다. 그들은 그 오랜 세월을 거치면서 시종일관 중국 정부와 중공의 대외적인 접점이자 강력한 지지자 역할을 해왔다. 이 순위에는 전 미국 국무장관 헨리 키신저(Henry Kissinger) 같은 사람도 포함되어있다. 그는 중국과 미국 간의 상호 외교 승인 협상을 끌어낸 사람이다. 또 베이징 주재 영국 대사를 역임했고 2010년에 고인이 된 퍼시 크래독 경(Sir Percy Cradock)도 있다. 퍼시 경은 1980년대 영국이 홍콩의 주권을 중국에 반환하는 협상 과정에서 중심적인 역할을 한 인물이다. 그는 은퇴 후에도 영국 정가에 상당한 영향력을 행사했고, 마지막 홍콩 총독 크리스토퍼 패튼(Christopher Patten)이 1997년 중국에 반환되기 직전까지도 이 식민지에 민주주의를 이식하려고 노력한 일을 공개적으로 비판했다. '오랜 친구'에 속하는 또 한 사람으로 전 프랑스 대통령 자크 시라크(Jacques Chirac)를 꼽을 수 있다. 그는 심지어 '평생 중국에 중독된 사람'이라는 별명까지 안고 있다. 자크 시라크는 원래부터 중국의 문화와 역사에 대해 열렬한 팬이었지만, 그 정도가 지나쳐 중공의 인권침해 상황에 대한 국제사회의 비판을 막아서는가 하면 중국에 대한 무기 판매를 추진하고, 중공이 대만을 중국에 복속시키기 위해 위협하는 것을 옹호하는 지경에 이르렀다.

그동안 서구의 논평가들은 중공과 아낌없는 우정을 나누는 외국인을, 중공 정권에 이용당하는 줄도 모르는 정치적으로 순진한 사람으로 묘사해왔다. 앤 마리 브래디 박사는 이런 견해에 이의를 제기한다. 그녀는 중공이 지금까지 보여온 행태로 볼 때, '중국의 친구'라는 말은 단순한 칭호가 아니라 일종의 직무를 기술한 용어로 보아야 한다고 지적했다. 나아가, 이 역할을 맡은 외국인들은 대부분 일의 성격을 정확히 알고, 자발적으로, 심지어 열심히 수행해왔음이 틀림없다고 말했다. 그녀는 2003년에 출간된 자신의 연구서 『외국인이 중국에 봉사하게 만들기(Making the Foreign Serve China)

』에서 이렇게 말했다. "외국인이 중국의 친구가 된다고 할 때, 거기에는 다른 외국인에 비해 도덕적 우월성을 확보한다는 뜻이 함축되어 있다. 그들은 중국의 통제를 고분고분 따르는 대신 높은 지위와 정보 접근권한이라는 보상을 얻는다. 게다가 오늘날 전직 유명 정치인 출신으로 '중국의 친구'가 된 사람은, 그들과의 인맥을 이용해 중국에서 사업을 하고 싶은 기업들로부터 컨설팅 비용 명목으로 상당한 재정적 보상을 얻을 수 있다."

그 '명예'가 사실은 직무 기술이나 마찬가지라는 것은 '중국의 친구'가 되는 데 따르는 의무를 거부하다가는 크고 작은 처벌을 당한다는 사실만 보아도 알 수 있다. 우선 화려한 연회에 초청받는 기회가 갑자기 사라진다. 중국의 중요한 공식행사에 참석하라는 전화가 더 이상 걸려오지 않는다. 대학교수라면 자신의 학문적 평판이 형성되는 학술 활동에 더 이상 참가할수 없게 된다. 기업인으로서 중공과 단절을 시도하는 사람은 심지어 감옥에 갇히거나, 중국에서 쫓겨나거나, 비자 발급을 거절당한다. 앤 마리 브래디 박사의 연구서는 이렇게 말하고 있다. "중공이 말하는 정치적 우정은 의도적인 전략으로, 중화인민공화국이 추진하는 대외정책의 일환이다. 그것은 정상적인 인간관계에서 형성되는 진정한 우정과는 전혀 다르다. 중국의 정치적 우정이란 모순에 집중하여 적을 교란하고 공통의 목적을 중심으로 모든 세력을 규합한다는 통일전선 원칙을 응용하는 한 방편에 불과하다."

통일전선은 중국 공산당만의 독특한 작전 방식이다. 전 캐나다 안보정보청 요원인 미쉘 주노-카츠야(Michel Juneau-Katsuya)와 언론인 파브리스 드 피에르부르(Fabrice de Pierrebourg)는 공저 『스파이의 둥지(Nest of Spies)』에서 통일전선공작부가 해외 각국에 관한 방대한 문서를 관리하고 있다고 말한다. "이 문서가 다루는 내용은 각종 선전 선동과 해외 중국 유학생 통제

상황, 화교 사회(및 친중 외국인)에서 모집한 공작원 현황, 그리고 장기간에 걸친 비밀공작 등을 총망라한다." 2009년에 『스파이의 둥지』가 출간된 이후, 통일전선공작부는 시진핑 주석의 집권하에서 더욱 폭넓고 강화된 권한을 누려왔다. 그는 통일전선운동을 중국 공산당 전체 차원으로 격상하여 전면 재설계했다. 즉 이제 통일전선공작부는 당과 국가의 모든 부서의 최고위급 요직에 인사를 둘 정도로 그 위상이 높아졌다. 최근 몇 년간 통일전선공작부는 직원 수가 약 4만 명에 이를 정도로 규모가 커졌다고 한다.

"해외의 적대 세력은 중국의 부상을 원하지 않으며 우리를 잠재적 위협이자 경쟁 상대로 보고 있다. 따라서 그들은 수천 가지 계책과 수백 개의 전략을 동원해 우리의 기를 꺾고 억압하려 한다." 이 말은 영국 「파이낸셜 타임스(Financial Times)」가 입수한 통일전선공작부 지침서의 내용으로, 2017년에 이 신문이 발간한 보고서의 주제이기도 하다. 지침서에 나오는 뒷 문장은 다음과 같다. "'통일전선'이야말로 승리를 향한 길에 놓인 1만 가지 문제를 일거에 해소할 '마법의 무기(法寶·법보)'다." 이런 생각은 보고서가 발간된 것과 같은 달에 통일전선공작부 부국장 장이정(张裔炯, Zhang Yijiong)이 이례적으로 기자회견을 개최하면서 다시 한번 강조한 내용이기도 했다. "강력하고 위대한 중국의 부활을 꿈꾸는 인민이라면 누구나, 공산당의 영도 아래 이 '마법의 무기'를 사용하는 법을 철저하게 깨달아야 할 것입니다."

오늘날 중국의 모든 해외 대사관과 주요 영사관에 통일전선공작부 직원이 배치되어있는 것만 보아도 이 부서가 얼마나 큰 규모로 확장되어있는지 잘 알 수 있다. "중국 내부가 통일되려면 해외에 나가 있는 중국의 아들딸들이 단결해야 한다." 역시 「파이낸셜 타임스」가 입수한 통일전선공작부 지침서에 나오는 말이다. 여기에서 알 수 있는 것은, 해외에 나가 있는 5,000

만 중국 교민 중 약 80퍼센트가 그들이 거주하는 국가의 국적을 취득하고 있음에도, 중공은 여전히 그들을 제5열분자, 즉 중공을 위한 간첩(스파이)으로 간주하고 있다는 사실이다. 이 지침서는 통일전선공작부 요원들이 해외 중국인으로부터 지원을 끌어내는 방법을 몇 가지 제시하고 있다. 가장 원초적인 방법은 그들에게 조국에 대한 민족적, 문화적 동질성을 호소하는 것이다. 또 다른 방법은 '중국 인민의 위대한 부활'이라는 사뭇 이념적인 대의에 동참을 촉구하는 것이다. 그러나 「파이낸셜 타임스」 기사에 따르면 중공이 자신의 이해를 관철하는 데 가장 효과적이라고 판단하는 방법은 역시 해외 중국인 단체나 개인에게 엄청난 양의 금전적, 또는 다른 형태의 자원을 제공하는 것이다. 해외에 조직된 중국 관련 '우호협회'는 모두 통일전선공작부의 부속 기관이나 공작원으로서, 사실상 사람들이 통일전선공작부에 매수되는 주요 통로가 되고 있다.

이 지침서에 따라 화교들이 토론토의 각종 선거에 나가 피선되었다는 사실을 중공의 고위직 인사 중 알만한 사람은 다 알고 있다. 구체적으로 어느 후보가 어떤 직위에 출마했는지는 지침서에 명확히 나와 있지 않지만, 대략 토론토 광역권 내의 기초의원선거를 말하는 것으로 보이고, 2003년에는 중국계 캐나다인이 25명 출마해서 그중 6명이 당선되었으며, 2006년에는 총 44명의 중국계 후보 중 10명이 당선된 것으로 알려져 있다. 지침서에는 이런 내용이 있다. "우리가 협력해야 할 주요 목표 인물은 비교적 계급이 높고 해당 사회의 주류에 속하며, 앞으로 더 높은 직위에 오를 가능성이 있는 사람들이다."

현재 통일전선공작부에는 모두 9개의 부서가 있다. 그중 첫 번째가 당파공작국(党派工作局)으로, 줄여서 제1국이라고 불리는 곳이다. 중국에도 공산당이 아닌 군소 정당이 8개 있는데, 이 부서는 이들을 관리하는 임무를 맡고 있다. 물론 이 정당들은 마치 중국에서도 다당제 민주주의가 운영되고 있는 것처럼 보이도록 중공이 인위적으로 만들어낸 것이다. 통일전선공작부 당파공작국은 이 가짜정당의 대표들을 정부 각 부서에 파견해둔다. 이와 유사한 임무를 수행하는 제2국은 이른바 민족공작국(民族工作局)이라는 곳으로, 현재까지 중국에 존재하는 것으로 알려진 총 55개 소수민족을 감독하는 일을 한다. 이 부서의 임무는 이들 소수민족이 분리주의 단체로 변질되는 것을 예방하고, 그들 고유의 문화와 종교가 있다 해도 그것은 어디까지나 중공에 예속되는 것임을 그들에게 확실히 인식시키는 일이다.

세 번째 부서가 바로 주력 작전을 펼치는 곳으로, 캐나다인들이 가장 신경써야 하는 부서이기도 하다. 이 부서의 이름은 "홍콩, 마카오, 대만 및 해외연락국"이라고 하며, 예전부터 홍콩과 마카오가 중공에 충성을 유지할 수 있도록 관리해온 조직이었다. 홍콩과 마카오는 각각 영국과 포르투갈의 식민지였다가 현재는 중국에 반환되어 특별행정구역으로 지정된 곳이다. 제3국이 대만에서 하는 일은 대만인들과 협력관계를 맺어 이들이 꿈꾸는 독립국이라는 목표를 좌절시키는 것이다. 이 부서의 궁극적인 목표는 때가 무르익어 중국이 대만과 그 2,300만 국민을 점령할 때까지 이를 위한 기반을 조성하는 것이다. 제3국 내에는 5,000만 해외 중국인들의 마음속에 중공에 대한 충성심을 고양하는 부서가 별도로 설치되어있다. 이 특수공작실은 중국 정부에 대한 평판을 좋게 유지하는 일과, 중공의 이익을 위해 결정적인 상황이 오면 즉각 움직일 수 있는 여론공작원 부대를 육성하는 일을 하고 있다.

네 번째, 다섯 번째, 여섯 번째 부서가 하는 일은 각각 통일전선공작부 간부를 양성하고, 중국의 경제혁명 과정에서 뒤처진 빈민 계층에서 중공에 대한 지지를 끌어내며, 예술가나 지식인 등과 같이 중공과 직접 연계되지 않은 유력 계층을 상대로 중공에 대한 지지를 고취하는 일이다.

일곱 번째는 티베트를 관리하는 부서다. 이 사무국은 티베트의 분리주의를 억누르고, 달라이 라마의 영향력을 분쇄하며, 그의 사망 시 후계 구도를 통제하는 일뿐만 아니라, 다소 당황스럽게도 티베트인들의 마음과 정신을 사로잡는 일도 함께 수행하고 있다.

제8국이 맡은 업무는 중공이 새롭게 마주치게 된 문제, 즉 이른바 사회주의적 자본주의가 발달하면서 경제적으로 안정된 중산층이 부상하면서 이들이 공산당에 대한 충성심을 잃어가는 현상에 대처하는 일이다. 서구의 각국 정부와 관측자들이 중국에 정치적, 사회적 개혁을 요구하면서 변화를 기대할 수 있었던 근거도 결국 이 중산층의 부상에 있었다. 이른바 신사회계층공작국(新的社会阶层人士工作局)으로 불리는 제8국의 목표는 이런 일이 일어나지 않게 예방하는 것이다.

제9국은 가장 최근에 설립되었으며, 마치 제7국이 티베트에 대해 하는 것처럼 중국 북서부 신장 지구의 상황을 감독하는 일을 맡고 있다. 이 부서는 신장지구에 사는 위구르와 카자흐, 그리고 타지크 사람들에게 중공에 대한 충성심을 고취하는 한편, 이들의 독립운동과 이슬람 신앙을 제한한다.

통일전선공작부는 항상 온순하고 편안한 이미지를 풍기기 위해 애를 쓴다. 그러나 티베트와 신장, 홍콩, 대만, 캐나다, 호주, 뉴질랜드를 비롯한 여러 지역에서 보여준 행동에서 드러났듯이, 통일전선공작부는 마치 비단 장갑에 감춰진 철권을 휘두르는 존재에 비유할 수 있다.

통일전선이라는 개념이 처음 등장한 계기는 1922년에 소련의 재촉에 따른 것이었다. 소련은 초창기 중국 공산당을 향해 당시 그들의 정적이었던 쑨원(孫文, Sun Wen)의 국민당 정부와 힘을 합쳐야 한다고 말했다. 소련은 그렇게 해야만 중공이 살아남을 수 있다고 주장했다. 아울러 바로 그런 식으로 집권당 내에 기생하면서 몸집을 키워가다가 결국에는 정권을 차지하는 것이야말로 공산당의 방식이라는 것이었다. 그렇게 해서 탄생한 소위 국공합작은 고작 5년밖에 지속되지 않았다. 1925년에 쑨원이 사망하고 1927년 4월에 장제스가 국민당을 이끌게 되면서 이른바 '빨갱이 숙청(a purge of communists)' 작업이 상하이에서 시작되어 중국 전역으로 퍼져나갔다. 공산주의자로 의심되는 수십만 명의 사람들이 처형되었지만, 마오쩌둥이나 저우언라이(周恩來, Zhou Enlai) 같은 핵심 인물들은 용케도 빠져나갔다. 1935년이 되자 공산주의자들은 샨시성 북쪽에 자리한 옌안시를 중심으로 다시 전열을 정비했다. 1937년 6월 일본이 만주의 점령지에서부터 중국 대륙을 침공하자, 국민당 지도자 장제스는 일본을 물리치기 위해 마지못해 중공에 통일전선을 구축하자고 두 번째로 손을 내밀었다. 이렇게 출발한 불편한 동맹은 1945년에 제2차 세계대전이 끝날 때까지 확고하게 유지되었다. 그러나 일본에 대한 승전이 자연스럽게 내전으로 이어지면서 통일전선이 붕괴되고, 내전은 1949년 공산당의 승리로 마무리되었다.

처음 두 번의 통일전선은 중공의 소중한 자산이 되었다. 그들은 비공산주의 조직과 일시적으로 맺는 동맹이 얼마나 유용하고 실속 있는 것인지를 절실히 깨달았다. 게다가 이런 동맹은 중공이 내부적으로 철저한 규율을 유지하는 한편, 겉으로는 친절한 미소를 지으며 속내를 드러내지 않기만 하면 너무나 쉽게 끌어낼 수 있고, 얼마든지 조작할 수도 있다는 것을 배웠다. 마오쩌둥은 이런 경험을 기반으로, 중공이 권력을 차지한 후에도 이런 전략을 더욱 발전시켰다. 그의 계산에 따르면 새로 들어선 공산정권에 극렬히 반대하는 사람은 전체 인구의 10퍼센트 정도였다. 그는 나머지 대부분의 사람들은 어렵지 않게 매수할 수 있다고 생각했다. 통일전선공작부는 중국 공산당 중앙위원회의 지휘를 받는, 당내 권력 서열 3위에 해당하는 주요 기관으로 설립되었다. 1949년 이후 통일전선공작부의 첫 임무는 전체 중국 인민들에게 중공은 진보와 단결, 민주주의를 대변하는 반면, 국민당은 구태와 부패, 그리고 전체주의를 상징한다는 의식을 심어주는 것이었다.

이 정책은 중공이 확고한 권력을 거머쥐는 데 큰 공을 세웠다. 그러다가 마오쩌둥이 일으킨 재앙이 엄습했다. 대약진운동과 문화대혁명의 광풍이 몰아닥친 것이었다. 1976년 마오쩌둥이 사망하고 새로이 최고지도자의 자리에 등극한 덩샤오핑은 중국의 경제를 개방하여 이른바 '중국 특색의' 시장경제를 수립하기 위한 필수 도구로서 통일전선을 부활시켰다. 통일전선공작부가 하는 일은 여전히 소수민족과 가짜 비공산주의 정당, 그리고 허가된 종교 단체를 관리하는 일이었다. 그러나 덩샤오핑 시대에 다른 점이 있었다면, 통일전선공작부가 중공 외교정책의 중요한 한쪽 팔의 역할을 담당했다는 것이다. 통일전선공작부가 가장 먼저 한 일은 중국 경제의 개혁과 발전이라는 명분에 해외 중국 교민과 친중 인사를 유혹하여 끌어들이는 것이었다. 해외 중국인들은 초기 개혁과정에 참여함으로써 엄청난 경제적 이익을 볼 수 있다는 것 외에 약 2,400여 명에 이르는 중국인민정치협상회의(中國人民政治協商會議, Chinese People's Political Consultative Conference, CPPCC, 이하 '정협'으로 통칭)에 속한다는 명예에도 매력을 느낀 것이 분명했다. 정협은 통일전선공작부의 관할 하에 설치된 기구로, 오늘날에는 중공이 해외 중국인을 포함한 공산당원 바깥에서 들려오는 제안을 청취한다는 명분으로 개최되는 모임이다. 그러나 이 조직에 속하는 데서 오는 명예는 점점 퇴색하고 있다. 정협이 점점 정치적 정당성을 갖추어가거나 이곳에서 의결하는 사안이 정권을 곤란하게 만드는 일이 없도록, 정협 구성원 중 3분의 2가 공산당원인 것이 오늘날의 현실이기 때문이다.

통일전선공작부의 해외 네트워크는 최근 들어 급격한 추세로 확대되고 있다. 이런 현상은 2007년 당 중앙위원회가 통일전선 관련 예산을 30억 달러나 늘린 것에서도 잘 드러난다. 통일전선공작부는 수많은 우호협회를 포함한 소프트파워 외교관계의 보고를 관리하고 있다. 예를 들어 캐나다-중국 우호협회(Canada-China Friendship Society)는 양국 간 이해를 돈독히 한다는 목적으로 1976년 오타와에서 설립되었다. 초창기의 캐나다-중국 우호협회는 서예, 사진, 중국 여행 등과 같은 문화적 활동에 비중을 두었다. 그러나 1980년에 이 협회는 캐나다-중국 우호협회 연맹(Federation of Canada-China Friendship Associations)이라는 이름으로 확대 개편되었다. 1기 회원으로는 초창기 캐나다-중국 관계의 핵심 인물이라 할 체스터 로닝(Chester Ronning), 제임스 G. 엔디코트(James G. Endicott) 박사, 폴 린(Paul Lin) 교수와 같은 이름이 포함되어있었다. 캐나다-중국 우호협회의 당시 위상을 잘 보여주는 사례로, 설립 첫해 연말에 대표단이 베이징을 방문했을 때, 그들은 쑨원의 미망인이자 폴 린 교수의 친척이기도 한 쑹칭링(宋慶齡, Soong Ching Ling)을 만난 일도 있었다. 이 연맹은 오늘날 빅토리아와 토론토, 캘거리, 오타와, 위니펙, 그리고 밴쿠버에 총 6개의 지부를 각각 두고 있다. 통일전선공작부는 또, 캐나다를 포함한 여러 나라와 중국 사이에 서로 관계를 맺은 수많은 교수협회에도 감시의 눈길을 떼지 않고 있다.

1980년대에 통일전선공작부는 전 세계에 걸쳐 수많은 단체를 새롭게 만들었는데, 그러다 보니 기존의 우호협회와 기능이 중복되는 것처럼 보이는 곳이 많았다. 그중에서 1984년에 설립된 중국국제우호연합회(China Association for International Friendly Contact)를 한 예로 들 수 있다. 사실 이 단체는 중복 조직이 아니라, 인민해방군 총정치부에 소속된 대외연락부의 최일선 조직이다. 이 단체의 주요 목적은 중국미술학회(China Painting Academy), 다문화교류센터(Center for Across-Cultural Communication), 평화발전연구센터(Center for Peace and Development Studies), 국제네트워크정보교류센터(Center for International Network Information Exchange) 등과 같이, 이름만 들어서는 전혀 위험하지 않을 것 같은 보조 단체들을 이용해 군사 및 안보 정보를 수집하는 일이다.

지금껏 통일전선공작부가 펼쳐온 작전 중에 가장 노골적이면서도 이렇다 할 성공을 거두지 못했던 것은 캐나다, 미국, 호주를 비롯한 세계 각국의 고교 및 대학에 설치된 공자학원에 자금을 제공하는 것이었다. 공자학원은 표면상 국제중국어보급협의회(国家汉语国际推广领导小组办公室)라는 준정부 기관에 속하는 조직으로, 초대 원장은 통일전선공작부 부장을 지낸 류옌둥(劉延東, Liu Yandong)이라는 인물이다. 2009년, 중국 공산당의 선전 활동 책임자 리창춘(李長春, Li Changchun)은 공자학원을 '중국이 펼치는 해외선전 활동의 매우 중요한 일부'라고 언급한 바 있다. 공자학원이 등장한 초창기에 캐나다의 수많은 대학과 고등학교가 너도나도 중국 연구에 뛰어들었던 가장 큰 이유는 중국 정부가 비용의 대부분을 부담한다는 조건 때문이었다. 2014년을 기준으로 전 세계 123개국에 480개의 공자학원이 있으며, 관리자들은 2020년까지 이 숫자를 1,000개로 늘리겠다는 목표를 가지고 있다. 그러나 이 기관을 유치한 학교들은 사실상 이곳이 산첩 활동의 근거지라는 사실을 금세 눈치챘다. 그래서 캐나다를 비롯한 여러 나라에서 공자학원과의 관계를 단절한 학교들이 적지 않다.

'웨이시' 철학의 기본 요소 중 하나는 외국인들과 교류할 때는 반드시 일방통행으로 진행해야 한다는 점이다. 대외관계의 목적은 어디까지나 외국의 정보를 훔치고 그 나라에 영향을 미치는 것이지, 반대로 일당 독재체제를 위협하는 사상이나 철학이 중국에 스며들기라도 하면 큰일이기 때문이다. 1989년 온건파 지도자 후야오방(胡耀邦, Hu Yaobang)이 사망한 후 베이징에서 발생한 천안문 광장 시위 사태(이 당시 시위대의 요구사항은 정치적 자유화와 투명한 경제 관리, 그리고 부패한 당 간부에 대한 수사 등이었다.)를 통해, 당국은 외국의 사상에 대한 장벽이 제 기능을 발휘하지 못했다는 교훈을 얻었다. 중공은 시위대에 '반혁명 반동분자'라는 낙인을 찍으며 케케묵은 이념 용어를 꺼내 들었다. 시위대에 대한 탄압은 당의 이념이 급격히 좌측으로 기울어져 원래의 모습으로 돌아간다는 신호였다. 많은 서방 국가들이 기대했고, 억압적인 정권과 손잡고 일하던 서구 정치인들이 내세웠던 정당화 논리는 천안문 광장을 뒤덮은 시위대와 함께 산산이 무너져버렸다. 그들은 늘 경제가 발전하면 반드시 정치적 개혁이 뒤따른다고 떠들어 왔는데 말이다. 중공은 즉각 계엄령을 발동한 후, 베이징의 시위대와 그들로부터 영감을 받아 일어난 전국 200여 도시에 군대를 파견해 시위를 진압했다.

천안문 광장 대학살을 계기로 서구의 열렬한 우방이자 적극적인 파트너라는 중국의 이미지는 크게 훼손되었다. 이런 이미지는 1980년대에 덩샤오핑이 추진한 웨이시 프로그램의 확대에 힘입어 조성되었다. 천안문 사태가 터지자 대다수 서구 국가들은 중국에 무역 및 금융 제재를 가하거나, 정치 지도자의 중국 방문이나 중국 지도자의 자국 초청을 모두 취소하는 방식으로 대응했다. 천안문 사태 이후 약 1년간 중공은 잔뜩 웅크린 채 새롭게 찾아온 이 국제적 고립 상황을 묵묵히 감내했다. 물론 그들의 그런 태도는 내부적으로 경황이 없기 때문이기도 했다. 즉, 중공은 천안문 시위대의 주장에 동조하거나 계엄령에 반대하는 당내 인사들을 발본색원하느라 여념이 없었다. 이 사태가 더욱 극심한 내정 혼란으로 이어졌던 이유는 하필이면 이 시기가 소련의 붕괴와 맞물려있었기 때문이다. 소비에트 제국이 완전히 붕괴되고 러시아의 정치체제가 안으로부터 무너지는 모습을 코앞에서 지켜본 중공은, 이 살얼음판 같은 시국에 발 한번 잘못 디디면 자신도 똑같은 신세가 된다는 교훈을 끊임없이 떠올릴 수밖에 없었다.

1990년 말이 되어서야 중공은 국제적 관계를 복원하면서 과거 수십 년간 쌓아온 외교관계의 힘을 시험해보기 시작했다. 앤 마리 브래디 박사는 1990년에 작성된 웨이시 문서를 인용하면서 장쩌민(江澤民, Jiang Zemin) 중국 주석 겸 공산당 총비서가 전국의 모든 기관장을 상대로 각자의 외교역량을 총동원하여 외부 세계와 연결망을 복구하라는 교시를 내렸다고 말했다. 이 당시 미국의 전 국무장관 헨리 키신저와 전 대통령 조지 H.W. 부시가 중국에 대한 제재를 완화하는 데 큰 도움을 주었다는 내용을 몇몇 문서에서 찾아볼 수 있다. 천안문 광장 학살사건을 계기로 외부로부터의 필수투자마저 터무니없이 줄어든 탓에, 중국은 처음으로 극동과 동남아시아의 인접국에 관심을 기울이기 시작했다. 동남아시아의 일부 국가들은 반대자를 말살하는 중공의 행태에 별로 개의치 않았다. 그들의 태도는 늘 그런 식이었다. 한편 일본과 한국 같은 나라들은 서구의 큰 기업들이 발을 빼는 지금이, 자국의 제조기업이 중국의 값싼 노동력 시장에 진출할 좋은 기회라고 보았다. 그런데 동남아시아의 서의 모든 나라에는 엘리트 화교 기업가 계층이 자리 잡고 있었다. 이들은 자신의 애국심이 겉으로 드러나는 일을 기꺼이 환영했고, 만만치 않은 경제적 유인까지 따랐으므로 이를 금상첨화의 기회로 보았다. 1990년대 초반쯤에 중국은 서방 세계와 거기에 속한 투자 회사와 다국적 기업들에 너무나 중요한 존재가 되었으므로, 천안문 광장 대학살을 향한 정치적 분노가 서구사회의 중요한 이슈로 떠오르도록 방치할 여유가 없었다.

캐나다 정부는 다른 주요 선진국과 마찬가지로 보수당 총리 브라이언 멀로니(Brian Mulroney)의 입으로 즉각 천안문 광장 학살사태에 대해 분노를 표명했다. 뒤이어 1989년 6월 5일에는 임시 의회가 소집되어 제재안을 결의하는 한편, 베이징 주재 얼 드레이크(Earl Drake) 캐나다 대사를 본국으로 송환했다. 제재 조치의 주요 골자는 캐나다국제개발단(Canadian International Development Agency)의 자금 지원으로 운영되던 대중국 프로그램을 중단하고 정부 고위급 인사들 사이의 회담이나 방문을 중지한 것, 그리고 캐나다에 체류 중인 모든 중국인에게 영주권을 부여하여 장차 시민권 취득의 길을 열어준 것 등이었다. 특히 마지막 조치는 그 대상자가 주로 대학생들로서, 중국 정부를 가장 격노케 할 만한 내용이었다. 외무부 발표 자료에 따르면 당시 캐나다에 체류 중이던 중국인의 80퍼센트가 정부의 이 제안을 수락했다고 한다. 1990년에 드레이크 대사의 후임으로 주중 캐나다 대사에 부임한 프레드 빌트(Fred Bild)는 이 시기에 관해 쓴 자신의 여러 글에서 중국 정부가 당시 상황을 자국의 가장 똑똑한 최고 인재를 도둑맞은 사건으로 인식하고 크게 분노했으며, 자신도 대사직을 수행하면서 이 문제를 다루는 것이 가장 어려운 일이었다고 고백했다.

캐나다의 제재 조치 목록에는 무역과 관련된 내용이 거의 없었으며, 그럴 필요도 없었다. 캐나다발 투자는 바닥 수준으로 내려앉았고, 중국에 설립된 캐나다 회사 중에도 문을 닫은 곳이 많았다. 모두 천안문 광장 대학살 사태의 확산으로 정국 불안이 계속될 것을 우려한 결과였다. 그러나 중국에 남는 편을 선택한 기업들은 자신들의 결정이 충분히 가치 있는 것이었음을 깨달았다. 프레드 빌트는 2011년에 출간한 자신의 책, 『중국의 도전(The China Challenge)』에서 이렇게 말했다. "그 어려웠던 시기에 중국에 남아 계속 활동을 이어간 비교적 소수의 캐나다 기업 경영진은, 불과 48시간 만에 그들이 맞이한 어려움이 무엇이든 내가 중국의 관련 부서 장관에게 호소할 길을 마련해주겠다는 말에 금세 만면에 화색을 띠었다. 수년 후, 모든 상황이 '정상'으로 돌아온 다음 그들은 이 시기를 매우 '평온한' 나날이었다고 회고했다."

1989년 사태의 여파로, 캐나다와 미국, 호주, 유럽, 그리고 동남아시아 각국과 같이 중공이 특별히 관심을 기울이는 여러 나라에서는 웨이시 활동이 점점 더 기승을 부렸다. 캐나다에서는 정치인과 공직자, 기업인 사이에서 중공의 감언이설에 넘어갈 만한 사람을 찾는 작업이 계속되었고, 이는 중국이 관심을 기울이는 어느 나라보다 캐나다에서 그 정도가 유독 심한 것 같기도 했다. 그 이유를 이해하기 위해서는 시간을 뒤로 몇 세대 거슬러 올라 이른바 "선교사의 아이들(Mish Kids)"이 미친 영향을 심층적으로 살펴볼 필요가 있다.

3장.
중국이 건설한 캐나다,
캐나다인이 구해낸 중국

3장. 중국인이 건설한 캐나다, 캐나다인이 구해낸 중국

거두리로다,

거두리로다,

기쁨으로 중국인을,

거두리로다.

> *– 중국에 파송된 캐나다 선교사들이 부르던 노래,*
> *(한국 찬송가 496장 "새벽부터 우리"의 가락에 맞춘 곡. – 옮긴이)*

1880년대에 캐나다는 자국과 중국에서 실질적인 면에서나 상징적인 면에서나 중국인을 거두어들였다. 이 시기는 캐나다와 중국의 상당한 인구가 서로의 존재를 알게 된 때였다. 그러나 두 나라 사람들이 상대방에 대해 느낀 매력은 서로 사뭇 달랐다. 당시 브리티시컬럼비아에 정착한 약 1만 7,000명의 중국인에게 캐나다의 매력이란 다름 아닌 돈이었다. 1850년대에 수백 명의 중국인들이 캘리포니아에서 넘어와 '프레이저강 골드러시(Fraser River Gold Rush)'에 합류했고, 그들이 정착해서 만든 캐나다 최초의 중국인 마을이 바로 바커빌(Barkerville)이었다.

그러다가 1880년과 1885년 사이에 중국과 캘리포니아로부터 또 다른 중국인이 1만 5,000명이나 추가로 유입되었다. 그들은 캐나디언퍼시픽 철도(Canadian Pacific Railway)의 브리티시컬럼비아 구간을 건설하는 철도 노동자들이었다. 건설업자들은 일당으로 1달러만 줘도 군말 없이 받는 중국인을 선호했다. 그 돈은 백인이나 흑인, 심지어 원주민들이 받는 액수의 3분의 1밖에 안 되는 금액이었다. 게다가 중국인들은 당시 기준으로도 부적절한 정도가 아니라 아예 위험한 수준의 주거환경이 제공되었는데도 불평 한마디 없이 묵묵히 견뎌냈다. 이런 열악한 조건에도 아랑곳없이 중국 이민자들은 계속해서 바다를 건너왔다. 당시만 해도 모두 남자들뿐이었던 그들은 이곳에서 버는 돈으로 중국에 남겨둔 가족들에게 더 나은 삶을 선사할 수 있다는 희망을 안고 있었다.

이들이 밀어닥치는 규모가 우려스러운 정도에 이른 1885년, 정부 당국은 '중국인 이민자법(Chinese Immigration Act)'을 통과시켜 캐나다에 들어오는 중국인 한 명당 50달러의 인두세를 부과했다. 그러나 이 정도로는 거센 흐름을 막을 수 없었으므로, 이후 점점 더 엄격한 조치가 연달아 시행되다가 1923년에 마침내 중국인 이민자법의 최종 형태가 완성되었다. 사람들은 이를 흔히 "중국인 배척법(Chinese Exclusion Act)"이라고 불렀고, 실제 내용상으로도 정확한 명칭이라고 볼 수 있었다. 이 법에 따라 중국인 이민자가 추가로 들어오는 것이 허용되지 않을 뿐만 아니라 기존에 캐나다에 사는 중국인도 외국인으로 간주한다는 점이 공식화되었다. 이후 이 법은 효력을 계속 발휘하다가 1947년에 이르러 폐지되었다. 제2차 세계대전이 한창이던 당시, 수백 명의 중국인 청년들이 캐나다군에 자원입대하여 전쟁에 참전했는데, 이는 그들이 캐나다 국적을 취득할 자격이 있다는 사실을 그 누구도 부인하지 못할 사건이었다. 그리고 이듬해인 1948년, 중국계 캐나다 거주민에게 드디어 국적이 부여되었다.

그러나 캐나다 사회 일부가 중국에 심취하는 것은 전혀 다른 문제였다. 역시 1880년대에, 가톨릭교, 성공회, 장로교, 감리교, 루터교, 그리고 침례교에서 처음에는 십여 명으로 출발해서 나중에는 수십 명, 그리고 결국에는 수백 명의 기독교 선교사들이 중국의 오지를 향해 중요한 사명을 품고 길을 떠났다. 그들의 눈에 그것은 분명히 영혼을 구원하는 길이었다. 캐나다 선교사들은 집안 대대로 중국에 머무는 경우가 많았다. 그들은 '의화단의 난 (Boxer Rebellion)'(중국에서는 반외세를 강조하며 이 사건을 '의화단 운동'이라고 부르지만, 일본과 서방에서는 이 사건 당시에 의화단원들이 보였던 지나친 폭력성 문제로 인해서 일반적으로 '의화단의 난'이라고 하며 의화단이 무술을 사용한 모습이 권투 선수와 같다고 하여 Boxer Rebellion 이라고 한다. - 옮긴이)부터 1911년의 청나라 멸망, 1920년대 군벌이 무질서하게 발호하던 시기, 1930년대에서 40년대에 걸친 일본의 침략 시기, 그리고 2차대전이 끝난 후 내전이 일어나 1949년에 중국공산당이 권력을 잡기까지의 과정을 모두 지켜보았다.

그들은 오늘날까지 캐나다에, 그리고 캐나다와 중국 관계에 심오한 영향을 미쳤다. 그렇게 된 데에는 캐나다가 선교사 파견 외에 아시아와 교류했던 이렇다 할 만한 분야가 없었다는 점도 중요하게 작용했다. 피터 M. 미첼 (Peter M. Mitchell)은 『불편한 적수, 캐나다와 중화인민공화국1949-1970(Reluctant Adversaries: Canada and the People's Republic of China, 1949-1970)』이라는 책에서 다음과 같이 썼다. "캐나다가 태평양 지역 국가들과 맺고 있는 정치, 경제적인 관여 수준은 별로 높지 않기 때문에, 캐나다의 공직자와 일반 대중이 중국과 그 이웃 나라를 생각할 때 떠올리는 이미지는 중국에 파견된 선교사들의 영향을 크게 받았다. 아시아에 나가 있는 캐나다인 공동체 중 의미 있는 규모를 갖춘 곳은 오로지 선교사 집단뿐이었다. 그들은 본국의 모든 지역 주민들로부터 지지를 받는 한편, 주민들에게는 회람용, 또는 개인별 서신을 통해 정기적으로 근황을 알렸다."

따라서 선교사들과 중국에서 자란 그 자녀들(이른바 "선교사의 아이들 (Mish Kids)")이 중국어에 능통하고 그 문화에도 밝았던 점은, 캐나다 사회가

1949년에 중국공산당이 집권하여 성립된 중화인민공화국에 대해 가졌던 첫인상과 그에 대한 대중적 지지에 있어서 중요한 요인이 되었다. 선교사의 아이들이 중공에 동조했던 원인은 크게 두 가지 측면에서 찾아볼 수 있다. 그중 하나는 국민당 정권의 네오파시즘적 행태에 대한 반감이었고, 또 다른 하나는 감리교와 캐나다연합교회(United Church of Canada)가 해석하는 기독교 교리가 정치적으로 좌파적인 색채를 띠고 있었다는 점이다. 선교사의 아이들, 그중에서도 특히 감리교도의 후손들은 1930년대와 40년대, 그리고 50년대까지 캐나다 외무부에서 상당한 비중을 차지했다. 아울러 2차대전 이후 캐나다가 독립 외교 노선을 발전시켜오는 데 상당한 역할을 한 사람도 바로 그들이었다.

사회를 개선하는 데 적극적으로 나서는 태도야말로 종교적 삶의 중요한 일부라는 믿음은 19세기 말부터 20세기 초까지 기독교인들이 품은 선교적 열정의 핵심 요소였다. 그 결과 중 하나가 캐나다의 여러 대학에서 일어난 기독학생운동(Student Christian Movement, SCM)이었다. 젊은이들 중에는 대학 시절 SCM에 몸담은 것을 계기로 선교사가 되겠다고 결심하는 사람이 많았다. SCM 회원 중에 선교사의 소명을 발견하지 못한 사람들은 공직에 나가서 캐나다의 독립적인 연방 기관을 바로 세우는 일에 기여하기도 했다. 그들은 특히 캐나다 외교부(Global Affairs Canada)에 많이 진출했다. 이 기관은 설립 이후 여러 차례나 명칭이 바뀌어왔다. 설립 당시에는 캐나다 외무부(Department of External Affairs)로 불렸던 이 기관은 1925년에 이르면 이른바 사회적 복음을 실천하는 기관이 되어있었다. 1925년은 캐나다의 일부 감리교회와 장로교회가 합쳐 캐나다연합교회를 형성한 해였으며, 퀸즈대학교(Queen's University) 일반학부의 오스카 D. 스켈턴(Oskar D. Skelton) 학장이 외무부 차관에 지명된 해이기도 했다. 마침 그의 재임 기간에 영국에서는 1931년 웨스트민스터 헌장이 제정되었는데, 여기에는 '백인' 영연방 국가, 즉 캐나다, 호주, 뉴질랜드, 남아프리카 공화국 등이 각자 독립적인 국제 외교관계를 수립할 때가 되었다는 선언이 담겨 있었다.

오스카 D. 스켈턴은 캐나다의 외교부서가 현재의 모습을 갖추게 만든 인물로, 외교부서에서 일할 직원을 모집할 때 자신과 같은 종교적, 사회적 도덕관을 지닌 사람들에게 자연스럽게 관심을 기울였다. 그중에는 장차 자유당 정권의 총리가 되는 레스터 B. 피어슨(Lester B. Pearson)과 캐나다 태생으로 총독이 되는 최초의 인물인 빈센트 매시(Vincent Massey), 그리고 캐나다 최초의 고위 외교관에 이어 1940년대와 50년대에 워싱턴에 대사로 파견되어 제2차 세계대전 이후 세계 질서 형성에 주역을 담당한 험프리 흄 롱(Humphrey Hume Wrong)과 같은 인물이 망라되어있었다. 이들 모두 오스카 D. 스켈턴과 캐나다연합교회와 SCM 출신이라는 배경을 공유하고 있었다. 이들 사이에 형성된 네트워크에서 중국에 대한 선교 운동은 빠질 수 없는 공통 모티브였다.

사실 오스카 D. 스켈턴의 딸 셰일라(Sheila)가 1943년에 결혼한 아서 멘지스(Arthur Menzies)라는 청년도, 그녀와는 하버드에서 만난 사이였고 1940년에 캐나다 외무부에 들어가 극동지역 담당관으로 일하던 청년이었다. 아서 멘지스는 중국에서 태어났으며, 그의 부친은 전설적인 장로교 선교사이자 고고학자였던 제임스 멜론 멘지스(James Melon Menzies) 박사로, 중국의 '갑골 문자'를 발견하여 그 가치를 알아본 최초의 인물이었다. 갑골 문자란 거북의 등껍질이나 양의 견갑골 위에 중국 최초의 문자를 새겨넣은 3,000년 전의 유물을 말하는 것이다. 아서 멘지스는 이후 외교관이 되어 1950년대부터 70년대까지 국제무대에 캐나다의 존재를 뚜렷이 각인하는 데 공을 세운다. 그는 1980년부터 82년까지 군비축소 협상 대표로서의 직무를 마지막으로 외교관 생활을 마무리했다. 그러나 아서 멘지스의 경력에서 최고봉은 역시 1976년에 주중 캐나다 대사로 임명된 일이었다. 그는 1970년에 캐나다가 중공 정권을 외교적으로 승인한 이후 '선교사의 아이들'로는 세 번째로 대사직을 맡은 인물이었다(선교사 자녀로서 베이징 주재 캐나다 대사가 된 첫 번째와 두 번째 인물은 각각 랄프 콜린스(Ralph Collins)와 찰스 존 스몰(Charles John Small)이었다).

캐나다 국민이 세계를 바라보는 관점은 주로 제2차 세계대전 도중과 그이후에 이 선교사의 아이들이 만들어낸 것이었으며, 그 기본 틀은 다시 19세기 말과 20세기 초에 선교사들이 중국에서 경험한 일에서 나온 것이었다. 캐나다 선교사들이 중국에서 활동한 지역은 크게 두 곳의 주요 거점으로 나눌 수 있다. 하나는 가난에 시달리는 서부의 오지인 쓰촨성으로, 주로 감리교 선교사들이 많이 간 지역이고, 또 하나는 중국 동북부에 자리한 허난성으로, 장로교 선교사들이 자리를 잡은 곳이었다.

초창기 캐나다 기독교 선교사들이 중국에서 펼친 활동은 한 마디로 마구잡이식이었다. 어떻게 보면 캐나다가 파송한 첫 번째 선교사만 진정한 캐나다인으로 볼 수 있을지도 모른다. 윌리엄 차머스 번스(Williams Chalmers Burns) 목사는 1844년에 스코틀랜드에서 캐나다로 파송되어, 장로교가 신학적, 공동체적으로 붕괴된 후 일어난 자유교회(Free Church)에 지지를 보내달라고 호소했다. 윌리엄 차머스 번스 목사는 온타리오주 남부 지역에서 2년간 장로교인들을 개종시키기 위해 노력하다가, 중국의 영혼을 구원해야한다는, 한층 더 엄중한 소명에 눈을 뜨게 되었다. 1847년, 그는 포르투갈령 마카오에 도착했다. 윌리엄 차머스 번스 목사는 이후 오랫동안 중국 남부 연안 지역을 따라가며 활동했다. 광저우를 시작으로 샤먼과 산터우, 이어서 북쪽으로 올라가 상하이와 베이징에 선교회를 열었으며, 마지막으로 만주 지역에서 그의 선교 여정을 마무리했다.

윌리엄 차머스 번스 목사는 선교사로서 큰 성공을 거두지는 못했다. 사역을 시작한 지 7년이 지난 후에야 겨우 첫 회심자를 배출해냈고, 그를 포함한 소수의 영혼을 예수 앞으로 인도한 것도 그가 천신만고의 노력을 기울인 후에야 찾아온 열매였을 뿐이다. 그러나 그는 선교역사에 길이 남을 업적을 이뤄냈으니, 그것은 바로 영국의 젊은 개신교 선교사 제임스 허드슨 테일러(James Hudson Taylor)를 중국의 농촌 지역으로 안내한 일이었다. 제임스 허드슨 테일러는 그 시대 가장 유명한 선교사 중 한 명으로, 1865년에 중국내지선교회(China Inland Mission)를 설립하게 된다.

인류 역사의 중요한 일이 흔히 그렇듯이, 캐나다가 중국선교에서 마주친 경험도 대개는 우연한 기회에서 비롯된 일이었다. 1888년 여름, 제임스 허드슨 테일러는 영국을 방문하고 중국으로 돌아가는 여정을 단축하고자 새로 개설된 캐나디언퍼시픽 철도를 이용해야겠다고 생각했다. 제임스 허드슨 테일러는 북미지역에 중국내지선교회 지부를 개설하면 사역에 필요한 헌금과 선교사를 지원받기에 유리하다는 이야기를 듣고, 처음에는 이를 단호하게 거절했다. 알빈 오스틴(Alvyn Austin) 작가에 따르면 제임스 허드슨 테일러는 다음과 같이 말했다고 한다. "주님은 저에게 그렇게 명한 적이 없습니다. 그런 식으로 일을 확장하는 것은 주님의 뜻이 아니라고 생각합니다." 그러나 제임스 허드슨 테일러가 캐나다 사람들로부터 들었던 메시지는 전혀 다른 것이었다. 그는 캐나다에서 몇 주를 지내면서 캐나다인의 가

슴에서 선교를 향한 깊은 열정의 샘물을 목격했고, 이에 감동한 나머지 토론토를 본부로 하는 중국내지선교회 북미지부를 개설했다.

제임스 허드슨 테일러가 캐나다를 방문한 시점은 마침 캐나다의 종교계가 세대교체를 맞이하던 시기와 맞아떨어졌다. 그 당시는 기독교인들이 사회 개혁을 주도해야 한다는 강한 신념과 함께, 이른바 공격적 복음주의가 부활하던 시기였다. 제임스 허드슨 테일러는 온타리오 남부 전역에 걸친 여러 회의와 회합에서 설교를 전하면서, '베풂의 기쁨에 도취된' 청중을 목격했다. 나이아가라 지역의 한 모임에서 만난 청중은 중국의 방대한 인구를 기독교로 개종시킬 기회가 있다는 제임스 허드슨 테일러의 설명에 사로잡힌 나머지, 중국 선교사 8명을 1년간 후원할 수 있는 금액을 그 자리에서 내놓은 일도 있었다. 제임스 허드슨 테일러는 그 돈이 독약이라고 생각했다. "돈이 생겨도 선교사가 없다면 이는 매우 심각한 문제입니다. 이제 엄청난 자금이 들어왔습니다. 그런데 사람은 어디 있단 말입니까?" 그의 고민은 다음 방문지에서 곧바로 해결되었다. 해밀턴에서 열린 기독교청년회(Young Men's Christian Association, YMCA) 성경 공부 모임이었다. 그곳에서 7명의 청년이 중국 선교사로 헌신했다. 제임스 허드슨 테일러는 그중 6명을 수락했다. 그가 다시 중국으로 돌아갈 때쯤에는 총 42명의 자원자가 나왔고, 그는 그중 15명을 데리고 중국으로 떠났다. 9월의 어느 축축한 저녁, 약 1,000명에 이르는 젊은이들이 횃불을 밝혀 든 채 토론토의 영스트리트에서 유니언스테이션까지 행진하여 제임스 허드슨 테일러와 그가 이끄는 캐나다 선교사 군단을 배웅했다. 이후 60년간 약 500명의 감리교 선교사들이 캐나다를 떠나 중국 서부에서 삶과 사역을 꾸려나갔다. 그들의 자녀는 오늘날까지 선교사 자녀(Missionary Kids) 단체나 서중국 캐나다학교(The Canadian School In West China) 등의 조직에서 활발한 활동을 이어오고 있다.

한편, 장로교는 선교사 파송에서 감리교를 앞지르고 있었다. 1881년, 대만에서 장로교 선교사로 사역하던 도중 안식년을 맞아 고향에 돌아온 조지 레슬리 맥케이(George Leslie MacKay) 목사가 온타리오 남부 잉거솔(Ingersoll)에서 설교한 일이 있었다. 그 자리에 모인 신도 중에는 곧 토론토의 녹스칼리지(Knox College)에 입학할 예정이었던 21세의 청년 조너선 고포드(Jonathan Goforth)가 있었다. 조너선 고포드는 조지 레슬리 맥케이의 설교를 듣고 크게 감동했다. 사실 그는 그 전에 이미 중국내지선교회에도 가입했었는데, 막상 감리교 선교사로 중국에 가려고 보니 지금까지 장로교 신자로 살아온 자신의 이력에 거리낌을 느끼고 있던 참이었다. 조너선 고포드는 이 설교를 계기로 여러 장로교 선교단체와 지역별 지부에 후원을 요청하기 시작했다. 1886년, 캐나다 장로교회는 중국 동북부의 허난성에 선교회를 세웠는데, 마침 그 지역에 기근이 넘쳐나고 있다는 소식은 조너선 고포드가 선교후원금을 확보하는 데 큰 도움이 되었다. 그는 충분한 후원금을 확보하여 1888년 1월에 중국으로 떠날 채비를 마쳤다. 그는 이제 막 결혼한 자신의 신부인 토론토 사교계의 명사 로잘린드 벨 스미스(Rosalind Bell-Smith)와 자신의 친구이자 퀸즈대학교 의대생인 프레이저 스미스(Frazer Smith)와 함께 사명을 품은 긴 길을 떠났다.

캐나다가 중국을 상대로 펼친 선교사역과, 그에 힘입어 캐나다 외교 정책에 미친 철학적 영향력은 대체로 캐나다연합교회가 한 일이었다. 성공회 교단이 선교 열정을 쏟는 방식은 주로 캐나다 북서부 지역의 캐나다인을 개종시키는 일과, 영국의 본 교단이 펼치는 선교 활동에 편승하는 방법, 이 두 가지였다. 캐나다 가톨릭교회가 중국에 파송한 최초의 선교사는 2명의 수

녀였다. 그들은 1900년 의화단의 난으로 인해 살해된 프랑스 수녀들을 대신해 1902년에 파송되었다. 몇 년 후 그들을 돕기 위해 프란시스코 사제들이 합류하기는 했지만, 캐나다 가톨릭교회는 1920년대가 되어서야 중국선교에 본격적으로 나서게 된다. 따라서 선교사역은 당연히 프랑스계 캐나다의 수도원이 주도했으며, 1950년까지 약 400명의 프랑스계 캐나다 선교사들이 중국에서 사역을 펼치게 된다. 따라서 캐나다 가톨릭 선교회에는 캐나다에서와 같은 고적한 태도가 드러나 있는 경우가 많다.

감리교 선교사들이 자리 잡은 쓰촨성의 청두와 장로교 선교사들이 터잡은 허난성 사이에는 처음부터 사회적, 신학적, 그리고 정치적으로 상당한 차이가 있었다. 사치요 다카시마(Sachiyo Takashima)는 중국 선교사들의 정치 성향에 관해 쓴 자신의 2001년 논문에서, 이런 차이가 나는 원인을 사회적 계층에서 찾았다. 그의 주장에 따르면 두 선교지의 문화는 해당 지역에서 사역하는 주도 세력, 즉 허난성의 매클루어 가문(the McClures)과 쓰촨성의 엔디코트 가문(the Endicotts)에 큰 영향을 받았고, 이 두 가문은 캐나다에서 전혀 다른 사회 계층에 속해있었다.

제임스 엔디코트 경(Sir James Endicott)은 1882년 17세의 나이에 영국 남부의 데번 주에서 캐나다의 매니토바로 이주해왔다. 데번은 영국에서도 정치적으로 급진적인 성향을 띠는 지역이었다. 그는 위니펙에 있는 웨슬리 칼리지를 졸업하고 1983년에 감리교 목사가 되었다. 당시 캐나다 남부지역은 기근에 시달리고 있었고, 이듬해 엔디코트 경은 아내와 함께 감리교 선교사가 되어 중국 청두로 떠났을 때, 그의 마음에는 이미 사회복음 운동 사상이 자리하고 있었다. 따라서 청두에서 펼치는 선교사역은 자연히 가난과 사회적 불평등, 그리고 교육 등에 초점이 맞추어졌다. 그리고 우연인지 모르겠지만, 청두 선교회가 학교를 세우고 선생님을 현지에서 모집했을 때, 그 자리에 모여든 사람들 역시 젊은 공산주의자들이었다. 이런 문화는 엔디코트 경의 다섯 자녀 중 셋째인 제임스 G. 엔디코트(James Gareth Endicott)의 삶과 사역에도 고스란히 이어졌다. 제임스 G. 엔디코트는 부친의 뒤를 이어 중국 선교사가 되었고, 1940년대에는 마오쩌둥의 2인자 저우언라이와 가깝게 지내면서 국공내전 당시 중공을 적극적으로 도왔다.

감리교 선교회는 계속해서 보건, 진료 및 병원설립과 같은 나머지 일상적인 선교사역을 향해 큰 발을 내디뎌나갔다. 1892년에 감리교 선교회가 청두에 설립한 서중국병원(West China Hospital)은 지금도 운영되고 있으며, 병상 규모로만 보면 총 4,300명의 입원 환자를 수용할 수 있는 중국 최대의 병원이다. 역시 감리교 선교회가 설립한 쓰촨대학교 서중국의료원(West China Medical Centre of Sichuan University)은 오늘날 중국 최고의 의과대학으로 평가받고 있다.

이와는 달리 허난 선교회는 처음부터 상류층의 의료선교 문화를 간직하고 있었다. 중국내지선교회는 1888년 8월 조너선 고포드가 그의 아내 로잘린드와 친구 프레이저 스미스, 그리고 간호사 서덜랜드와 함께 도착했을 당시, 인접한 산둥성 연안에 자리한 체푸(오늘날의 옌타이)에 요양원 한곳과 선교사 자녀들이 다니는 일류 학교를 운영하고 있었다. 실제로 당시 사람들은 체푸를 안락한 외국인 전용 거주지로 인식하고 있었다.

두 선교회 모두 병원과 대학을 세우고 운영하는 데 중점을 두다 보니, 중국인들은 유럽인을 비롯한 다른 외국인에 비해 캐나다인을 좀 더 우호적으로 바라보았다. 다른 외국인들은 상업적 특권을 획득하거나 준 식민지 성격의 주거지역을 확보하는 데만 골몰했기 때문이다. 요크대학교(York

University) 역사학 교수 피터 M. 미첼은 이 점에 관해 이렇게 말했다. "캐나다인이 중국에 세운 병원과 학교에서 교육의 혜택을 누린 중국인이 많았지만, 그들 중에서 세월이 흐른 후에도 기독교인으로 살았던 사람은 거의 없었다. 이런 사실은 선교사들이 미친 영향과 관련해, 문화 제국주의 논리에 따라 단순히 무시해버릴 수 없는 훨씬 더 깊은 차원이 있었다는 것을 암시해준다. 아울러 중국인이 캐나다인에 대해 갖는 호감이 오로지 닥터 노먼 베쑨 때문만이 아니라는 사실도 알 수 있다."

1931년, 허난 선교회가 최후를 맞이하는 시점이 다가오기 시작했다. 일본이 중국 동북부의 만주를 침공한 것이다. 일본은 이 지역을 만주국이라 칭한 다음, 청나라의 마지막 황제 푸이를 꼭두각시 군주로 내세웠다. 장제스와 국민당은 일본의 만주 점령을 인정하지 않았지만, 그의 관심은 마오쩌둥이 이끄는 공산주의자들에 훨씬 더 기울어있었기 때문에 일본에 맞서는 어떤 조치도 하지 않았다. 상황이 바뀐 것은 1936년 4월, 중국 북부 지역에서 발호하던 군벌 세력 중 하나인 '청년 대장' 장쉐량(張學良, Zhang Xueliang)이 장제스를 구금한 이후부터였다. 장쉐량은 이 국민당 지도자를 시안 지역에 구금한 채, 그가 마오쩌둥이 이끄는 중공과 통일전선을 구축하여 일본을 중국에서 몰아내는 데 힘을 합치겠다고 약속하지 않는 한 풀어주지 않겠다고 협박했다. 이후 수년간 양국 군사력 사이의 긴장이 고조되다가 1937년 7월, 일본이 이른바 '루거우차우 사건(盧溝橋事件, Marco Polo Bridge Incident)'으로 알려진 도발을 감행했다. 이 충돌을 계기로 일본의 명백한 중국 침공이 시작되었다. 허난성의 캐나다 선교회와 상당수 지역 주민들은 일본군의 진군에 앞서 남쪽으로 피신했다.

1938년 말, 장제스는 일본군의 신군에 따라 난징에서 쓰촨성의 충칭으로 수도를 옮겼다. 청두에 있던 제임스 G. 엔디코트는 국민당이 파시스트의 속내를 감추고 있다고 생각했지만, 막상 장제스와 국민당 정부가 충칭에 도착하자 그는 지배층 세력에 끌려 들어갔다. 장제스의 부인 쑹메이링(宋美齡)은 국민당 정부가 중국 국민과 미국 정치인 및 후원자를 상대로 도덕적 정당성을 확보해야 한다는 생각에 이른바 '신생활운동(新生活運動, New Life Movement)'(중국 국민당이 주도했던 국민계몽운동으로, 중국인이 도덕, 질서, 청결을 준수케 하도록 유도하는 것을 핵심으로 했다. - 옮긴이)을 일으켰다. 이 운동의 목적은 사회복지 사업을 전개하는 것 외에도, 중국의 전통문화에 그녀가 배운 감리교의 가르침을 접목하는 데 있었다. 이를 위해 그녀는 자신이 펼치는 운동이 국내외에서 신뢰를 얻도록 도와줄 외국인 선교사를 쓰촨성에서 찾아 나서기 시작했다. 그녀가 선택한 사람이 바로 제임스 G. 엔디코트였고, 1939년 초, 그는 중국내지선교회의 동의를 얻어 신생활운동의 2인자가 되었다.

제임스 G. 엔디코트는 다른 많은 남성들이 그랬듯이 처음부터 쑹메이링에게 마음을 빼앗겼다. 그는 사회복지 사업의 최전선에서 보여준 그녀의 헌신과 노력에 깊이 감동했다. 1939년부터 1940년까지 충칭을 향한 일본군의 공습이 날이 갈수록 심해지면서 제임스 G. 엔디코트는 매일매일 사람들을 돕는 일에 여념이 없었다. 그러나 1940년이 되자, 그가 예전부터 마음속에 간직하고 있던 국민당 정부의 파시즘적 성격에 대한 우려가 되살아났다. 신생활운동 여성 전쟁봉사회 간부들이 아무런 이유도 없이 사라지는 일을 목격하고부터였다. 그 여성들은 부패척결 운동을 성공적으로 벌인 직후, 지방 치안판사로부터 공산주의에 물들었다는 혐의로 기소되었다. 제임스 G. 엔디코트가 쑹메이링을 만나 이 사건의 자초지종을 묻자, 그녀는 사라진 여성들이 원래 공산주의자였고, 중공이 그녀들을 어디론가 데려갔다고 대답했다. 그러나 제임스 G. 엔디코트는 그 말을 믿을 수 없었고, 나중에 알고 보니 그 여성들은 장제스로부터 직접 지시받은 경찰들에 의해 체포되어 고문을 받다가 살해되었다는 것이다. 그로부터 수개월 동안 제임스 G. 엔디코트는 국민당의 신생활운동이 나치 독일의 조직들과 놀랍도록 유사하며, 장제스의 본심이 일본보다는 오히려 마오쩌둥이 이끄는 중공을 물리치는 데 훨씬 더 기울어있다는 것을 확신하게 되었다. 제임스 G. 엔디코트는 쑹메이링과 수 차례의 격렬한 언쟁 끝에 신생활운동을 그만둔 후, 1941년 7월, 가족과 함께 홍콩으로 갔다. 이후 그의 가족은 캐나다로 돌아갔고, 제임스 G. 엔디코트는 전쟁 시기의 대부분을 고향에서 보냈다.

1941년 12월에 일본이 진주만을 공습하고, 그달 말에 캐나다가 홍콩을 방어하면서 태평양전쟁에 참전한 일은 결국 중국에 있는 캐나다 선교사들의 처지가 결정적으로 바뀌는 계기가 되었다. 그들 중 일본이 점령한 지역에 속한 사람들, 특히 퀘벡 가톨릭선교회 선교사들은 갑자기 낯선 적들에 둘러싸여 고립된 신세가 되고 말았다. 그들 중에는 천신만고 끝에 전쟁터를 통과해 '자유 중국'에 도착한 이들도 있었다(중국과 일본의 전쟁 당시에 '자유 중국'이란, 만주국이나 쑤이위완성처럼 일본에 점령된 곳이 아닌 기타 지역을 말한다. - 옮긴이). 한편 캐나다에서는 윌리엄 라이언 매켄지 킹(William Lyon Mackenzie King) 총리가 충칭에 갇힌 장제스 정권에 대사를 파견해야 한다는 외무부의 압박에 시달리고 있었다.

윌리엄 라이언 매켄지 킹은 본능적으로 고립주의 노선을 취했으며, 중국(더 나아가 아시아 전체)에 별로 관심이 없는 인물이었다. 맨 처음 그의 뇌리에 떠오른 생각은 현지 선교사 중 한 명을 대사로 임명하면 되겠다는 것이었지만, 결국 그가 선택한 인물은 빅터 W. 오들럼(Victor Wentworth Odlum) 준장이었다. 빅터 W. 오들럼 준장은 보어전쟁과 1차대전에서 군경력을 쌓은 후 보험회사 간부, 신문사 편집장, 브리티시컬럼비아 주의회 의원을 거쳐 1941년 호주 주재 캐나다 고등판무관(high commissioner, 영연방 국가들 상호 간에 파견되어 업무를 수행하는 외교관 중 최고직책, 즉 일반국가들 사이의 대사에 해당한다. - 옮긴이)에 임명되었다.

빅터 W. 오들럼은 1943년 초에 충칭에 도착했는데, 이때만 해도 중국에 관한 관심이나 지식이 거의 없었다고 자신의 입으로 말했다. 그는 자신의 역할이 종전 후에 중국과 유익한 무역 관계를 수립하기 위해 지금부터 기초를 닦는 일이라고 생각했다. 구체적으로는 국민당 정부에 될 수 있는 한 많은 원조를 제공해야 한다고 생각했다. 빅터 W. 오들럼은 그 일을 해내기에 역부족이었을지도 모르지만, 그의 주변에는 '선교사의 아이들'이 잔뜩 포진해있었고, 그들은 그를 매우 편하게 여겼다. 빅터 W. 오들럼 휘하의 3등 서기관이었던 랄프 콜린스는 YMCA 선교사의 아들로 중국에서 태어났으며, 1970년에 캐나다 최초의 주중 대사가 되는 인물이었다. 빅터 W. 오들럼의 통역관 레슬리 킬본(Leslie Killborn) 박사는 의료선교사의 아들이었다. 대사관 고문은 조지 패터슨(George Patterson) 박사로, 감리교 선교사로 일본에 파송된 적이 있으며, 나중에 캐나다 YMCA의 사무총장을 지낸 인물이었다.

캐나다가 제2차 세계대전 막바지까지 중국에서 펼친 선교 운동의 역사는, 상당 부분 선교사의 아이들과 중공 사이에 끈끈한 인연이 시작되는 서막에 해당했다. 1941년 진주만 공습이 일어나기 전에 캐나다로 돌아온 제임스 G. 엔디코트는, 이후로는 여러 곳을 다니며 '자유 중국'에 지지를 호소하는 연설로 대부분의 시간을 보냈다. 그와 동시에 제임스 G. 엔디코트의 사회 복음주의는 점점 더 사회주의로 변모했으며 마침내 마르크스의 공산주의에 가까워졌다. 제임스 G. 엔디코트는 1944년 7월에 중국으로 돌아가 청두의 서중국연합대학교(華西協合大學, West China Union University)에서 윤리와 영어를 가르쳤다. 이 학교는 국민당을 향한 의혹 제기의 진원지이자, 중공의 본거지가 되기 직전인 상태였다. 제임스 G. 엔디코트는 학생과 교직원을 상대로 한 연설에서, 장제스와 국민당 정권을 향한 직접적 비판만은 가까스로 피했다.

이 시기 제임스 G. 엔디코트의 삶에는 또 다른 역할이 있었다. 중국으로 돌아오는 배 안에서 몇 명의 미국 요원들과 만난 이후, 그는 미국 전략사무국(Office of Strategic Agency, 중앙정보국(CIA)의 전신)의 공작원으로 마오쩌둥 및 중공과 실무군사 협의체를 수립하는 임무를 맡고 있었다. 당시 미국이 안고 있던 문제는, 일본이라는 공동의 적을 두고 동맹을 맺기에는 장제스가 도무지 믿을 만한 존재가 아니라는 점이었다. 그가 아는 바에 따르면 장제스 총통은 일본과의 전투는 미국을 비롯한 다른 동맹국에 맡겨둔 채, 자신은 종전 후에 공산당을 쳐부술 힘을 아껴두자는 심산이었다. 마침 쓰촨 지역의 민심이 장제스를 향한 분노로 끓어오르는 것이 뻔히 보이는 상황에서, 제임스 G. 엔디코트는 전략사무국 인도 본부로부터 장제스에 대한 반대 여론의 내용과 잠재력을 분석해서 보고해달라는 지시를 받고 있었다. 이 일을 위해 제임스 G. 엔디코트는 마을 단위의 공산당원들을 만나게 되었다. 1944년 말, 선교사 출신으로 당시는 언론인이자 캐나다 대사관의 비서관으로 일하고 있던 그의 친구 루스 웨이스(Ruth Weiss)가 충칭의 중국 공산당 본부 당국자 한 사람과의 만남을 주선했다.

1945년 1월 어느 날, 제임스 G. 엔디코트는 통일전선 충칭 대표단의 수장이자 마오쩌둥의 오른팔인 저우언라이의 기자회견에 참석했다. 어느 미국 기자의 질문에 저우언라이의 통역관이 더듬거리며 대답하고 있었다. 그때 제임스 G. 엔디코트가 유창한 통역으로 그 틈을 비집고 들어갔다. 그 광경을 유심히 본 저우언라이가 제임스 G. 엔디코트에게 따로 남아달라고 청했다. 두 사람은 철학적, 정치적 주제에 관해 긴 대화를 주고받았다. 제임스 G. 엔디코트는 자신이 하는 전략사무국 일을 설명했고, 저우언라이는 "미국 사람들이 우리를 속속들이 아는 것은 우리가 원하는 바입니다. 우리는 조금도 숨기는 것이 없습니다"라고 말하며 그에게 모든 내용을 정확히 보고해달라고 요청했다. 제임스 G. 엔디코트는 자신이 중공과 전략사무국 사이에서 정기적으로 정보를 전달하는 채널 역할을 해도 되는지 물었고, 저우언라이는 이를 흔쾌히 수락했다.

세계화평이사회(世界和平理事会)에서 중공 대표 우야오종(吳耀宗, 左)과 캐나다 대표 제임스 G. 엔디코트(James Gareth Endicott, 右). 「인민화보(人民画报)」 제5기 1951년 4월에 소개된 사진이다. (출처 : 위키피디아)

그 후부터 제임스 G. 엔디코트의 보고에는 공산당 세력이 얼마나 강력하며 그들이 중국의 일반 국민으로부터 어느 정도의 지지를 받고 있는지에 관한 정확한 정보가 담기기 시작했다. 그는 종전 이후 장제스와 국민당이 정직하고 효율적이며 민주적인 정부를 건설할 수 있도록 미국 정부가 뭔가 추가적인 조치를 하지 않는다면, 중국에 공산 혁명이 일어나는 것은 시간문제일 뿐이라고 여러 차례에 걸쳐 경고했다. 1945년 4월 프랭클린 델라노 루스벨트(Franklin Delano Roosevelt) 대통령의 서거를 전후로, 미국 정부 일선 관계자들의 태도가 바뀌기 시작했다. 그들은 중공을 상대하는 데 흥미를 잃은 대신, 장제스와 국민당에 충분한 힘을 실어주면 반대파가 움츠러들어, 정치적, 사회적 안정을 꾀할 수 있다고 판단했다. 그러나 현실은 그들의 생각대로 흘러가지 않았다.

장제스 정권은 점점 더 억압적인 통치를 폈다. 1945년 11월이 되자 정국은 한계상황에 도달했다. 윈난성의 성도인 쿤밍시의 학생들이 연립정부를 결성하고 기본적인 자유를 보장하라고 요구하며 시위에 나섰다. 이에 장제스는 군대를 파견하여 학생들을 해산시켰고, 이 과정에서 4명이 사망했다. 다음 달, 쓰촨성의 5개 기독교 대학 학생들이 서중국연합대학에 모여 쿤밍에서 시작된 시위를 이어나갔다. 이어 약 30명의 경찰이 무대를 에워싸며 시위를 저지하려는 의도를 뚜렷이 드러냈다. 제임스 G. 엔디코트는 경찰이 외국인까지 만류하지는 않을 것으로 생각하며 그들 사이를 뚫고 들어가 연설을 했고, 그 자리에 있던 군중의 환호를 받았다. 제임스 G. 엔디코트는 쿤밍에서 사망한 4명의 학생이 "평화와 단결, 그리고 민주주의를 요구했다는 죄목으로 무자비한 사람들의 손에 사형을 당한 것"이라고 말했다.

이 시간은 국민당이 혹시나 민주적이고 책임 있는 정부를 구성할 의지나 가능성이 있을지도 모른다는 제임스 G. 엔디코트의 마지막 기대마저 완전히 무너지게 된 결정적인 계기가 되었다. 제임스 G. 엔디코트가 점점 더 중국이 혁명으로 치닫고 있다는 확신을 굳히면서, 그와 캐나다 대사와의 관계에도 마찰이 빚어졌다. 그러나 그는 여전히 캐나다 대사관과 정기적으로 연락을 유지했다. 게다가 빅터 W. 오들럼 대사는 제임스 G. 엔디코트가 국민당 고위 관계자와 비즈니스맨들에게 영어를 가르쳤다는 인연으로 계속 연락을 주고받는 것 때문에 그를 여전히 쓸모있는 인물로 보고 있었다.

　제임스 G. 엔디코트의 오랜 친구이자 당시 외무부 정무차관으로 있던 레스터 B. 피어슨도 그를 중요한 외교 자산으로 인식하고 있었다. 제임스 G. 엔디코트는 아서 멘지스에게 중국 측 정보를 정기적으로 보고했다. 그의 이런 분석은 외무부 사람들 사이에서 광범위하게 회람되었으며, 레스터 B. 피어슨도 그중 한 사람이었다. 레스터 B. 피어슨은 제임스 G. 엔디코트의 보고서를 높이 평가했고 이런 흐름을 계속 이어갔으면 좋겠다는 서신을 그에게 보낸 적도 있었다. 제임스 G. 엔디코트는 당시 중국의 정세와 앞으로 펼쳐질 일들에 관해 빅터 W. 오들럼 대사와는 전혀 다른 그림을 그리고 있었다. 빅터 W. 오들럼은 오래전부터 캐나다 비즈니스계의 여러 사람이 생각해왔던 것처럼, 중국이 안고 있는 정치적 문제는 근대적 산업화와 무역 발전을 통해서만 해결할 수 있다고 생각했다. 아울러 캐나다는 그에 합당한 파트너가 되기에 부족함이 없으며, 캐나다 또한 중국과의 교역을 통해 충분히 이익을 볼 수 있다고 보았다. 그는 국민당이 대다수 중국인이 바라는 사회를 구현하지 못하고 있고, 따라서 중국은 지금 공산당이 이끄는 농민혁명을 향해 나아가고 있다는 제임스 G. 엔디코트의 관점을 싫어했다. 빅터 W. 오들럼은 공산당이 보유한 군대는 이름뿐인 허수아비로, 국민당 측 군대에는 상대도 되지 않는다고 굳게 믿고 있었다. 그러나 캐나다 대사관에는 제임스 G. 엔디코트의 든든한 우군이 있었다. 바로 빅터 W. 오들럼 대사의 2인자였던 1등 서기관 체스터 로닝이었다. 제임스 G. 엔디코트의 아들 스티븐은 자신이 쓴 부친의 전기에서, 1947년 5월 13일 체스터 로닝이 오타와에 있던 레스터 B. 피어슨에게 보낸 비공개 서신 내용을 아래와 같이 밝혔다.

"제임스 G. 엔디코트가 말하는 농민혁명 발발 가능성에 주목해야 합니다. 지금 중국에 있는 외국인 중에 그만큼 현지 주민과 가깝게 지내면서 공직사회를 넘어 광범위한 인사들과 교류하는 사람은 제가 아는 한 없습니다. 지금 중국의 민심은 정부 당국에 대한 거센 분노로 끓어오르고 있습니다. 현 정권은 무고한 백성을 내전으로 내모는 것도 모자라, 과거 군벌이나 만주족보다 오히려 더 심한 부패에 빠져있기 때문입니다.

제임스 G. 엔디코트의 말대로 공산당이 이런 분노를 이용해 농민혁명을 충분히 끌어낼 수 있다는 데에는 의심의 여지가 없습니다. 그동안 국민당은 내부에 숨어있던 사실상의 급진주의자와 혁명 분자들을 축출해왔습니다. 오늘날 그들 중 다수가 공산당의 지도자가 되었고, 지난 20년간 충분한 경험을 쌓았으며, 잘 훈련된 군대가 이들을 지지하고 있습니다. 혁명의 조건은 충분히 무르익었습니다."

체스터 로닝 역시 선교사 자녀 출신이었으나, 그 당시까지 캐나다의 대중 외교 노선을 지배했던 연합교회 선교사 및 그 후손들과는 다른 유형의 인물이었다. 1945년 빅터 W. 오들럼이 중국어에 능통한 1등 서기관을 대사관에 배치해달라고 요구했을 때, 체스터 로닝에게 마침 다른 일이 없었을 뿐 아니라 그 자리에 딱 맞는 사람도 바로 그였다. 이후 양국관계는 때로 진척이 느릴 때도, 어색한 국면을 맞이할 때도 있었지만, 결국 1970년에 양국 간 외교관계가 수립되고 캐나다가 중공을 중국의 합법정부로 승인하게 된다. 20년이 넘는 이 과정에서 중심적인 역할을 한 인물이 바로 체스터 로닝이었다. 체스터 로닝은 캐나다 고위 외교관으로 1950년대와 60년대를 거치면서, 루이 생로랑(Louis St. Laurent), 존 디펜베이커(John Diefenbaker), 레스터 B. 피어슨(Lester B. Pearson), 그리고 피에르 트뤼도(Pierre Trudeau) 정부가 펼친 모든 책략을 지켜봤고, 양국관계는 바로 그런 과정의 결실이었다. 체스터 로닝은 자서전 『중국 혁명기 회고(A Memoir of China in Revolution)』에서 자신이 목격한 많은 내용을 밝혀놓았다.

체스터 로닝은 1894년 중국 중부의 후베이성에서 태어났으며, 그의 부모는 노르웨이계 미국인 루터교 선교사인 하버(Halvor) 로닝과 한나(Hannah) 로닝 부부였다. 1907년 모친이 세상을 뜬 후, 그는 형 넬리우스(Nelius)와 함께 아이오와의 숙모 댁으로 가서 살았다. 그리고 이듬해, 부친과 그의 동생 다섯 명은 중국에서 돌아오게 된다. 부친은 가족을 이끌고 캐나다 앨버타로 이주한 후 대평원 북서부에 발할라센터(Valhalla Centre)라는 이름의 노르웨이인 정착지를 설립했다. 체스터 로닝은 앨버타대학교(Alberta University)에서 학업을 마친 후 중국으로 돌아가 1922년부터 1927년까지 루터교 선교사로 활동했다. 그는 앨버타로 돌아와 캠로즈 루터교대학(Camrose Lutheran College)에서 학장을 역임했지만, 이후 앨버타연합농민당(United Farmers of Alberta)에 입당한 후 1932년에 보궐선거를 통해 앨버타

시의회 의원에 피선되었다. 체스터 로닝은 한 차례 정치적 전향을 거쳐 막 결성된 합동영연방연맹(Co-operative Commonwealth Federation, CCF, 신민주당NDP의 전신) 소속으로 1935년 총선에 나갔지만, 낙선의 고배를 마신다. 체스터 로닝은 1940년에 CCF 당수가 되었다가 1942년에 물러났다. 그는 캠로즈 학장 신분으로 1945년에 CCF 후보로 다시 한번 총선에 나섰지만, 이번에도 역시 낙선했다. 이런 상황에서 빅터 W. 오들럼이 중국어에 능통한 2인자를 물색했으니, 체스터 로닝이 그 요청을 수락할 수 있었던 것이다.

중국에서 태어난 캐나다인 선교사 체스터 로닝(Chester Ronning, 左)은 캐나다가 중공을 승인할 때까지 큰 역할을 했던 '선교사의 아이들(mish kids)' 중 한 사람이다. 저우언라이(周恩來, 右) 총리와 회담을 하고 있는 장면. ⓒ Chester Ronning Centre

체스터 로닝은 거의 20년간이나 캐나다의 좌익 포퓰리스트 정치에 몸 담았기에 중국에 다시 돌아갔을 때 혁명가들에게 강하게 동조하는 마음을 품고 있었다. 그가 충칭에 도착한 지 불과 며칠 후에 체스터 로닝과 빅터 W. 오들럼은 통일전선에서 마오쩌둥의 대변자 노릇을 하던 저우언라이의 만찬에 초내받았다. 체스터 로닝은 1922년 자신이 베이징에서 대학을 다닐 때 처음 들었던 그 유명한 혁명가를 만난다는 생각에 마음이 설레고 있었다.

저우언라이는 제1차 세계대전 이후 갑자기 일어난 개혁운동의 지도자로 명성을 쌓았다. 그는 투옥 생활을 경험했으며, 1920년에는 근로학생 프로그램의 일환으로 프랑스에 유학하기도 했다. 그는 그곳에서도 중국인 유학생들과 함께 공산주의 혁명을 꿈꾸는 작업을 계속했다. 그는 1924년에 중국으로 돌아와 장제스가 이제 막 설립한 황푸군관학교(Whampoa Military Academy, 중화민국 육군군관학교의 전신 - 옮긴이)에서 정치교육을 담당했다. 1926년 5월 장제스가 공산주의자를 학교에서 몰아내면서 저우언라이의 황푸군관학교 경력은 끝을 맺게 된다. 이후 중공은 저우언라이를 상하이로 보내 간부를 모집하고 지역사회에 당 조직을 뿌리내리는 일을 맡긴다. 1927년, 장제스가 공포정치를 시작하여 상하이의 공산주의자들을 대량 학살하는 사건이 벌어지자 저우언라이는 가까스로 한커우로 피신한다. 이곳은 현재 우한시의 일부로 편입되어있다. 이후 몇 년 동안 저우언라이는 지하로 숨어들어 공산당 조직원과 첩보원으로 활동했다. 그는 심지어 상하이로 잠시 돌아간 적도 있었으나, 1931년 12월에 마오쩌둥이 장시성 산악 지대에 구축해놓은 혁명 집단으로 들어갔다. 그곳에서 맺어진 두 사람 사이의 정치적 동맹은 이후 저우언라이가 사망할 때까지 지속되었다. 1934년 10월에 장제스의 군대가 마오쩌둥의 장시성 근거지를 포위했다. 저우언라이가 살아남은 것은, 군인과 민간인을 합쳐 총 8만 4,000명에 달하는 공산주의자들이 이곳을 탈출하면서 시작된 이른바 대장정을 통해서였다. 이 사건은 1936년에 시안에서 장제스가 '청년 대장' 장쉐량에게 납치되어, 일본에 맞서기 위해서는 아무리 싫어도 공산당과 통일전선을 맺어야 한다고 협박

받은 지 1년 후에 일어난 일이었다. 이런 사실을 잘 알고 있던 저우언라이는 대장정의 와중에도 장제스와 협상을 펼침으로써, 국민당과 친중 서양인들을 상대하는 마오쩌둥의 외교관 역할을 완벽하게 수행했다.

체스터 로닝은 저우언라이와의 만남을 고대했던 만큼 다음과 같은 기록을 남겼다. "그의 모습은 역시 내가 기대했던 대로였다. 그는 굳은 신념과 겸손을 겸비했으며, 중국 사람들이 말하는 전형적인 군자의 풍모를 지닌 사람이었다. 그러면서도 매우 직설적이고 강력한 언어를 구사했고, 중국인 특유의 허세와 체면을 차리는 모습은 전혀 찾아볼 수 없었다."

이 첫 만남에서 저우언라이는 제임스 G. 엔디코트와 처음 만났던 당시의 즐거운 기억을 다시 떠올렸다. 체스터 로닝이 보기에 빅터 W. 오들럼과 저우언라이 사이의 대화를 통역관이 상당 부분 완화해서 전달하는 것 같았다. 저우언라이는 체스터 로닝의 표현에서 뭔가 알아차린 듯했다. 체스터 로닝이 캐나다 통역관에게 자신이 한 말을 다듬어달라고 요청했기 때문이다. 그리고 제임스 G. 엔디코트와 만났을 때처럼 이번 일도 둘 사이에 좋은 관계가 시작되는 계기가 되었다.

한편, 빅터 W. 오들럼과 제임스 G. 엔디코트는 서로의 성격 차이로 점점 심한 갈등을 빚고 있었다. 그러던 어느 날, 빅터 W. 오들럼은 제임스 G. 엔디코트를 "성미가 불같은 전도사"라고 부르면서, 반면 공산당 지도자들은 그를 '최고의 외국인 친구'로 여기고 있다는 쓴소리를 날렸다. 실제로 제임스 G. 엔디코트는 강의나 설교, 그리고 대중 연설을 할 때마다 점점 목소리가 커지고 극단적인 발언을 할 때가 많아져 갔다. 그렇게 된 이유는 국민당이 이른바 청년구국단을 동원해 캠퍼스의 반대파들을 억압하는 장면을 그가 직접 목격했기 때문이었다. 제임스 G. 엔디코트는 대학 선교회 측에 국민당 청년구국단의 행동에 관해 하소연했지만, 대학 측은 그가 제기하는 혐의를 번번이 부인하거나 일축했다. 그때부터 제임스 G. 엔디코트는 캐나다연합교회와 거리를 두기 시작했고, 점점 더 중공 편에 서서 활동하는 운동가로 변모해갔다.

급기야 제임스 G. 엔디코트의 종교적 신앙에도 위기가 찾아왔고, 이 사실은 1944년에 작성한 그의 일기에 명확히 요약되어있다. "우스운 일이지만, 반동 제국주의와 종교적 근본주의 사이에는 직접적인 관련이 있는 것처럼 보인다." 그의 이런 사상은 이후 수십 년간 수많은 사람에게 반향을 불러일으켰다.

그의 이런 내적 갈등은 청두에서 열린 한 집회에 그가 연사로 나서면서 한계점에 도달했다. 그 집회는 전국적으로 진행되던 국민당 반대 학생시위의 일환이었다. 며칠 후, 중국 교육부가 서중국선교회(West China Mission)를 상대로, 제임스 G. 엔디코트가 한 달 안으로 중국을 떠나지 않으면 그를 부적절한 외국인으로 간주하여 추방하겠다는 공문을 발송했다. 이에 제임스 G. 엔디코트가 먼저 움직였다. 1946년 5월 5일, 그는 캐나다의 선교회 담당자들에게 자신에게 부여된 서중국선교회 선교사와 캐나다연합교회 목사 자격을 모두 박탈해달라는 서신을 발송했다.

5월 말, 제임스 G. 엔디코트는 캐나다로 가기 위해 청두를 떠나 상하이로 향했다. 그러나 그가 난징을 지나던 무렵, 이번에 또다시 국민당 정부 소재지가 되어있던 이곳에서 저우언라이가 그를 만나고자 한다는 소식을 접했다. 저우언라이는 제임스 G. 엔디코트에게 국민당과 공산당, 그리고 기타 민주주의를 표방하는 정당들 사이의 통일전선이 붕괴 직전에 이른 것 같다는 말을 전했다. 저우언라이는 내전이 임박했다면서 "캐나다 귀국을 연기하고 우리를 도와 홍보 활동을 해주시지 않겠습니까?"라고 덧붙였다. 제임스 G. 엔디코트는 즉각 이를 수락한 후 상하이에서 여정을 중단한 채, 「상하이 뉴스레터(Shanghai Newsletter)」라는 지하 신문의 작성과 출간 준비에 착수했다.

「상하이 뉴스레터」는 1946년 6월 19일에 초판을 선보였다. 이 신문은 제임스 G. 엔디코트와 저우언라이 측 인사들이 매주 비밀리에 모여 다듬은 논조를 내세웠으며, 중국의 현 상황을 서구의 전통적인 민주주의적 관점에서 세심하게 다룬 기사들로 채워졌다. 비록 발간 및 유통 부수는 소규모에 그쳤지만, 이 신문은 상하이뿐만 아니라 더 먼 곳에서까지 중요한 정보원으로 금세 자리매김했다. 이 신문이 오타와에까지 전해졌다는 사실은 캐나다 정부 기록물보관소 자료를 통해서도 알 수 있다. 제임스 G. 엔디코트의 아들 스티븐에 따르면 중공 측의 한 당국자는 나중에 이렇게 말했다고 한다. "그 신문은 우리에게 대단히 소중한 존재였습니다. 비록 유통 부수는 얼마 되지 않았지만, 그 신문 덕분에 우리는 다수의 유력한 소식통과 연락을 유지했고, 새로운 외국인 친구를 얻었습니다. 당시 상하이 상황은 매우 어려웠습니다. 우리는 장제스 정권이 그토록 빨리 무너질 줄은 전혀 몰랐고, 따라서 장제스가 우리와 치르는 전쟁에 미국을 더 깊이 끌어들이지 못하도록, 우리가 가진 모든 힘을 발휘하여 외부의 공감과 지지를 확보해야만 했습니다. 제임스 G. 엔디코트는 이 싸움에서 우리와 생사를 같이한 전우였습니다."

온건한 논조와 정치적 입장이야말로 「상하이 뉴스레터」가 가진 전략의 핵심 요소였음에도, 제임스 G. 엔디코트는 편집과 관련된 자신의 본능을 오랫동안이나 제대로 제어하지 못했다. 회가 거듭될수록 이 신문은 점점 더 급진적인 성격을 드러냈고, 마침내 애독자들마저 그에게 "빨간 색깔을 너무 드러내지 말라"는 경고를 보내기에 이르렀다. 1947년 3월, 제임스 G. 엔디코트가 장제스의 신생활운동을 하던 시절부터 그와 가깝게 지냈던 창추(Chang Chu)라는 친구가 그에게 오찬을 함께 하자고 청했다. 그러나 두 사람 사이의 대화가 점점 정치적 위기를 향해 고조되던 중, 창추가 제임스 G. 엔디코트의 눈을 똑바로 들여다보며 이렇게 말했다. "내 생각에는 자네, 될 수 있는 대로 빨리 캐나다로 돌아가야 할 것 같네."

제임스 G. 엔디코트도 이 말이 장제스의 암살단이 그를 습격할 것이라는 의미임을 모를 리가 없었다. 1947년 6월 19일, 제임스 G. 엔디코트와 그의 아내 메리는 피난민 구출용 미군 수송선 제너럴 메익스(USS Gereral M. C. Meigs) 함에 승선했다. 그러나 이로써 제임스 G. 엔디코트가 저우언라이와 중공을 위해 일하는 것을 끝낸 것은 아니었다. 1948년 1월, 그는 캐나다에서 「캐나디언파이스턴뉴스레터(Canadian Far Eastern Newsletter)」라는 월간지를 발행하기 시작했다. 이 잡지는 이후 30년 동안 발행되었으며, 출간 후 22년 동안 변치 않았던 주제는 바로 캐나다가 중화인민공화국을 공식 승인하고 중공 정부와 정식 외교관계를 수립해야 한다는 것이었다.

1946년 초, 제임스 G. 엔디코트가 양심의 위기를 겪고 있던 때, 체스터 로닝은 충칭에 있던 대사관의 위치를 국민당 정부가 다시 중국의 수도로 정한 난징으로 옮겼다. 또 이때 빅터 W. 오들럼은 중국을 떠나 터키 주재 대사로 자리를 옮겼으며, 중국 대사에는 변호사이자 판사였던 토마스 클레이턴 데이비스(Thomas Clayton Davis)가 그의 뒤를 이어 부임했다. 조지 마셜 장군이 해리 트루먼 미국 대통령의 특사로 파견되어 국공내전의 휴전을 중재했지만, 이마저도 물거품으로 돌아갔다. 체스터 로닝은 국민당의 패배가 불가피하다고 판단했다. 6월 6일에 그는 자신의 일기에 이런 글을 남겼다. "국민당은 스스로 무너지고 있다. 이렇게 된 것은 엄청난 부패와 탐욕이 그들의 정치체제 전반에, 그리고 군대 조직에까지 상당히 스며들었기 때문이다. 현재 중국 정세는 정말 보기 민망할 정도로 엉망이다." 이런 시각은 그가 공산당에 의해 '해방된'(체스터 로닝이 직접 사용한 단어로, 그의 이념적 정체성을 한눈에 보여준다.) 지역의 상황을 보고받을 때와는 극명하게 대조되는 것이었다. 1974년에 『중국 혁명기 회고』라는 책으로 출판된 그의 일기에서, 체스터 로닝은 공산당에 의해 해방된 구역의 병원을 점검하기 위해 막 중국에 도착한 캐나다 의사 한 사람과 만난 이야기를 소개했다.

그는 그곳에 방문하기 전까지만 해도 공산당에 대해 비판적이었으나, 그들을 만나고 돌아온 다음에는 그들이 국민당 측과 비교해 매사를 처리하는 방식이 훨씬 낫다는 내용의 보고서를 내놓았다. 그는 그곳에 들어가자마자 마치 다른 나라에 온 것 같은 느낌이 들었다고 말한다. 그곳 주민들은 모두 사람다운 대접을 받고 있고, 각 마을에 설치된 인민위원회에 적극적인 지지를 보내고 있다. 그는 그곳이야말로 중노동도, 착취도 없고, 공산당과 개신교 선교사들이 사이좋게 지내며, 병원은 뛰어난 운영상태를 보여주고, 사람들에게 무료 진료를 베풀며, 식료품 가격은 잘 통제되고, 중과세도 없으며, 기근도 없는 곳이라고 말한다.

사람들의 마음을 사로잡는 중공의 이런 전략은 국내외에서 큰 효과를 발휘했다. 1948년에 접어들면서 공산군의 우세가 뚜렷해지고 국민당의 붕괴가 눈앞에 보이자, 마오쩌둥과 중공의 승리는 이제 피할 수 없는 일로 보였다. 그러나 그 과정에서 무질서를 맞이하게 되리라는 것도 거의 확실했다. 1948년 10월 캐나다 정부는 난징 주재 캐나다 대사관에서 여성과 어린

이를 피신시키고 외교관 수를 감축한다는 결정을 내렸다. 체스터 로닝은 그 와중에도 중국에 남는 소수의 외교관에 포함되었다. 1949년, 중국의 거의 모든 도시가 공산당의 수중에 들어갔다. 1월, 마지막까지 지키고 있던 국민당 사령관 푸쭤이(傳作義)가 항복하면서 인민해방군이 베이징을 점령했다. 치열한 전투가 몇 차례 이어진 후 난징을 향한 길이 열렸고, 드디어 4월 23일 국민당의 수도가 함락되었다.

체스터 로닝은 일기에 이렇게 썼다. "이번에 새로 들어선 정부가 모습을 갖춰가면 하루속히 우리 정부도 정식 정부로 승인하고, 내전도 완전히 종식되기를 희망한다."

1949년 10월 1일, 마오쩌둥은 베이징의 자금성 천안문 꼭대기에 서서 중화인민공화국의 성립을 선포했다. 같은 날, 중국 당국은 난징에 있던 외교사절단을 소집하여 베이징에 중화인민공화국이 설립되었고 그곳이 수도가 될 것이라고 발표했다. 당국자는 각국 정부가 중화인민공화국을 승인해야만 하며, 대사관도 베이징으로 옮겨야 한다고 주장했다. 체스터 로닝은 즉각 본국 정부에 중공 정권을 정식 승인할 것을 권했다. 그는 이렇게 발언했다. "중화인민공화국 정부의 통치력은 중국 대륙 전체에 미치고 있으므로, 외교적 승인에 필요한 국제 기준을 충족한 상태입니다."

그러나 캐나다 정부는 주저했다. 1949년 11월 16일, 내각은 중화인민공화국을 승인한다는 데 원칙적으로 합의했으나, 각부 장관들은 승인협정에서 중공이 캐나다에 요구하는 사항이 무엇인지 좀 더 분명히 알고 싶다는 태도를 보였다. 체스터 로닝은 외무부로부터 외교적 승인에 이르는 세부 절차를 중공이 제시토록 캐나다의 의사를 전하라는 지시를 받았다. 그렇다면 과연 체스터 로닝이 베이징에 가서 외교승인에 관한 세부 협상을 해도 된다는 뜻일까? 체스터 로닝이 외무부로부터 받은 이 지시 내용을 중국 측에 알리자, 중공 외교국은 캐나다 정부가 먼저 중공을 중국의 정식 정부로 승인할 의향이 있음을 '공식 표명'해준다면 베이징 정부는 이에 관한 협의를 환영한다는 답신을 보내왔다. 체스터 로닝은 캐나다 측에 중국 측 입장을 알렸지만, 캐나다 정부는 다시 한번 머뭇거렸다. 캐나다는 베이징의 답신을 전제 조건으로 간주하며 캐나다의 입장을 있는 그대로 받아들이는 태도가 아니라고 해석했다. 캐나다 정부의 결론은 이 문제를 좀 더 신중히 검토하겠다는 것이었고, 체스터 로닝은 이에 실망할 수밖에 없었다. 그의 일기에는 당시 심경이 이렇게 표현되어있다. "내 생각에, 중국 측의 답신은 캐나다의 제안을 받아들인 것이었지, 거절한 것이 결코 아니었다." 아울러 캐나다가 시간을 끄는 이유는 "다름 아니라 미국의 영향이 컸기 때문"이라고 생각한다고 덧붙였다.

1950년 6월 25일, 마침내 체스터 로닝은 본국으로부터 베이징과 승인 협상을 시작하라는 지시를 받았다. 그러나 이미 때는 늦었다. 캐나다가 주저하는 사이 더 큰 일이 벌어졌다. 한국전쟁이 발발한 것이다. 그리고 20년이나 지난 후에야 양국은 공식 외교관계를 수립하게 된다. 그러나 중공은 당시에도 이미 외교승인 문제를 높은 순위의 의제로 다루어줄 캐나다 측 지지자들을 확보해두고 있었다. 그리고 그들은 바로 '선교사의 아이들'이었다. 이후 20년 동안, 때로 외교관계 수립을 놓고 독설이 오고 가는 다툼이 벌어지는 와중에도, 중공의 지지자와 요원들로 구성된 네트워크가 캐나다 사회에 광범위하게 성장, 확산했다. 특히 비즈니스계와 학계에 이런 네트워크가 집중적으로 형성되었다.

4장.
반가운 외국인과 그렇지 않은 외국인

4장. 반가운 외국인과 그렇지 않은 외국인

로닝, 중국 이야기를 좀 해주게.

- 존 디펜베이커 총리가 캐나다 외교관 체스터 로닝에게 한 말. 1959년.

1949년 10월 중화인민공화국이 수립된 후 1970년 10월에 캐나다 정부가 중공 정권을 공식 승인하기 전까지 다양한 사람들이 맡았던 역할과 그들의 동기에 대해 수많은 질문이 쏟아져 나왔고, 사실 그것은 캐나다에 매우 중요한 질문이었다.

예컨대 '중국의 친구'란 도대체 누구인가? 누가 '공작원'이며, '간첩(스파이)'은 또 누구인가? 이들 사이에 뚜렷한 구분은 있는 것인가? 간첩과 공작원은 어떻게 다른가? 캐나다와 중국을 모두 좋아하는 어떤 사람이 양국관계 개선을 위해 노력하다가 선을 넘어 공작원이나 간첩이 되는 경우는 어떤 시점인가?

아마도 이런 미묘한 경계를 구분하는 기준은, 중국 공산당이 얼마나 많은 보상을 기대하느냐로 판단하는 것이 가장 좋을 것이다. 캐나다인으로서 중국의 진정한 친구란, 양국의 입장을 개인적으로 고려하여 두 나라와 좋은 관계를 맺으려고 애쓰는 사람 정도가 될 것이다. 그러나 앞서 이미 설명했듯이, 중국 공산당이 누군가에게 '중국의 친구'라는 칭호를 부여하면서 기대하는 보상은 그렇게 순진한 수준이 아니다. 중공은 '중국의 친구'라는 말을 일종의 직무 기술로 간주한다. 이 칭호를 얻는 사람은 캐나다에서 영향력을 발휘해 중국에 도움을 주겠다고 약속한 것으로 보는 것이다. 앞서 설명했듯이 중공은 이 공작원들의 활동이 캐나다에서 중국의 이익에 제대로 부합하지 못했을 경우 그동안 중공 측이 제공하던 편의를 거두어들이면 이들이 큰 손해를 보게 만들어둠으로써 효과를 더욱 극대화하고 있다.

1949년 10월에 중공이 중국의 권력을 차지한 후, 그 지도자들은 중국식 마르크스주의란 과연 무엇이며 도대체 그것을 어떻게 운영할 것인가라는 문제로 한동안 골머리를 앓았다. 마오쩌둥을 비롯한 중공 지도자들은 이미 시골 지역 농민의 힘으로도 공산 혁명을 훌륭하게 완수할 수 있다는 점을 보여줌으로써 철저한 마르크스-레닌주의자들을 당황하게 만든 터였다. 마르크스와 그의 사상을 이어받은 러시아 사람들은, 자본주의를 타도할 수 있는 세력은 오직 도시 노동자 계급뿐이라고 굳게 믿었다. 그에 못지않게 중요한 차이점은, 중국은 러시아와 달리 유럽 열강과 일본, 그리고 미국 등의 이른바 제국의 습격 앞에 무참히 짓밟히고 흔들리는 치욕을 맛보았다는 사실이다. 중공이 보기에 그들이 거둔 승리는 중국의 귀족 자본가를 상대로 한 혁명이기도 했지만, 동시에 외부의 제국주의에 맞선 해방전쟁이라는 의미도 분명히 있었다.

따라서 중공의 당면 과제는 1949년 9월 21일 중국인민정치협상회의 1차 총회에서 마오쩌둥이 선언한 "중국 인민이 일어섰다"는 말에 힘을 실어주는 것이었다. 중공은 그러기 위해서는 먼저 국내에서 공산당이 외국 세력을 압도하는 모습을 보여주어야 한다고 판단했다. 1840년대 영국을 필두로 유럽 열강이 대거 중국으로 밀고 들어오기 시작한 이후로 중국인의 심리에 깊이 뿌리박혀있던, 외국인이 더 우월하다는 이미지를 반드시 깨뜨려야 할 필요가 있었다. 그와 동시에 중공은 너무나 많이 인용된 마오쩌둥의 격언, "중국이 집안을 정돈하는 동안에 손님이 머무르는 것은 바람직하지 않다"를 실천에 옮기려 했다. 공산당은 어디까지나 온건한 농지개혁 운동을 이끌어온 주체라는, 힘들여 쌓아 올린 이미지를 훼손하지 않으려면, 중공이 지주와 부농, 도시 부르주아 계급을 처단하거나 재교육 수용소에 보내는 광경을 너무 많은 외국인이 목격해서는 곤란한 일이었다. 그러나 「파이스턴어페어스(Far Eastern Affairs)」(러시아에서 발행되는 중국, 일본 및 아시아태평양 지역에 관한 소식지 - 옮긴이) 1996년판 기사는 1949년 소련을 방문한 중공 대표단이 소련 당국자에 전달한 정보를 근거로, 그해에 중국에 거주하는 외국인이 모두 12만 명에 달했다고 전하고 있다. 그리고 이들 중 상당수는 캐나다에서 온 선교사와 의사, 교사 등이었다. 그들은 그동안 선교회 활동을 지지한다고 밝혀온 중공의 말이 자신들이 생각한 그대로였기를 바라며 버티고 있을 뿐이었다.

그러나 그들은 엄청난 착각을 하고 있었다. 중공은 일단 권력을 손에 쥐자마자 엄청난 속도로 외국인 등록과 평가에 관한 행정 체제를 도입하고 이를 철저히 시행해나갔다. 외국인 거주자는 해당 지역 경찰서나 공산당 사무소에 가서 자신이 중국에 체류하는 이유를 소명해야 했다.

영국 퀘이커 교도이자 청두의 서중국연합대학교 교수였던 윌리엄 스웰(William Sewell)은 자신의 책 『나는 중국에 살았다(I Stayed in China)』에서, 처음에 외국인 교수들은 중공이 집권한 후에도 계속해서 중국에 남아 일해달라는 요청을 받았고, 따라서 자신들이 새로운 중국에서 환영받을 줄 알았다고 말했다. 그러나 그들은 곧 당국으로부터 "조금이라도 반란의 움직임을 보이면 즉각 강력한 조치를 당하게 될 것"이라는 경고를 받았다. 그들은 또 대학이 "이제 예전처럼 외국인 학교의 모습을 보여서는 안 된다"는 강력한 권고를 들었다. 그로부터 얼마 지나지 않아 대학의 미국인 원로 교수한 명이 새로운 정권에 대해서 '나쁜 태도'를 보였다는 이유로 체포되어 몇 달간 투옥되는 일이 일어났다. 윌리엄 스웰은 그 교수가 한 행동이 "너무나 사소한 일이었을 뿐이지만, 당국은 오히려 인민들을 상대로 그들이 서양인을 좌지우지할 힘을 가지고 있음을 과시할 절호의 기회로 여겨 크게 반기는 눈치였다. 지금까지 서양인들은 법 위에 군림하는 존재로 여겨졌기에 더욱 그랬다"라고 썼다.

그러나 중공은 중국에 남아있는 외국인을 쫓아내고 있으면서도, 한편으로 자신들의 국가발전 계획을 추진하기 위해서는 외국의 기술자와 행정 전문가의 도움이 필요하다는 사실을 깨달았다. 그들이 가장 먼저 자연스럽게 눈길을 돌린 곳은 마르크스라는 같은 배를 탄 형제, 바로 소련이었다. 1949년 11월 마오쩌둥이 모스크바를 방문했다. 그는 전쟁 중에 무너진 중국의 산업기반 시설을 복구하고 새로이 산업화를 추진하는 데 필요한 경제적, 기술적 지원을 소련이 통 크게 베풀어줄 것으로 생각했다. 그러나 소련의 지도자 이오시프 스탈린은 소련의 이념적 우월성을 증명하기라도 하듯 중국의 지도자에게 짐짓 굴욕을 안겼다. 스탈린은 자신의 속내를 철저히 감춘 채 소련이 도저히 해줄 수 없거나 중국에 전혀 필요가 없는 지원 프로그램들을 제공해주겠다고 승낙했다.

모스크바에서 무례하고 경멸에 찬 대접을 받은 마오쩌둥으로서는, 이제 더욱더 해외에 나가 있는 화교 사회에서 인재를 찾는 수밖에 없게 되었다. 따라서 중공이 집권 후에 가장 먼저 한 일 중 하나가 바로 국외교무위원회(國外僑務委員會, 오늘날 국무원교무판공실의 전신이다. - 옮긴이)를 설치한 것이었다. 이 기구는 저우언라이 총리와 직접 연락을 취할 수 있을 정도의 고위 기관으로, 각각 대외연락, 외교업무, 선전활동, 그리고 통일전선을 담당하는 4개 부서로 구성되어있었나. 그로부터 몇 년이 흐른 1956년에는 해외 화교들의 귀국 후 모국 정착을 지원하기 위한 또 다른 부서, 중화전국귀국화교연합회(中华全国归国华侨联合会, All-China Federation of Returned Overseas Chinese)가 설립되었다. 이것은 너무나 낯선 모국을 맞이해야 했던 화교들로서는 꼭 필요한 기관이었다.

폴 린(Paul Lin)은 그의 부모 세대는 중국이 모국이었지만 그 자신은 캐나다인으로 태어났고, 이후 캐나다에서 가장 영향력 있는 중공의 여론공작원이 된 사람이었다. 폴 린 또한 "선교사의 아이들"의 일원이었지만, 보기 드문 집안 배경을 지닌 사람이었다. 그의 부친 린줘런은 1882년 중국 광둥성에서 출생했다. 린줘런은 어려서부터 남달리 총명했고, 전통 유학 교육을 받으며 탄탄한 기초지식을 쌓았다. 그러나 그의 부모는 아들이 청나라에서 출세 가도를 달릴 수 있도록 추가 교육을 제공해줄 만한 재력이 없었다. 청나라에서 출세란 과거에 급제하여 조정에 나아가는 것을 말했다. 폴 린은 그의 자서전, 『중국이라는 태풍의 눈(In the Eye of the China Storm)』을 통해 이미 캐나다에 가 있던 친척들이 부친을 캐나다로 건너오라고 초청했다고 밝혔다. 친척들은 캐나다에 오면 먹고살 길도 열리고, 영어도 배울 수 있으며, 무엇보다 서양을 이렇게 부강하게 만든 실력과 기술을 직접 보고 느낄 수 있다며 부친을 설득했다고 한다. 그의 자서전에는 이렇게 씌어있다. "그래서 부친은 겨우 겉핥기식으로 익힌 영어 지식과 인두세를 납부할 50달러만 지닌 채, 엠프레스오브인디아(Empress of India)호를 타고 태평양을 건너 1897년 3월 9일 캐나다 브리티시컬럼비아주 빅토리아에 도착했다. 관할 당국은 부친의 중국 성명을 영어로 음역하여 조지 림위엔(George Lim Yuen), 린란(Lin Ran)이라는 이름으로 등록했다."

당시 중국 이민자들이 모두 그랬듯이, 폴 린의 부친은 캐나다에서 살아남고 번영하기 위해 온갖 노력을 다하며 초창기를 보냈다. 부친은 연어 통조림 공장에 다니는 한편 남의 집 하인으로 일하면서도 저녁에는 성공회 성경 공부 모임에 나가 영어를 공부했다. 린줘런의 뛰어난 지능은 캐나다성공회 뉴웨스트민스터 교구에서 금세 눈에 띄었고, 1907년, 그는 밴쿠버 차이나타운 호머스트리트에 위치한 이 교회의 선교회 사역을 맡아달라는 부탁을 받았다. 그리고 교회의 후원으로 브리티시컬럼비아 성공회신학교에 입학했다. 그는 1912년에 부제가 되었고, 1920년에는 캐나다 최초의 중국인 성공회 사제에 임명되었다.

1912년 10월, 마침내 부친 린줘런은 중국에서 아내 추먼과 장녀를 데려올 수 있었다. 이후 모두 4명의 자녀가 캐나다에서 태어났고, 폴 린은 그중 막내였다. 그의 가족은 오카나간밸리의 버넌에 정착했고, 린줘런은 흩어진 중국인 노동자들을 상대로 목회 사역을 수행했다. 폴 린은 어린 나이에도 부친이 일요일마다 '문화적 애국주의'가 가미된 설교를 전파했던 것으로 기억한다고 말했다. 즉, 린줘런은 공맹의 사상을 성공회 교리에 접목하여 목회 활동을 펼쳤다. 폴 린은 이렇게 말한다. "유교와 문화적 애국주의에 대한 아버지의 가르침은 내가 중국적 혈통의 가치에 강한 애착을 느끼며 자랄 수 있게 해주었다." 폴 린은 교육이나 친구, 그리고 선생님들의 영향으로 사회, 문화, 언어 등 모든 면에서 스스로 중국인이라기보다는 캐나다인에 가까웠지만, 그런 와중에도 반중국적 인종차별주의에 서서히 눈을 뜨기 시작했다. 그는 이렇게 말했다. "나는 수많은 중국인 1세대 이민자들이 겪었던 고초에 마음 깊이 공감했다. 캐나다인들은 주변에 사는 중국인들이 유구하고 영광스러운 역사를 간직하고 있다는 사실을 이해하지 못했다. 중국인들은 우월한 군사력을 지닌 나라들로부터 압제와 괴롭힘을 당했던 나라에서 왔다는 이유로 여기서도 차별에 시달리고 있었다. 당시 나의 소망이 있었다면 그것은 언젠가 중국이 강한 나라가 되어 중국인들이 지구상 어디에 살든지 존엄을 회복할 수 있게 되는 것이었다. 강한 애국심과 엄격한 도덕을 강조하는 아버지로부터 물려받은 나의 이런 생각은 결국 필생의 사명이 되었다."

폴 린 역시 아버지를 닮아 총명했을 뿐 아니라, 열심히 공부하라는 아버지의 가르침도 있었기에 고교 시절에 벌써 총독 메달을 수상했고, 1938년에는 브리티시컬럼비아대학교에 입학해 공학을 전공하게 된다. 다시 한번 폴 린의 일기를 살펴보자. "일단 학업에 적응하고 나자, 나는 학내의 여러 활동에 참여하기 시작했다. 특히 당시 가장 관심이 가는 정치 이슈에 골몰했고, 나로서는 일본의 압제하에 놓인 중국이 바로 그 주제였다." 폴 린은 국제문제, 특히 일본의 군사제국주의를 다루는 학생조직 중에서는 캐나다 전역을 통틀어도 가장 활발하고 유려한 연설가로 꼽혔다. 그가 브리티시컬럼비아대학교에서 공부한 기간은 딱 1년뿐이었다. 1939년, 그는 앤아버에 있는 미시간대학교에 진학하면서 공학사 학위 취득에 필요한 장학금까지 확보했다. 폴 린은 미국 대학에 가야만 중국인 학생회에 가입하여 중국어도 배우고 모국의 사정을 가장 정확히 들을 수 있을 것 같았다고 말했다. 미시간대학교는 1893년부터 중국인 학생에게 문호를 개방한 터였고, 폴 린이 입학할 당시에는 모두 80명의 중국인 학생이 공부하고 있었다. 그는 머지않아 이 좁은 동네에서 대들보 같은 인물이 되었고, 장학금으로 받는 몇 푼 안 되는 수입은 막 꽃피우기 시작한 연설가로서의 재능을 발휘해서 벌어들인 돈으로 보충했다. 마침 대학 측이 마련한 중국 및 중일전쟁 관련 부설학과에서 그가 강사로 활약한 것이었다.

공학을 공부한 지 2년이 지나던 즈음, 학생이라면 누구나 겪을 만한 위기가 그에게도 찾아왔다. 불현듯 공학자가 자신의 길이 아니라는 생각이 든 것이다. 그는 이렇게 말했다. "국제법을 공부하는 편이 중국의 이익을 지키는 데 도움이 되니까 나한테 더 맞는 길이 아닌가 하는 생각이 들었다. 더구나 아버지의 소망을 실현하기 위해서라도 그쪽이 더 나은 선택이라고 판단했다." 그의 지도교수였던 존 랠리 넬슨(J. Raleigh Nelson) 박사도 그를 기꺼이 도와주었다. 그는 폴 린의 부친에게 직접 서신을 보내, 제자의 재능을 높이 평가하며 그가 진로를 변경하는 것을 진심으로 지지한다는 의견을 피력했다. 린쭤런도 아들에게 편지를 보내어 진로 변경을 허락하면서 이렇게 말했다. "무엇보다, 네가 공부하는 내용이 이 세상에 분명히 쓸모 있는 것이어야 한다. 그 길이 너 자신뿐만 아니라 남에게도 유익이 되어야 하고 말이다."

이로써 폴 린의 진로는 결정되었다. 더구나 그의 의지와는 상관없이 여러 사건이 그의 앞길을 여는 것 같았다. 1941년 11월 7일, 일본의 진주만 공습으로 미국이 태평양과 유럽 양쪽에서 전쟁에 뛰어들었고, 이로써 폴 린은 연설가로서 한층 더 이름을 날리기 시작했다. 시간이 흐를수록 그를 찾는 곳이 많아졌다.

그 시기에 폴 린은 폴 타쾅 린(Paul Ta-Kuang Lin)이라는 이름으로 법적 개명을 신청했다. 타쾅(達光)이란 숲을 지나서 빛이 나아간다는 뜻이다. 그는 개명 이유를 이렇게 설명했다. "중국어로 된 올바른 이름을 쓰는 것이, 내가 현대를 살아가는 중국 지식인으로서의 정체성을 확립하는 첫걸음이라고 생각했다." 그는 1943년 1월에 미시간대학교를 우등학위로 졸업했고, 하버드대학교와 터프츠대학교가 공동 운영하는 국제법 및 외교학 전문 대학원에 진학하면서 두 건의 장학금까지 수상했다. 폴 린은 그곳에서 영국의 극동 정책과 전쟁 시기 태평양 지역의 안보 문제를 주제로 박사학위 과정을 시작했다.

그러나 그는 점점 학문 연구보다는 친중 활동에 더 치우쳐갔다. 폴 린은 경제적인 이유로 박사과정을 잠시 연기하고 유급직인 북미중국기독학생회 (Chinese Students' Christian Association of North America, CSCA) 사무총장직을 맡았다. 그 자리를 맡은 사람이 할 일 중에는 국공내전을 피해 중국을 탈출한 수많은 학생을 돕는 일이 중요한 부분을 차지했다. 수많은 학생이 중국인 사회를 향한 애착심의 발로로 CSCA에 가입했다. 그는 그들을 위해 여러 이벤트를 마련했는데, 그 일환으로 캐나다 선교사 제임스 G. 엔디코트 초청 강연회를 개최한 일이 있었다. 그리고 그 자리에서 장제스 정권의 부패상을 격렬하게 비판한 제임스 G. 엔디코트의 발언이 이후로 폴 린의 머리에서 좀처럼 떠나지 않고 영향을 미치기 시작했다. 1948년 폴 린이 박사학위를 마치려고 하버드로 돌아왔을 때, 그는 이미 국민당에 완전히 환멸을 느낀 이후였다. 그의 이런 태도는 CSCA의 공식적인 입장에도 영향을 미쳐, 이 단체가 점점 더 국민당에 대해, 또 장제스를 지원하는 미국에 대해 비판적인 자세를 취하는 원인이 되었다. 폴 린은 미국 정부로부터 공공연히 반역자로 취급받기에 이르렀다.

1949년 초에 이르자, 폴 린은 정치 활동에 대한 열정 때문에 박사논문을 마무리하려는 의욕마저 꺾이고 말았다. 폴 린의 머릿속에는 오로지 마오쩌둥과 중공이 통치하는 새로운 중국의 부상이라는 주제밖에 없었다. 그것도 모자라 폴 린은 이제 이 문제가 남의 일인 양 글이나 쓰고 앉아있을 수 없었다. 그는 이 일에 직접 뛰어들고 싶었다. 그는 자신의 회고록에 이렇게 쓰고 있다. "나는 조상의 뿌리를 찾아내고 역사적인 중국의 대전환 과정에 직접 참여하기로 마음먹었다." 마오쩌둥이 중화인민공화국의 탄생을 선포한 다음 날인 1949년 10월 2일, 폴 린은 중국 태생의 아내 에일린(Eileen)과 어린 두 아들을 데리고 샌프란시스코로 날아가 홍콩을 향해 35일간의 항해에 나서는 덴마크 국적의 머스크사 화물선에 올랐다. "만약 그때 떠나지 않았으면 나는 조셉 매카시(Joseph McCarthy)의 안보 청문회 열풍에 휘말려 결국 기소되었을 것이다. 나는 미국을 떠나는 결정을 내리기까지 상당히 고심했지만, 지금이야말로 '고향에 돌아가' 우리 국민의 장래를 위해 내가 가진 재능을 바쳐야 할 때라는 목소리를 마음 깊은 곳에서부터 들었다."

중국계 캐나다인인 폴 타쾅 린(Paul Ta-Kuang Lin)은 한때 간첩으로 의심받았을 만큼 정력적으로 중공을 변호했었다. 그의 일대기를 담은 책 『중국이라는 폭풍의 눈(In the Eye of the China Storm)』 표지. ⓒ McGill Queens University Press

폴 린과 그의 가족이 홍콩으로 향하던 무렵, 난징에 있던 캐나다 임시대리대사 체스터 로닝은 서로 상충하는 압력 앞에서 고군분투하고 있었다.

한쪽에서는 캐나다를 향해 중화인민공화국을 승인하고 난징의 외교공관을 폐쇄한 후, 베이징으로 대사관을 옮기라는 중공 당국의 요구에 시달렸고, 다른 한편에서는 본국의 상관들이 결정을 내리기를 주저하는, 그야말로 이러지도 저러지도 못하는 상황에 빠져있었다. 체스터 로닝 자신은 신정부 승인을 지지하고 있었으나, 캐나다의 루이 생로랑 총리와 레스터 B. 피어슨 외무부 장관은 다른 영연방 회원국과 협의한 후에야 결정을 내리겠다는 생각밖에 없었다. 생로랑과 피어슨은 중국의 합법정부 승인 대상을 기존의 국민당 중화민국에서 공산당의 중화인민공화국으로 옮기느냐 여부에 관해서는, 영연방 회원국이 1950년 1월에 실론(오늘날의 스리랑카)의 콜롬보에 모여 이 문제에 관해 수뇌급 회담을 열기 전까지는 각 회원국도 결정하지 않기를 바라고 있었다. 그러나 그들을 실망시키는 상황이 벌어졌다. 1949년 11월 26일에 인도가 중화인민공화국을 승인했다. 1950년 1월 4일에는 파키스탄이, 1950년 1월 6일에는 영국이 그 뒤를 따랐다.

1950년 6월 25일, 체스터 로닝은 드디어 본국으로부터 중공 당국과 승인 협상에 착수하라는 지시를 받았다. 그러나 그 메시지가 도착했을 때는 이미 아무 의미가 없는 상황이었다. 바로 그날 북한이 한국을 침공하면서, 이후 얼마 지나지 않아 한반도 남부의 부산항까지 한국군과 그 동맹인 미군을 몰아부쳤다. 캐나다는 사흘 후에 마련된 규정에 따라 유엔참전군 참가국 명단에 즉각 이름을 올렸고, 이 명단은 결국 21개 국가로 늘어났다. 물론 연합군 병력의 88퍼센트는 미국이 제공했지만 말이다. 이후 몇 주 동안, 부산에 포위된 한국군과 미군은 도저히 버틸 수 없을 것처럼 보였고, 한반도 전체가 북한의 수중으로 넘어갈 것만 같았다. 그러나 9

월 15일에, 약 4,000명의 미군 해병대와 5,000명 가까운 한국군 병력이 인천에 상륙했다. 그것은 유엔군 사령관 더글러스 맥아더 장군의 빛나는 한 수이자, 전쟁의 기로를 바꿔놓은 작전이었다. 유엔군은 북진을 거듭하여 10월 말에는 중국과 국경을 이루는 압록강을 눈앞에 두게 되었다.

인천상륙작전 직후, 중국은 주유엔 인도대사를 통해 워싱턴에 보낸 메시지에서, 미국이 이끄는 군대가 38선(태평양전쟁이 끝나면서 설정된 한반도의 남북을 가르는 경계선)을 넘어서는 순간, 중국은 불가피하게 전쟁에 개입할 수 밖에 없다고 경고했다. 미국 당국은 이 메시지의 의미를 제대로 파악하지 못했거나, 이해했다 해도 이를 진지하게 받아들이지 않았다. 10월 8일, 마오쩌둥은 인민해방군 동북최전방군(People's Liberation Army's North East Frontier Force)을 중국인민지원군(中國人民志願軍, Chinese People's Volunteer Army)으로 개편했다. 10월 25일이 되어, 그보다 열흘 전에 미리 압록강을 몰래 건너와 있던 이 비정규군은 최소 30만에서 최대 45만에 이르는 병력을 이끌고 유엔군을 공격했다. 1951년 1월 4일, 중공군과 북한군은 유엔군을 다시 밀어붙여 전쟁이 시작된 후 두 번째로 서울을 점령했다. 이후 몇 개월간 38선을 둘러싸고 치열한 공방전이 이어졌다. 그러나 5월 말이 되자 전투는 교착 상태에 빠졌고, 7월 들어 시작된 휴전 협상은 1953년 7월 27일에 이르러서야 협정이 성립되었다.

유엔군의 일원이었던 캐나다는 마오쩌둥이 참전하는 바람에 사실상 중공과 전쟁을 치른 셈이었다. 체스터 로닝이 기록한 캐나다 정부의 당시 태도는 역시나 다음과 같았다. "이런 상황에서 베이징과 협상을 벌이는 것은 적절치 못한 일로 판단된다. 그러나 캐나다는 중공 정부에 대한 승인을 거부하기보다는 당면한 한국에서의 위기가 끝날 때까지 협상 절차를 연기하는 편을 선택했다."

캐나다와 중국 간의 시소게임에서 캐나다와 미국 관계가 중요한 역할을 차지하게 된 것도 바로 한국전쟁 기간과 그 직후 몇 년 동안에 일어난 일이었다. 중공과 그 첩보원들은 이 기간에 캐나다 사람들이 미국에 대해 복잡 미묘한 감정을 지니고 있다는 사실을 절실히 깨달았다. 캐나다는 미국에 대해 존경과 애착, 질투, 그리고 도덕적 우월성이 만연하다 못해 자칫 경멸로 이어질 수 있는 심정을 품고 있었다. 이 당시 중공은 캐나다에 반미감정을 일으키는 것이 매우 쉬운 일이며 생각보다 훨씬 쉽게 조작해낼 수도 있다는 점에서 매우 유용한 도구가 될 수 있다는 점을 알게 되었다. 이런 일이 가능하게 된 전체적인 맥락을 살펴볼 필요가 있다. 이 당시는 마침 냉전이 시작되면서, 미국 정부 및 기타 기관에서 공산주의자들의 반란에 대한 두려움이 번져가던 때였다. 그 두려움이 불가피하게 드러난 일이 바로 조셉 매카시 상원의원이 펼친 마녀사냥이었다.

미국에서 시작된 무분별한 반좌익 열풍은 일부 캐나다 인사에까지 여파를 미칠 수밖에 없었고, 그에 따라 캐나다의 정가와 외교가는 점점 더 큰 불안과 의혹에 휩싸였다. 그러나 캐나다 정치 지도자들에게는, 그런 분노 때문에 광범위한 영역에서 미국의 도움을 받으면서 유지해오던 실용적인 관계를 그르친다는 것은 감히 상상할 수도 없는 일이었다. 1954년 초, 한국전쟁의 휴전이 성립됨에 따라 루이 생로랑 총리는 중공 정권과의 상호 외교승인 문제를 다시 고민하기 시작했다. 그러나 그의 고민은 아무런 결과도 맺지 못했는데, 그것은 바로 미국이 동맹국 중 그 누구라도 중화인민공화국 공산정권을 승인해서는 안 된다는 의사를 완강하고도 노골적으로 표시했기 때문이었다. 당시 캐나다가 중공에 가장 가까이 다가섰던 때는 1956년이었다. 루이 생로랑 총리와 레스터 B. 피어슨 외무장관은 중국과 공식 외교관계를 수립할 때가 되었다고 생각했지만, 그러기 위해서는 먼저 드와이트 아이젠하워 대통령과 협의를 거쳐야 했다. 그들은 의도적으로 격정적인 국무장관인 존 포스터 덜레스를 상대하는 대신 직접 아이젠하워와 이야기하기로 했다. 그러는 편이 상대방의 사려 깊은 대접을 받는 데 더 유리하리라 판단했던 것 같다. 그러나 그것은 실수였다. 체스터 로닝은 이렇게 이야기한다. "대통령은 불같이 화를 내며 도대체 캐나다가 어떻게 중국 공산당을 승인할 생각을 하느냐고 다그쳤다. 그러면서 한국에서 숨져간 미국 군인들의 피가 아직도 그들의 손에 흥건히 배어있다고 소리 높였다." 아이젠하워는 계속해서 말하길, 만일 캐나다가 이렇게 나오면 미국의 다른 동맹들도 그 뒤를 따를 것이고, 나중에는 중국이 유엔 안보리의 한 자리를 차지하게 될 것이라고 했다. 게다가 중공에 적대적인 미국의 여론이 변함없는 한, 미국 정부는 유엔에서 탈퇴할 수밖에 없어 결국 그 조직은 붕괴되고 말 것이라고도 덧붙였다. 이것은 아이젠하워의 능란한 수 싸움을 보여주는 장면이었다. 레스터 B. 피어슨이야말로 유엔이 탄생하는 데 중심적인 역할을 한 인물이었고, 그를 비롯한 캐나다의 상당수 여론은 유엔을 그의 작품으로 여기고 있었다. 생로랑과 피어슨은 중국에 가까이 다가서려는 계획을 모두 접을 수밖에 없었다.

1957년 존 디펜베이커가 이끄는 보수당이 집권하면서 중국에 관한 생각해왔던 많은 구상이 모두 원점으로 되돌아갔다. 20세기 들어 캐나다에서는 자유당이 집권 여당의 자리에 있었던 시간이 훨씬 더 많았다. 1880년대 이후 가장 수명이 길었던 보수당 정부는 로버트 보든 경(Sir Robert Borden)이 총리로 있던 시절이었다. 그는 1911년에 총리에 당선되어 10년간 재임

했다. 그의 후임으로 보수당 총재가 된 아서 미언(Arthur Meighen)은 1920년 가을에 불과 몇 개월만 총리직을 맡았다가 물러났고, 1926년 말에 다시 한번 그 자리에 오르기는 했다. 리처드 베드퍼드 베넷(R. B. Bennett) 총리의 재임 기간은 그보다는 좀 더 긴, 1930년부터 1935년까지였다. 그러나 전체적으로 보면 역시 자유당의 집권 기간이 압도적으로 더 길었고, 보수당 정권은 그들의 힘이 약해졌을 때 잠깐 등장한 정도였다. 존 디펜베이커의 집권은 자유당 권력이 몰락했을 뿐 아니라, 새스캐추언(Saskatchewan) 주를 기반으로 한 국가주의적 포퓰리즘이 대두되고, 온타리오와 퀘벡 등지를 중심으로 캐나다 연방이 성립된 이래 총리직을 계속 차지해온 독점세력이 해체되었다는 의미가 있었다. 존 디펜베이커가 혁파하고자 했던 고정관념 중 하나는 미국에 지나치게 저자세를 보여온 그간의 태도였다. 이것은 대중국 정책에서도 무조건 미국에 휘둘리지만은 않겠다는 보수당의 입장과 맞물려있었다. 그러나 존 디펜베이커와 초대 외무부 장관 시드니 스미스(Sidney Smith) 역시, 중공 정권의 승인 문제에 관한 한 어떤 확고한 행동을 하려면 먼저 아이젠하워와 만나 대화를 나누어야 한다는 점에서 전임 정권의 생로랑 및 피어슨과 마찬가지 신세였다. 체스터 로닝에 의하면, 실제로 아이젠하워는 존 디펜베이커에게 자유당 정권에 대해서보다 오히려 더 심한 격노의 반응을 보였다고 한다.

존 디펜베이커는 생로랑과 피어슨처럼 쉽게 설득당하지는 않았으나, 베이징과의 관계 개선을 추구하는 문제를 전임자들과는 전혀 다른 각도에서 접근했다. 그의 관심은 어디까지나 무역일 뿐, 외교에 있지 않았고, 미국이 생각하듯이 억압적인 정권에 도덕적 정당성을 부여하게 될 것을 우려하는 태도는 전혀 없었다. 있는 거라곤 매년 수확되는 엄청난 밀 뿐이고, 이렇다

할 시장은 많지 않은 대평원 출신의 정치 지도자인 그에게, 중공과의 관계란 그 정치적, 실용적 측면이 중요한 것이지 공산정권을 돕는다는 점에 대한 도덕성 문제는 별로 중요한 일이 아니었다. 중국 정부는 1958년에 캐나다에서 소량의 밀을 수입한 것을 계기로, 캐나다 정부는 중국에 식용곡물에 대한 주요 수요가 있다는 것을 알게 되었다. 그러나 정부는 그 수요가 어느 정도인지, 또 그 이유는 무엇인지에 별로 관심을 기울이지 않았다. 중국은 마오쩌둥의 대약진운동이 불러온 기근이 과연 어느 정도인지를 모든 외국인에게 감쪽같이 숨겨오고 있었다. 오늘에 와서야, 1958년부터 1960년까지 중국에서 대략 4,000만 명의 인구가 아사한 것으로 알려져 있다. 그러나 1960년 가을, 상무부는 앨빈 해밀턴(Alvin Hamilton) 신임 농무부 장관의 요청에 따라, 당시 캐나다 정부가 알고 있던 지식을 바탕으로, 중국을 상대로 한 밀 수출 가능성을 타진하기 위해 2명의 당국자를 중국에 파견했다. 그 두 사람은 돌아와서 시장 가능성을 긍정적으로 바라보는 보고서를 제출했다. 앨빈 해밀턴은 훗날 그의 전기작가 패트릭 키바(Patrick Kyba)에게 당시 상황을 이렇게 회고했다.

"1960년 11월 말인가, 몬트리올의 퀸엘리자베스 호텔에서 이 보고서를 거의 다 읽어갈 때쯤, 호텔 데스크에서 전화가 한 통 왔습니다. 지금 데스크에 나를 만나고 싶다는 중국 사람 2명이 도착해있다는 거였지요. 그렇다면 그들은 분명히 캐나디언퍼시픽항공을 타고 왔고, 마침 그 비행기는 몬트리올행이었던 거지요. 그리고 그들은 이 호텔에 도착해, 나를 찾았습니다. 그런데 호텔 지원은 참, 똑똑하게도 직접 나한테 전화까지 한 거고요. 그분들이 중국에서 왔다면 우리 대표단의 밀수출 설명을 듣고 오신 게 분명했습니다. 그래서 전화를 건 호텔 직원에게 그분들에게 가장 좋은 방을 내드리고 비용은 나에게 달아달라, 그리고 극진히 대접해드리라고 말했습니다. 그리고 그분들에게 농무부 밀 이사회(Wheat Board)가 있는 위니펙행 비행기 편을 마련해드렸습니다. 이 문제를 협상할 수 있는 주체는 밀 이사회 사람들뿐이었으니까요.”

안타깝게도 뛰어난 선견지명을 지녔던 퀸엘리자베스 호텔의 그 직원 이름은 역사에 기록되어 있지 않다.

중국 대표단은 신속하게 밀 7만 6,000톤과 보리 2만 6,000톤을 현금 6,000만 캐나다달러(2021년 환율 기준 약 7,500만 US달러)에 수입하는 데 합의했다. 앨빈 해밀턴은 거래가 이렇게 일사천리로 진행되는 것을 보고 중국이 앞으로 오랫동안 캐나다 곡물에 의존하는 시장이 되리라고 생각했다. 1961년 초, 그는 밀 이사회의 윌리엄 크레이그 맥나마라(William Craig McNamara) 수석행정관을 베이징에 파견해 추가 수출 가능성을 타진해보도록 했다.

출장을 다녀온 윌리엄 크레이그 맥나마라의 보고서를 근거로, 앨빈 해밀턴은 중공 정부와 장기 협상에 착수했다. 그러나 여기서 미국이 중국을 상대로 내건 금융 제재가 발목을 잡았다. 중국으로서는 밀을 비롯한 곡물 수입 대금을 캐나다에 지불하는 데 필요한 거액의 현금을 마련하기가 쉽지 않았다. 이에 중공은 건방진 제안을 내놓았다. 향후 2년 6개월간 밀 200만 톤과 보리 128만 톤을 중국이 수입할 테니 그에 해당하는 대금 4억 2,200만 캐나다달러를 캐나다가 중국에 빌려주도록 요청한 것이다. 이에 앨빈 해밀턴 농무부 장관은 중국은 수천 년의 역사를 자랑하는 나라이니 못 믿을 이유가 없다면서 이 제안을 수락했다. 이로써 앨빈 해밀턴은 중공으로부터 '중국의 친구'라는 칭호를 얻었고 저우언라이 총리가 특별히 아끼는 사람이 되었다. 저우언라이는 어떤 자리에서, 의사인 노먼 베쑨의 뒤를 이어 중국 사람의 눈에 바람직한 캐나다인의 전형이라 할 만한 사람은 바로 캐나다 농무부 장관이라고 말하기까지 했다.

중공이 캐나다의 밀과 보리를 사는 데 필요한 돈을 캐나다가 빌려준다는 것에 대해 존 디펜베이커 내각 전원이 앨빈 해밀턴만큼 좋아한 것은 아니었다. 일부 장관들은 은행 채권을 발행하려면 정부 보증이 필요한데, 그 말은 곧 캐나다 정부가 사실상 중화인민공화국을 승인한다는 이야기가 아니냐고 지적하고 나섰다. 실제로 이번 곡물 협정을 통해 캐나다 정부는 중공을 중국의 합법정부로 공식 승인한 것이나 다름없다는 주장이 제기되었다. 단지 법적 세부 조항이나 상호 외교관 파견만 없을 뿐이라는 것이었다.

1960년에 9백만 캐나다달러로 시작한 캐나다와 중국 간 곡물 협정은 불과 2년 후에는 총 1억 4,700만 캐나다달러 규모로 늘어났다. 1960년대를 거치면서 이 규모는 매년 1억에서 최대 2억 캐나다달러까지 오르내렸다. 그러나 더욱 중요한 점은 이런 거래가 향후 외교적 승인을 위한 상호 신뢰의 증거가 되었다는 사실이다.

앨빈 해밀턴이 중국과 맺은 인연은 캐나다 정부 장관 임기를 마친 후에도 계속되었다. 그는 '중국의 친구'라는 자신의 역할에 대해 진지한 태도를 보였다. 그는 장관직에서 물러난 후 캐나다와 중국 간의 비즈니스 촉진 활동의 일환으로 여러 캐나다 기업을 만나면서 밀수출을 계기로 열린 중국의 시장기회를 이용하라고 열렬히 홍보하고 다녔다. 캐나다 기업들이 그가 제시한 시장기회에 올라타지 못할 경우, 그는 아시아와 남아메리카의 다른 기업들을 찾아다니며 역시 그들에게도 중국과 거래를 트라고 종용했다.

1964년 초, 중국 정부는 앨빈 해밀턴을 중국으로 초대해 그들의 국제무역 정책에 관한 자문을 들었다. 그는 융숭한 대접을 받았다. 그 정도가 얼마나 극진했던지, 그가 보기에도 단지 무역 문제를 논의하는 데 따른 대접을 훨씬 뛰어넘는 수준이었다. 앨빈 해밀턴은 중공 당국자들이 자신에게 보여준 반응으로부터 두 가지 사실을 깨달았다. 그들은 이 나라가 대약진운동이 불러온 기근의 여파로 산산이 무너졌음을 그에게 알려주었다. 물론 당시까지도 그들은 기근을 날씨 탓으로 돌리고 있었지만 말이다. 앨빈 해밀턴은 당시 그들로부터 들었던 말을 나중에 이렇게 회고했다. "이 엄청난 국가적 재난 앞에 우리를 도와줄 사람은 아무도 없다고 생각하며 극복에 열중하던 바로 그때, 바로 당신이 밀을 팔겠다고 나섰지요." 여기서 우리는 당시 기근이 중국 전역에 물리적, 정신적으로 얼마나 큰 피해를 미쳤는지도 알 수 있지만, 중공이 세계에서 홀로 고립되는 편을 선택했던 것을 후회하고 있었다는 사실도 간파할 수 있다. 앨빈 해밀턴이 받은 인상은 이후 저우언라이 총리와의 대화를 통해 확인되었다. "그와 90분간 대화를 하고 보니, 그는 미국과 중국이 다시 어떻게든 조화로운 관계를 회복하는 것만이 자신의 정치 인생을 마무리하기 전에 이루고 싶은 단 하나의 소망임을 나에게 절박한 심정으로 알리려고 했음을 알 수 있었다."

한편 마오쩌둥은 자신이 이끈 대약진운동과 그에 따른 기근에 대한 비판을 잠재우고자 1966년에 문화대혁명을 일으켰다. 이 시기에도 폴 린은 지난 15년간 이어져 온 중국 공산당 혁명의 중심에 가까이 있었다. 그러나 폴 린은 당시 마오쩌둥의 운동으로 야기된 사회적 격변이 정점에 다다르는 모습을 지켜보면서, 머지않아 자신에게 닥쳐올 공격을 피해 캐나다로 돌아가야겠다고 결심한다. 1964년 9월, 그는 재능과 솜씨를 두루 갖춘 중국 공산당의 최일선 요원으로 밴쿠버에 돌아왔다.

폴 린은 캐나다를 떠나 중국을 향하던 1949년 당시에는 지금껏 보지 못한 공산주의의 본고장을 본다는 좌익적 열정에 들떠 있었다. 그러나 그동안 중공 정권의 핵심에 있으면서 그 본질을 너무나 속속들이 경험했고, 그중에는 스스로 위협을 느낀 적도 있었다. 폴 린이 홍콩에 도착한 후 연안 여객선을 타고 베이징 인근 항구도시 톈진에 도착한 것은 1950년 초였다. 이때 그는 완전히 다른 정체성을 지닌 채 중국 땅에 발을 디뎠다. 그는 자신이 요즘 말로 공산당 귀족이라고 불릴 만한 사람이었음을 금세 깨달았다. 사실 폴 린은 공산당 혈통으로 따지면 결코 서열이 높다고 할 수 없는 사람이었지만, 중국 공산당은 그를 극진히 대우해주었다. 그는 중국에 도착하자마자 기차 편으로 상하이로 가서 한 여성을 만났고, 그녀는 문을 열고 그를 맞아들여 이후 그가 중국에 체류하는 15년 세월 내내 그를 보호해주었다. 그녀는 바로 국민혁명의 기수로 일컬어지는 쑨원의 부인, 쑹칭링이었다. 쑨원은 1911년 신해혁명을 일으켜 청나라를 타도했고, 그가 벌인 일련의 사건들이 이어져 결국 중공이 권력을 잡게 되는 결과를 불러오기도 했다. 쑹칭링은 미국에서 교육받은 감리교 선교사 찰리 쑹의 세 딸 중 둘째로 태어났다. 부친 찰리 쑹은 선교사이면서 중국에서 은행업과 출판업으로 부를 쌓은 인물이기도 했다. 세 자매는 모두 미국 조지아주의 감리교 웨슬리안 칼리지에서 공부했지만, 세 명의 인생 행로는 젊은 시절부터 극적으로 달라지기 시작했다. 큰언니 쑹아이링의 남편은 은행가 출신으로 국민당 정부에서 재무장관까지 지낸 쿵샹시였다. 막내 쑹메이링은 국민당 지도자 장제스와 결혼했다. 쑹칭링은 쑨원과 결혼했는데, 쑨원은 자신이 일으킨 혁명을 미

완성으로 남긴 채 1925년에 세상을 떠났다. 이 때문에 세상 사람들은 세 자매를 가리켜 각각 돈을 사랑한 여인, 권력을 사랑한 여인, 그리고 중국을 사랑한 여인이라고 불렀다. 쑹칭링은 남편이 사망한 후, 중국 공산당에 가입하는 것으로 자신의 애국심을 표현했다. 그녀는 그 이전까지 한 번도 공산당에 가입한 일이 없었다. 그러나 중공으로서는 그녀의 존재만으로도 쑨원의 법통을 계승한다는 정통성을 확보할 수 있었기 때문에 그녀를 쓸모 있는 존재로 여겼다. 물론 그런 정통성은 당연히 장제스와 국민당에 주어지는 것이 논리에 합당한 일이었다. 중공은 쑹칭링에게 중국인민정치협상회의 부의장이라는 중요한 직위를 제공함으로써 그녀를 극진히 대우했다. 이 기구에는 공산당원이 아닌 인사도 포함되어있었고, 중공은 그들의 조언을 존중하는 모습을 보여주었다.

폴 린의 집안과 쑹칭링의 관계는 매우 복잡했지만, 중국 사람들이 가문에 보이는 충성심을 생각하면 그 인연은 굉장히 튼튼했던 것으로 봐야 한다. 폴 린의 형 앤드류 린은 쑨원의 첫째 부인과의 사이에서 나온 손녀 펄 쑨과 결혼했다. 그러니 폴 린에게 쑹칭링은 형의 처가댁 새 할머니인 셈이었다. 그들의 결속을 더욱 단단하게 만드는 가족관계는 또 있었다. 폴 린의 장인, 즉 그의 아내 에일린의 부친인 첸싱은 쑹쯔원의 오른팔 역할을 한 인물이었다. 여기 등장하는 쑹쯔원은 바로 쑹칭링의 남동생으로, 하버드대학교를 나온 후 제2차 세계대전이 시작되기 전에 이미 중국에서 유명한 기업인이자 정치가가 되어있었다.

폴 린은 자신이 가진 국제법 실력을 새로운 중국을 위해 발휘할 수 있기를 소망했지만, 베이징에 있는 대학들에서는 그 과목이 '제국주의의 도구'로 낙인찍혀 모두 사라지고 말았다는 사실을 알게 되었다. 그래서 그는 부업으로 여러 정기간행물에 번역가와 작가로서 활동했다.

1950년 5월, 폴 린과 쑹칭링이 맺은 인연이 결실을 거둘 기회가 찾아왔다. 이때 그녀가 중국인민정치협상회의에 참석하기 위해 상하이를 떠나 베이징에 도착한 것이었다. 그녀는 한 만찬에 폴 린과 에일린을 초대해서 중국 외교부 고위관계자에게 그들을 소개했다. 그 관리는 바로 당시 아주사무부장이자 중국정보국장의 자리에 있던 차오관화(Qiao Guanhua)라는 인물이었다. 차오관화는 폴 린에게 국제문제에 관한 일간 영문간행물 「포유어아이즈온리(For Your Eyes Only)」의 편집장 자리를 제안했다. 이 회보는 정부 고위관계자와 해외에 나가 있는 대사관 직원들만 볼 수 있는 문건이었다. 1951년, 폴 린은 정부 해외소식부 영어방송분과의 책임자가 되었다.

마오쩌둥의 통치술은 정부가 저지르는 온갖 만행을 주변 사람들이 알아차리기 전에 그들을 혼란에 빠뜨려 제압하는 방식이었다. 자신도 모르게 정치적으로 잘못된 편에 서 있던 사람들은 이런 격변이 일어날 때마다 치명상을 입기 일쑤였지만, 폴 린은 매번 용케도 그 자리를 피해 나갔다. 하지만 이런 폴 린도 1957년에 일어난 반우파운동의 칼날을 피하지는 못했다. 그 전해에 마오쩌둥은 이른바 백화제방(百花齊放) 운동을 통해 인민들이 현 정권에 대한 의견을 공개적으로 밝히는 캠페인을 펼쳐나갔다. 다시 말해 그의 정적이 누구인지 밝히려는 속셈이었다. 1957년, 중공의 모든 기관의 관계자들은 잔뜩 겁에 질린 채 자신이 먼저 희생양이 되기 전에 너도나도 우파 인사들을 색출해내는 일에 혈안이 되었다. 라디오베이징 영어 방송분과에서 가장 먼저 다른 사람을 손가락질하겠다고 나선 사람은 시드니 리텐버그(Sidney Rittenberg)였다. 그는 공산당이 샨시성 옌안에 본부를 두고 있던 시절부터 마오쩌둥의 곁을 지켜온 미국인 중국 공산당원이었다. 시드니 리텐버그를 비롯한 몇몇 공산당원들은 자신들이 누군가의 표적이 되기 전에 다른 누군가를 우파 인사로 낙인찍어야겠다고 생각했다. 그들이 선택한 사람은 제럴드 첸(Gerald Chen)이라는 직원이었다. 그는 결백한 사람이었다. 시드니 리텐버그는 1993년에 출간된 자신의 회고록 『남아있던 사나이(The Man Who Stayed Behind)』에서 이렇게 밝히고 있다. "그러나 그는 우리가 생각해낼 수 있는 최선의 인물이었다. 그의 본명은 첸웨이시였으나, 자신의 서양인 친구가 붙여준 제럴드라는 이름을 쓰고 있었다. 그의 부친은 한평생을 공산주의자로 살아온 충칭의 한 사업가였다. 제럴드 첸은 캐나다에서 살 때도 중국에서 학교 선생을 지낸 유명한 좌익 목사 제임스 G. 엔디코트의 집에서 지냈을 정도로 어려서부터 캐나다 좌익 인사들과 가까운 사이였고, 공산당이 승리를 거둔 후 조국을 위해 무언가 기여하겠다는 결심으로 중국에 돌아왔던, 애국심 충만한 젊은이였다. 제럴드 첸에게 뒤집어씌운 구체적인 죄목은 유복한 중국인 캐나다 목사의 아들이며 비공산당원이던 한 사람에게 그가 영어분과 책임자 자리를 넘겨주려고 획책했다는 것이었다."

폴 린은 자서전에서 자신이 바로 그 "유복한 중국인 캐나다 선교사의 아들"이었다고 고백하고 있다. 이 장면만 봐도 우리는 중국 정부 내부의 실상이 마치 독사의 둥지와 같다는 사실 뿐만 아니라, 캐나다 선교사들과의 관계가 중공에 얼마나 오랫동안 영향을 미쳤는지도 알 수 있다.

폴 린이 직접 이야기한 적은 없지만, 이 사건을 통해 그는 자신이 서구적 뿌리와 지적 배경 때문에 우파로 지목되어 마녀사냥을 당하기에 딱 좋은 사람이라는 것을 눈치챘던 것 같다. 폴 린은 현명하게도, 지식인으로는 최초로 농촌 지역에 파견되어 농부들과 같이 살며 배우는 일에 자원하고 나섬으로써, 사악한 내부정치의 희생양이 될 위험을 피했다. 폴 린은 이렇게 말했다. "약 1년간 이 농부들의 단순하고 정직하며 부지런한 삶을 따라 살아보니 그들의 고충과 열망이 무엇인지 깊이 이해할 수 있었다. 그들이 마침내 나를 신뢰하고 친구로 대해주었을 때, 나는 깊이 감동했다."

폴 린이 먼저 자세를 굽힌 선택은 충분한 보상으로 돌아왔다. 1959년 그는 영어서비스 부문 기술책임자가 되어 라디오베이징으로 복귀했다. 그러나 그가 복귀하던 무렵의 상황은, 수많은 당의 충직한 일꾼들에게 그리 호의적인 분위기만은 아니었다. 중국 공산당 내에서 마오쩌둥이 일으킨 대약진운동과 그로 인한 사망자 수에 대해 비난이 끓어오르고 있었다. 곧 문화대혁명으로 폭발하게 될 팽팽한 긴장감이 일상생활에서도 피부에 와 닿기 시작했다. 1962년 초, 폴 린 부친의 팔순을 맞이하여, 캐나다 밴쿠버에 대가족이 모여 잔치를 열기로 되어있었다. 폴 린과 그의 아내 에일린은 2월에 홍콩에 도착해서 12년 전 그곳 친척 집에 맡겨두었던 자신의 캐나다 여권을 되찾았다. 그러나 에일린은 캐나다에 영구 이민을 신청하여 영주권을 취득하고 싶었다. 이에 그녀가 홍콩 주재 캐나다 해외공관에 가서 이민을 신청하자, 그녀는 4시간 동안이나 꼼꼼한 심문을 받아야만 했다. 질문의 핵심은 결국 그동안 그녀와 그녀의 남편이 중국에서 어떤 활동을 하면서 지냈느냐는 것이었다. 그녀의 여행증명 발급이 몇 달까지는 아니더라도 최소한 수 주가 소요될 것이 분명해지자, 폴 린은 아내를 두고 먼저 밴쿠버로 떠났다. 그는 공직사회의 맨 윗선을 상대하는 법을 이미 터득하고 있는 사람이었다. 그는 엘렌 페어클로(Ellen Fairclough) 캐나다 시민이민부 장관과 존 디펜베이커 총리 앞으로 각각 한 통씩 서신을 보냈다. 그는 이 서신에서 자신과 에일린이 캐나다의 인보상 주목의 대상이 되는 현실을 정면으로 거론했다. 그는 존 디펜베이커에 보내는 서신에서 이렇게 말했다. "제 아내의 입국 승인이 지연되고 있는 이유는, 캐나다 정부가 저를 중국의 현 정부에 호의적인 시각을 가지고 있는 인물로 보기 때문이라고 생각됩니다." 폴 린은 자신이 캐나다에 바치는 충성심과, "더 나은 삶을 위해 애쓰는 중국 인민들의 영웅적인 노력"에 대한 자신의 존경심 사이에는 아무런 모순이 없다고 주장했다.

중국계 캐나다인 최초로 캐나다 의회 의원이 되었던 더글러스 정(Douglas Jung)의 도움으로, 마침내 에일린에게 30일간 캐나다에 체류할 수 있는 장관 특별 허가가 발부되었다. 그러나 체류 기간 내내 부부는 왕립기마경찰대(RCMP) 수사관들이 자신들을 감시하는 눈길을 느껴야만 했다. 1962년 7월 그들이 중국으로 돌아간 후, 폴 린은 쑹칭링에게 다음과 같은 편지를 썼다. "우리가 가서 보니 캐나다는 이미 군사전략과 경제적인 측면에서 미국에 단단히 예속되어, 당연히 미국 안보위원회의 사악한 그림자까지 드리워진 나라였습니다. 그런 가운데에서도 미국의 압제에 격렬한 반감을 보이는 흐름이 광범위하게 형성되어있었고, 그들은 대개 중화인민공화국에도 우호적인 의견을 지니고 있었습니다. 물론 그들이 정보 부족에 허덕이고 있긴 했지만 말입니다."

폴 린이 이후 캐나다 사람들을 상대로 중화인민공화국을 우호적으로 묘사하면서 그들의 관점을 바꿔놓는 일에 거의 평생을 바쳤다는 사실을 생각하면, 이 편지는 사실상 구직지원서라고 봐도 큰 무리가 없을 정도의 내용이다.

이후 몇 개월 동안, 폴 린은 중국 공산당 내에 혼란이 점점 더 극심해지는 상황을 지켜보면서 마오쩌둥이 정적을 타도하기 위해 모종의 조치를 준비하고 있음을 내다보게 되었다. 1964년, 마침내 폴 린은 중국을 떠날 때가 되었다고 결심했다. "나는 마담 쑹을 찾아가 고견을 여쭙는 자리에서, 그간 신중국에 와서 살고 일하면서 많은 것을 배웠지만, 지금으로서는 캐나다에 돌아가 '중국 인민의 친구'로서 할 일이 더 많다고 생각한다고 말씀드렸다. 마담 쑹께서도 내 결정을 이해하고 지지해주셨다."

이런 문서들이 으레 그렇듯이, 폴 린의 회고록은 그 내용이 선택적으로 작성된 것이었다. 그가 중국에서 보낸 마지막 몇 년간의 이야기에는 그가 화교대학(Huaqiao University)에서 한 일이 완전히 빠져있었다. 이 학교가 위치한 곳은 대만이 건너다보이는 남부 해안의 항구도시인 푸젠성의 샤먼으로, 예전에는 아모이(Amoy)라는 이름으로 불리던 곳이었다. 중국에는 정부의 웹 검열 기준을 준수하는 중국판 구글, 또는 위키피디아에 해당하는 바이두라는 온라인 서비스 사이트가 있는데, 여기에 실린 폴 린의 약력에는 그가 화교대학의 교수를 역임한 것으로 나와 있다. 이 학교는 1960년에 저우언라이 총리의 후원으로 설립되었으며, 지금도 국무원교무판공실, 즉 통일전선 소속으로 정부의 감독을 받고 있다. 이 대학의 설립 목적은 해외에 체류하는 화교 학생, 그중에서도 특히 대학원생들이 중국에 돌아와 학문 연구를 계속하며 자신의 지식을 조국을 위해 사용하도록 권장하는 것이다. 화교대학이 특히 공학교육에 중점을 두며, 중공의 보안요원들이 여론공작원과 스파이가 될 만한 젊은이를 알아보고 모집하여 자신이 태어난 나라로 돌아가기 전까지 육성하는 장소가 갖추어야 할 모든 특징을 지니고 있다. 화교대학의 홈페이지에 따르면 이 학교는 설립 이래 총 39개 나라와 지역에서 학생을 모집하여 약 16만 명의 졸업생을 배출했다. 캐나다를 포함한 이 39개 지역 모두에 이 학교 동문회가 조직되어있다.

1964년 10월 폴 린이 캐나다로 다시 돌아왔을 때, 그는 중국의 진구 징도가 아니라 캐나다 사회에서 중공을 대신해 여론공작을 펼치는 요원이 되려는 적극적인 의지를 지니고 있었다. 1962년에 그와 그의 아내 에일린이 캐나다를 방문했을 때 이미 당국이 그들을 예의주시한 적이 있었던 데다, 폴 린은 적어도 비공식적으로는 화교대학과도 연관된 인물이었으므로 그가 스파이, 나아가 간첩단의 수장이 아닌가 하는 의혹이 제기되었다. 왕립기마경찰대(RCMP) 안보국(캐나다 안보정보청(CSIS)의 전신)과 미국 중앙정보국(CIA) 모두 폴 린이 베이징 중공 정권의 고위직 정보원이라는 심증을 굳히고 있었다. 폴 린 자신도 굳이 그 사실을 숨기려 하지 않았다. 사실 그는 캐나다 여론에 미치는 영향력을 강화하기 위해서라도 오히려 자신의 신분을 더 크게 떠벌리고 다녔다. 그러나 스파이의 본질적 요소가 자신을 감추고 드러내지 않는 데 있다고 보면, 폴 린은 이 정의에 부합하지 않는다고 할 수 있다. 그는 자신의 충성심과 목표를 결코 숨긴 적이 없었다.

폴 린은 스파이나 은밀한 첩보요원이 아니라 뛰어난 재능을 가진 전형적인 여론공작원이라고 하는 편이 가장 정확한 묘사일 것이다. 그러나 캐나다와 미국의 안보 기관들은 그를 위험하고 수수께끼 같은 인물로 간주한 채, 계속 관찰의 시선을 거두지 않았다. 물론 두 나라의 정계와 재계는 이내 그가 중국을 상대하는 데 필요한 아주 유용한 인물이라고 판단했지만 말이다.

폴 린은 캐나다에 돌아온 후 브리티시컬럼비아대학교(University of British Columbia, UBC) 아시아학과에서 시간제 강사로 일하기 시작했다. 그러나 그 자리는 오래가지 않았다. 그가 첫 강의를 한 지 얼마 지나지 않아 아시아학과의 빌 홀랜드(Bill Holland) 학과장이 폴 린에게 면담을 요청했다. 그는 홀랜드가 자신에게 중국에서 어떤 일을 했는지를 질문했다고 말했다. 「프로빈스(Province)」지의 한 기자로부터 왜 "빨갱이 나라 중국에서 갓 넘어온 사람을 교수로 채용"했느냐는 협박을 받았기 때문이라는 것이었다. 폴 린은 자신이 계속 그 자리에 있으면 대학의 평판과 아시아학과의 존속에도 악영향이 미칠 게 분명했다고 말했다. 그 이후로 대학을 향한 협박의 분위기가 점점 더 짙어갔다. UBC의 존 맥도널드(John B. McDonald) 총장은 폴 린에게, 미국의 조셉 매카시 상원의원의 비미활동위원회(Committe on Un-American Activities, 반미 활동을 추적 조사하기 위해 1938년에 처음 설립된 미국 의회 특별기구, 제2차 세계대전 후 공산주의자 적발에 중점을 뒀다. – 옮긴이)가 홀랜드가 소련 스파이를 채용했다는 혐의를 제기한 후, 그가 뉴욕의 태평양 문제연구소장 자리에서 물러나라는 압박을 받고 있다는 기사가 곧 「프로빈스」지에 실릴 예정이라고 말해주었다. 폴 린은 다른 자리를 알아보기 시작했고, 빌 홀랜드의 주선으로 맥길대학교(McGill University)에 새로 설립된 동아시아연구센터 소장직을 수락했다. 1965년 가을에 폴 린은 맥길대학교 역사학과 조교수 자리를 얻었다. 그는 이 자리를 이용하여 신속한 움직임으로 중국과 캐나다의 새로운 정치, 외교, 경제, 학술 관계 진전을 위해 박차를 가하기 시작했다.

5장.
중국이 미국의 뒷마당에 만들어 놓은 친구

5장. 중국이 미국의 뒷마당에 만들어놓은 친구

중국의 칭찬을 듣는 것보다 미국과 평화를 유지하는 것이 더 중요하다는 것은 분명한 사실입니다. 우리는 미국을 비롯한 오랜 우방국들과 맺어온 관계에서 너무 벗어나는 급진적인 정책을 도입해서는 안 됩니다.

- 캐나다 레스터 B. 피어슨 총리가 외무부 장관 폴 마틴에게 한 말.

1966년 6월 28일.

폴 린이 캐나다로 돌아와 맥길대학교 동아시아연구센터의 키를 잡은 1965년 9월 무렵은, 우연히도 캐나다의 공적 사회에서 중화인민공화국을 외교적으로 승인하는 데 필요한 몇 가지 변화가 일어난 시기와 일치했다.

그중 한 가지는 캐나다 정계의 세대교체였다. 매우 신중하고 정형화된 정치를 이끌었던 존 디펜베이커의 시대가 막을 내리고 있었다. 존 디펜베이커는 중국에 밀을 수출하는 데 만족할 뿐, 중국과 정식 외교관계를 맺어서 더 얻을 것이 있다고는 보지 않았다. 1963년에 자유당이 정권을 되찾은 후 레스터 B. 피어슨 총리와 폴 마틴 외무부 장관은 중국을 대표하는 정부가 어느 쪽인가를 놓고 유엔에서 벌어지는 논란이 상상외로 복잡하다는 것을 알고 당혹스러웠다. 과연 중국의 합법정부는 베이징과 타이베이 중 어느 쪽에 있는가? 둘 중 어느 쪽이 유엔 안보이사회에 참석할 자격이 있는가? 유엔의 아버지로 일컬어지는 레스터 B. 피어슨으로서는 향후 유엔이 안게 될 고통에 책임감을 느낄 수밖에 없었고, 나아가 캐나다가 중화인민공화국을 승인하게 되면 북대서양조약기구(NATO)의 단결이 산산이 무너지게 될까봐 두려웠다. 그의 이런 두려움은 1964년에 프랑스가 중공을 승인하고도 하늘이 무너지는 일은 없는 것을 보고 상당히 해소되었다. 그러나 레스터 B. 피어슨은 캐나다가 중국에 목숨을 걸다가 미국에 심각한 보복을 당하게 될 수도 있다는 점을 여전히 걱정할 수밖에 없었다.

캐나다 정부의 태도에 변화가 시작된 것은 1965년에 피에르 트뤼도 (Pierre Trudea)가 의회에 입성하고 1967년에 법무부 장관이 되었다가 이듬 해 자유당 당수에 오른 시점부터였다. 피에르 트뤼도는 중국 방문 경험이 있는 캐나다인으로는 처음으로 총리에 오른 인물로, 중국과 외교관계를 맺어야 한다는 신념을 가지고 있었다. 피에르 트뤼도가 보기에 장제스가 이끄는 국민당 세력은 대만으로 탈출한 신세에 자신들이 중국의 진정한 정부라고 주장하는 것은 말도 안 되는 처사였다. 그러나 그에게는 활력 잃은 레스터 B. 피어슨의 시대가 가고 혁명의 분위기가 무르익었음을 보여주는 것도 똑같이 중요한 일이었다. 피에르 트뤼도는 자신의 이런 이미지를 강화하기 위해 짐짓 워싱턴을 공격하면서, 만약 캐나다가 중공을 승인한다면 미국에 어떤 정권이 들어서든 계속해서 보복을 가해올 텐데, 이에 대해서도 저항하겠다는 태도를 분명히 밝혔다. 한편, 학계에서도 중국이 개방화로 나아가는 문제가 중요한 학문적 담론으로 대두되기 시작했다. 대학 교수들은 나중에 이른바 투트랙 외교로 불리게 되는 기회를 맞아 마음껏 활동을 펼치기 시작했다. 즉 비정부 참여자로서 외국의 상대방과 학문적, 비공식적 토론을 나누게 된 것이다. 적당한 거리를 둔 채 상호 동등하게 주고받는 이런 대화는 갈등을 일으킬만한 이슈도 거침없이 다루었고, 그러다 보니 원트랙 외교 당사자, 즉 정부 간 대화 주체들이 미처 나서기도 전에 문제를 해결해버리는 사례도 종종 발생했다.

폴 틴이야말로 투트랙 외교에 관한 한 타고난 재능을 지닌 사람이었다. 그는 1960년대와 70년대에 캐나다에서 반미 정서가 일어나고 있음을 정확히 인지했고, 그것을 어떻게 활용해야 하는지도 잘 알고 있었다. 미국에 대한 반감은 주로 베트남 전쟁을 반대하는 여론에서 온 것이었다. 폴 린은 이런 정서를 바탕으로 캐나다가 중공을 승인하는 문제를 이슈화시키는 데 탁월한 솜씨를 발휘했다.

1966년 8월, 캐나다와 중국 공산당 정권 사이의 관계 발전에 분수령이 될 만한 사건이 일어났다. 아울러 이 사건은 하필이면 중국에서 문화대혁명이 일어나던 시기와도 일치했다. 이때 앨버타 주 밴프(Banff)에서 캐나다국제문제연구소(Canadian Institute of International Affairs) 주최로 국제정세 관련 연례학술대회가 일주일간 개최되었다. 1966년 대회는 주로 캐나다와 아시아 문제를 다뤘다. 이 모임에는 중국-캐나다 관계의 전설이라 할 만한 주요 인물들이 대거 참석했다. 그중에는 주중 캐나다 외교관을 역임한 체스터 로닝도 포함되었다. 그는 북베트남의 수도 하노이에 파견되어 수행한 임무가 실패로 돌아간 후 워싱턴과 오타와에서 각각 귀환 보고를 마치고 막 앨버타로 돌아와 있던 참이었다. 또 다른 참석자로 앨버타대학교 법학과의 이반 헤드(Ivan Head) 교수가 있었다. 그는 외무부에서 해외근무요원으로 일한 경험이 있었다. 무엇보다 그는 이듬해인 1967년에 피에르 트뤼도의 법률보좌관에 임명되었고, 나중에는 법무부 장관의 자리에 오른 인물이었다. 그는 이를 시작으로 평생에 걸쳐 피에르 트뤼도의 보좌역으로 활약하게 된다. 이듬해 피에르 트뤼도가 자유당 당수이자 캐나다 총리가 되면서 이반 헤드는 그의 외교정책 자문에 임명되었다. 이반 헤드가 맡은 주요 역할 중에는 캐나다가 국제무대에서 상대해야 할 주요 인사들과의 회담 자리에 피에르 트뤼도가 나갈 수 없거나 직접 만나기를 원하지 않을 때, 그의 특사 임무를 수행하는 것이 있었다. 이반 헤드가 정기적으로 연락을 취하던 인물

중에는 바로 그 밴프 학술대회에 연사로 참석한 폴 린도 포함되어있었다. 외무부 장관 폴 마틴 경도 이 회의에 모습을 보였다. 그는 유엔에서 중국을 어떤 형태로 참석시켜야 하는지에 관한, 결론도 없이 지루하게 이어지는 논의를 하다가 막 돌아온 길이었다. 그 전해 가을에 그는 내각회의에서, 캐나다가 유엔 총회에서 중국의 국제기구 참여 조건에 관해 중공과 검토 회담을 시작해야 한다는 권고안을 내자고 제안한 바 있었다. 그러나 1965년 9월 29일, 중국 외교부장 첸이(陳毅, Chen Yi)가 유엔을 미국의 꼭두각시라고 비난하면서, 레스터 B. 피어슨 정부가 구상하는 중국의 국제기구 가입 조건조차 불가능한 요구로 일축하는 바람에 그의 제안은 즉각 보류되고 말았다. 폴 마틴 경은 의회에서 이렇게 말했다. "유엔이 한 나라의 시각에 자신을 맞출 수는 없습니다. 그 나라가 아무리 힘이 세거나 인구가 많더라도 말입니다. 국제 기준에 맞춰야 하는 쪽은 중국 공산당 자신입니다. 캐나다 정부로서는 실망스럽게도, 중국은 전혀 그럴 준비가 되어 있지 않은 것 같습니다."

폴 마틴 경의 불안감은 그리 오래가지 않았다. 1966년 초, 미국의 후원으로 나토는 중화인민공화국을 유엔에 끌어들이는 방안을 연구하기 시작했다. 여러 가지 아이디어가 오고 가던 중 폴 마틴은 자신이 베트남에 파견한 특사 체스터 로닝에게 하노이로 복귀하는 길에 베이징에 들러 유엔을 향한 중공의 진심이 무엇인지 떠보고 오라고 지시했다. 체스터 로닝은 이미 중국의 친구, 나아가 중공의 친구라도 불러도 부족함이 없는 이력을 쌓아왔지만, 이번 일로는 특별 대접을 받을 수 없다는 사실을 금세 알아차렸다. 중국 정부는 체스터 로닝이 신청한 입국비자를 단번에 거절했고, 이로써 그의 임무는 좌절되었다. 폴 마틴이 밴프 학술대회에서 한 발언은 다시 한번 비관주의로 채워졌다. 그러나 이 회의는 그의 의심을 무시한 채 캐나다가 즉각 중화인민공화국을 외교적으로 승인하는 데 찬성하며, 캐나다 정부가 베이징 정권의 유엔 가입을 위해 할 수 있는 모든 노력을 다하도록 촉구하는 보고서를 만장일치로 채택했다. 물론 회의 참석자들은 대회가 시작되기 전에도 이미 이런 성향으로 기울어져 있었지만, 폴 린의 연설이 그들의 생각을 더욱 강화하는 데 기여했음은 의심의 여지가 없었다.

이것은 폴 린이 맥길대학교 동아시아연구센터에 자리 잡은 후 처음으로 펼친 대외활동이었다. 그의 연설은 '중국과 서양'이라는 무미건조한 제목을 달고 있었다. 그러나 그 내용만큼은 불꽃이 튀기듯 화려했다. 이 연설을 계기로 폴 린이라는 이름이 회의에 참석한 수많은 사람의 뇌리에 깊이 각인되었을 뿐 아니라, 회의가 끝나고 이 연설에 관한 이야기를 전해 들은 사람들조차 그를 북미지역에서 중공의 신념과 목적을 대변할 가장 폭넓은 인맥을 가진 사람으로 기억하게 되었다. 그에 따라 베이징에 메시지를 전달할 효과적인 통로 역시 폴 린이라는 인식이 자연스럽게 도출되었다. 또한 RCMP 안보국이나 FBI, CIA 등과 같은 방첩기관들에 있어서 폴 린의 연설은 그가 중공의 비밀 첩보원이라는 확신을 더욱 강화해주는 근거가 되었다.

폴 린은 미국의 대규모 베트남전 개입을 놓고 벌어지는 뜨거운 논란에 본격적으로 뛰어들었다. 그는 아시아인의 관점으로 볼 때, 미국은 지금 전 세계를 향해 자신의 의지를 관철하려는 것 같다고 말했다.

"아시아인의 뇌리에 형성된 이런 이미지는 공산당의 선전 선동에서 온 것이 아니라 지난 20년 가까이 미국이 아시아에서 힘을 휘둘러 온 기록으로도 확인되는 사실입니다.

아시아인들이 확인할 수 있는 사실은 다음과 같습니다. 중국 외에는 아시아 그 어디에도 단 한 명의 중국 군인도, 단 한 군데의 중국 군 사기지도 없습니다. 이 점을 기억하면 아시아인들이 왜 수천 마일이나 떨어진 미국이 자신들보다 더 중국을 위협으로 생각하는지 이유를 모르겠다는 말도 충분히 이해하실 수 있을 겁니다. 아시아인은 중국이 사악한 의도를 지니고 있다는 생각을 결코 받아들일 수 없습니다. 특히나 중국 군인은 찾아볼 수도 없는 아시아의 땅에서, 미국의 군사 지도자들이 마치 이곳을 석기시대로 되돌려놓기라도 하려는 듯 네이팜탄과 최루가스, 고엽제, 그리고 화살촉이 가득 들어찬 깡통을 비처럼 퍼부어대는 현실을 생각한다면 말입니다. 중국을 피에 굶주린 음험한 황인종의 화신으로 보는 이미지는 아시아인의 관점과는 전혀 동떨어진 것입니다."

미국이 베트남전에 점점 더 깊이 개입하는 데 대한 캐나다인들의 반대 여론을 폴 린이 이렇게 정면으로 건드리자 캐나다인들의 마음속에는 자신도 모르게 반미주의가 꿈틀거렸고, 이는 대회에 참가한 다른 연사들의 발언에도 영향을 미쳤다. 그러나 모든 사람이 이에 호의적인 반응을 보인 것은 아니었다. 「캘거리헤럴드(Calgary Herald)」지는 대회에 참가한 일부 연사들이 아시아의 상황이 던져주는 폭넓은 시사점을 파악하지 못하고 있다고 비판하며 다음과 같은 글을 사설란에 실었다. "단적인 예로 맥길대학교 폴 린 교수가 미국의 베트남 정책에 관해 맹공격을 퍼부은 장면을 들 수 있다. 이 연사는 미국을 자국이 상상하는 대로 전 세계를 뜯어고치려는 전쟁광으로 묘사했다. 안타깝게도 폴 린 교수는 몇 가지 사실 확인에 있어서 부주의를 범했다. 예컨대 그의 발언에 따르면 미국은 일부 아시아 국가에 군대를 주둔하고 있는데, 중국은 자국 밖으로는 어떠한 군인이나 군사기지도 파견하

지 않았다고 주장한 듯하다. 그러나 폴 린 교수는 티베트라는 소국이 지금
도 탄압당하고 있다는 현실을 망각한 것 같다."

폴 린은 캐나다를 향해 가능한 한 빨리 중국과 수교하는 일에 적극적으
로 나서라고 촉구하는 것으로 연설을 마무리했다. "캐나다가 당면한 주요
목표는 자신을 위해서라도 7억에 달하는 중국 인민의 존재를 공식 승인하
고, 그들과 우호적이고 정상적인 관계를 수립하여, 상호 무역 및 문화 교류
를 확대하는 것입니다. 이를 위해 가장 용기 있고 과감한 정치력이 필요한
것은 물론입니다. 캐나다와 전 세계에 이익이 되는 것이 과연 무엇인가를
내다보는 장기적인 관점이 필요한 시점입니다."

캐나다 외교의 특수성에 호소하는 이 연설은 효과를 발휘했다. 앨버타
대학교(University of Alberta) 중국사 교수 브라이언 에반스(Brian L. Evans)는
그의 자서전 『중국을 찾아서(Pursuing China)』에 이렇게 썼다. "그 회의는 정
부가 중공 정권을 승인하는 일이 중요하다는 점을 반복해서 강조했다." 폴
린으로서는 생각했던 것보다 훨씬 더 큰 성공을 거두었다고 느낄 수밖에 없
었다. 대회가 끝난 며칠 후, 그는 아내 에일린에게 이런 편지를 썼다. "결국
폴 마틴 경은 매우 당혹스러운 처지에 몰리고 말았소. 한 주간 내내 진행된
회의의 결과, 완전히 중국 편으로 기울어진 날 선 질문들에 대답할 수 밖에
없었으니 말이오. 내 연설이 어마어마한 영향을 미쳤다고 말해주는 사람도
많아요. 물론 날카로운 반대의견도 있기는 했어요. 흥미롭게도 인도네시아
와 버마, 일본의 대사들이 모두 내 말에 동의합니다. 캐나다의 마지막 주중
대사 체스터 로닝은 물론이고요."

2개월 후인 1966년 10월, 자유당 전당대회는 중화인민공화국을 즉각
승인하고 캐나다가 중공의 유엔 가입을 지원해야 한다는 결의안을 통과시

켰다. 여기서 자유당이 캐나다의 여론을 따랐다는 점에 주목할 필요가 있다. 한국전쟁 기간을 포함한 1950년대에 실시된 여론조사에 따르면 캐나다 국민 대다수는 중공 정권을 승인하는 데 반대했다. 그러나 그런 여론은 1964년을 기점으로 바뀌기 시작했다. 몇몇 표본 여론조사는 대부분의 캐나다인이 중국과 전면적인 외교관계를 수립하는 데 찬성하는 결과를 일관되게 보여주기 시작했다.

새롭게 자유당 당수가 된 피에르 트뤼도의 의견도 마찬가지였다. 그가 당수와 총리 자리에 오른 지 한 달 뒤인 1968년 5월, 피에르 트뤼도는 정부가 중화인민공화국을 승인하고, 중공의 유엔가입을 지지하지만, 한편으로는 대만에 별도의 정부가 존재한다는 사실도 인식한다고(acknowledging) 공식 선언했다. 이 발언을 두고 피에르 트뤼도가 새로운 주제를 꺼냈다거나 기회주의적인 자세를 취한 것으로 볼 수는 없었다. 그는 이미 역대 어느 캐나다 총리보다 중국을 직접 경험한 일이 많았던 인물이었다. 피에르 트뤼도가 중국을 처음 방문했던 것은 이미 중공 정권이 막 들어서던 1949년의 일이었다. 그는 서구 국가들이 "전 세계 인구의 4분의 1(머지않아 3분의 1이 된다.)을 통치하는 나라를 승인하지 않는다"고 비판했다. 그는 서구 국가들이 "역사상 가장 큰 소비력과 생산력을 보유한 나라와 무역 관계를 증진"하지 않는다면 이는 정치, 경제적으로 바보 같은 처신이라고 생각했다. 그의 발언은 오히려 자신을 향한 비난 여론을 부추기는 한 요인이 되기도 했다. 즉, 피에르 트뤼도는 자신의 지나치게 지적인 태도 때문에, 다른 사람들의 정치적 동기를 자극하는 미묘한 감정을 헤아릴 줄 모른다는 것이었다. 작가 존 잉글리시(John English)는 자신이 쓴 피에르 트뤼도의 전기, 『세계 시민, 피에르 엘리엇 트뤼도의 삶, 1권(Citizen of the World: The Life of Pierre Elliott

Trudeau, Volume One)』에서 그가 "중국에 대해서 지나친 낙관주의"를 지니고 있었으며, 좌익 정권에 대한 순진한 기대와 중공 지도자들, 특히 조작의 달인 저우언라이를 향한 왜곡된 존경심을 간직하고 있었다고 썼다. 존 잉글리시는 중국을 바라보는 피에르 트뤼도의 관점이 어린 시절부터 형성된 그의 반기득권 정서의 표현이며, 핵무기 시대를 맞아 동서 간에 조성된 반감을 타파하려는 진정한 열망에서 나온 것으로 해석했다. 존 잉글리시는 또, 피에르 트뤼도가 겉으로 드러내지는 않았지만, 사실 그는 중공 정권에 대해 많은 의혹을 품고 있었다고도 덧붙였다. 피에르 트뤼도가 중공 정권에 대해 품은 이런 상호모순된 심정은 1960년에 친구 자크 에베르(Jacque Hébert)와 중국을 방문한 후 같이 쓴 『공산 중국에 간 순진한 두 사나이(Two Innocents in Red China)』라는 책의 많은 문장에서 드러난다. 그러나 결국 경험보다는 논리가 앞섰고, 1995년에 피에르 트뤼도가 자신의 외교정책 자문 이반 헤드와 함께 쓴 책 『캐나다의 길 : 캐나다 외교정책 다듬기, 1968-1984(The Canadian Way: Shaping Canadian Foreign Policy, 1968-1984)』에서 중국 승인 문제를 거론하면서, 그 옛날 선교사들이 품었던 도덕적 열정이 다시 거품처럼 솟아났다. 물론 그 논리가 흥미로운 것은 사실이었다.

"중국이 세계에 문호를 개방한다면 다른 나라들과 마찬가지로 외교적 설득의 대상이 될 것이다. 그리고 오랜 시간에 걸쳐 국제 기준에 부합하는 정치, 경제, 사회적 체제를 갖추어갈 것이다.

겉으로 보기에 중국은 모든 면에서 취약하기 그지없지만, 우리 두 사람은 중국이 언젠가 세계에서 가장 영향력이 큰 나라 중 2위 혹은 3위에 들 수 있다고 굳게 믿고 있다. 그러므로 중국을 친구도 없고, 전체

적으로 보아 국제 사회에 책임도 없는 나라로 여겨서는 안 된다. 캐나다
는 늘 그렇듯이 제한된 힘을 발휘할 수밖에 없지만, 늘 이런 미래를 꿈
꾸며 계속해서 노력해야 할 것이다."

피에르 트뤼도가 생각하기에 중국 승인을 정당화하는 자신의 사고 과정
은 논리적이고 명백했을지도 모르지만, 그것을 실행에 옮기는 과정은 그렇
지 않았다. 외무부와 다른 주요 부처의 관리들은 피에르 트뤼도의 열망을
타당한 정책으로 옮기려고 애쓰면서 여러 가지 당혹스러운 의문에 봉착했
다. 먼저 1968년, 중국이 문화대혁명의 열풍에 휩싸여 있던 당시에 제기된
의문은 과연 중국에 캐나다와 외교관계를 맺고자 하는 의지가 있느냐 하는
것이었다. 베이징 주재 외국 외교관들이 공격당하고 극심한 고립주의적 혁
명 열기가 부활하는 상황에서 중국이 새로운 관계를 향한 의욕을 지닌 것
으로 보기는 쉽지 않았다. 캐나다로서는 이렇게 퇴짜를 맞는 것이 매우 당
황스러운 일이었다. 특히 개혁을 부르짖으며 갓 들어선 피에르 트뤼도 정
부로서는 더욱 그랬다. 또 다른 문제는 미국 정부가 어떻게 나올 것이냐 하
는 것이었다. 물론 미국은 지금까지도 충분히 분노의 반응을 보이고 있었
지만, 지금처럼 베트남전이 한창인 가운데 중국이 북베트남 정권의 뒤를 봐
주는 것으로 보이는 상황에서는, 캐나다를 향해 불같은 분노를 폭발시키며
금수 조치 정도의 초강수를 내놓을지도 모를 일이었다. 중국과의 무역, 즉
그동안 캐나다가 중국에 곡물을 수출하며 누려온 달콤한 이익이 과연 지속
될 것인가 하는 것도 중요한 고려사항이었다. 외교승인은 당연히 중국과의
더욱 폭넓은 무역협정으로 이어질 것이다. 그것이 과연 캐나다에 이익이 될
까, 그렇지 않을까? 캐나다 업계는 저가의 중국산 수입품과 과연 경쟁할 수

있을까? 중공은 과연 천연자원뿐만 아니라 캐나다의 투자와 제조업 상품에까지 시장을 개방할 것인가?

외교승인은 안보 문제에도 중대한 의미를 던지는 일이었다. 대사관이 개설되면 중공은 틀림없이 이를 비밀 첩보나 반역 모의를 꾸미는 궁벽한 은신처로 삼으려고 할 것이다. 이렇게 되면 캐나다만 위험해지는 것이 아니라 캐나다에 이미 존재하는 중국인 이민자 사회에 큰 위협이 될 것이다. 그들 대부분은 장제스의 국민당을 지지하며 중공 정부로부터 위험한 반역자로 낙인찍혀 있다.

또 한 가지 결정적인 문제는 대만 문제를 어떻게 다룰 것인가 하는 것이었다. 피에르 트뤼도는 이미 외교승인은 틀림없이 추구해야 할 방향이지만, 이와는 별도로 "대만에 독립된 정부가 존재한다는 사실을 고려한다(taking into account)"고 밝힌 바 있었다. 이 말이 뜻하는 바는 정확히 무엇이며, 그것을 어떻게 중공이 받아들일 수 있는 형태로 바꿔 표현할 수 있는가? 대만 문제의 핵심은 바로 이것이었다.

버니 마이클 프롤릭(Bernie Michael Frolic)은 『불편한 적수(Reluctant Adversarie)』라는 책에 기고한 글에서, 외무부는 만약 총리로부터 질문을 받았다면 중국과 공식 수교를 맺지 말라고 조언했겠지만, 실제로는 총리의 명령에 따라 1968년 8월 말에 피에르 트뤼도 내각에 제안서를 제출했다고 말했다. 그러나 일이 거기서 막힌 이유는, 캐나다가 대만에 대한 태도를 분명히 밝히지 않으면 중공이 캐나다 곡물 수입을 중단하는 것으로 보복에 나설 것이라는 우려를 재무부와 밀 이사회 모두 제기했기 때문이었다. 버니 마이클 프롤릭은 이렇게 말했다.

"1968년 가을쯤에는 이런 생각이 (외무부 미첼 샤프(Mitchell Sharp)) 장관의 천명으로 공식화되기에 이르렀다. 캐나다는 베이징 정부를 중국 유일의 합법정부로 인정함에 따라, 중국의 사법권이 미치지 않는 지역까지 영토에 포함된다는 그들의 주장을 굳이 받아들일 필요도 없었다. 한편 캐나다는 대만 문제에 관해서는 그곳을 실질적으로 통치하고 있는 정부와 상대하는 것이 바람직하고 또 필요한 일이라는 성명을 준비하고 있었다. 캐나다의 입장은, 대만과 관계를 유지한다는 사실이 대만을 독립 국가로 공식 인정한다거나, 그 지역의 관할권에 관해 캐나다가 또 다른 견해를 가지고 있다는 뜻은 아니라는 것이었다. 이런 공식 입장에 따라 캐나다는 만약 대만 측이 원한다면 그곳 정부 대표가 캐나다에 무역 사절단을 파견하고자 할 때 이를 수용할 용의가 있으며, 이를 통해 캐나다와 대만의 상호 이익을 모색하는 것은 충분히 가능한 일이라고 내다보았다. 즉, 캐나다는 사실상 대만 정부를 승인하지만, 그렇다고 이것이 법적인 의미의 승인은 아니라는 입장이었다."

1969년 1월 30일, 피에르 트뤼도 내각은 아서 앤드루(Arthur Andrew) 주스웨덴 대사에게 정부 간 승인과 외교관계 수립 협상을 목표로 중공 측 상대방과 회담에 착수하라고 지시했다. 앤드루 대사는 비록 자신의 책 『어느 중견 국가의 흥망성쇠 : 킹부터 멀로니까지 캐나다의 외교정책(The Rise and Fall of a Middle Power: Canadian Diplomacy from King to Mulroney)』에서 스톡홀름에서 개최된 그 협상을 '교과서 같은 사건'이었다고 묘사했지만, 이후 17개월간 이어진 실제 협상 과정에 비하면 그것은 너무나 점잖은 표현이었다.

1968년 5월에 피에르 트뤼도가 이끄는 자유당이 집권한 후, 중공 정권은 캐나다 외교관이 먼저 접근해오기만 기다리고 있었다. 사실 그들은 캐나다와의 접점을 어디서 찾아야 하는지를 모르고 있었다. 전 주캐나다 중국 대사 메이핑(Mei Ping)은 2010년에 개최된 양국 수교 40주년 기념 심포지엄에 참석한 자리에서, 당시 전 세계에 나가 있던 중국 외교관들은 잔뜩 경계 태세를 취하고 있었다고 말했다. 메이핑은 이렇게 말했다. "1968년 7월 16일에 이미 중국 외교부는 저우언라이 총리의 지시로 해외의 모든 외교관에게 캐나다 외교관의 움직임을 예의주시하다가 만약 그들이 접근해오면 즉각 본국에 보고하라는 전신을 전달했습니다." 그러나 아서 앤드루가 중국 측 회담 상대인 루치차이(Liu Chi-tsai) 주스웨덴 중국 부대사와 회담 약속을 잡는 것은 결코 쉬운 일이 아니었다. 아서 앤드루는 1969년 2월 4일에 중국 측의 첫 반응을 접했는데, 그것은 2월 6일에 다시 연락해서 면담 날짜를 정하자는 것이었고, 그래서 정해진 날짜가 2월 8일이었다. 그런데 이마저도 성사되지 않았다. 버니 마이클 프롤릭에 따르면 "중국 측은 베이징의 지시를 기다리고 있었던 것이 틀림없었다." 아서 앤드루는 2월 19일이 되어서야 비로소 루치차이와 연락이 닿았고, 회담 날짜는 이틀 후인 2월 21일로 잡혔다. 회담 분위기는 "시종일관 화기애애"했다고 하지만, 이날은 결국 중대한 장애만 확인한 채 회담이 마무리되었고, 이후 이 문제를 해결하기 위해 몇 달 동안이나 양측의 집요한 공방이 이어졌다. 아서 앤드루는 정부로부터 상호 승인과 대사 교환을 논의할 시간과 장소를 중국 측 상대방과 협의하라는 지시를 받았다고 말했다. 아서 앤드루의 말에 따르면 캐나다 정부는 협상 담당자들이 외교적 준비와 함께 무역 및 영사업무에 관한 협정과 향후 중국과 캐나다의 관계를 어떻게 발전시켜야 할지에 대해서도 논의하기를 원했다고 한다. 이에 대해 루치차이는 캐나다 정부에 제시하고자 하는 '3대 기본 원칙'을 아서 앤드루에게 전달했다. 한 마디로 중국 정부가 외교관계 수립에 필요한 기초로 여기는 내용이라는 것이었다. 3대 원칙은 다음과 같았다.

1. 중국과 교류하고자 하는 정부는 반드시 중화인민공화국 정부를 중국 인민의 유일하고 합법적인 정부로 승인해야만 한다.

2. 중국과 관계를 맺고자 하는 정부는 대만이 중국 영토의 양보할 수 없는 일부임을 인정해야 하며, 이 원칙에 따라 '장제스 일당'과의 모든 관계를 단절해야 한다.

3. 중국과의 관계를 추구하는 정부는 중화인민공화국이 유엔에서 정당한 위치와 합법적인 권리를 회복하는 일을 지지해야 하며, 유엔의 그 어떠한 조직에 참여한 이른바 장제스 대표단에 대해서도 후원해서는 안 된다.

아서 앤드루 대사를 비롯한 그의 팀은 여전히 낙관적인 시각을 유지한 채, 이 3원칙이 베이징 정부의 정서를 표현한 것일 뿐, 설마 협상의 전제 조건일 것이라고는 생각하지 않았다. 오타와의 캐나다 정부도 마찬가지 생각으로 원칙 1항과 3항에 대해서는 검토할 수도 있지만, 2항(대만이 중국의 양보할 수 없는 일부라고 인정하는 것)은 받아들일 수 없는 내용이라고 생각했다. 그러나 베이징이 아무런 반응도 보이지 않은 채 몇 주가 흘러가면서 3원칙의 성격과 그것이 회담의 전제조건인지 여부를 다시 생각해보자는 의견이 서서히 대두되기 시작했다. 캐나다 언론은 물론이고 오타와와 워싱턴의 정가에서는 온갖 추측이 불거져 나왔다. 추측이란 다름 아니라 중공의 침묵이 캐나다와의 외교관계 수립에 관심이 없음을 뜻한다는 것으로, 그렇다면 미국을 포함한 다른 나라와의 관계도 역시 마찬가지일 것이라는 짐작이었다. 물론 베이징은 관심이 없는 것이 아니었다. 다만 침묵 속에서 치열하게 전략을 세우고 있었을 뿐이다. 2010년 상하이에서 열린 캐나다-중국 수교 40주년 기념 회의에서, 메이핑 전 대사와 또 한 명의 외교관 첸웬자오(Chen Wenzhao)는 1968년부터 1970년 사이에 기록된 중국 외교부 문서를 모두 살펴보았다고 말했다. 그들은 캐나다와 관계를 추진하려는 결정은 그보다 훨씬 더 장기적인 목적을 이루기 위한 첫 단계였다는 사실을 알아냈다. 다른 서구 국가 중에도 특히 벨기에와 이탈리아가 중공과 외교관계를 수립하는 데 관심을 보였지만, 중공은 심사숙고한 끝에 가장 먼저 캐나다와 협정을 맺고, 이를 바탕으로 다른 모든 나라와 대화를 풀어가겠다고 결정했다. 메이핑과 첸웬자오에 따르면 중국이 캐나다를 선택한 이유는 캐나다가 미국과 가까운 나라이며, 미국이 이미 베이징 정부를 승인하는 문제를 긍정적으로 검토하기 시작했기 때문이었다. 그러나 중공이 보기에 캐나다는 '상당히 독립적인' 나라였으며, 중국을 향해 단순한 무역 관계 이상의 관심을 보이는 것 같았다. 중공은 피에르 트뤼도가 구상하는 세계 질서대로라면 중화인민공화국이 유엔에 가입한 후 현재 대만의 중화민국 정권이 유엔에서 가지고 있는 자리를 중국이 차지할 수 있겠다고 판단했다.

폴 린은 이제 맥길대학교에 완전히 자리를 잡은 채 오타와와 베이징 양쪽의 정보를 모두 확보하고 있었다. 당시 그가 직접 했던 말에 따르면 폴 린은 1968년 6월 자유당 정부가 들어선 직후부터 피에르 트뤼도의 외교정책 자문 이반 헤드로부터 정기적으로 전화 연락을 받았다고 한다. 폴 린이 테레즈 캐스그레인(Thérèse Casgrain)과 처음 접촉한 것도 역시 대략 그 무렵이었다. 그녀는 피에르 트뤼도의 친구이자, 캐나다 최초의 여성 정치인으로서 퀘벡사회민주당(Parti social démocratique du Québec)의 당수가 된 사람이었다. 그녀는 계속해서 신민주당(New Democratic Party) 소속으로 연방 의회 의원이 되었고, 이후 피에르 트뤼도의 지명을 받아 상원의원이 되었다. 캐스그레인은 폴 린에게 자유당 정부의 외교정책 검토에 포함될 대중국 정책 보고서를 제출해달라고 요청했다. 폴 린은 보고서를 작성해서 제출했다.

폴 린이 피에르 트뤼도와 베이징 사이에서 중재자 노릇을 하는 것이 분명해지자, 1969년 초에 이 문제가 이슈화되어 큰 논란이 불거졌다. 이때는 아직 스톡홀름에서 아서 앤드루를 비롯한 대사관 직원들이 중국 측 담당자와의 회담을 위해 동분서주하던 시기였는데도 말이다. 논란의 시작은 1968년 6월 21일자 「글로브앤메일」지에 실린 '베이징으로 가는 길에 놓인 장애물(The Path to Peking is Littered with Obstacles)'이라는 폴 린의 기고문이었다. 이 기고문을 의뢰한 사람은 편집진 중 한 명인 노먼 웹스터(Norman Webster)라는 인물로, 그는 이듬해 중국 특파원 자리를 맡게 된다. 이 글은 자선사업가이자 세계평화를 부르짖는 운동가였던 사이러스 이튼(Cyrus S. Eaton)의 눈에 띄었다. 사이러스 이튼은 폴 린에게 편지를 보내 "그 어떤 친구와도 함께" 노바스코샤 주 딥코브에 있는 자신의 농장을 방문해달라고 초청했다. 폴 린은 1968년 7월 어느 주말에 아내와 아들을 데리고 그곳을 방문했다. 폴 린은 몬트리올로 돌아온 직후 사이러스 이튼으로부터 8월 초 주말에 다시 한번 방문해달라는 전보를 받았다. 두 번째 방문한 자리에는 또 다른 손님들이 있었다. 그중 한 명인 테드 소렌슨(Ted Sorensen)은 존 F. 케네디 대통령의 특별보좌관과 자문, 그리고 연설문 작성을 담당했던 인물이었다. 나머지 한 사람은 뉴욕 헌터칼리지 정부학 교수 도널드 자고리아 (Donald Zagoria)였다.

이것을 시작으로 폴 린은 미국과 중공 사이의 중재자 역할을 맡아 활동했다. 1968년 10월에 사이러스 이튼은 도널드 자고리아의 지령을 받아 폴 린에게 한 가지 제안을 내놓았다. 폴 린이 맥길대학교에서 이미 확보한 직위를 활용해 중국과 미국의 관계를 주제로 한 학술회의를 개최하라는 것이었다. 사이러스 이튼과 미국인 친구들은 이런 회의는 미국보다는 몬트리올에서 개최하는 편이 미국과 중공 모두에 부담이 훨씬 덜할 것으로 판단했다. 도널드 자고리아는 이런 회의를 개최하면 미국의 수많은 저명 학자들이 관심을 보이리라고 기대했다. 물론 정치 공작원인 테드 소렌슨이나 안보 전문가 즈비그뉴 브레진스키(Zbigniew Brzezinski), 상원 외교위원장 윌리엄 풀브라이트(William Fulbright)와 같은 인사들은 말할 것도 없었다. 회의는 1969년 2월 초에 열릴 예정이었는데, 이때까지도 스톡홀름에서는 아서 앤드루가 아직 중국과의 만남을 기다리는 중이었다. 그러나 이때 사이러스 이튼이 또 다른 아이디어를 내놓았다. 이 회의가 열리기 전에 소규모 미국 대표단이 먼저 모여 교착 상태에 빠진 미중 관계의 돌파 방안을 모색해보자는 것이었다. 사이러스 이튼은 폴 린에게 이 소규모 회합에 중국 측 기업인과 학계 인사, 그리고 과학자들로 대표단을 구성해서 참석을 주선할 수 있겠는지를 물었다. 폴 린은 시간이 촉박해서 그런 모임을 구성하기는 어렵겠다고 대답했고, 그 대신 "중국 대표단에 직접 초청장을 전하겠다"고 말하며 직접 홍콩까지 갔다. 폴 린이 이렇게 말한 것으로 볼 때 그가 중국에 가서 몬트리올 회의 초청장을 전하려고 했고, 사이러스 이튼은 소요 비용 일체를 부담하려고 했던 것 같다. 그러나 그는 당시 문화대혁명에 따른 엄청난 여파로 결국 비자를 발급받지 못했다. 그는 1월 16일에 홍콩에서 돌아왔는데, 캐나다행 직항편 비행기 좌석이 모두 매진된 탓에 노스웨스트 항공편으로 시애틀을 경유해서 몬트리올로 올 생각이었다. 폴 린은 그 이후에 일어난 상황을 이렇게 썼다.

"새벽 6시 30분에 시애틀 공항에 착륙한 후, 나는 세관 당국에 의해 환승 여행객 중에서 따로 불려 나갔다. 그들은 나를 환승구역에서 벗어나게 한 후 여권을 요구하더니 '임시 방문' 도장을 찍었다. 즉 그들은 나를 조사할 권한을 갖게 된 것이었다. 나는 트렁크와 서류 가방을 넘겨주고 호주머니까지 모두 비워야 했다. 시애틀에서 얼마나 철저하게 조사를 받았던지 몬트리올행 항공편까지 놓치고 말았다.

집으로 돌아온 후 나는 너무나도 충격적인 이 인권침해 사례를 나의 친구이자 동료인 하버드 법대 제롬 코헨(Jerome A. Cohen) 교수에게 알렸다. 그는 이 문제를 발 벗고 나서서 조사해주었고, 그의 조사 활동은 이후 6개월간이나 이어졌다."

폴 린을 환승구역에서 끌어낸 것은 미국 방첩요원들의 행동임이 너무나도 분명했다. 필자의 친구인 전 캐나다 외교관이 만난 CIA 요원들의 입에서 그들이 그 사건에 개입했다는 말이 나왔다고 한다. 심지어 그들은 당시 폴 린이 어쩔 줄 모르고 당황하는 모습을 낄낄 웃으며 전해주었다고 했다. 그들은 폴 린이 중공의 비밀공작원이라는 사실을 다시 한번 확신했다. 그의 가방에서 수천 달러에 달하는 현금이 발견되었기 때문이다. 요원들은 이 돈의 출처가 중공이며, 용도 또한 캐나다 내의 친중 활동을 지원하는 데 쓰일 것임을 확신했다. 친구의 말에 따르면 그들은 이 돈을 압수했다고 한다. 폴 린이 당시 사건을 설명하는 내용에는 이 돈에 관한 언급이 없지만, 만약 그 돈이 실제로 존재했다면 그것은 당시 상황을 이해하는 데 더욱 도움이 될 수 있다. 사이러스 이튼은 이미 중국 대표단의 몬트리올 회의 참가 비용을 부담하겠다고 밝힌 바 있었고, 그렇다면 폴 린이 그 돈을 중국 측에 직접 전해주기 위해 홍콩까지 들고 갔다고 하는 편이 아주 자연스러운 설명일 것이다. 그런데 결국 그들을 만나지 못했으니, 그 돈을 다시 가지고 오는 것이 당연한 일이다. 진실이 어떤 것이든, 시애틀 사건은 미국 방첩요원들이 폴 린과 그의 아내를 향해 노골적인 움직임을 보여줌으로써 그 부부에게 자신들이 의혹과 관찰의 대상임을 분명히 알려주려고 한 일이었다.

폴 린이 홍콩에 다녀왔다는 소문이 오타와 정가에 서서히 퍼지기 시작했다. 물론 그 소문에는 몬트리올에서 미중 간 대화가 조용하게 열릴 뻔했지만 무산되었다는 이야기는 빠져있었다. 그 대신 폴 린이 피에르 트뤼도 총리를 대신해서 '비밀 임무를 띠고 중국에 다녀왔는지'를 묻는 지적이 하원에서 나왔고, 이런 내용이 캐나다 신문에도 실렸다. 폴 린이 홍콩에 다녀온 일에 관해 나도는 소문을 살펴보면 장제스의 국민당 측 정보원들이 공작을 편 흔적을 확인할 수 있다. 소문에 따르면 폴 린이 비밀 임무를 완수한 결과, 피에르 트뤼도가 대만을 계속 인정하겠다고 했던 지금까지의 약속을 포기하고, 향후 중공과의 외교승인 협상에서는 이를 철회하기로 했다는 것이었다. 폴 린은 여러 신문과의 회견에서 자신이 피에르 트뤼도의 특사였다는 소문을 전면 부인했다. "저는 일개 학자일 뿐, 정치적인 일과는 아무런 상관이 없는 사람입니다." 「몬트리올가제트(Montreal Gazette)」지는 그가 이렇게 말했다고 보도했으나, 이는 진실을 아슬아슬한 지점까지 왜곡했다고 볼 만한 표현이었다.

한편 스톡홀름 상황은 아주 느리게 진행되고 있었다. 1969년 4월 3일, 중국 측 관계자가 캐나다 대사관을 방문하여 대화를 나누었고, 이 자리에서 외교적 승인에 관한 협상이 스웨덴 수도에서 열릴 것이며, 회담은 영어로 진행된다는 데 양측이 합의했다. 캐나다 대사관 측 회담 상대자였던 로버트 에드먼즈(Robert Edmonds) 역시 서중국선교회 출신의 선교사 자녀로서, 중국어에 능통한 사람이었는데도 말이다. 4월 10일에 열린 다음 회담에서는 비로소 실무사항으로 들어가 베이징 주재 캐나다 대사관 및 오타와 주재 중국대사관 개설, 전기통신, 여행 제한, 외교관 면책 특권 등의 문제를 다루었다.

캐나다 측은 무슨 일이 있어도 3대 기본 원칙이 거론되는 것만큼은 피하려고 했다. 이 자리에서 그것이 협상의 전제 조건이라는 사실이 확인되기라도 하면 매우 난처해지기 때문이었다. 그리고 중국 측도 캐나다의 이런 태도를 결코 무시할 수만은 없었다. 중국 대표단의 입에서 기본 원칙이라는 말이 나오자, 아서 앤드루 팀은 실질 협상에 착수하면 당연히 원칙에 관해서 다루게 될 것이라고만 말했다. 중국 측은 그 정도 선에서 받아들이는 것 같았다.

자유당이 정권을 되찾은 후 약 1년이 지나는 동안, 피에르 트뤼도 정부의 대만 문제에 관한 태도는 큰 폭의 변화를 겪었다. 그리고 이런 변화에 폴 린이 영향을 미쳤음은 분명한 사실이었다. 비록 그 폭이 폴 린이 원하는 만큼은 아니었지만 말이다. 피에르 트뤼도가 집권할 때만 해도 그는 "하나의 중국, 하나의 대만"이라는 입장이 이 수수께끼 같은 문제의 해답이 될 수 있다고 생각했다. 즉 캐나다는 중공을 중국의 합법적인 정부로 인정하면서,

한편으로는 장제스의 국민당을 그와 별도의 국가인 대만의 행정부로 인정한다는 것이었다. 피에르 트뤼도의 입장은 매우 논리적이었다. 특히나 유엔(실제로는 미국)의 입장도, 대만이 국제 사회에서 인정받는 독립 국가가 될 것인지, 중국과 어떤 형태로든 연합된 국가로 남을 것인지는 대만 주민들의 투표로 결정할 일이라는 것이었기 때문에 더욱 그랬다. 당시나 지금이나 대만인들의 선택이 독립이라는 것은 불을 보듯 뻔한 현실이었다. 그러나 피에르 트뤼도의 입장은 대만이 중국의 일부라는, 마오쩌둥과 장제스 두 사람 모두의 철저한 신념에 가로막혀 점점 설 자리가 사라져갔다. 이 점에 있어서는 오히려 장제스가 마오쩌둥보다 더 열렬한 태도를 보였다. 피난민 신분으로 중국의 진정한 정부를 자처하며 유엔에서 중국의 의석을 차지하고 있던 장제스로서는, 점점 더 흔들리는 정치적 정당성을 그나마 지키려면 대만이 중국의 일부라는 주장에 철저하게 매달릴 수밖에 없었다. 이런 이유로 피에르 트뤼도는 집권한 지 불과 몇 개월 만에 외무부 장관 미첼 샤프와 함께 캐나다의 입장을 좀 더 미묘한 느낌의 제안으로 수정해서 내놓았다. 즉, 캐나다는 장제스의 중화민국이 중국의 정부임을 '인정하지 않은' 채, 대만 측과는 오직 비공식적인 관계만 유지할 것이며, 베이징의 중화인민공화국과는 모든 공식 외교관계를 수립하는 방향으로 나아간다고 천명했다. 그러나 피에르 트뤼도는 대만이 중국 고유의 영토라는 중국의 주장은 단호히 부정했다. 오늘에 와서야 비로소 확인할 수 있는 중국 외교부 문서에 따르면 당시 중국 측은 대만 문제에 관한 캐나다의 이른바 "애매한 입장"에 다소 멍한 상태에 빠졌으나, 곧 이를 심각하게 받아들이기로 했다고 한다. 중공은 결코 한발도 물러서지 않았다. 한번 어떤 정치적 원칙을 정하면 이를 끈덕지게 물고 늘어지는 것이 레닌과 마오쩌둥의 DNA가 뿌리박힌 공산당의 본능이었기 때문이다. 캐나다는 중공이 주장하는 대만 소유권의 인정 여부를 분명히 밝히기를 거부했고, 바로 이것 때문에 스톡홀름 협상은 이후 17개월간 18차례의 회담을 거치면서도 쉽게 결론을 내지 못한 채 지루하게 계속되었다. 1970년 중반에 접어들면서 캐나다 협상팀은 마침내 꽉 막힌 정체를 뚫어버릴 문구를 찾아냈다. 캐나다는 대만에 관한 중국 측의 주장에 "유의한다(take note)"고 한 것이다. 여기서 중국의 주장을 인정한다는 표현은 그 어디에도 없었다. 나중에 미국이 겁도 없이 이 문제에 선뜻 나서서 "미국은 중국의 주장을 인식한다(acknowledge)"고 표현했는데, 중국은 어김없이 이를 "인정한다(accept)"로 번역하여 큰 문제가 된 적이 있었다.

저우언라이는 언제나 그랬듯이 실용주의적인 태도로 교착 국면을 헤쳐 나갔다. 그는 자국 협상팀에게 "우리는 원칙을 준수하지만, 성공을 거두려면 유연성을 발휘해서라도 문제를 해결해야 한다"는 지침을 내렸다. 10월 3일, 제17차 스톡홀름 회담에서 중국 측은 캐나다가 제시한 "유의한다"는 문구를 받아들여 도무지 뜻을 알 수 없었던 두 번째 단락에 채워 넣음으로써 이를 다시 두 단락으로 나누었다. 그리하여 1970년 10월 10일, 미첼 샤프는 하원에 출석하여 아래 4단락으로 구성된 협정문에 따라 양국 간 상호 승인과 수교 협정이 체결되었음을 선언했다.

"중화인민공화국 정부와 캐나다 정부는 상호 주권을 존중하고, 국토를 보전하며, 내정에 간섭하지 않고, 평등과 호혜를 추구한다는 원칙에 따라, 1970년 10월 13일을 기해서 상호 승인과 외교관계 수립을 결정한다.

중국 정부는 대만이 중화인민공화국의 양보할 수 없는 영토의 일부

183

임을 재확인한다. 캐나다 정부는 중국 정부의 이러한 입장에 유의(takes note)한다.

캐나다 정부는 중화인민공화국 정부를 중국의 유일한 합법정부로 승인한다.

중국 정부와 캐나다 정부는 본 협정 체결일로부터 6개월 이내에 상호 간 대사를 교환하며, 양국의 수도에 외교 사무 기능을 개설하고 그것을 운영하는 데 필요한 모든 지원을 제공한다. 이런 제반 활동은 평등과 호혜의 원칙에 기반하고 국제관례를 준수하여 행한다."

이보다 이틀 전, 저우언라이는 마오쩌둥에게 스톡홀름 협상 결과를 보고했다. 전 토론토 주재 중국 외교관 첸웬자오는 2010년 상하이 심포지엄에서 그다음 장면을 이렇게 말해주었다. "마오쩌둥 주석은 희소식을 접하고 만면에 웃음을 지으며 '이제 미국의 뒷마당에 우리 친구가 생겼소!'라고 말했습니다. 캐나다는 미국의 동맹이었습니다. 그런 캐나다와 외교관계를 수립했으니 미국의 뒷마당에 구멍을 뚫어놓은 것이나 다름없었지요. 더구나 이것은 '두 개의 중국'이나 '하나의 중국, 하나의 대만'이라는 미국의 반중 정책에 정면으로 반기를 드는 일이었습니다."

6장.
낭만과 현실의 만남

6장. 낭만과 현실의 만남

지금까지 우리가 했던 투자는 그다지 인상적인 결과를 얻지 못했습니다. 중국 협상팀이 수요 품목을 캐나다에 발주한 것은 어디까지나 가격이 적당했기 때문이지, 그렇지 않은데도 캐나다 국기의 영광스러운 자태나 닥터 노먼 베쑨의 추억 때문에 그런 결정을 내렸다는 증거는 어디에도 없습니다.

- 베이징 주재 캐나다 대사 리처드 고럼(Richard Gorham)의 말.

1987년 2월 7일.

1970년에 캐나다와 중국의 외교관계가 수립되자마자 이를 통해 양국이 기대하는 바가 서로 너무 다르다는 사실이 분명해졌다. 중국에 이것은 미래를 향한 문이 열린 사건이었다. 반면, 캐나다는 이것을 과거의 추억을 떠올리는 창문으로 생각하는 경우가 너무 많았다. 중국이 외교관계를 맺고자 하는 여러 서구 국가 가운데 캐나다가 가장 적합한 후보라는 마오쩌둥과 저우언라이 총리의 판단은 정확히 맞아떨어졌다. 전 중국 외교관 첸웬자오는 2010년 상하이 회의에서 발표한 중국-캐나다 관계에 관한 논문에서 양국간 수교 협정으로 이른바 '캐나다 공식'이 세계적인 이목을 끌었다고 말했다. "그것은 중국과 전 세계와의 관계에 엄청난 영향을 미쳤습니다." 대만에 관한 주장을 '유의한다'고 하는 캐나다의 간단한 문장을 중화인민공화국이 받아들임으로써 서구의 11개 중견 국가가 협상의 물결에 올라탔고, 이후 2년 동안 수많은 나라들과 외교관계 협정이 체결되기에 이르렀다. 이로써 20년이 넘도록 중국의 국내외적 발전에 걸림돌이 되어온 외교적 고립 상태가 일거에 해소되었다.

미국이 보기에 캐나다는 앞서 달려가는 말 노릇을 한 셈이었다. 그것은 미국 측 실력자들이 폴 린을 졸졸 따라다닌 것만 보아도 알 수 있는 일이었다. 그러나 정작 미국은 다른 나라들보다 더 머뭇거리고 시간을 끌면서 중국에 접근했다. 1971년 7월에 리처드 닉슨 대통령의 국가안보보좌관 헨리 키신저가 베이징을 방문한 후, 대통령이 직접 중국에 간 것은 1972년 2월이 되어서였다. 그 방문 기간에 양측이 발표한 상하이 코뮈니케에는 정상적인 외교관계 수립을 위해 노력한다는 약속이 포함되어있었다. 그러기 전까지는 준 외교관계 성격을 띠는 연락 사무소를 양국의 수도에 개설하기로 했다. 정식 외교관계는 훨씬 더 세월이 지난 1979년 1월이 되어서야 수립되었다.

캐나다와 중국 모두, 외교관계가 시작되면서 상업, 학술 및 개인 단위의 교류 시도가 마치 봇물 터지듯 쏟아져나왔다. 훗날 외무부 장관 미첼 샤프가 발언한 내용이 폴 에반스(Paul Evans)의 책 『중국과 함께(Engaging China)』에 실렸는데, 이를 보면 1970년 이후에 진행된 대중국 관계의 빠른 확대야말로 그가 외교정책을 통해 이룩한 가장 중요한 업적이라는 내용이 나온다. 1972년에 미첼 샤프는 캐나다 역사상 최대 규모의 해외 무역 대표단을 베이징에 파견했다. 정부 차원에서는 외교, 정치 및 무역 분야의 기초 협력 방안이 마련되었다. 이를 통해 캐나다는 중국의 유엔 가입을 지원하기 위한 기본 틀을 마련함으로써 결국 1971년 10월에 이를 성사시켰고, 이러한 틀은 이후 국제통화기금과 세계은행 가입에까지 그대로 이어졌다.

한편, 캐나다 정부 각 기관은 캐나다 기업들의 중국 시장진출을 돕기 위해 나섰다. 처음에는 시장진출 전망이 그리 밝지만은 않았다. 앨버타대학교 중국학연구소장이자 베이징 및 홍콩 주재 외교관을 역임한 고든 홀덴

(Gordon Houlden)의 글에 따르면, 1970년 당시만 해도 양국 경제는 극과 극으로 상반되는 관계였다. 캐나다 경제는 고도로 무역 지향적이었던 반면, "농업과 소련식 중공업에 치중하던 중국 경제는 아직 문화대혁명에 따른 내부 혼란과 무질서 상태에서 빠져나오지 못하던 상태였다." 중국과 캐나다의 무역 관계가 본격적으로 성장하게 되는 것은 마오쩌둥이 사망하고 덩샤오핑이 집권하여 경제개혁 프로그램을 통해 중국을 정부주도형 자본주의로 이끌겠다는 계획을 발표하면서부터였다. 그전까지는 때를 기다리며 이를 위한 기초 구조를 갖추어가는 시기였다고 볼 수 있다.

캐나다와 중국 간 무역 협상이 시작되었고, 이 협정이 체결되면 양국은 상호 최혜국 지위를 주고받게 될 예정이었다. 즉 양국은 상대방 국가의 상품을 수입할 때 다른 어떤 국가에 적용하는 것보다 더 낮은 관세율을 적용하게 된다는 뜻이다. 이 협정이 체결된 1973년에는 이미 양국간 무역 규모가 1970년에 비해 2배로 증가한 상태였다. 캐나다 기업인들은 금세 중국 시장의 잠재 규모에 매료되었다. 인구 비율로는 아직 소규모에 불과한 시장에 상품을 판매해도 돌아오는 이익은 엄청난 것이었다. 캐나다인들은 10억이 넘는 잠재 고객의 중국 시장이라는 비전은 단지 신기루에 불과하다는 사실을 금세 알아차렸다. 중국의 고질적인 지역주의와 효과적인 유통망의 부재, 불투명한 지역별 무역관행과 보호 규정 등으로 인해, 중국 시장은 대략 5,000만 인구로 구성된 여러 시장의 거대한 결합체라고 보는 편이 훨씬 더 현실적인 시각이었다. 1973년, 베이징에서 캐나다 무역전시회가 열리자, 여기에 약 600명에 달하는 캐나다 업계의 리더와 관계자들이 모여들었다. 아울러 이 행사는 저우언라이 총리가 참석한 첫 해외 무역전시회였다. 양국은 무역협정을 체결하는 것과 동시에 공동경제무역위원회를 설립하고, 이를 통해 캐나다와 중국의 관계자들이 모여 경제 및 무역 관련 사안을 논의하기로 했다.

이런 공식적인 무역 교류의 이면에는 또 다른 연결 통로도 형성되고 있었다. CIA가 관리하던 폴 린 관련 정보가 2010년에 공개되었는데, 그중에는 캐나다 기업들이 중국에 접근한 방식과 중국 정부가 교류를 촉진하던 방법 모두에 관해 흥미로운 통찰을 제공해주는 대목이 눈에 띈다. 그 문서는 1973년 6월에 폴 린이 어떤 동향을 보이고 있었는지를 보여준다. 당시 그는 중국 지도자들과 교류할 방법을 모색하던 정치인과 기업인, 학계 인사, 정부 관계자, 그리고 언론인들을 위한 일괄 중개자로서의 면모를 갖추어가던 중이었다. 가장 중요한 문서는 미국인 선교사 자녀 출신으로 미중관계 개선을 지지하던 한드 페터스 후스(Harned Pettus Hoose)가 작성한 폴 린 관련 보고서였다. 물론 이 보고서는 그 누구도 그에게 쓰라고 강요하지 않았고, 심지어 자신도 작성하고 싶지 않았던 내용이다. 한드 페터스 후스는 폴 린이 몬트리올에서 보인 행적이 담긴 3페이지짜리 메모를 당시 닉슨 대통령의 군사보좌관이던 브렌트 스코크로프트(Brent Scowcroft)에게 전달했다. 브렌트 스코크로프트는 그 문건에 "관계 기관에 분석을 의뢰할 것"이라는 메모를 덧붙여서 국가안보회의(National Security Council, NSC) 위원이었던 리처드 솔로몬(Richard Solomon)에게 전달했다.

한드 페터스 후스는 1970년대 초 닉슨 정부의 국가안보회의 자문으로 활동했고, 1972년 닉슨이 중공을 방문할 때 사전기획에 참여했으며, 이후 대중국 무역 촉진 업무를 맡아온 인물이었다. 그는 정보보안 분야에서 쌓은 자신의 경력에 자부심이 있었고, 여전히 프리랜서로 그 분야의 일을 계속하고자 했다. 메모 내용을 보면 그가 1973년 6월 무렵에 폴 린을 만나기 위해 몬트리올까지 찾아가 그의 집과 맥길대학교 동아시아연구센터까지 방문했음을 분명히 알 수 있었다.

한드 페터스 후스의 메모는 폴 린의 사무실을 간단하게 묘사하는 것으로 시작된다. "중공 및 중공 대사관에서 온 편지와 보고서가 상당히 많았다. 책장에는 마르크스와 앵겔스, 마오쩌둥 같은 책들의 영문판과 중문판이 모두 구비되어있었다. 『마오주석어록』은 손때가 묻어 반들반들했다." 넌스아일랜드(Nuns' Island)의 '호화 주택단지'에 위치한 폴 린의 아파트를 묘사하는 내용은 좀 더 상세하다. 아파트의 내부구조를 설명하면서 '서양식 가구'가 놓여있고 '뛰어난 품질'의 중국 전통 공예품들이 진열된 모습을 그리고 있다. 또 폴 린과 그의 아내 에일린이 저우언라이와 쑹칭링과 함께 찍은 사진이 걸린 모습도 설명하고 있다.

이어서 한드 페터스 후스는 폴 린의 서재를 설명한다. 여기서 알 수 있는 사실은 미국인이 폴 린을 찾아가 중국 관계자와 연락을 주선해달라고 부탁했다는 사실이다. 폴 린의 책상 위에는 전화기가 2대 있었다고 한다. 하나는 일반적인 다이얼 전화기였지만, 다른 하나는 "폴 린 박사가 중공 대사관 직원들과 직접 통화할 수 있는 전화기다. 교환원도 거치지 않고 다이얼을 돌리지도 않는 것을 보아 오타와 시내에 있는 것이 틀림없다(물론 오타와시는 이런 사실을 확인해주지 않는다)." 폴 린은 두 번째 전화기를 들더니 한스 페터스 후스를 상무담당 영사 팡인(Fang Yin)과 연결해주었다. "폴 린 박사는 팡인이나 다른 사람들과 통화할 때 정중하면서도 사무적인 말씨로 대했다. 예를 들면 '워 야오 니 친 타, 예 팡 타티 망', 즉 '당신이 그를 만나 좀 도와주시면 좋겠습니다'라는 식이었다." 한드 페터스 후스는 선교사의 자녀답게 중국어에 능통했다. 서재에 걸려있던 그림에 대한 설명도 있었다. "마오쩌둥이 린타퀑(폴 린)에게 보낸 친필로 보이는 그림"까지 포함해서 말이다.

메모는 여러 가지 의견과 결론이 뒤섞인 채 이어졌다. 한드 페터스 후스의 메모에는 폴 린의 말을 그대로 인용하여 그가 '저우언라이 총리의 가까운 친구'이며, 캐나다가 중화인민공화국을 승인하기까지 막후에서 '조력했고', 캐나디언퍼시픽항공이 중국에 연착륙할 수 있도록 '돕는 작업'까지 그의 몫이었다는 내용이 나온다. "그는 '국무원', '중국국제무역촉진위원회', '중국은행' 등과 같은 중국 정부 주요 기관 '최고위급 관계자들'과 '매우 친밀한' 사이다."

한드 페터스 후스는 계속해서 이렇게 썼다. "폴 린 박사는 상당히 큰 액수의 돈을 소지하고 있는 것 같다. 예컨대 식당이나 그 밖의 장소에 함께 다니다가 보면 지갑 속에 만만치 않은 캐나다 지폐가 들어있는 것을 볼 수 있다. 그는 캐나다 기업들이 중공에 진출하거나 베이징에서 열리는 캐나다산업박람회에 참가할 때 이를 주선해주곤 한다."

그가 주목한 대목은 또 있었다. "그는 외교 행낭을 이용해 베이징에 문서를 보낼(또는 송신을 의뢰할) 수 있고, '전신이나 서신 이외의' 방법(외교 행낭?)으로 베이징과 연락을 주고받을(또는 연락을 의뢰할) 수도 있다."

한드 페터스 후스의 메모에 따르면 폴 린의 발언은 "미묘한 간접화법이 일체 생략된 채, 중국 공산당의 입장을 그대로 전하는 것이었다. 그러면서도 그는 항상 중공이나 중국인들을 '그들'로 표현함으로써, 자신은 어디까지나 캐나다의 교수로서 학자적 분석을 내놓을 뿐이라는 태도를 보였다." 그러나 한드 페터스 후스는 폴 린이 결코 아낌없이 베푸는 공작원이 아니라고 주장했다. "중공과의 무역 관계를 모색하는 미국 기업들 사이에서는 폴 린 박사가 연락을 주선해줄 수 있다는 말이 나오고 있다. 물론 그는 그렇게 해줄 수 있다. 나만, 여러 가지 컨설팅이나 조사에 드는 비용을 요구할 뿐이다."

마지막으로 한드 페터스 후스는 폴 린에 관해 이렇게 말했다. "그는 절대로 단순한 교수가 아니며, 중공 정권의 '내부인사'들과 상당히 깊은 관계를 유지하고 있거나, 심지어 자신이 그 일원일 가능성도 충분하다. 그를 철저히 중공의 편에 선 사람으로 보아야 하며, 그는 어쩌면 중공의 북미지역 지부 역할을 하는 사람일지도 모른다. 미국 기업들이 중공의 무역관계자들과 연락을 취하거나 이와 유사한 목적이 있을 때는 그를 유용한 인물로 여길 수도 있겠지만, 미국은 그를 매우 위험한 인물로 간주해야 한다."

국가안보회의 리처드 솔로몬이 브렌트 스코크로프트가 전달한 한드 페터스 후스의 메모를 받고 나서 보였던 반응은 주목할 만한 것이었다. "한드 페터스 후스가 폴 린에 관해 작성한 '정보 보고서'를 CIA 사람들에게 보여주고 이야기를 나눴습니다. 그랬더니 CIA는 이미 그 정도는 다 파악하고 있던 내용이라고 하더군요."

한드 페터스 후스가 자신의 메모를 브렌트 스코크로프트에게 전달한 지 4개월이 지난 1973년 10월, 피에르 트뤼도 총리와 부인 마가렛 여사, 그리고 그의 지지자와 보좌관들로 구성된 수행단이 수교 3주년을 기념하여 중국을 방문했다. 브라이언 에반스(Brian Evans)는 당시 캐나다 대사관 소속이었고, 이후 앨버타대학교 중국사 교수가 된 인물이었다. 그는 자신의 책 『중국을 찾아서(Pursuing China: Memoir of a Beaver Liaison Office)』에서 양국관계를, 총리의 방중에 발맞춰 발간한 외무부의 보고 자료를 인용하여 "따뜻하고 우호적이며", "적극적이지만 심각하지 않은" 관계라고 조심스럽게 묘사했다. 보고 자료에는 그동안 중국에는 캐나다를 향한 "호의가 축적"되어 왔으며, 이것은 앞으로 "이 서방의 동맹국에 선의와 진심이 담긴 좋은 영향을 미칠 것"이라는 전망이 실려있었다. 그러나 방문단은 캐나다가 중국에서 특권을 가지고 있는 것으로 착각하면 안 된다는 경고도 들어있었다. 중국 인민과 중공 정부가 캐나다를 얼마나 긍정적으로 보고 있는지와 상관없이, 그 감정의 원인은 어디까지나 캐나다가 중공을 승인한 최초의 서구 국가라는 사실 때문이라고 했다. 보고 자료는 캐나다의 처신에 따라 "그 감정의 빚은 언제라도 청산될 수 있다"고 경고했다.

캐나다 측은 피에르 트뤼도의 방중을 앞두고 훨씬 더 들뜬 모습을 보여주었다. 이번 방문은 화려한 전성기를 맞이한 캐나다가 머나먼 장도(長途)에 오른 사건이었다. 마침 마가렛 트뤼도 여사의 둘째 출산 예정일도 크리스마스로 맞춰져 있었고, 그룹오브세븐(Group of Seven, 프랭클린 카마이클, 로렌스 해리스 등을 비롯한 캐나다의 7대 유명 화가 – 옮긴이) 소속 화가의 그림 전시회와 캐나다 하키팀 순회 경기, 밴쿠버 교향악단 연주회 등을 준비했으며, 대학 총장 대표단 방문과 같은 좀 더 실용적인 행사도 마련했다. 20명이 훌쩍 넘는 기자들이 총리 수행단에 참가했고, 피에르 트뤼도의 방문 일정을 매일 저녁 TV 뉴스에 실수 없이 제대로 전달하기 위해 엄청난 장비와 시설이 동원되었다. 자료화면을 중국에서 직접 송출하는 것은 불가능한 상황이었다. 그러나 캐나다 측이 자체 위성 통신장비를 설치하는 것은 지나친 사치라고 판단했다. 궁여지책으로 생각해낸 방법은 우선 녹화된 방송영상을 광둥성 광저우까지 항공편으로 실어나른 후, 다시 택시편으로 국경을 넘어가 홍콩 언론사의 지역사무소에 전달한다는 것이었다. 그러면 그곳에서 방송영상을 위성통신으로 캐나다에 보내, 현지 방송 시각에 맞춰 방영한다는 계획이었다.

물론 피에르 트뤼도의 방중이 잘 꾸며진 정치쇼의 일환이기는 했지만,

그 과정에서 중국 공산당이 캐나다에 접근해서 이후 수십 년간 영향을 미칠 수 있는 몇몇 중요한 연결점이 마련된 것도 사실이었다. 첫 번째 연출 무대는 피에르 트뤼도와 그 수행단이 베이징 공항에 도착한 장면에서 찾아볼 수 있었다. 폴 린은 이미 1973년 8월에 맥길대학교에서 안식년을 얻은 후, 중국에 와서 자신의 지난 인생을 회고록으로 정리하던 중이었다. 이 기간에 그는 자신의 오랜 멘토 저우언라이와 많은 시간을 보냈다. 폴 린은 회고록에서, 문화대혁명을 주제로 저우언라이와 나눈 대화를 상세하게 소개했지만, 곧 있을 피에르 트뤼도 총리의 방중에 관한 이야기는 전혀 거론하지 않았다. 이 공백은 눈에 크게 띄었다. 이 당시 폴 린은 캐나다에서 중공의 최고위급 여론공작원으로 확고부동한 자리를 확보한 인물이었다. 더구나 회고록에서도 밝혔듯이, 그는 피에르 트뤼도 정부의 외교정책 자문 이반 헤드와 정기적으로 대화를 주고받는 사이였다. 피에르 트뤼도의 방문을 목전에 앞둔 상황에서 저우언라이가 폴 린에게 캐나다의 정세를 어떻게 보느냐고 묻지 않았다는 것은 좀처럼 상상하기 어려운 일이었다. 그뿐만 아니라 피에르 트뤼도와 주변 관계자들로서도, 물론 오타와에 중국대사관도 있지만, 폴 린의 힘을 빌리는 편이 베이징에 도착해서 응당 받아야 할 대접을 받을 수 있는 튼튼한 방책이었을 텐데, 그러지 않았다는 것이 의아한 일이었다. 폴 린의 말에 따르면 10월에 피에르 트뤼도 일행이 도착한 날, 그는 마침 중국을 방문 중이던 자신의 친구이자 건축가인 아서 에릭슨(Arthur Erickson)과 그의 파트너 프란시스코 크리파츠(Fransisco Kripacz), 모쉐 사프디(Moshe Safdie), 그리고 그의 아내 니나(Nina)와 함께 베이징 공항에 나갔다고 한다. 공항에는 피에르 트뤼도를 맞이하기 위해 상당한 인파가 모여 있었다. 저우언라이 총리는 비행기 계단 아래에서 귀빈과 인사를 나눈 후,

방문 일행을 열렬한 환영인파 앞으로 안내했다. 저우언라이는 군중 속에서 폴 린을 발견하고 분명히 이렇게 말했다. "폴 린 교수님, 중국에 오신 것을 환영합니다." 폴 린은 당시 상황을 이렇게 떠올렸다. "그 뒤에 오던 피에르 트뤼도 총리도 나를 보더니 악수를 청하면서 말했습니다. '폴 린씨, 중국에서 이렇게 보니 반갑군요.'"

피에르 트뤼도와 폴 린은 며칠 후 아서 에릭슨이 피에르 트뤼도 부부를 위해 주최한 개인 오찬에서 다시 만났다. 장소는 베이징의 이화원이었으며, 폴 린 부부와 모쉐 사프디도 동석한 자리였다. 이런 특별한 자리가 마련되기 위해서는 저우언라이 총리의 승인도 필요하지만, 쿤밍호가 내다보이는 이화원 연회장도 미리 예약할 수 있었다는 뜻이었다. 이곳은 청 왕조 말기의 실권자였던 서태후가 1861년부터 1908년에 사망하기 전까지 수시로 들러서 꾀꼬리가 지저귀는 소리를 들었다는 장소였다. 폴 린에 따르면 아서 에릭슨은 서태후가 가장 즐기던 음식을 대접하여 귀빈들에게 큰 기쁨을 선사했다고 한다. 폴 린은 회고록에 이렇게 쓰고 있다. "그날 밤늦게 총리실에서 전화가 왔다. 도대체 어떤 음식을 대접받았기에 캐나다 총리가 그날 오후에 예정된 저우언라이 총리와의 면담에 하마터면 늦을 뻔했느냐고 묻는 것이었다!"

이번 방문의 특징은 한 마디로 만찬이었다. 10월 11일, 저우언라이는 천안문 광장 서쪽에 자리한 인민대회당에서 피에르 트뤼도 일행을 맞이했다. 10월 13일에는 피에르 트뤼도도 기차 편으로 중국 남부로 떠나기 전에 한 차례 화답 연회를 열었다. 이 자리에는 문화대혁명 기간에 유죄 선고를 받고 하방되었다가 막 부총리로 복귀한 덩샤오핑도 참석했다. 이 두 번의 화려한 만찬이 개최되는 사이에 피에르 트뤼도는 저우언라이와 총 3차례의 회담을 통해 장시간 대화를 나누었다. 두 사람은 그중의 상당한 시간을 정치철학에 관한 고담준론으로 즐겁게 보냈지만, 그보다 훨씬 더 실질적인 주제를 논의하는 것도 잊지 않았다. 저우언라이는 대화 중에, 현재의 양국 간 무역이 캐나다에 일방적으로 유리한 측면이 있으므로 좀 더 공평한 무역 관계를 수립해야 할 필요가 있다고 날카롭게 지적했다. 아울러 그들은 중국의 가족들이 캐나다에 사는 부모나 자녀와 재회할 기회를 마련한다는 역사적인 합의에 서명하기도 했다. 이로써 중국에서 캐나다를 향하는 이민 1세대가 등장했고, 이후 수십 년에 걸쳐 홍콩과 중국에서 수많은 인구가 캐나다로 유입되는 기초가 마련되었다.

피에르 트뤼도는 저우언라이와의 최종 회담이 끝난 후, 마오쩌둥과의 면담을 요청했다. 당시 마오쩌둥은 건강 악화로 제대로 활동하지 못하는 상태였으므로, 의료진의 철저한 보살핌 속에서 캐나다 손님들을 아주 잠깐만 접견할 수 있었다.

피에르 트뤼도가 방중 기간에 거둔 중요한 성과 중 하나로 캐나다와 중국 간 대학생 교류 협정이 있었다. 이 협정은 지금까지도 양국관계의 핵심적인 요소로 남아있다. 수많은 중국 학생들이 학업과 실력을 쌓아 사회에 기여하려는 꿈을 가지고 캐나다로 온다. 학생 비자를 통해 캐나다 시민권을 얻을 수 있다는 점을 십분 활용하는 학생들은 대부분, 정말로 캐나다인이 되고자 하는 마음이 있다. 그러나 오늘날 매년 12만 명에 달하는 중국 학생들이 캐나다로 들어오는 이 흐름이, 중공이 통일전선을 통해 캐나다에 첩보원을 들여보내는 주요 통로로 기능하는 것도 엄연한 사실이다.

캐나다의 시각에서 보면, 학생교환 프로그램은 1970년 베이징에 대사관을 개설한 직후 시작한 실험으로부터 비롯된 일이었다. 당시 외무부에는 중국 경험을 갖춘 직원이 부족했기 때문에 중국을 연구하는 캐나다 학자들에게 캐나다 대사관의 문화 관련 직책을 맡기는 일이 많았다.

캐나다 외무부는 1972년 7월에 1년 임기의 전속 중국 전문가 직책을 신설하고 토론토대학교 윌리엄 세이웰(William Saywell) 교수를 1호 인사로 초빙했다. 그는 1993년에 캐나다 학계로 돌아와 영리 목적의 연구분석 기관인 캐나다아시아태평양재단(Asia-Pacific Foundation of Canada)의 대표 겸 최고책임자를 맡았다.

중국에서 공부하게 될 첫 캐나다 학생들은 트뤼도의 방중에 맞춰 도착할 예정이었다. 브라이언 에반스의 책 『중국을 찾아서』에는 이 학생들이 1973년 11월에 홍콩에 모였다고 기록되어 있다. "나는 그들을 맞이하러 홍콩에 가서 그들을 데리고 다시 국경을 건넌 다음, 베이징행 비행기에 탑승했다. 학생들의 관심이 중국의 시와 전통의학, 역사, 정치, 그리고 영화 등 다방면에 걸쳐 있다는 점이 흥미로웠다. 그들은 캐나다 전역에서 온 남녀 각각 10명으로 된 그룹으로, 정치 성향도 보수주의에서 마오쩌둥주의에 이르는 폭넓은 분포를 보이고 있었다. 마오주의자들이 한결같이 멘토로 꼽은 인물은 다름 아닌 맥길대학교 폴 린 교수였다. 그들은 베이징에서 중국 학생들과 숙식을 함께 하며(베이징어학대학(Peking Language Institute)에서) 문화대혁명의 현장을 직접 체험할 생각에 부풀어있었다."

캐나다 학생들은 점차 마오주의자와 그렇지 않은 학생들로 나뉘기 시작했다. 20명의 캐나다 학생들이 도착했을 때는 그 학교뿐만 아니라 중국 사회 전반에 문화대혁명의 광풍이 몰아치던 시기였다. 브라이언 에반스는 책에서 이렇게 말하고 있다. "캐나다 학생 중에는 이왕 이곳에 온 이상 가능한 한 중국인들과 똑같이 살면서 대학 생활에도 적극적으로 참여해야 한다고 생각하는 사람도 있었다. 한편으로는 이유야 어찌 되었든 중국인들과 섞이기를 원치 않는 학생도 있었다. 중국 대학 당국은 너무나 다양한 민족으로 구성된 이 나라의 특성상, 그들을 하나의 집단으로 다루는 편을 선호했다. 또, 외국 학생들이 중국인의 삶에 너무 깊이 개입하기를 원치 않았다. 사실 이런 모순이야말로 캐나다 학생들이 결코 해결할 수 없는 문제였다."

중국 측은 교환학생을 선발할 때부터 이런 모순이 발생하지 않도록 훨씬 더 세심한 주의를 기울였다. 현재 CBS 라디오 방송 프로듀서로 활약하고 있는 아이라 바센(Ira Basen)은 1973년 여름 당시 오타와의 칼턴대학교(Carleton University)에서 공부하던 학생이었다. 그해 여름방학에 그는 캐나다에 와서 이곳 생활에 적응하며 다음 학기를 준비하던 9명의 중국 학생을 돕는 일자리를 얻었다. 그들은 중화인민공화국 최초의 북미지역 유학생들이었다. 아이라 바센은 2008년 5월 30일자로 CBS 홈페이지에 게재된 그의 기사에서, 그들이 칼턴대학교에 배정된 이유가 "오타와 주재 중국대사관의 감시의 눈길에서 너무 멀리 벗어나지 않기 위해서"였을 것으로 본다고 말했다. 이에 덧붙여 그는 "확실히 그들은 무작위로 선발된 학생이 아니었다. 그들은 모두 총명했고, 영어에 상당히 능통했으며, 농촌에서 '인민들'과 함께 일하는 등 문화대혁명에도 적극 참여한 경력을 지니고 있었다. 그러면서도 언제나 겸손하고 예의 바른 모습과 열정적인 학습 의욕을 보여주었고, 정부에 대한 충성심을 잃지 않으면서도 자국 경제의 실패에 대해서는 비교적 객관적이고 솔직하게 인정하는 태도를 보였다."

아이라 바센이 그 기사를 쓰게 된 것은 2008년에 주캐나다 중국 대사로 오타와에서 근무하던 루슈민(盧樹民, Lu shumin)이 1973년 당시 그 9명의 중국인 교환학생 중 1명이라는 사실을 알았기 때문이다. 루슈민은 중국 외교부서에서 빠르게 승승장구한 끝에 2005년에 오타와에 부임했다. 그가 오타와에 부임한 지 얼마 지나지 않아 스티븐 하퍼가 이끄는 소수파 보수당 정권이 집권하였고, 그는 "막강한 달러의 힘" 때문에 인권의 가치를 저버리는 일은 없을 것이라고 선포했다. 루슈민은 하필이면 1970년 이후 캐나다와 중국의 관계가 가장 소원한 시기에 대사로 근무한 셈이었다. 스티븐 하퍼는 중공이 티베트와 신장의 반대파들을 억압하고 파룬궁을 박해하고 있는 행태를 맹비판했다. 총리가 의회에 출석해서 수천 명의 중공 첩보원이 캐나다에서 산업스파이 행위를 일삼고 있다고 발표한 일도 있었다. 루슈민은 스티븐 하퍼 정부의 공격에 강하게 반발했다. 루슈민 대사는 중국의 인권침해 의혹을 일체 부인했고, 중국 대사로서는 이례적으로 직접 캐나다 언론과 기자회견을 몇 차례 열기도 했다. 이런 공식적인 대응의 이면에서 스티븐 하퍼 정부가 중국에 대해 보이는 태도를 되돌려놓기 위해 캐나다의 업계와 학계를 중심으로 중공 측 여론공작원들의 엄청난 로비 작전이 전개되고 있었다. 좋든 싫든 로비는 성공을 거두었고, 이 성공의 배경에는 루슈민이 캐나다 사회를 경험하며 쌓은 이해가 크게 작용한 것이 사실이었다.

1983년에 발간된 캐나다국제개발연구센터(Canadian International Development Research Center, IDRC)의 조사 보고서를 보면 캐나다와 중국의 교환학생 제도가 시작되던 초창기 시절을 더욱 잘 이해할 수 있다. 이 보고서는 양국의 유학생과 관련 학교 관계자들을 광범위하게 인터뷰한 결과를 바탕으로 작성되었다.

'1970년 이후 캐나다와 중화인민공화국의 학문적 교류(Canadian Academic Relations with the People's Republic of China Since 1970)'라는 제목의 이 보고서는 학생교환 프로그램을 바라보는 캐나다와 중국의 관점이 서로 너무나 달랐다는 사실을 보여준다. 1970년부터 1983년 사이에 캐나다에 들어온 중국 학생은 모두 2,500명이었고, 이들은 유학이라는 기회를 뚜렷하고 실용적인 목적으로 접근했다. 1973년 학생교류 협정이 체결되고 1979년 6월에 이것이 더 포괄적인 학술협정으로 바뀌기 전까지 6년 동안, 캐나다에 온 중국 학생들은 주로 비학위 과정인 영어 연수를 목적으로 삼았고, 간혹 프랑스어를 이수한 사람도 있었다. 그들은 또 기술 과목을 청강하기도 했다. 즉, 중국 학생들과 그 멘토들은 가장 직접적인 쓸모가 있는 지식(즉, 언어)을 습득하면서, 향후 학생교류의 방향을 계획하기 위해 캐나다 대학들의 과학 기술 역량을 가늠한 셈이었다. 그것은 매우 합리적인 접근방식이었다. 1979년 이후 캐나다 대학의 문호가 더욱 폭넓게 개방되자 중국 대학생들은 과학 기술 분야를 직접 공략하며 대거 몰려왔다. 특히 전기공학, 컴퓨터공학, 기계공학, 화학, 물리학 등에 학생이 집중되었다. 반면 캐나다 사람들은 아직도 선교사를 파송하던 시절의 낭만주의를 떨쳐내지 못하고 있었다. IDRC 보고서는 이렇게 말한다. "그들의 전공 분야는 캐나다로 온 중국 사람들과는 완전히 다른 분포를 보이고 있었다." 같은 기간인 13년 동안 약 1,000명에 이르는 캐나다의 학자와 학생들이 중국에 갔지만, 그중 3분의 1이 인문학 분야를 선택했다. 특히 아시아 연구, 교육학, 그리고 언어학이 중심을 이루었다. 이는 캐나다에 와서 유사한 분야를 선택한 중국 사람들과 비교할 때 압도적으로 많은 숫자였다.

캐나다에 온 중국인과 달리 중국에 간 캐나다인 중 상당수(13퍼센트)가 교수 요원이었다. 그 이유는 크게 3가지 정도로 꼽을 수 있다. 그들 중 3분의 1에 대해 IDRC 보고서는 '학술 관광객'이라는 정중한 명칭을 부여했다. 현지에서의 빽빽하고 급한 일정에 불평을 늘어놓은 것만 봐도 이들은 중국에서 보조금까지 받으며 휴가를 즐길 기회를 붙잡은 것이 분명했다. 나머지 3분의 1은 중국의 학술기관에 방문 교수 자격으로 간 사람들이었다. 그리고 20퍼센트는 향후 이어질 학생교환 프로그램을 두고 중국 측 관계자들과 협상하기 위해 방문한 캐나다 대학의 행정요원들이었다.

캐나다는 애초에 학생교환 프로그램을 뚜렷한 목적도 없이 방만한 태도로 대했기 때문에, 모든 일이 금세 걷잡을 수 없는 상태로 빠져든 것도 어찌 보면 당연한 일이었다. 중국은 자신들로서는 모든 일이 순조롭게 진행되는 반면, 캐나다는 현황을 파악하고 제어할 만한 장치를 전혀 갖추지 못했다는 사실을 즉시 눈치챘다. 캐나다교육정책위원회(Council of Ministers of Education of Canada, CMEC) 산하에는 감독기관이 설치되어 캐나다 대학에 배정된 중국 학생과 학자들을 대상으로 그 기능을 수행하게 되어있었다. 그러나 IDRC 보고서는 그 실태를 이렇게 서술했다. "이 감독체계는 날이 갈수록 그 운영에 부담을 느끼기 시작했다. 방문 예정인 중국 측 학자들이 선호하는 캐나다 대학이나, 심지어 같이 일하고 싶은 개별 학자를 노골적으로 지목하기도 했고, 이미 그들로부터 자신이 일하게 될 직책에 관해 '공식' 승인을 받아둔 경우까지 있었기 때문이다."

캐나다인들은 이른바 '꽌시(关系, guanxi)' 문화를 빠르게 익혀나갔다. 꽌시란, 중국 사회에서 살아남기 위해서는 가능한 모든 인맥을 동원해야 한다는, 이른바 필수 처세술을 의미하는 말이다. IDRC 보고서는 1980년에 이르면 상황이 완전히 무질서해졌다고 말한다. 즉, "거의 모든 캐나다 대학들은 중국의 이런 복잡다단한 양상에 전혀 대비되어있지 않았고, 따라서 중국과의 학술 교류는 총체적인 관리 부재 상태에 빠져들고 말았다." 그 결과 대학이나 정부 관계부처를 통틀어도, 도대체 중국 학자가 캐나다에 몇 명이나 와서 어느 대학에서 무슨 일을 하고 있는지 아는 사람이 아무도 없었다. 보고서는 이렇게 말한다. "한 당국자는 몹시 곤란한 태도로 이렇게 말했다. '누가 어디에서 어떤 연구를 하는지 정확히 말씀드리기가 어렵습니다... 모든 일이 아무 기준도 없이 진행되는 실정입니다.'" 그나마 서서히 체계가 잡히게 된 것은 1982년부터 대학 행정에 연방 예산이 투입되기 시작한 다음부터였다. 그러나 IDRC 보고서가 결정적으로 간과한 대목이 있었다. 중국 학자들이 캐나다 교수 사회에 아무런 제재도 없이 무차별적으로 스며드는 현상이 캐나다의 안보에 과연 어떤 영향을 미칠지는 전혀 언급하지 않은 것이다.

피에르 트뤼도가 1973년에 중국을 방문하고, 이를 계기로 베이징에서 무역전시회가 열리며, 뒤이어 여러 건의 무역협정이 맺어짐에 따라, 양국 간 무역 관계 촉진을 위한 비영리 기관이 설립되는 기반이 마련되었다. 2008년 11월에 의회도서관이 발간한 '캐나다의 대중국 무역 정책 및 경제 관계(Canada's Trade Policy and Economic Relationship with China)'라는 제목의 보고서는, 외무부가 운영하는 캐나다-중국 무역위원회(Canada-China Trade Council)가 1978년에 설립되었다고 명시하고 있다. 무슨 일이든 잘 되면 자기 공으로 돌리는 사람이 많이 나타난다고 하듯이, 누구나 이 단체의 탄생에 자신의 공이 가장 크다고 주장할만했다. 이로써 우리는 이 단체가 양국간 무역의 원동력이었을 뿐만 아니라 과거 40년이 넘는 세월 동안 캐나다와 중국의 정책을 수립해온 사람들의 클럽이었다는 사실을 알 수 있다.

폴 린의 회고록에는 자신도 이 단체의 설립에 일익을 담당했으며, 나중에 캐나다-중국 비즈니스위원회(Canada-China Business Council)로 이름이 바뀌었다는 이야기가 나온다. 1977년, 몬트리올에 본사를 둔 파워코퍼레이션(Power Corporation of Canada)의 소유주 폴 데스머라이스(Paul Des-marais)가 폴 린에게 다가와, 광저우에서 대규모 중국무역전시회를 열 예정인데 이 행사에 캐나다 기업들의 참여를 주선해달라고 요청했다. 폴 린은 이 요청을 수락했고, 그 후속 조치의 하나로 1977년 11월에 자신의 맥길 대학교 동아시아연구센터와 같은 대학 경영학 교수진이 공동 주최하는 학술대회를 개최했다. 이 학술대회를 후원하는 캐나다 기업들의 면면은 그야말로 화려했다. 캐나다 왕립은행(Royal Bank of Canada), 몬트리올 은행(Bank of Montreal), 노바스코샤 은행(Bank of Nova Scotia), 캐나다알루미늄컴퍼니(Aluminum Company of Canada, 현재는 알칸(Alcan)으로 회사명이 바뀜 – 옮긴이), 인코(Inco), 캐나디언퍼시픽(Canadian Pacific), 맥밀란블로델(MacMillan Bloedel), 그리고 데스머라이스의 파워그룹 등이 총망라되었다. 회의에서는 약 60명의 참가자들이 중국 경제와 캐나다-중국 간 무역 전망에 관해 토론을 나누었다. 폴 린의 회고록에는 이 회의가 성황리에 종료된 후, 폴 데스머라이스와 국영 석유기업 페트로캐나다(Petro-Canada)의 모리스 스트롱(Maurice Strong) 회장은 캐나다가 중국과의 무역에서 영구적인 지위를 차지할 기반을 마련하기 위해 움직였다. 향후 미국이 중국과의 수교에 합의하고 미국 기업인들이 중국 시장에 물밀듯이 몰려갈 때를 대비하려는 것이었다. 이로써 10개 기업과 금융기관을 중심으로 1978년에 캐나다-중국 무역위원회가 설립되었다. 설립주체가 된 기업 명단은 다음과 같다. 금광회사 베릭골드(Barrick Gold), 몬트리올은행 파이낸셜(BMO Financial), 봉바르디에(Bombardier), 중국중신그룹유한공사(CITIC), 캐나다 수출개발공사(Export Development Canada), 메뉴라이프 파이낸셜(Manulife Financial), 파워코퍼레이션, 선라이프 파이낸셜(Sun Life Financial), 그리고 SNC 라발린(SNC

205

Lavalin) 등. 캐나다의 최고 유력기업으로 구성된 이 집단은 이후 대중국 관계 강화를 부르짖는 강력한 로비 단체가 되었다. 이들에게 무역 증진으로 인한 혜택은 그들의 가장 큰 관심사가 될 수밖에 없었다.

이 위원회의 설립은 폴 린의 생애에서 정점에 해당하는 경력 중 하나였다. 그는 1982년에 맥길대학교에서 퇴직한 후 1986년 당시까지도 포르투갈령이었던 마카오의 동아시아대학교 총장에 부임했다. 그는 마카오의 대학에 재직하는 동안 헨리 키신저와 피에르 트뤼도에게 명예 법학박사 학위를 수여했으므로, 두 사람으로서는 폴 린이 더없이 유용한 존재일 수밖에 없었다. 그는 1988년에 학문의 자유를 둘러싼 논란에 책임을 지고 사퇴했다. 그리고 다시 밴쿠버에 돌아온 그는 브리티시컬럼비아대학교 아시아연구소 명예교수직을 얻었다. 폴 린은 평생토록 중국과 중공에 충성을 바쳐온 사람이었지만 천안문 광장 학살사건만큼은 도저히 용납할 수 없었고, 이를 큰 목소리로 비난했다. 그는 1998년에 캐나다 훈장을 받았고, 2004년에 세상을 떠났다.

캐나다-중국 비즈니스위원회의 설립에 기여한 공로 면에서 폴 린과 쌍벽을 이룬 인물이 있다면 그는 잭 오스틴(Jack Austin) 전 상원의원이었다. 그는 피에르 트뤼도의 가까운 동료이자 친구였고, 오랜 세월 동안 캐나다와 중국의 비즈니스 교류 증진을 위해 헌신해온 사람이었다. 2018년 2월 13일자 「비즈니스 인 밴쿠버(Business in Vancouver)」지에 실린 인터뷰에서 그는 이 위원회와 파워코퍼레이션 설립자 폴 데스머라이스, 그리고 중국중신그룹유한공사 사이에 일어났던 다채로운 일화를 소개했다. 잭 오스틴은 폴 데스머라이스가 중국 국영기업인 중국중신그룹유한공사를 이 위원회에 끌어들인 후, 이 회사가 캐나다에 투자할 수 있는 길을 열어주었다는 사실을 잘 모르는 사람이 많다고 말했다. 폴 데스머라이스는 중국중신그룹유한공사를 상대로 브리티시컬럼비아주 캐슬거에 위치한 파워코퍼레이션 소유의 한 제지회사의 지분 50퍼센트를 인수할 것을 제안했다. 그리고 그것은 중공이 해외투자에 나선 첫 사례가 되었다. 그 기사는 잭 오스틴의 말을 이렇게 전했다. "중국중신그룹유한공사는 폴 데스머라이스라는 캐나다인 덕분에 비로소 국내 신용도가 큰 폭으로 향상되었습니다. 그 일을 계기로 중국과 캐나다의 관계는 한 차원 높은 위상과 중요성을 띠게 되었습니다."

파워코퍼레이션이 예나 지금이나 그토록 큰 영향력을 지닐 수 있는 것은 자유당과 맺고 있는 긴밀한 유대 때문이다. 이 회사는 총리를 역임한 사람이나 장래에 총리가 될 사람 모두에게 회사의 주요 직책을 내어줄 뿐만 아니라 그들과 끈끈한 혼맥을 맺기도 한다. 폴 데스머라이스는 피에르 트뤼도가 자유당에서 자신의 입지를 굳힐 때나 이후 총리에 오를 때 그의 자문 역할을 충실히 수행했다. 피에르 트뤼도는 정계에서 은퇴한 후 파워코퍼레이션의 국제분야 고문역을 맡았다. 또 한 명의 총리 브라이언 멀로니(Brian Mulroney)는 정계에 입문하기 전까지 폴 데스머라이스의 노동 변호사로 일하던 사람이었다. 폴 마틴 주니어는 1974년부터 파워코퍼레이션 그룹 소속 그레이트레이크해운(Great Lake shipping)의 자회사, 캐나다스팀십라인(Canada Steamship Lines Inc.,)의 대표로 일하다가 2003년에 총리가 된 인물이었다. 1993년부터 2003년까지 총리를 지낸 장 크레티앵(Jean Chrétien)은 파워코퍼레이션과 훨씬 더 가까운 인연을 맺고 있었다. 장 크레티앵의 딸 프랑스는 폴 데스머라이스의 아들 안드레 데스머라이스(André Desmarais)와 결혼했다. 안드레 데스머라이스는 1983년에 파워코퍼레이션의 회장직을 물려받으면서 그의 형과 함께 공동최고경영자 직책도 맡았는데, 이때 부친으로부터 중국 관련 정보를 모두 넘겨받았다. 안드레 데스머라이스는 이후 캐나다-중국 비즈니스위원회 회장직을 물려받았고, 현재도 이 단체의 명예 회장으로 남아있다. 또한 그의 전기에 실린 표현을 빌자면 '중국에 본부를 둔 몇몇 단체'의 회원 자격을 지니고 있기도 하다. 그중 하나를 예로 들면 그는 1997년부터 2014년까지 중국 국부 펀드회사인 중국중신그룹유한공사 퍼시픽의 이사를 역임했다.

파워코퍼레이션은 사실상 캐나다와 중국의 관계를 총괄하는 최종 관문 역할을 한 셈이었다. 필자는 그들의 영향력을 단적으로 알 수 있는 이야기를 어떤 친구에게서 들은 적이 있었다. 그 친구는 보수당이 9년 동안 차지했던 정권을 1993년에 자유당이 되찾은 직후 정부 고위 공직을 맡았던 사람이다. 그는 새로 들어선 장 크레티앵 정부의 차관급 인사로, 밴쿠버 외곽 리치몬드를 지역구로 하는 신임 의회 의원 레이몬드 챈(Raymond Chan)이었다. 레이몬드 챈은 캐나다 상무부(외무부의 후신) 산하 아시아태평양 사무국장직을 맡았다. 그는 1949년에 중공이 국공내전에서 승리한 뒤 중국을 떠난 국민당 측 피난민의 아들로, 홍콩에서 태어나 자란 후 1969년에 캐나다로 이주한 사람이었다. 그의 선거구인 리치몬드는 1997년 홍콩이 중국으로 반환되기 전에 그곳에서 캐나다로 이주해온 인구가 대단히 밀집한 지역이었다. 레이몬드 챈은 중국계 캐나다인으로는 최초로 캐나다 정부의 고위 관료가 된 셈이었다.

1993년 말, 레이몬드 챈 팀이 부서를 새로 조직하고 조직의 목표와 우선 순위를 설정하느라 여념이 없을 때, 외교부의 다른 관계자로부터 날카로운 조언을 한마디 들었다. 그가 한 말은 다름 아니라, "몬트리올에 가서 안드레 데스머라이스를 만나보는 것이 좋을 겁니다"라는 것이었다. 그리고 파워코퍼레이션 사무실에서 만남 약속이 잡혔다. 그들은 도착한 후 그곳에 준비된 크리그호프, 그룹오브세븐, 리오펠 등과 같은 인상적인 골동품과 회화 작품을 감상했다. 그러나 유독 맥락에 어울리지 않는 그림 한 점이 눈에 띄었다. 안드레 데스머라이스는 그 작품이 리펑이라는 훌륭한 친구로부터 선물 받은 것이라고 설명했다. 리펑(李鵬, Li Peng)은 바로 중국의 총리로, 1989년 5월 20일에 계엄령을 선포하는 바람에 결국 6월 3일 밤에 천안문 광장에서의 격동이 일어나게 만든 장본인이었다. 의도적이었든 그렇지 않든, 이 일은 레이몬드 챈 팀에게 강렬한 인상을 남겼다. 3년 전, 레이몬드 챈은 천안문 광장에서 학살 1주년을 기념하는 시위를 펼친 후 중국에서 추방된 일이 있었다. 내 친구 레이몬드 챈은 이렇게 말했다. "우리가 파워코퍼레이션 사무실을 떠날 때쯤에는 캐나다의 대중국 정책이 과연 어디서 만들어지는지 굳이 말하지 않아도 알겠다는 심정이었지요."

그 말이 과연 얼마나 사실과 가까웠는지와 상관없이, 분명한 사실은 1970년대 말부터 80년대까지 캐나다의 대중국 정책을 주도한 세력은 양국 간 무역 관계가 계속 증진되도록 애쓰는 사람들이었다는 것이다. 그 옛날 선교사들이 목표로 삼았던 것처럼, 중공 정권에 정치적, 사회적 개혁과 인권 상황 개선을 압박하는 것을 캐나다의 도덕적 의무로 삼아야 한다는 요구가 제기되었지만, 그런 요구는 매번 특정한 상업적 관점에 가로막혀 빛을 잃었다. 즉, 무역을 통해 중국 경제가 성장할수록 중산층이 형성되고, 그들은 대의적 정부를 요구하게 될 것이며, 그렇게 되면 법치주의에 따른 시민적 권리가 꽃을 피울 것이라는 관점이었다. 그것은 너무나 흔해 빠진 낡은 주장이었다.

1984년 6월에 이른바 진보적 보수주의 정권이 등장한 뒤에도 이런 태도에는 변함이 없었다. 브라이언 멀로니 총리가 남아프리카공화국 인종차별주의 정권의 종식을 열렬히 부르짖는 것을 지켜본 사람들은 그가 중국의 인권 상황에도 똑같은 관심을 보여줄 것으로 기대했지만, 그들의 기대는 허무하게 빗나가고 말았다. 1985년 10월 11일, 브라이언 멀로니는 의회에 나가 이렇게 말했다. "제가 하원과 중국 총리, 그리고 중국의 주석을 향해 일관되게 설명해온 사실은, 저의 전임자인 피에르 트뤼도 총리가 수립한 정책을 그대로 추진하는 것이 이 정부의 의도라는 것입니다. 그리고 저 역시 그 입장에 동의하는 바입니다. 우리는 어떤 상황에서도 그것을 존중할 것입니다."

브라이언 멀로니는 중국과의 관계 성숙이라는 피에르 트뤼도 정부의 유산을 진지하게 받아들였다. 브라이언 멀로니가 집권할 당시 20억 달러였던 양국 간 무역 규모는 그가 퇴임하던 무렵인 1993년까지 47억 8천만 달러로 증가했다. 그러나 외교관계 수립 이후 무역 수지는 중국의 흑자를 키우는 방향으로 점점 더 크게 벌어졌다. 브라이언 멀로니가 의회에서 물러나는 시점에서 캐나다의 대중국 수출액은 16억 8천만 달러였던 반면, 수입액은 31억 달러였다.

브라이언 멀로니는 1986년에 처음으로 중국을 공식 방문했다. 폴 에반스는 『중국과 함께』라는 책을 쓰면서 기밀 해제된 정부 기록까지 연구 자료로 삼았는데, 이 책에는 브라이언 멀로니 총리가 캐나다로 귀국하는 비행기에서 쓴 일기 내용이 다음과 같이 인용되어 있다. "양국 관계가 확대되기 위해서는 아직도 할 일이 많이 남아있지만, 역대 총리의 끈질긴 노력, 그중에서도 피에르 트뤼도의 공헌이 비로소 효과를 드러내고 있는 것만은 분명하다. 덩샤오핑 주석과 나눈 회담의 범위와 깊이만으로도 양국 관계가 얼마나 큰 가치가 있는지를 가늠할 수 있었다고 생각한다."

폴 에반스의 책은 브라이언 멀로니의 방중에 맞춰 발간된 보고 자료를 언급하면서, 총리를 향해 중공의 인권 상황과 관련해서는 공개적인 본격 협상을 시도하지 않도록 권고하는 내용이 담겨 있었다고 전한다. 브라이언 멀로니는 방중 기간에는 이 권고를 충실히 따랐으나, 오타와로 복귀한 뒤 캐나다의 대중국 정책을 전면 검토할 것을 조 클라크(Joe Clark) 외무부 장관에게 지시했다. 검토 목적은 "중국과 효과적이고, 역동적이며, 체계적인 상호 관계를 수립하기 위함"이었다. 폴 에반스의 책에 따르면 외교부는 캐나다-중국 관계에 관한 장밋빛 전망이 담긴 보고서를 내놓았다고 한다. 이 예비보고서는 중국의 중요성이 앞으로도 점점 더 커질 것으로 내다보았고, 그 이유로 문화적 성취와 지정학적인 유리함, 그리고 시장으로서의 중요성 등을 꼽았다. 아울러 이 보고서는 대중국 관계를 더욱 폭넓고 깊게 가꾸는 일은 캐나다 국민의 '강력한' 지지를 얻고 있으며, 특히 이를 통해 캐나다에 더 많은 일자리가 창출되는 한 이런 흐름은 계속될 것이라고 덧붙였다.

이 보고서의 초안을 받아본 중국 주재 캐나다 대사는, 본국의 중국 관계에 대한 기대가 지나치다 못해 환상에 빠져있다고 찬물을 끼얹는 반응을 보였다. "캐나다는 지금 중국이라는 환상에 온통 마음을 빼앗긴 것 같다. 그러나 우리는 이 환상에서 깨어나 좀 더 현실적인 태도를 갖출 필요가 있다." 주중 대사관의 반응이 담긴 메모는 이렇게 이어졌다. "아무리 대화를 많이 해도 중국은 결코 캐나다를 세계를 좌우하는 패권국가로 인정하지 않는다. 누가 뭐라고 해도 중국은 마르크스-레닌주의 국가이며, 인근 아시아 국가보다는 소련이나 동유럽 국가와 공통점이 더 많다. 중국이 외부 세계와 관계를 맺는 방식을 보면 소련이나 동유럽에서 찾아볼 수 있는 것과 매우 유사한, 이기적이고 자기중심적인 특성을 보여준다. 게다가 이 나라는 중화제국을 자처하며 극단적인 우월성을 주장해온 역사적 배경을 지니고 있어 그 정도가 더욱 심각하다."

주중대사의 메모에는 앞으로 양국 관계가 강화될수록 중공이 캐나다에서 펼칠 첩보활동에 심각한 주의를 기울여야 한다는 말도 있었다. 그로부터 30년이 지난 오늘날, 그 메시지는 더욱 강력하고 시급한 호소력을 지니게 되었다.

그 대사의 경고는 오타와의 정책 입안자들에게 그리 큰 영향을 미치지 못했던 것 같다. 1987년 3월 31일, 내각 외교국방정책위원회는 '캐나다의 대중국 정책(A Canadian Strategy for China)'이라는 제목으로 제출된 최종 보고서를 승인했다. 보고서는 중국을 향한 캐나다 국민의 열렬한 관심을 활용하여 양국관계를 확고한 기반 위에 올려둠으로써 중국이 세계 주요 강대국이 될 시대에 대비해야 한다고 말하며, 그 시기를 서기 2000년 정도로 내다보았다. 계속해서 보고서는 기존에 가동되고 있는 프로그램과 협정을 바탕으로, 총 19단계로 구성된 양국관계 강화방안을 제시했다. 그러나 한편으로는 캐나다인들이 중국에 "낭만적인 관심"을 기울이던 시기는 지나갔으며, "캐나다에 진정한 이익이 되는 것이 무엇인가"를 냉철하게 계산하는 태도가 필요하다는 내용도 포함되었다. 아울러 보고서는 캐나다가 중국과 중국 정부의 운영방식을 더 깊이 이해할 것과, 양국 정부 간 의사소통과 협의 채널을 강화할 것을 권고했다. 더욱 의미심장한 대목은 중국의 정치가 아니라 경제개발에 초점을 둔 원조 계획 추진을 권고했다는 점이었다. 인권에 대한 언급은 전혀 없었다.

그러나 정작 브라이언 멀로니를 비롯한 각료와 정부 관계자들은 대중국

관계의 미래를 심각하게 고민하고 있었다. 영국과 중국이 영국령 홍콩의 장래를 두고 본격적인 대화를 시작했기 때문이었다. 이 일은 향후 중국과 캐나다의 관계를 영원히 바꿔놓을 만한 사안이었다.

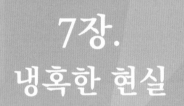

7장.
냉혹한 현실

7장. 냉혹한 현실

빌어먹을 놈들! 도대체 자기들이 뭐라고 신성한 천안문 광장에서 저렇게 오랫동안 까불고 있답니까? 진짜로 한번 해보자 이겁니까? 덩샤오핑 동지, 지금 당장 병력을 투입해서 저 반혁명 분자들을 잡아들여야 합니다. 도대체 인민해방군은 어디 있고, 계엄군은 뭘 하는 겁니까? 반혁명 분자들이 저렇게 설치고 다니는데 말입니다! 당장 조치하지 않으면 앞으로 영영 우리 자신부터 용서가 안 되는 사태가 벌어집니다!

– 왕젠 부주석이 최고 지도자 덩샤오핑에게 한 말. 1989년 6월 2일.

그들이 국민을 전혀 신경 쓰지 않는 듯이 행동하는 광경을 어제 내 눈으로 똑똑히 목격했다. 그들의 머릿속에는 오로지 자신들의 권력을 지키는 것밖에 없다. 평범한 백성들이 그들의 손에 차가운 피를 흘리며 죽어갔다. 그들이 파시스트보다 나은 점이 도대체 무엇이란 말인가.

– 캐나다 대사관의 한 직원. 1989년 6월 5일, 베이징.

중국의 가족 문화와 사회적 규범의 대부분은 지난 5,000년 역사에서 백성이 신뢰할 수 있는 정부가 단 한 번도 없었다는 뼈아픈 진실에 바탕을 두고 형성되었다. 그래서 중국인들은 가족 간의 유대를 가장 중시하며, 이를 바탕으로 복잡하게 얽힌 인간관계를 발달시켜왔다. 중국인에게 그것은 권력자들의 약탈로부터 자신을 지키는 유일한 방법이었다. 이 인간관계는 가족의 범위를 벗어나 같은 씨족, 나아가 같은 성을 가진 사람들끼리의 연합으로 확대된다. 중국에는 원래 성씨가 100개밖에 없다는 속담, 즉 노백성(

老百姓)이라는 말은 이런 사회문화적 배경에서 나온 것이다. 일반 국민을 뜻하는 '백성'이라는 말의 기원이 바로 이 속담이다. 그리고 이로부터 '꽌시'라는 개념이 나왔다. 쉽게 말해 '관계'라는 뜻의 이 말은, 중국에서 비즈니스를 수행하려는 외국인이라면 반드시 알고 익혀야 하는 핵심 개념이 되었다.

해외에 사는 화교들이나 사업차 해외를 방문한 중국인들에게서 이런 인맥을 일종의 보호 수단으로 활용하는 모습을 자주 볼 수 있다. 이것은 그들이 일하고 살아가는 국가에서 권력의 약탈에 시달리는 일이 전혀 없음에도 거의 본능처럼 보이는 행동이다. 이런 씨족 집단은 환태평양 국가의 항구도시에 보편적으로 형성되어있다. 예컨대 차우라는 성을 가진 중국인 사업가가 말레이시아를 방문했다면, 이전에 한 번도 와본 적이 없는데도 그곳에 있는 차우 종친회를 수소문해서 찾아가기만 하면 즉각 그 일원이 될 수 있다. 해외 화교 사회 내의 동향 출신들 사이에도 이와 비슷한 집단이 형성되어있다. 예를 들어 중국계 캐나다인들이 모인 비즈니스 업계는 이런 향우회 성격의 모임들로 물샐틈없이 얽혀있다.

중국인들이 이런 집단을 형성하는 바탕에는, 한 치 앞을 내다보기 어려울 정도로 어지러운 세상 속에서 자신을 지킬 수단과 방법은 아무리 많아도 늘 부족하다는 생각이 자리하고 있다. 중국인들에게 이것은 매우 현실적이고 절박한 문제다. 이것은 1960년대에 홍콩에서 캐나다로 몰려온 중국인들이 왜 그토록 악착같이 영주권이나 시민권을 취득하려고 애썼고, 그것을 왜 자구책의 일환으로 여겼는지를 알 수 있는 대목이다. 언뜻 보면 이것은 다소 이해하기 어려운 현상이다. 사람들은 왜 전쟁이 끝나고 이제 막 경제성장이 시작되는 홍콩을 떠나려고 했을까? 이 질문에 대해 아드리안 마(Adrian Ma)는 2010년에 출산된 사신의 책 『중국인은 어떻게 캐나다를 만

217

들었나(How Chinese Created Canada)』에서 이렇게 설명한다. "홍콩이 사회적, 경제적으로 급성장의 물결을 탄 이 시기에 수천 명의 시민이 캐나다로 이주했다. 그것은 내 부모님도 마찬가지였다. 그러나 나는 한 가지 의문을 떨칠 수 없었다. 즉, 왜 사람들은 비로소 가난에서 벗어나 국제적 명성을 얻기 시작한 이 놀라운 도시를 떠나려고 했느냐는 의문이었다. 이에 대해 부모님은 이런 번영과 자유가 과연 언제까지 지속될지 아무도 확신할 수 없었기 때문이라고 대답했다."

그들의 두려움은 결코 불합리한 것이 아니었다. 1960년대와 70년대를 집어삼킨 문화대혁명의 열풍은 비단 중국에만 국한되지 않았고, 군대도 배치되지 않은 국경을 넘어 인근 영국령 홍콩까지 그 혼란상을 전염시켰다. 1967년 5월에 발생한 노동쟁의는 엉뚱하게도 반영국 폭동으로 번졌고, 이를 선동한 용공 분자들은 『마오주석어록』을 손에 들고 휘날리기도 했다. 이 시위는 3개월간이나 계속되었다. 이 사태로 51명의 사망자가 나왔고, 그중 10명은 경찰 측 인원이었다. 이 폭동은 중국 공산당의 영향을 받아 일어난 것이 틀림없었다. 더 나아가 그들이 직접 사주했다는 정황도 불을 보듯 뻔한 일이었다. 1967년 10월, 저우언라이 총리의 입에서 폭력을 멈추라는 지시가 나오자마자 사태가 즉각 종결된 것만 봐도 알 수 있었다.

이런 폭동과 불안 사태를 지켜본 홍콩 주재 영국 행정당국과 런던의 식민성 관계자들은 이를 충격이자 경고로 받아들였다. 그들은 자신들의 영토인 이 지역의 미래를 심각하게 고민할 수밖에 없었다. 영국은 과거 1차 아편전쟁에서 승리한 후 배상금을 요구했고, 이에 중국이 그 일부로 홍콩섬을 양도함에 따라 1841년에 영국이 이 섬을 영토로 편입했다. 당시 영국의 무역회사들은 대부분 아편을 취급했는데, 그들의 눈에는 본국에서 멀리 떨어진 이 섬이 적에 공격에 고스란히 노출된 취약한 지역으로 보였다. 그들이 보기에는 가오룽 항만을 추가로 얻을 수만 있다면 정박지와 창고로 활용할 수도 있고, 점점 늘어나는 정착지 주민들의 안전을 보장하고 편의를 도모하는 데에도 훨씬 더 유리하리라고 생각했다. 1858년에 그 기회가 왔다. 영국이 중국을 상대로 제2차 아편전쟁을 선포한 것이었다. 1860년, 중국의 지방 실권자들은 영국군이 가오룽을 임시 주둔지로 삼는 것을 양해하고 이 지역을 '임대'해 주었다. 1861년 중국이 다시 한번 패배하자, 영국은 평화조약을 내세우며 가오룽에 대한 영구소유권을 주장했다. 1898년 영국의 장관 클로드 맥도널드 경(Sir Claude MacDonald)이 가오룽 뿐만 아니라 이른바 신계지역(New Territories)까지 포괄하는 영토를 99년간 임대한다는 내용의 협정을 베이징에서 체결함으로써 홍콩의 마지막 남은 조각이 맞추어졌다. 이로써 홍콩 인근의 수많은 섬까지 영국령으로 편입되었으며, 그중 가장 큰 것이 란타우였다.

중공은 1949년에 중국 전체를 장악한 후 인민해방군을 앞세워 홍콩까지 쉽게 접수할 수도 있었다. 사실 그들이 왜 그렇게 하지 않았는지는 지금까지도 만족할 만한 설명이 제시된 적이 없다. 영국이 인민해방군의 공격에 대비하여 홍콩에 수비대를 증강 배치한 것은 사실이지만, 그렇게 해서 홍콩의 방위력을 증대할 수 있다거나 실제로 그랬다고 믿은 적은 한 번도 없었다. 1941년 11월 일본의 진주만 공습은 군사 방어가 애초에 불가능하다는 사실을 입증했다. 중공이 홍콩을 침공하지 않은 이유에 대해, 그 당시부터 이미 중공은 홍콩을 세계를 향해 열린 하나의 창문으로 인식했기 때문이라는 설명이 있다. 이런 관점을 뒷받침하는 증거로, 1980년에 국무원 위원 사오판시(Zhao Guanji)가 "한국전쟁 기간에 홍콩이 '중국의 생명선' 역할을 했다"고 발언한 사실을 들 수 있다. 1993년에 출간된 로버트 코트렐(Robert Cottrell)의 『홍콩의 종말(The End of Hong Kong)』이라는 책에도, 중국은 한국 전쟁 기간에 휘발유와 화학약품, 고무, 자동차, 기계류를 수입하는 통로를 홍콩에 의존했다는 내용이 나온다. 이것은 미국과 유엔이 중국에 부과한 금수 조치를 피할 수 있는 유일한 방법이었다. 영국군이 중국의 인민해방군과 치열한 전투를 벌이는 전쟁에서, 영국의 식민영토가 중국을 돕는 뒷문 노릇을 했다는 것은 역사의 심오한 아이러니가 아닐 수 없다.

1955년에 한국전쟁이 끝나고 중공이 다시 중국 전역을 확고히 지배하게 되자, 홍콩 총독 알렉산더 그레이엄 경(Sir Alexander Graham)은 베이징을 방문해 저우언라이 총리와 3시간 동안 비공식 회담을 나누었다. 여기서 어떤 대화가 오고 갔는지는 전하는 사람마다 내용이 조금씩 다르지만, 저우언라이는 영국 정부가 몇 가지 원칙만 준수한다면 홍콩을 영국령으로 인정할 생각이 있었던 것 같다. 즉 그곳에서 민주주의가 싹트는 것을 부추기거나 방조하지 않으며, 그곳을 자치령으로 바꾸려 하지 않아야 한다는 조건이었다. 또 외부세력이 홍콩을 군사기지로 삼으려 하는 것도 결코 용납될 수 없는 일이었다. 여기서 외부세력이란 두말할 필요도 없이 미국이었다. 장제스의 국민당이 중국의 전복을 위한 전초기지로 홍콩을 이용하려는 시도도 철저히 봉쇄해야 했다. 홍콩에 상주하는 중국 당국자는 보호받아야 하며, 홍콩을 통해 중국의 경제적 이익을 추구하는 행동이 방해받는 일도 없어야 했다. 영국은 저우언라이가 제시한 행동 원칙을 대체로 잘 지켰으나, 홍콩의 마지막 영국 총독 크리스토퍼 패튼은 뒤늦게서야 홍콩에 민주주의를 뿌리내리려는 시도에 나섰다. 그러나 결국 그의 노력은 헛되이 무산된 채, 홍콩은 중국으로 양도되었다.

1960년대에 영국의 당국자들이 홍콩의 불투명한 미래를 가늠하기 시작했을 때 협정문에 명기된 임차 기한은 30년이 남아있었지만, 이미 그 시한은 시시각각 다가오고 있었다. 영국은 홍콩에 대한 중공의 속내를 파악하려고 백방으로 애썼지만, 결국 성공을 거두지는 못했다. 중국은 내부 문제로 몸살을 앓고 있었다. 문화대혁명의 열기는 점점 시들어 1976년 마오쩌둥의 사망과 함께 완전히 멈추었지만, 곧이어 그의 부인 장칭을 비롯한 4인방이 일으킨 권력 투쟁 사건이 발생했다. 이후 2년간 마오쩌둥의 후계 구도를 둘러싼 암투가 지속되다가 1978년에 덩샤오핑이 최고지도자로 등장했다. 그해 말에 덩샤오핑은 특사를 파견해 홍콩 총독 머레이 맥클레호스 경(Sir Murray MacLehose)을 베이징으로 초청했다. 영국 측은 머레이 맥클레호스가 중국의 수도에서 자신의 소임을 다하는 데 도움이 되는 방법을 생각해내느라 무척이나 혼란을 겪었다. 내부적으로 엄청난 논쟁과 추측이 난무한 끝에 머레이 맥클레호스는 1979년 3월 24일이 되어서야 베이징을 향해 출발했다. 그의 부인과 몇 명의 관계자, 그리고 홍콩 행정평의회 최고위원 간웡컹(簡悅強)이 그와 동행했다.

머레이 맥클레호스는 베이징에 도착해서 덩샤오핑을 만나는 순간까지도 홍콩의 미래에 관한 주제를 어떻게, 어떤 맥락에서, 어떤 목적을 가지고 꺼내야 할지 감을 잡지 못하고 있었다. 중국의 지도자는 전혀 서두르지 않았다. 그를 비롯한 중공의 리더들은 덩샤오핑이 권좌에 오른 직후부터 조용히 이 문제를 논의해온 터였다. 그들이 구상하는 전략은 대만이 어떤 형태로든 본토와 정치적 연합을 구성하고 중공 정권의 주권을 인정하도록 설득하는 데 홍콩을 끌어들이겠다는 것이었다. 대만을 직접 상대해서 그들에게 전반적인 자율권을 보장해주는 대신 중국의 일부가 되라고 설득하는 전략은 이미 실패로 돌아간 터였다. 중공은 홍콩을 이른바 '일국양제'를 관철하는 실험대상으로 삼아 중국을 완강히 거부하는 대만이 기존의 태도를 포기하도록 만든다는 목표를 가지고 있었다. 덩샤오핑은 머레이 맥클레호스와의 회담을 시작하자마자 중공의 대홍콩 정책을 설명했다. 덩샤오핑의 발언은 1990년 중국 외교부 당국자가 펴낸 『현대 중국의 외교』라는 책에 다음과 같이 실렸다. "우리는 그동안 홍콩의 주권이 중화인민공화국에 있다는 견해를 일관되게 유지해왔습니다. 물론 홍콩은 나름대로 특수한 처지에 있는 것도 사실입니다. 장차 홍콩 문제를 해결하기 위해 협상이 열린다 해도 어디까지나 이곳이 중국의 영토라는 전제하에서 이루어져야 합니다. 그러나 우리는 홍콩을 특별구역으로 대우할 것입니다. 당분간 홍콩은 자본주의 체제를 그대로 유지하고 우리는 우리대로 사회주의 체제를 운영하게 될 겁니다."

덩샤오핑은 이를 더욱 간단명료하게 표현했다. 홍콩 경제신문의 1면 기사 제목에 딱 어울릴 만한 발언이었다. 그는 머레이 맥클레호스를 향해 홍콩 투자자들에게 꼭 전해달라며, "안심하셔도 된다"고 말했다. 머레이 맥클레호스는 홍콩으로 돌아와서 "그것은 매우 현실적이고 유용한 공식 발언이었습니다"라고 말했다. 그러나 많은 홍콩인의 불안감이 그 말 한마디로 해소될 수는 없었고, 그들의 경계심이 반영된 두 가지 주요 지표, 즉 항셍지수와 부동산 가격은 이후 오랫동안 큰 폭의 등락을 반복했다.

한편 덩샤오핑 정권은 홍콩의 주요 기업과 그룹의 타이판(大班, 대기업 총수, 기업가라는 의미다. - 옮긴이)들에게 구애의 눈길을 보냈다. 중공의 그런 태도에는 두 가지 목적이 있었다. 첫째, 중국으로서는 홍콩이 무역과 투자의 집산지로서의 가치를 유지하기 위해서는, 유력 기업인들에게 앞으로도 이 자유무역항에서 최소한의 규제를 누리며 계속해서 돈을 벌 수 있다는 확신을 안겨주어야만 했기 때문이다. 중공은 타이판들이 이미 홍콩의 입법부와 행정부에 상당한 입김을 발휘하는 만큼, 그들을 이 지역에서 활동하는 제5열 집단, 즉 사실상의 스파이로 삼고, 나아가 영국과의 협상에서 압박 수단으로 활용하겠다는 속셈을 품고 있었다. 두 번째 목적은 타이판이 가지고 있는 사업 경험과 전문성을 활용해 덩샤오핑이 추진하는 중국 경제개혁에 활력을 불어넣으려는 것이었다. 이 목적을 위해 홍콩의 수많은 비즈니스 리더와 유력인사들이 베이징에 초대되어 연회를 즐겼고, 중국 시장의 조기 개방에 참여할 수 있는 수혜를 입었다. 물론 이것은 그들이 중공에 정치적 지지와 사업 수완이라는 선물을 내놓은 데 대한 대가였다.

1982년 봄은 이런 상호 교류가 수없이 오간 시기였다. 그중에서도 가장 눈에 띄는 장면은 5월 21일에 성사된 덩샤오핑과 헨리 포크(Henry Fok)의 회동이었을 것이다. 그는 부동산 개발사업을 하는 억만장자로 이미 오래전부터 중공과 깊은 인연을 맺어오던 인물이었다. 그는 한국전쟁 기간에 유엔의 제재를 무릅쓰고 중공에 무기를 밀매하면서 처음으로 큰돈을 만졌다. 헨리 포크는 중공이 가장 신뢰하는 홍콩의 여론공작원이었다. 그는 홍콩이 중국에 반환된 이후 준 헌법 역할을 하게 되는 중화인민공화국 홍콩특별행정구 기본법(Basic Law of the Hong Kong Special Administrative Region of PRC)이 제정될 때 그 기초위원에 선정되었고, 1993년에는 중국인민정치협상회의 부의장직에까지 올랐다. 덩샤오핑-헨리 포크 회담이 열렸던 바로 그날, 저우언라이는 홍콩의 또 다른 부동산 재벌 리카싱(李嘉誠, Li Ka-shing)과 만났다. 그가 회장으로 있는 청쿵그룹은 홍콩 주식시장을 좌우할 정도의 위력을 지니고 있었다. 리카싱은 그 이후 홍콩-캐나다 관계에서도 결코 빼놓을 수 없을 정도로 중요한 인물이 되었다. 그는 1968년에 밴쿠버웨스트엔드(Vancouver West End) 아파트 건물을 매입한 것을 시작으로 캐나다의 부동산을 사들이고 있었다. 저우언라이와 만날 때쯤에는 밴쿠버에 또 다른 아파트 건물 몇 동과 쇼핑센터 하나를 더 소유하고 있었고, 여기에 토론토 지역에까지 그의 매입 목록을 확대하던 중이었다. 그러나 그의 약탈적인 행보가 가장 크게 눈에 띄었던 사건은 1988년에 밴쿠버 펄스강(False Creek) 유역의 주 정부 소유지에 들어서는 82.5헥타르 규모의 주택단지 개발 사업권을 따낸 일이었다. 이곳은 다름 아니라 1986년 엑스포가 열렸던 부지이기도 했다. 마치 앞으로 있을 일을 미리 보여주기라도 하듯, 리카싱은 이 지역의 거물들로 구성된 컨소시엄을 보기 좋게 이겨버렸다. 그의 상대편에는 BCE개발회사의 회장이자 브리티시컬럼비아 주지사 빌 밴더 잠(Bill Vander Zalm)과도 절친한 사이였던 잭 풀(Jack Poole)과, 억만장자 자동차 거래상으로 1986년 엑스포 추진위원장을 역임했던 짐 패티슨(Jim Pattison)이 진용을 꾸리고 있었다. 리카싱은 누구보다 열심히 사업내용을 연구했고, 정치권과도 폭넓은 유대를 맺었으며, 가장 경쟁력 있는 개발팀을 꾸려 입찰에 뛰어들었던 덕분에 당시로는 캐나다 최대 규모였던 부동산 개발 프로젝트를 수주할 수 있었다. 이 지역에서 리카싱의 연락책을 담당했던 가장 중요한 사람은 BC플레이스(B.C. Place)의 대표 스탠리 퀵(Stanley Kwok)과, 브리티시컬럼비아주 여당인 사회신용당(Social Credit Party) 홍보책임자를 역임한 크레이그 아스피날(Craig Aspinall)과 같은 인물이었다. 특히 크레이그 아스피날은 "주 정부 구석구석을 다 파악하고 있다"는 말까지 듣던 사람이었다. 리카싱은 아들 빅터(Victor)에게 콩코드퍼시픽개발회사(Concord Pacific Development)의 대표 자리를 맡겨 전체 프로젝트를 감독하게 했다. 이 주택

단지는 캐나다와 홍콩의 연결점을 뚜렷이 보여주는 건축양식을 선보였다. 이곳의 아파트는 많은 홍콩 이주민들이 캐나다에 와서도 무리 없이 적응할 수 있는 편안한 곳이 되었다.

지금 와서 생각해보면, 덩샤오핑과 머레이 맥클레호스 사이에 회담이 있었던 1978년 3월 이후 그토록 오랫동안 논쟁과 협상을 거치면서도 실상 바뀐 것은 별로 없다는 사실이 흥미로운 대목이다. 1984년에 영국과 중국 사이에 공동선언이 발표되었고, 1990년에 홍콩 기본법이 공표되었다. 이런 문서들은 모두 홍콩을 중국의 특별행정구역이라고 명시하였다. 그에 따르면 홍콩은 자본주의 체제와 제한적인 의미의 민주주의 정부를 유지하게 되었다. 앞으로 완전한 민주주의로 나아갈 수 있다고 해석될 여지는 매우 희박했다. 홍콩의 민주화 운동 지도자들은 이런 표현을 들어 중공이 민주화를 약속했다고 해석하는 경우가 많지만, 문서에 실린 표현만으로는 그렇게 단정 짓기 어려운 것이 사실이다. 홍콩 기본법에는 이 지역이 영국으로부터 이어받은 사법부의 독립과 법치주의를 유지한다고 명시되어 있다. 그러나 기본법은 홍콩이 식민지 이후 체제를 유지하는 시한을 50년으로 규정하고 있다. 그 이후에는 특별행정구역 지위가 박탈되는 것이다.

당시 홍콩의 600만 인구 모두가 이를 통해 이 지역의 안정이 달성될 수 있다고 생각한 것은 아니었다. 1960년대에서 70년대 사이에 홍콩을 떠났던 사람들의 동기가 더 큰 부의 기회를 향한 것이었다면, 그 흐름이 1980년대와 90년대까지 꾸준하게 이어진 이유는 불확실성에 대한 우려가 정점에 다다랐기 때문이었다. 그리고 그들 중 다수가 홍콩의 불확실한 미래로부터 가장 안전한 피신처로 선택한 곳은 바로 캐나다였다.

캐나다가 매력적인 선택지가 될 수 있었던 가장 큰 이유는 이미 이곳이 홍콩인들의 피난처로 확고하게 자리 잡고 있었기 때문이다. 1968년부터 1976년 사이에 캐나다가 받아들인 중국인 이민자는 모두 9만 118명이었고, 그중 대다수가 홍콩에서 온 사람들이었다. 그러나 그런 이민자가 나오게 된 주된 원인은 홍콩이나 캐나다 어느 쪽에도 있지 않았다.

1971년 11월에 머레이 맥클레호스가 홍콩 총독으로 부임했을 때, 이곳에서 가장 눈에 띈 문제점 중 하나는 왕립홍콩경무처 내에 횡행하던 부패상이었다. 이 조직은 전 세계 영국 식민지에 있는 경찰 조직과 똑같은 방식으로 설립된 것이었다. 경찰관들은 영국인과 유럽인으로 구성되었으며, 정규 교육을 갓 마친 젊은이들도 상당수 포함되었다. 물론 조직을 구성하는 대다수 하급 경관(한국 기준으로는 순경과 경장, 경사 등에 해당한다. - 옮긴이)은 현지에서 모집한 인원으로 채워졌다. 박봉에 시달리던 현지인 출신 경관들은 부족한 수입을 주민들에게 이런저런 형태의 뇌물(일명 '찻값(tea money)'이라고 했다)을 요구하여 메꿨다. 이런 관행은 시간이 지날수록 고도로 형식화된 체계를 갖추었고, 다양한 경찰 구역마다 경사급에 해당하는 경관이 그 관리를 도맡았다. 그러다 보니 경사쯤 되면 엄청난 부를 쌓을 지경이 되어, 해당 지역의 사안에 관한 한 삼합회 폭력조직의 두목과 맞먹는 권력을 누리게 되었다. 아닌 게 아니라 이들 중에는 폭력배들과 가깝게 내통하는 경우마저 있었다. 이런 뇌물 관행은 지역별 하급 경관에게만 국한된 일이 아니었다. 뇌물 수수 사건으로 가장 악명이 높았던 인물은 피터 고드버(Peter Godber) 경찰국장으로, 무려 수천만 달러에 달하는 돈을 해외 계좌에 은닉하고 홍콩을 몰래 빠져나갔다가, 영국으로 돌아온 후에야 관련 혐의로 체포 및 입건되었다.

대단한 정력가였던 머레이 맥클레호스는 부임하자마자 홍콩의 활력을 되살리기 위한 선결과제를 몇 가지로 정리하였다. 그중에서도 가장 높은 순위에 오른 일이 바로 경무처의 부패 척결이었다. 그는 이를 위해 1974년에 염정공서(廉政公署, Independent Commission Against Corruption, ICAC)를 설립하여 본격적으로 실천에 옮기기 시작했다. 염정공서는 부패수사 전문기관답게 막강한 힘을 얻게 되었다. 예컨대 자신의 명목 수입에 걸맞지 않은 화려한 생활을 누리거나 과도한 재산을 보유한 것으로 보이는 사람에 대해서는 끝까지 추적 조사할 수 있는 권한이 주어졌다. 물론 염정공서 자체에도 의심할 여지 없는 도덕적 청렴성 기준을 요구해야 한다는 목소리가 높았다. 염정공서, 즉 ICAC는 홍콩의 부패 척결이라는 과제를 매우 성공적으로 완수해냄으로써, 아시아 전역의 유사 조직에 모범을 제시하게 되었다.

이른바 '5룡(五龍)'으로 불린 홍콩의 부패 경사들은 처음에, 이 개혁 열풍의 와중에도 자신들만큼은 그럭저럭 피해갈 수 있을 줄 알았다. 과거에도 행정당국이 여러 번 뇌물과 갈취 행위를 근절하려고 나섰지만, 그때마다 자신들은 용케 살아남았던 전례가 있었기 때문이었다. 그러나 그들은 머지않아 머레이 맥클레호스가 지금까지 영국이 식민지에 보낸 여느 관리자들처럼 자리나 지키고 있는 사람이 아니라는 사실을 깨달았다. 그의 행동이 진심이라는 것이 분명해진 이상, 이들은 이제 그동안 벌어놓은 것들을 챙겨 더 안전한 피신처를 찾아야겠다고 마음먹었다. 다섯 명의 경사들은 염정공서가 추적에 나서기 전에 홍콩을 떠났다. 그들이 처음에 생각했던 곳은 캐나다 혹은 대만이었지만, 결국 다섯 명 모두가 도착한 곳은 캐나다였다. 홍콩의 다른 부패 경찰들도 대부분 그들과 같은 경로를 밟은 것으로 전해진다. 2006년 9월 6일자 「아시안포스트(Asianpost)」지에 실린 한 기사는 RCMP 아시아 조직범죄 전담부가 발표한 보고서를 인용하여 염징공시의 추적을 피해 캐나다로 피신한 홍콩 경찰관의 수가 44명에 이른다고 전했다. 그중 많은 수가 캐나다가 운영하는 투자이민 제도(Immigrant Investor Program)를 이용하여 영주권을 취득했다.

「아시안포스트」 기사에는 '5룡' 중 한 명인 혼큄셤(Hon Kwing-shum)의 가족이 홍콩 정부와 오랜 협상을 벌인 끝에 그 부정한 돈의 일부를 다시 본국으로 들여올 수 있었다는 내용이 나온다. 그가 홍콩경무처 소속 경찰관으로 31년간 복무하면서 번 소득 총계는 미화로 3만 5,000달러에 해당하는 액수였다. 그러나 그는 1971년에 은퇴하고 캐나다로 이주해왔을 때 수백만 달러의 자산가가 되어있었다. 여기에는 홍콩과 플로리다, 태국, 그리고 브리티시컬럼비아주에 존재하는 50여 건의 부동산과 여러 개의 은행 계좌가 포함되었다. 그는 밴쿠버에만 최소 11개의 주거 및 상업 부동산을 소유했고, 이외에도 롭슨 스트리트(Robson Street, 밴쿠버 시내 최대 번화가이자 상업 구역 중 한 곳 – 옮긴이)에 10여 개의 회사와 식당 한 곳을 가지고 있었다.

홍콩 당국은 혼큄셤을 포함한 다른 5룡 구성원들을 본국으로 송환하기 위해 캐나다 법원을 설득하는 등 온갖 노력을 기울였으나, 결국 실패하고 말았다. 문제는 5룡을 검거하는 데 적용된 홍콩의 법적 근거, 즉 "어떤 사람이 자신의 보수나 보상, 공제액 등과 어울리지 않거나, 설명할 수 없는 규모의 자산을 보유하는 것"이 캐나다에서는 범죄에 해당하지 않는다는 데 있었다. 그러나 결국 혼큄셤이 1999년 8월에 대만에서 사망한 후, 그의 가족은 홍콩 당국과 합의에 도달했다. 그들은 홍콩에 있는 혼큄셤의 부동산을 모두 당국에 반환했다. 당시 화폐가치로 환산해도 자산가치가 무려 2,000만 달러에 이르는 규모였다고 한다.

캐나다 법원이 송환 규정을 너무나 협소하게 해석하는 바람에 이득을

본 5룡 중 또 한 사람은 그중에서도 가장 큰 부를 거머쥔 루이로크(Lui Lok)
였다. 사람들은 그를 "5억 달러의 경사"라고 불렀다. 루이로크는 마치 홍콩
의 반체제 영웅과 비슷한 존재가 되었고 그의 착취 행위를 은근히 빗댄 영
화도 몇 편 나왔다. 그는 48세이던 1968년에 경무처에서 퇴직하고 1973년
에 아내와 여덟 명의 자녀와 함께 캐나다로 이주했다. 염정공서가 설립된
것은 그 이듬해의 일이었다. 홍콩에 남아있던 루이로크의 자산은 동결된 후
당국에 압류되었으나, 그를 송환하려는 노력은 역시 성공을 거두지 못했다.
루이로크는 2010년 5월, 밴쿠버에서 사망했다.

부패 경찰이나 삼합회 조직원들은, 영주권이나 시민권을 얻기 위해 홍
콩에서 캐나다로 이주하는 전체 인구에 비하면 언제나 극소수에 속하는
인원이었다. 캐나다 연방 통계청이 발표한 수치를 보면 1990년 1월부터
1997년 3월까지 캐나다로 이주해온 홍콩인들의 수는 총 23만 3,077명이
었다. 이들이 합류하기 전에도 이미 홍콩 이민자는 대규모 인구를 형성하고
있었다. 홍콩이 중국에 반환되는 시점(1997년 7월 1일)에 캐나다에 거주하는
홍콩 이민자는 약 50만 명에 달했다.

이런 대규모 이동을 촉진한 요인 중 하나로 1986년에 캐나다 정부가 홍
콩 이민자를 유치하기 위해 시작한 공격적인 프로그램을 들 수 있다. 당시
캐나다가 보기에 홍콩 이민자들은 높은 교육 수준과 진취적인 사업가 정신
을 갖추고 있었고, 그중에는 대단히 부유한 사람도 적지 않았다. 캐나다 정
부가 홍콩이민 유치에 기울인 노력은 호주나 미국 등과는 비교가 되지 않을
정도였다. 1993년, 몬트리올 출신의 영국 학자 제럴드 시걸(Gerald Segal)은
캐나다 정부가 홍콩의 가장 똑똑하고 재능 있는 사람들을 가로채기 위해 "
무책임한 이민" 정책을 추진하고 있다고 비판했다.

그러나 현실을 보면 제럴드 시걸의 비판도 너무 점잖을 정도였다. 이 프로그램에는 애초에 이런 제도가 일으킬 결과를 무시하는 태도가 스며있었으므로, 캐나다라는 나라의 명성에 씻을 수 없는 오점을 안기고 있었다. 한마디로 말해 그 프로그램은 부패의 온상이 되고 있었다. 즉, 사람들이 뇌물을 이용해서라도 캐나다 이주 신청 서류를 조작하고 싶다는 유혹을 받을 수밖에 없는 환경이었다. 홍콩을 탈출하는 물결이 절정에 다다랐을 때는 캐나다로 이주하는 사람 중 3분의 1 정도가 투자이민 프로그램을 이용했다. 그중 상당수가(물론 정확한 수치를 제시하기는 어렵다.) 사업가라고 할 만한 사람이 아니거나, 범죄자였다. 어떤 경우든, 신청자들은 이주 자격을 뒷받침하는 서류를 홍콩과 캐나다 양쪽에서 조작하여 마련할 수 있었다. 우리가 결코 용서할 수 없는 진실은, 그것이 고의였든 아니든, 부패가 창궐할 수밖에 없는 환경을 만든 것은 바로 캐나다 정책 입안자와 행정당국이라는 사실이다.

캐나다 이민항소위원회 부회장을 역임한 찰스 M. 캠벨(Charles M. Campbell)은 2000년에 발간된 『배신과 기만(Betrayal and Deceit)』이라는 책을 통해 지난 수십 년간 캐나다 정부가 운영해온 이민 정책을 무자비하게 파헤쳤다. 그는 캐나다 투자이민 프로그램 제도 전체를 흠씬 두들겨 패는 논조로 일관했다. 처음에는 이 제도를 이용하는 사람 중에 홍콩에서 오는 이주 신청자들이 압도적으로 많았지만, 찰스 M. 캠벨의 책이 출간될 무렵부터 그 이후로는 중국 본토에서 오는 사람들이 더 많이 이용하고 있다.

투자이민 프로그램은 브라이언 멀로니 정부가 내놓은 아이디어로, 캐나다의 경제성장에 필요한 종잣돈을 마련한다는 의도로 1986년에 처음 선을 보였다. 이런 구상 자체가 애초에 말이 안 되는 이야기였다. 캐나다 경제위원회(Canadian Economic Council)는 그 당시에도 캐나다에는 이미 충분한 투자액이 있으므로 굳이 해외에서까지 조달할 필요가 없다고 말했다. 어쨌든 정부가 이민자들에게 내건 조건은 3년간 캐나다에 15만 달러에서 25만 달러 사이의 금액을 투자하면 신청자 본인과 배우자, 그리고 어린 자녀들에게 이주민 자격을 부여하겠다는 것이었다. 이후 세월이 흐르면서 투자 금액 기준과 신청자들의 순자산 보유 요건이 모두 높아져서 이 제도가 폐지된 2014년 무렵에는 투자금은 80만 달러, 자산 보유 요건은 160만 달러가 되었다.

초창기에 이 프로그램을 이용해 캐나다로 오는 사람들의 절반은 홍콩 출신이었다. 찰스 M. 캠벨은 1997년에 캐나다 시민이민부(Citizenship an Immigration Canada)가 투자이민 프로그램 성공사례를 조사한 결과 이들 중 실제로 자격 요건에 부합하는 사람은 극소수인 것으로 나타났다고 말했다. 그들 중 절반은 영어나 프랑스어를 구사할 줄도 몰랐고, 상당수가 사업가나 관리자로서의 경력을 전혀 갖추지 못한 것으로 드러났다. 그들은 대개 다른 직종에서 일하다가 은퇴한 사람들이었다. 게다가 "미심쩍은 재정 현황이나 자금세탁, 조직범죄 연루, 그리고 불법행위로 조성한 자금 등에 관해서도 속수무책인 실정이었다."

이 프로그램의 운영 실태와 관련해서 이해할 수 없었던 점은 신청자들이 이 시스템이 요구하는 투자를 실천에 옮기지 않아도 아무런 제재를 받지 않았다는 사실이었다. 찰스 M. 캠벨의 책에는, 1992년 현재 투자이민 프로그램에 따라 신청자는 50만 달러에 해당하는 자산을 보유해야 하고, 캐나다가 지정하는 관리담당자를 통해 3년간 투자를 집행해야 한다고 규정되어 있었다. 그런데 이 캐나다인 관리자들이 프로그램을 아전인수격으로 해석해서 이민자가 10만 달러까지만 책임지면 되도록 하는 일이 심심찮게 빌생했다. 투자자는 한 푼도 내놓지 않아도 되는 것은 물론이고, 캐나다 금융 기관에서 그 돈을 대출해서 충당하기까지 했다. 그러므로 이 프로그램의 존재 목적, 즉 캐나다에 새로운 투자 자본을 유치한다는 취지 자체가 완전히 엉터리가 되고 만 셈이었다.

2014년 캐나다 연방 정부가 실시한 '연방 사업 이민 제도 실태조사 (Evaluation of the Federal Business Immigration Program)' 결과가 발표되자, 그 엉터리 같은 일은 아예 웃음거리로 전락해버렸다. 이 분석보고서는 일반인들이 이해하기에는 다소 어려운 전문적인 내용을 다루고 있지만, 그 결론은 투자이민 프로그램을 이용하는 사람 중 상당수는 캐나다에 추가 자본을 투자하지도 않을 뿐만 아니라, 자신들이 캐나다에서 벌어들이는 소득을 최소한으로 신고함으로써 캐나다에 납부해야 할 세금마저 누락하고 있다는 것이었다. 보고서에 따르면 투자이민자들이 캐나다에 들어온 후 최초 10년 간 납부한 세액은 매년 1,400달러에 불과했다. 캐나다에서 10년을 보낸 후에도 이들이 신고한 영업소득은 고작 연평균 1만 2,700달러가 전부였다.

투자이민 프로그램이 시작되기 전에 이미 캐나다로 오려고 애를 쓰는 홍콩인들을 상대로 큰돈을 벌 수 있겠다고 생각한 사람들이 있었는데, 그 중에서도 가장 먼저 나타난 사람이 바로 마틴 필즈메이커(Martin Pilzmaker)라는 변호사였다. 그는 베이 스트리트(Bay Street)에서 혼자 사무실을 운영하고 있었는데, 홍콩의 백만장자들에게 자문을 제공하면서 금세 큰돈을 벌었다. 나중에 알고 보니 그것은 자신을 대형 로펌들 사이에서 명성이 자자한 실력자라고 사칭하며 그들을 속여넘긴 결과였다. 이것은 캐나다 기득권층이 얼마나 오래전부터 중국과의 비즈니스를 통해 돈을 벌 생각만 할 뿐 그 과정에서의 도덕적 가치에는 전혀 무관심했는지를 보여주는 단적인 사례다. 마틴 필즈메이커는 1985년에 '랑 미치너(Lang Michener, 캐나다의 대형 로펌 중 하나 – 옮긴이)'에 합류했는데, 여기서 그는 다른 파트너 중 한 명이던 장 크레티앵보다 4배나 더 많은 보수를 받았다고 한다. 장 크레티앵은 나중에 캐나다의 총리가 되는 사람이었다. 처음에는 모든 일이 순조롭게 흘러가는 것 같았다. 「토론토 스타」지에 따르면 마틴 필즈메이커는 합류 첫해에 회사에 100만 달러 규모의 일거리를 유치했다고 한다. 그러나 그것은 오래가지 않았다. 1988년 6월 8일, RCMP가 토론토 시내 퍼스트캐나다플레이스 건물에 입주한 랑 미치너 사무실을 급습하여 마틴 필즈메이커의 서류 일체를 압수하였다. 크리스토퍼 무어(Christopher Moore)는 1997년에 출간한 책, 『온타리오주 법률협회 역사, 1797년부터 1997년까지(The Law Society of Upper Canada and Ontario's Lawyers, 1797-1997)』에도 마틴 필즈메이커에 관한 내용이 나온다. "그가 하는 일이라고는 캐나다에 거주하지 않는 부자들을 위해 속임수를 써서 시민권을 취득해주고, 아울러 그들의 계좌까지 통째로 털어먹는 것이 거의 전부였음이 드러났다." 마틴 필즈메이커가 써먹은 수법은 이랬다. 그는 고객들에게 당국에 홍콩 여권 분실 신고서를 제출하라고 한 다음, 실제로는 그들의 여권을 자신이 캐나다에서 보관해주겠다고 말했다. 고객들은 신규 여권을 발급받아 정상적으로 홍콩을 오고갔다. 그러다가 캐나다 시민권을 신청할 때가 되면 마틴 필즈메이커가 보관 중이던 원래 여권을 꺼내 든다는 것이었다. 이 여권만 보면 이들은 수년째 캐나다를 떠난 적이 없는 것으로 되어있기 때문이었다. 이 사례에서 알 수 있는 사실은 투자이민을 신청한 많은 사람 중에 실제로 캐나다에 살고 싶지 않은 사람도 상당수 있었다는 것이다. 그런데 이들도 자신의 아내와 자식들은 캐나다에서 살게 하고 싶었다. 마틴 필즈메이커의 이야기는 셜날이 롱

지 못했다. 그는 변호사 자격을 박탈당했고, 1989년 7월에 총 50건의 출입국관리 사범으로 기소되었다. 그는 보석 석방되어 재판을 기다리던 중이었던 1991년 4월 19일, 토론토 시내 모 호텔 방안에서 약물 과다복용으로 사망한 채 발견되었다. 1990년, 온타리오주 법률협회는 랑 미치너의 다른 파트너 다섯 명도 마틴 필즈메이커가 벌인 행각에 연루된 위법행위로 유죄를 선고받았다고 발표했다.

투자이민 프로그램에 대해서는 시작될 때부터 여러 가지 우려가 불거져 나오고 있었다. 브라이언 멀로니 정부도 이를 알고 있었지만, 모른 척하고 넘어갔다. 다음 장에서 다시 설명하겠지만, 1991년에 경륜 있는 외교관 브라이언 맥애덤(Brian MacAdam)은 비자 프로그램의 보안 문제를 조사하는 임무를 띠고 출입국 관리관 자격으로 홍콩에 파견되었다. 1993년에 자유당이 다시 집권한 후에는 좀 더 단호한 조치가 취해졌다. 정부는 세계은행 출신의 회계사 데이비드 웨버(David Webber)를 영입해서 이주 신청자들이 규정을 준수했는지 여부를 철저히 조사하게 했다. 웨버는 세계은행에서 과학수사 기법을 전문적으로 연마한 고위급 간부 출신이었다. 그가 4년간의 조사 끝에 1998년에 발간한 보고서의 결론은 한마디로 "투자이민 프로그램은 온통 사기투성이"라는 것이었다. 웨버는 이렇게 설명했다. "캐나다 이민부가 이 프로그램을 성공이라고 말하는 것은 전체적으로 과장된 이야기이며, 캐나다 정부가 사기에 대처하기 위해 도입한 규정도 전혀 제구실을 못하고 있다. 확인한 바에 따르면 투자가 전혀 집행되지 않은 건이 많았고, 되었다 해도 투자 액수가 부풀려진 경우가 다반사였다. 캐나다가 내어주는 것은 실질적인 가치(비자 또는 여권)인 반면, 돌아오는 것은 거의 없다."

1997년 중국으로의 반환 이후, 투자이민을 통해서 홍콩에서 캐나다로 오려는 사람은 급격히 줄어들었다. 그러나 홍콩에서 오는 사람들이 줄어들었을 뿐, 전체 중국인 이민자 수는 계속 증가했다. 그리고 이들은 이른바 글로벌 이민자 기업가 프로그램으로 알려진 제도를 빠르게 독식했다. 이 프로그램이 폐지되었던 2014년 당시, 결과를 기다리고 있던 신청자 수는 총 5만 9,000명이었고, 그중 4만 5,000명은 중국 본토에서 오려는 사람들이었다. 신청자 중 주 정부의 후원을 받는 사람들의 비중도 중국인들이 훨씬 더 높았다. 주정부 통계국에 따르면 그 수치는 무려 99퍼센트였다.

프로그램이 시간이 지나면서 성장할수록 부패와 사기가 점점 더 깊숙이 스며들어왔다. 2011년 2월, 「글로브앤메일」지는 중국인 현지 기자가 캐나다 이주 희망자인 척하며 중국 측 이민 상담가를 만난 탐문 기사를 게재했다. 신문에는 그들이 만나는 장면이 가감 없이 묘사되었고, 이를 통해 이 제도에 얼마나 부패가 만연해있는지가 고스란히 드러났다. 그러나 여기서 분명한 점은 사기술과 허위서류의 상당수가 캐나다에 있는 회사에서 나온다는 사실이었다. 베이징의 「글로브앤메일」 기자와 그곳 이민 상담가 사이에 오간 대화에서, 기자가 투자이민 프로그램을 이용해 캐나다에 가고 싶다고 말하는 대목이 있었다. 상담가는 필요한 투자금액이 얼마인지 설명한 다음, 연방 프로그램에 따르면 이주 신청자는 "부총경리급 이상의 고위경영자로서 3년간 재직 경력"을 입증할 수 있어야 한다고 말했다. 상담가는 곧이어 "밴쿠버에 있는 우리 변호사가 적당한 기업을 물색해주면 그 회사에서 이민에 필요한 서류를 제공해줄 수 있습니다"라고 덧붙였다.

「글로브앤메일」 기자는 이에 대해 "당신들이 제가 일하게 될 회사를 찾아준다는 말입니까?"라고 물었다.

상담가가 대답했다. "예, 그렇습니다. 다시 말씀드리면 고객님을 고위 간부로 채용할 회사를 찾아드린다는 뜻입니다. 그런데 그 회사가 실제로 손님을 고용하는 것은 아닙니다. 서류상 그렇다는 이야기지요. 비용은 100만 위안입니다." 미화로 환산하면 약 19만 달러에 해당하는 액수였다.

「글로브앤메일」 기자는 또 다른 이민 상담회사와 접촉한 자리에서 자신은 경영 간부로 일한 경험이 없다고 말했다. 그랬더니 상담가는 브리티시컬럼비아주를 살펴보라고 권하면서, 그곳에는 주 정부가 별도로 운영하는 사업이민자 프로그램이 있다고 말했다. "우리는 손님이 캐나다 브리티시컬럼비아주에서 귀하를 경영 간부로 채용해줄 회사를 찾는 데 도움을 드릴 수 있습니다. 이런 회사는 보통 세계 500위권에 속하는 대기업입니다. 그런 회사는 언제나 능력과 재능을 갖춘 경영 간부를 절실히 원하고 있습니다." 상담가는 계속해서 관련 절차를 설명했다. 캐나다 회사는 중국에서 신청자를 면담하며, 이때 인물 사진과 동영상도 촬영된다. 신청자는 회사와 계약을 체결하게 된다. 이어서 상담가가 말했다. "그런 다음에, 우리는 그 자료를 브리티시컬럼비아주 이민관리국에 발송합니다. 그래야 손님이 그 회사에서 일할 수 있거든요. 우리는 적당한 회사를 찾는 일을 도와드린 거니까, 당연히 손님은 그 회사에 일정액을 지불하셔야 합니다. 액수는 약 15만 캐나다 달러 정도가 됩니다."

다시 말해, 연방 정부가 성공적인 투자자를 캐나다에 유치한답시고 무분별한 제도를 만들어놓은 바람에 좀처럼 사라지지 않는 부작용이 나타났고, 그로 인해 이 나라의 기업들은 부패의 온상이 되어버렸다. 그리고 그 바이러스는 점점 자라나 사회 곳곳에 퍼져 이제 캐나다에서 각종 부패는 아주 흔한 일상이 되고 말았다. 2000년대부터 2010년대 초반까지 중공의 부패한 공직자와 공산당 귀족들에 의해 엄청난 액수의 돈이 캐나다에 쉽게 흘러들어왔다. 그 돈은 캐나다를 국제적으로 악명 높은 자금세탁의 본거지로 바꿔놓았다. 워싱턴을 근거로 한 자금세탁 방지 로비 기관 국제금융청렴조사기구(Global Financial Integrity)에 따르면 이 기간에 중국에서 조성된 불법 자금의 60퍼센트는 허위 송장을 통해 이동했다고 한다. 즉 캐나다의 기업들이 허위 혹은 과다 송장을 중국 측 거래 당사자에게 발급해주었다는 뜻이다. 이를 통해 중국 측 파트너는 자금을 해외로 반출하여 캐나다에서 처리할 수 있었다. 대개 이 자금은 부동산이나 기업을 인수하는 투자금 성격을 띠고 있었다.

캐나다로 이주해온 수십만의 홍콩인들이 따랐던 관료 절차와 그들의 이주 동기는 전적으로 적법한 것이었다. 그들 중 다수가 걱정했던 것은 단순하지만 강력한 두려움이었다. 그들은 홍콩이 다시 중국의 통치를 받게 된 후에 닥쳐올 불안정성을 염려한 것이었다. 그들은 법치주의와 사법부의 독립으로 대표되는 시민적 가치를 신봉하고 있었다. 영국은 바로 그런 원리에 따라 이 지역을 다스렸다. 그런 가치를 홍콩의 완전한 민주주의로 확대해야 한다는 운동을 펼쳐온 사람들도 많았다. 그들이 캐나다로 이주하겠다는 결정을 내린 바탕에는 그런 가치가 살아 숨 쉬는 사회에서 살고 싶다는 열망이 있었다. 그들은 중국이 아무리 신속하게 민주화로 이행하겠다고 약속해도, 홍콩이 일단 중국의 손에 넘어가면 그런 가치가 실현될 가능성은 희박하다고 생각했다. 그러나 그들이 캐나다로 이주했다고 해서 홍콩의 정치개혁을 위한 관심까지 포기한 것은 아니었다. 밴쿠버와 토론토는 홍콩 민주화운동의 근거지가 되었고, 이는 중국의 첩보기관들이 그들과 그 단체를 주요 감시 목표로 삼는 계기가 되었다.

영국은 비록 1955년에 저우언라이의 날카로운 요구에 굴복하여 홍콩에서 민주화와 독립을 부추기는 행동을 하지 않겠다고 약속했지만, 현지에서 자생적으로 움트는 압박 때문에 일정 수준의 개혁은 불가피한 것이 현실이었다. 1956년, 홍콩 지방위원회에 어느 정도의 권력이 부여되었고, 그 구성원 중 절반은 광역 선거구에 출마하여 당선되었다. 영연방에 속한 다른 나라들이 독립을 요구하는 목소리가 커지면서 그 반향이 홍콩에도 전달되고 있었다. 1970년대로 접어들면서 총독부 당국자들은 점차 주민들의 교육과 소득 수준이 높아지면서 그들의 정치적 정당성이 왜소해지는 현실을 맞이했다. 이에 따라 기업과 사회 각 분야의 다양한 그룹을 식민통치의 의사결정 과정에 통합하기 위한 공식 자문기구가 설치되었다. 이런 구조가 등장하면서 여러 가지 불만과 논쟁적인 이슈를 해결하는 공론의 장이 마련되어, 식민통지 체제도 어느 정도 투명성을 갖추게 되었다.

1980년대 초에 중국과 영국 사이에 반환 협의가 진행되는 동안, 홍콩인들은 더 높은 수준의 정치개혁을 부르짖었고, 진정한 대표성을 갖추고 책임질 수 있는 체제를 요구하기 시작했다. 영국과 중국 모두 홍콩이 아시아에서 경제와 무역의 허브로서 안정을 유지할 수 있는 협정을 원했으므로, 1984년 공동선언에는 반환 이후에도 정치적 개혁을 지속한다는 내용의 미사여구가 담기게 되었다. 그러나 그 이후에 진행된 모든 과정에서 드러났듯이, 말로 한 약속은 중공에 아무런 구속력을 발휘하지 못했다. 그럼에도 불구하고 자신들의 목소리가 좀 더 반영되는 체제를 향한 홍콩인들의 열망은 좀처럼 억누를 수 없었다. 1985년, 신체제 하의 홍콩입법회(Legislators Council, LegCo) 선거가 열렸다. 이 선거를 통해 총 9개 기능별 선거구에서 모두 12명의 입법위원이 선출되었다. 기능별 선거구는 각각 상업, 산업, 금융, 노동, 사회복지, 교육, 법률, 의료, 그리고 기술 부문을 대표하여 구성되었다. 1985년에 선출된 위원 중에는 마틴 리(Martin Lee)와 제토 와(Szeto Wah), 두 명의 민주화 운동가가 포함되어있었다. 이 두 사람은 이후 오랫동안 홍콩의 정치적 이슈를 주도하는 논객이 되었다.

1986년 11월에 발생한 대규모 시위로 민주화 운동 단체가 결성됨에 따라, 결코 과거로 되돌아갈 수 없는 분수령이 마련되었다. 1988년에 이 단체는 입법회를 상대로 민주화의 속도를 높일 것과 직접 선거를 치를 것, 두 가지를 요구했다. 중공은 이런 움직임을 중국의 안정과 자신들의 영속적인 권력에 대한 점증하는 위협으로 보고 즉각 대응에 나섰다. 당시 시중에는 중공이 홍콩을 집어삼킨다면 결국 중국에도 혁명적인 개혁 열풍이 옮겨붙게 되므로, 이는 자살 행위나 마찬가지라고 생각하는 사람이 많았다. 중공은 그런 사태를 미연에 방지하려는 듯, 홍콩에서의 작전 활동을 강화하고 신화통신사를 통한 통일전선 공세를 확대했다. 그들은 시 행정단위의 가장 말단에 해당하는 지역위원회 선거에 친중 인사를 대거 출마시키기도 했다. 그러나 버스 정류장 위치 등과 같은 사소한 문제를 처리하는 이 기구를 장악하는 것은, 중공이 홍콩인들의 일상과 밀접히 닿아있는 풀뿌리 단계에까지 그들의 공작원을 침투시킬 절호의 기회였다.

그러나 중공의 이 절묘한 공세가 무너지는 일이 1989년 6월 3일 밤에 발생했다. 바로 베이징 천안문 광장에서 일단의 병력이 수천 명의 시위대를 학살한 사건이었다. 앞선 5월까지도, 홍콩의 많은 단체가 천안문 광장에 모인 학생들에게 여러 가지 방법으로 지지를 보냈던 터였다. 적어도 당분간은 홍콩의 민주화 운동이 중국에 드리우는 등불의 역할을 하게 될 것 같았다. 따라서 베이징에서 시작된 강력한 탄압은 이와 비슷한 시위가 열리던 중국 전역의 200여 도시에서 자행된 정부군의 공격과 맞물리면서, 홍콩에서도 깊은 영향을 미치고 있었다. 6월 4일 아침이 되자, 홍콩은 언론 자유와 법치주의를 홀로 지키는 춥고 외로운 전초기지가 되어있었다. 약 100만 명에 이르는 홍콩인들이 거리로 나서서, 베이징의 평화적인 시위대에 살인으로 대응한 중공을 향해 침묵으로 항의하는 행진을 벌였다.

충격적인 대학살 소식을 접한 오타와의 하원에서는 긴급 토론이 열렸다. 외무부 장관 조 클라크는 이 사태를 "비극이자 분노할" 일로 규정했다. 한사드(Hansard, 영연방 국가들이 공통으로 운영하는 의회 토론 기록의 이름 – 옮긴이)는 그의 발언을 이렇게 소개했다. "우리는 중국이 포괄적이고 근본적인 개혁의 길로 나아갈 것으로 기대하고 그렇게 믿어왔습니다... 우리는 중국이 그런 변화의 압력에 대처하여 좀 더 민주적이고 투명하며, 국민을 존중하는 모습을 보여주리라고 생각했습니다." 조 클라크는 이번에 거리에서 벌어진 대학살극이 "나라가 변화의 길로 나아갈 것이라는 긍정적 신호"마저 죽여버린 사건이라고 말했다.

베이징 주재 캐나다 대사 얼 드레이크(Earl Drake)를 비롯한 대사관 팀은 중국에 거주하는 약 500명의 캐나다인 중 원하는 모든 사람의 대피 계획을 서둘렀다. 한편 캐나다 정부는 중공 정권에 대한 여러 가지 외교적, 경제적 제재 조치를 마련했다. 여기에는 얼 드레이크 대사의 일시 소환, 정기적 최고위급 대화의 유예, 그리고 양국 간 상호 공식 방문의 잠정 중단 등이 포함되었다. 베이징 대사관에는 인권을 다루는 별도 직책이 신설되었다. 각 주와 타운, 시 단위별 행정조직도 중국의 자매결연 지역과의 교류를 유보했다. 이로써 그동안 자매결연 활동을 지켜보며 이것을 중공이 캐나다에 침투하는 중요한 통로로 삼고자 했던 통일전선공작부는 직접적인 타격을 입었다.

경제적인 측면에서는 캐나다가 중국에 제공해왔던 20억 달러 규모의 신용장 개설 한도가 6월 말에 그 효력이 정지되어 재심사에 들어갔다. 캐나다국제개발단(Canada International Development Agency, CIDA)이 지원하던 몇 가지 중국 프로젝트가 유보되었고, 신규 프로젝트 승인 업무도 정지되었다. 원자력 협력 대화 역시, 다른 소규모 국방협력 프로그램과 함께 연기되었다. 캐나다 국제방송(Radio Canada International, RCI)은 중국을 대상으로 중국어 방송을 시작했다.

브라이언 멀로니 정부가 천안문 광장 학살사건에 보인 반응이 이렇게 요란하고 대단한 것 같았지만, 실제로 중요한 의미는 별로 없었다. 폴 에반스가 『중국과 함께』에서 언급했듯이, "이런 조치는 일종의 신호였을 뿐, 실제로 양국관계를 걸고 하는 도박은 아니었다. 캐나다 정부는 외교관계나 무역을 단절하지도, 포괄적인 제재를 부여하지도, 원조 프로그램을 종료하지도 않았다. 반중 인사와 분노한 시민들은 그렇게 요구하고 있었지만 말이다." 천안문 광장 급습이 일어난 지 불과 3개월 만에 외무부는 수출개발공사를 통한 대중국 차관 공여를 승인했고, 조 클라크는 양국관계에 관한 약속을 재확인했다. 그는 8월 5일자 「토론토 스타」지에 실린 인터뷰에서 이렇게 말했다. "'반중국' 정책은 중국의 개혁이라는 대의를 추구하는 데 아무런 도움이 안 됩니다. 중국이 더 가난해지고 고립되는 것은 더 큰 맥락에서 중국 국민의 이익에 부합하지 않습니다."

캐나다와 중공 당국자가 직접 회담을 나누는 것은 금지되어있었지만, 다른 국제행사에 참석한 자리에서 오가는 길에 만나는 것은 다른 문제였다. 조 클라크도 1989년 9월 캄보디아에서 열린 국제회의에 갔다가 어느 한구석에서 중공 측 외교당국자를 만났다. 1991년에는 농무부 상관이 중국을 방문했다. 버니 마이클 프롤릭에 따르면 전 베이징 주재 캐나다 대사 리처드 고럼(Richard Gorham)이 남긴 메모에 이런 글이 적혀 있었다고 한다. "중국은 캐나다의 밀을 먹는 신성한 소다." 1992년에는 국제무역부 장관이 베이징을 방문했고, 이것은 고위급 접촉과 거래의 회복을 위한 세심한 조율 과정이자, 확고한 프로그램이 만들어지는 계기가 되었다. 브라이언 멀로니는 1993년 5월에 총리 관저에서 주최한 만찬에서, 중공의 부총리이자 경제전문가인 주룽지에게 분명한 목표를 제시했다. 브라이언 멀로니는 캐나다는 "앞으로 중국과 적극적으로 교류할 준비를 갖출 것"이라고 말했다. 그러나 국내 정치에서는 그런 행보를 훨씬 더 조심스럽게 진행해야만 했다. 캐나다인들은 여전히 인권 문제를 우려하고 있었기 때문이다.

브라이언 멀로니는 결국 중국과의 관계가 회복되기 전에 총리직을 물러났다. 그 일은 1993년 10월에 당선된 장 크레티앵의 자유당 정부 몫이 되었다. 장 크레티앵은 과거 내각에 있을 때부터 중국에 대한 경험이 상당히 풍부한 사람이었다. 무엇보다 그의 가족들이 중국과 더 직접적인 관련을 맺고 있었다. 따라서 장 크레티앵 정부의 초기 과제는 중국에 대규모 무역사절단을 파견할 계획에 착수하는 것이었고, 그 시기를 1994년 11월로 잡았다. 중공에게는 이것이 천안문 광장 사태 이후 이어져 온 외교적 고립에서 벗어날 수 있는 긍정적인 신호였다. 자유당으로서는 캐나다와 중화인민공화국의 이른바 특별한 관계를 또 한 번 보여주는 일이었다.

1994년, 장 크레티앵이 팀캐나다 무역사절단(Team Canada mission)을 이끌고 중국을 방문한 기간 내내, 그는 중국의 주석이자 공산당 총서기였던 장쩌민과의 회담에서 인권 문제를 제기했느냐는 질문에 시달렸다. 그는 한 기자회견에서 이렇게 대답했다. "저는 인구가 2,000만 명인 국가의 총리입니다. 그는 12억 인구를 자랑하는 나라의 주석이지요. 저는 새스캐추언주나 퀘벡주의 주지사에게도 이래라저래라 말할 권한이 없습니다. 제가 중국주석에게 뭐라고 말할 수 있을까요?" 장 크레티앵이 결국 인권 문제에 관해 강력한 발언을 한 것은 사실이다. 그러나 그것은 베이징 칭화대학에서 연설할 때 손을 든 학생들의 질문에 대답하면서 나온 것이었다.

천안문 사태가 일어나던 당시, 나중에 주중 캐나다 대사가 되는 데이비드 멀로니(David Mulroney)는 캐나다 외교부의 중국 담당자로 일하고 있었다. 그는 2015년에 출간된 자신의 책 『중견 국가, 중견 왕국(Middle Power, Middle Kingdom)』을 통해 천안문 사태 직후 캐나다 정부가 보인 행동을 이렇게 언급했다. "그것은 올바른 반응이었다. 그리고 나는 이 일로 두 가지 교훈을 얻었다. 첫째는, 우리의 우방국 중에는 그 중요성이 너무나 커서 서로 간의 의견 불일치가 아무리 심해도 최소한의 소통창구는 남겨두어야 할 경우가 있다는 사실이었다. 그렇게 해서 캐나다에 어떤 영향이 미칠지 알기 위해서라도 그것은 꼭 필요한 조치였다. 두 번째 교훈은, 이미 손상된 관계지만 이마저도 모두 거부하는 대중의 거센 분노 앞에서, 과연 해결책을 손에 들고 있는 상대방을 문제의 당사자라는 이유로 처벌할 것인가에 대해서는 매우 신중하게 접근할 필요가 있다는 사실이었다."

8장.
직접적 피해의 흔적

8장. 직접적 피해의 흔적

중국은 캐나다의 국가안보와 산업에 가장 큰 상존 위협이다. 중국의 정보기관이 캐나다의 교육과 부동산, 첨단 기술, 보안 등을 비롯한 주요 경제 영역에 언제라도 영향을 미칠 수 있다는 사실은 이제 더 이상 의심의 여지가 없다. 이렇게 해서 그들은 결국 캐나다의 경제와 정치, 심지어 국방 정보까지 손에 넣게 될 것이다.

- '사이드와인더 리포트(Sidewinder Report)'

브라이언 맥애덤은 1991년 홍콩 주재 캐나다 외교관으로 파견될 당시, 외무부에서 31년간 근무한 베테랑이었다. 브라이언 맥애덤은 부임 이후 여러 차례나 언론과의 인터뷰를 통해 자신이 홍콩에 파견된 목적을 밝힌 바 있다. 자신의 임무는 바로 캐나다 정부가 1980년대 중반부터 홍콩 이민자들을 받아들이기 시작한 이후 계속해서 증대되어온 안보 문제 의혹을 속속들이 밝혀내는 것이었다. 이런 의혹을 뒷받침하는 사건이 RCMP 규율심의위원회 보고서에 언급되어있었다. "2명의 홍콩 주민이 제기한 고발 사건이 있었다. 그들은 캐나다 이민 비자를 신청한 사람들이었고, 자신을 캐나다 외교사절단 소속 직원이라고 소개한 2명의 여성으로부터 비자 업무를 더 신속히 처리해주는 대신, 홍콩의 이민상담자를 통해 1만 달러를 지불할 생각이 있느냐는 제안을 받았다. 그들은 그 제안을 거절하고 외교사절단에 항의서한을 보냈지만 아무 회신을 받지 못했다. 그래서 이 사건을 RCMP에 고발하기로 했다."

브라이언 맥애덤은 얼마 지나지 않아 부패가 이 사건에만 국한된 것이 아니고, 특히 현지에서 채용된 직원들을 중심으로 폭넓게 퍼져있음을 확신했다. 아울러 입국 및 체류 비자가 홍콩 사람들에게 거액에 판매되고 있음을 알게 되었다. 그는 사라진 백지 비자가 2,000건이 넘는다는 사실을 알았다. 또 비자 서류 승인에 사용된 직인이 위조된 사례도 찾아냈다. 이것은 겉으로 보면 다른 나라에 있는 캐나다 외교공관들에서 발생한 일이었다. 이 단서를 추적한 브라이언 맥애덤은 삼합회 조직원 몇 명이 캐나다 비자를 획득한 후 자신들의 범죄경력이 이미 노출되어있음에도 가족들을 캐나다에 입국시켰다는 증거를 확보했다. 아울러 컴퓨터 시스템이 해킹되어 범죄인의 경력을 조작하는 데 이용되었다는 혐의를 포착했다. 브라이언 맥애덤은 오타와의 고위 당국자를 향해 폭풍처럼 쏟아낸 보고서(무려 31건이었다.)에서 그동안 축적한 증거를 제시했다. 그러나 그는 상관으로부터 아무런 응답을 듣지 못했다. 브라이언 맥애덤은 자신이 처한 상황을 비로소 이해하게 된 것은 평소 자주 연락하는 홍콩경무처 경관으로부터 걸려온 전화를 받고나서였다고 말한다. 그 경찰관이 맡은 임무는 조직범죄를 소탕하는 것으로, 주로 경찰이 파악하고 있는 삼합회 두목들의 통화내역 감시를 전담하고 있었다. 브라이언 맥애덤은 2008년에 「오타와시티즌(Ottawa Citizen)」 신문과의 인터뷰에서 이렇게 말했다. "홍콩 경찰들에게 충격을 안겨주었던 일은 그동안 삼합회 조직원들이 오타와의 캐나다 이민부 공무원과 전화 통화를 해왔다는 사실이었습니다. 그 경찰관이 제게 말했습니다. '일이 이 지경이 된 이상, 지금은 당신만 크게 곤란해진 것 같습니다.'" 그 홍콩 경찰관은 캐나다 공무원이 삼합회 보스에게 이렇게 말했다고 전했다. "브라이언 맥애덤은 너무 걱정마세요. 우리가 알아서 처리할게요."

녹음된 통화 내용 때문인지는 모르나, 1993년에 브라이언 맥애덤은 오타와의 중요 직책으로 영전하겠느냐는 제안을 받았고, 그는 이를 수락했다. 그러나 그가 귀국해보니 이미 그 자리는 다른 사람에게 돌아갔고, 자신은

사실상 좌천된 신세가 되어있었다. 브라이언 맥애덤은 자신이 홍콩의 부패
상과 관련해 직접 찾아낸 증거에 너무나 집착했고, 그런데도 조직에서 배척
받았다는 사실 때문에 건강마저 해쳤다고 여러 차례의 인터뷰에서 인정했
다. 그는 건강 문제로 휴직계를 내고 2년간 요양했고, 결국 51세의 나이에
조기 퇴직했다. 결국 브라이언 맥애덤은 자신이 추적한 내용이 인정받고 철
저하게 수사되기를 원하는 고집과 결의가 너무나 확고하다는 이유로, 조직
으로부터 그토록 쉽게 버림받고 말았다.

　　1992년에 RCMP는 브라이언 맥애덤이 제기한 홍콩 주재 캐나다 외교
공관의 부패 혐의에 관해 수사에 나섰다. 그러나 브라이언 맥애덤의 말에
따르면 수사관이 브라이언 맥애덤의 증거를 거의 입증하기 직전에 다다를
때마다, 그 수사관이 다른 부서로 발령 나는 일이 계속 반복되었다고 한다.
이런 일이 1996년까지 계속되다가 마침내 데이비드 킬고어(David Kilgour)
라는 인물이 등장했다. 그는 에드먼턴 스트라스코나(Edmonton-Strathcona)
지역구 출신의 자유당 의회 의원이면서 남미/아프리카 전담부 장관을 겸하
고 있었다. 평소에도 부패와 인권에 관련된 의혹에 활발한 활동을 보여오
던 그는 브라이언 맥애덤이 수사를 요청한 내용 중 하나에 반응을 보였다.
데이비드 킬고어는 장 크레티앙 총리에게 부패혐의에 대한 공개 조사를 서
면으로 요청했다. 그런데 이번에도 RCMP 측이 이 사건을 맡아 조사에 나
섰다. 19년 경력의 베테랑 로버트 리드(Robert Read) 경장이 관련 서류를 인
계받아 홍콩으로 향했다. 로버트 리드는 당시까지도 영국의 식민지였던 홍
콩에 몇 개월간 머물며 브라이언 맥애덤이 제기한 혐의를 수사한 끝에 그
대부분이 사실이라는 증거를 확보했다. 이것은 로버트 리드와 브라이언 맥
애덤이 한목소리로 전하는 내용이기도 하다. 그뿐만 아니라 로버트 리드는

1992년부터 RCMP 측이 브라이언 맥애덤의 고발 내용에 관해 내놓은 보고서 전체가 그의 정보를 의도적으로 조작하여 후속 수사에 필요한 결정적인 단서를 묵살하였음을 밝혀냈다. 로버트 리드는 이렇게 사실과 불일치한 내용을 상관에게 보고했지만, 결국 이것은 특정 수사관의 무능에서 비롯된 단독 행동으로 치부되고 말았다. 로버트 리드는 그때부터 이 모든 일이 조직적인 부패와 철저하고 체계적인 은폐 행위가 얽힌 사건임을 직감하게 되었다. 그러나 1997년 로버트 리드가 이 문제를 더 깊이 파고들어야 한다고 선임 수사관들을 압박하기 시작하자, 그는 강제로 이 사건에서 손을 떼야만 했다. 로버트 리드는 이에 굴하지 않고 자신의 상관들을 수사방해죄로 고발했고, 그는 결국 이 일로 수사관직을 잃고 말았다. 로버트 리드 전 경장은 마침내 자신이 RCMP 수사관이 되면서 서약했던 비밀 유지 의무보다 국익이 우선한다는 결론에 도달했다. 1999년 8월, 로버트 리드는 저명한 언론인 파비앙 도슨(Fabian Dawson)을 찾았다. 당시 밴쿠버의 「프로빈스(Province)」지에 근무하고 있던 그는 아시아와 홍콩 문제에 대해 상당한 취재 경력을 보유하고 있던 인물이었다. 로버트 리드는 그동안 홍콩 외교공관에서 벌어진 부조리의 전말과, 이 내용을 보고받은 정부 고위관계자들의 침묵을 모두 이야기했다. 파비앙 도슨은 이 내용을 최대한 검증한 후, 자신이 일하는 신문에 연재 기사로 게재했다. 로버트 리드가 밝힌 내용 중에서 가장 눈에 띄는 것은 최소 788건의 파일이 이민자관리정보시스템(Computer Assisted Immigration Processing System, CAIPS) 상에서 삭제되었다는 대목이다. 아울러 처음부터 브라이언 맥애덤이 주장했던 약 2,000개의 백지 비자 양식이 분실되었다는 내용도 로버트 리드에 의해 사실로 확인되었다. 로버트 리드는 파비앙 도슨에게 보여준 1급기밀 보고서에 사신이 직접 이런 내용을 씨놓았다. "CAIPS에 대한 통제 부재, 즉 1986년부터 1992년까지 이어진 홍콩 이주민 관리 부재는 국가안보에 가장 큰 구멍이 뚫린 심각한 문제다." 이에 대해 파비앙 도슨이 논평하자, 로버트 리드는 다시 이렇게 덧붙였다. "지금껏 이 모든 일을 덮으려는 거대한 음모가 진행되어왔다고 믿습니다."

로버트 리드는 RCMP로부터 비밀유지 선서를 위반한 혐의로 제소당해 내부 판결위원회에 출두했다. 위원회는 로버트 리드가 언론을 찾아간 것을 "명예롭지 못한" 행위로 판단했고 신문에 "거짓 정보"를 제공한 점을 책망했다. "범법 행위를 은폐했다거나, 공개 조사 과정에서 불법적인 관행이 발생했다는 어떠한 증거도 발견되지 않았다"는 것이 위원회의 최종 평결이었다. 이에 로버트 리드는 다시 RCMP의 외부심의위원회에 항소했고, 이번에는 전혀 다른 결과가 나왔다. 외부위원회는 판결문에서, 로버트 리드가 비밀유지 서약을 위반한 행동을 훈계하는 것은 전적으로 옳은 일이나, "당사자가 공개적인 논쟁을 위해 꼭 필요한 적법하고 공적인 사안을 폭로하는 경우는 예외에 해당한다"고 판시했다. 이어서 위원회는 모든 증거를 검토한 결과, "경찰은 계속해서 해외공관에 상주하는 현지 경찰관(locally engaged staff, LES)의 활동을 수사하는 것을 회피하는 모습을 보여왔다"고 결론내렸다. 판결문은 로버트 리드가 현지 경찰관과 캐나다 영사관 측 외교관 사이의 관계를 조사한 내용에 주목했다. 위원회는 이 내용에 비추어볼 때, "현장에서 오고 간 선물과 돈, 기타 혜택의 범위가 그동안 외교부나 이민부의 통보에 의존하여 경찰이 파악하고 있던 수준에 비해 훨씬 더 광범위하다는 사실을 알 수 있다"라고 말했다. 위원회는 RCMP가 로버트 리드의 수사 내용에 대해 "미리 정해놓은 듯한" 반응을 보였으며, 그것은 로버트 리드 경장의 상관들이 "브라이언 맥애덤 씨의 고발을 수사하는 것이 어떠한 이익도 없는 일이라고 생각했기 때문"이라고 판단했다. 심의위원회는 로버트 리드가 비록 행동 수칙을 위반한 것으로 제소된 것은 사실이지만, 그의 행동은 여전히 RCMP가 홍콩에서 일어난 일을 적절하게 수사하기를 바라는 동기에서 나온 것이라고 결론내렸다. "이런 내용과 상관없이, 로버트 리드가 폭로한 내용은 여전히 적법하고 공적인 사안에 해당한다고 보아야 한다. 왜냐하면 이 내용은 RCMP가 7년 동안이나 해외공관의 경찰관이 이민 사기에 연루되었는지를 판단하는 데 필요한 적절한 행동을 하지 않았음을 드러냈기 때문이다."

그러나 로버트 리드의 승리는 오래가지 않았다. 위원회의 평결은 다시 항고를 거쳐 RCMP 치안감으로 이관되었고, 치안감은 2004년 1월에 이 평결을 뒤집어 로버트 리드의 퇴직을 명한 경찰의 결정이 정당한 것이었다고 결론지었다.

같은 기간에 브라이언 맥애덤도 로버트 리드처럼 자신의 직업적, 개인적 명예를 회복하기 위해 투쟁을 벌이고 있었다. 그것은 절망적인 노력이었다. 1993년에 오타와로 돌아와 결국 공직에서 떠난 지 4년이라는 시간이 지나는 동안, 브라이언 맥애덤은 내내 우울증에 시달린 채 침대에서 한 발짝도 벗어나지 못하는 나날이 계속되었다. 그는 몇몇 언론사와 인터뷰를 하면서도 오직 자신의 명예를 회복하는 데에만 매달려있음을 순순히 인정했다. 그러나 그는 오타와의 잘나가는 양반들이 쉽게 간과할 만한 괴짜 같은 성격을 지니고 있었다. 다큐멘터리 영화제작자 베로니카 앨리스 매닉스(Veronica Alice Mannix)가 2000년대 초반에 '내부고발자(Whistleblower)'라는 영화를 준비하면서 브라이언 맥애덤을 취재한 일이 있었다. 이 영화는 자신의 경력에 커다란 타격이 올 것을 알면서도 정부의 행동에 경종을 울리는 사람들을 그린 작품이있다. 베로니카 앨리스 매닉스는 자신의 영화에 포함된 해설에서 브라이언 맥애덤을 언급했다.

"그는 오타와 외곽에 자신이 손수 지은 벙커 같은 집에 살고 있었다. 그곳은 그의 오락실이자 사무실, 그리고 연구 시설로 더없이 완벽한 장소였다. 그 널찍하고 포근한 지하공간은 그의 다양한 관심사를 반영하듯 여러 개의 사각형 칸들로 깔끔하게 나뉘어있었다. 그중 하나는 마술을 주제로 한 방으로, 다양한 분야의 마술 관련 서적과 도구, 각종 용품으로 꼼꼼하게 들어차 있었다. 또 다른 방에는 당구대와 바둑판, 그리고 체스 도구가 갖춰져 있었다. 세 번째 방에는 그동안 그가 찾아낸 캐나다와 전 세계에 존재하는 부패와 음모의 연결 사슬, 관련 인물, 기업, 정부, 그리고 범죄조직들이 모두 12장의 그림으로 상세하게 그려져 있었다. 이것은 그가 오랜 세월을 바쳐 완성해낸 그림이었다. 네 번째 방에는 최첨단 컴퓨터 시설이 갖춰져 있었다. 그는 이를 통해 전 세계 첩보기관과 정교한 연락망을 구축하여 소통하고 있었다."

그곳은 브라이언 맥애덤의 통신센터가 아니라 중국 공산당이 캐나다에 미치는 영향력을 폭로하고 기록하기 위해 그가 마련한 다음 단계의 경기장이었다. 1994년, 캐나다 안보정보청(CSIS) 아시아 담당국 하급 요원이었던 피터 런드(Peter Lund)가 브라이언 맥애덤과 만났다. 그를 브라이언 맥애덤에게 소개해준 사람은 RCMP에 속한 또 다른 수사관으로, 그도 역시 홍콩 주재 캐나다 영사관의 부패와 관련된 정보를 수집해온 사람이었다. 이런 인연으로 두 사람 사이의 업무 협조가 시작되어, 브라이언 맥애덤은 캐나다에 존재하는 중국 삼합회 조직과 그 활동에 관한 정보를 피터 런드에게 제공하기 시작했다. 피터 런드는 브라이언 맥애덤을 자신의 상관인 CSIS 아시아태평양 담당국장 미쉘 주노-카츠야(Michel Juneau-Katsuya)에게 소개했다. 미쉘 주노-카츠야는 뉴브런즈윅(New Brunswick) 주의 RCMP 수사관 출신으로, RCMP 안보국이 여러 문제가 발생하고 점점 그 기능을 발휘하지 못하자 이를 극복하기 위해 1984년에 CSIS가 설립되면서 이곳으로 합류한 인물이었다. 그는 아시아 문화를 열심히 공부했고 특히 바둑에 조예가 있었다. 약 2,500년 전에 중국에서 기원한 것으로 알려진 바둑은, 가로세로 19칸으로 이루어진 바둑판 위에서 흰 돌과 검은 돌을 번갈아 두면서 상대편과 겨루는 게임이다. 내 돌로 상대편 돌을 둘러싸 항복을 받아내면 이기는 게임인데, 체스와 달리 반상 위에 펼쳐진 돌의 형세만으로는 쉽게 승부를 가늠하기 힘든 특징이 있다. 바둑의 승패는 좀 더 심리전에 좌우된다고 할 수 있다. 바둑은 마침 『손자병법』의 집필과 비슷한 시기에 등장했으므로, 그 바탕에는 『손자병법』의 철학이 있다고 볼 수도 있을 것이다.

미쉘 주노-카츠야는 자주 브라이언 맥애덤의 지하실을 찾아 바둑을 같이 두게 되었다. 그러면서 두 사람은 자연히 브라이언 맥애덤이 파헤친 홍콩 캐나다 영사관의 부패한 이민 관리 체계와 삼합회 조직원들이 캐나다에 이주민을 쉽게 들여보낸 방법에 관해 이야기할 수밖에 없었다. 미쉘 주노-카츠야는 홍콩의 상황에 지대한 관심을 보였는데, 그것은 마침 그가 2년 앞으로 다가온 홍콩의 중국반환이 캐나다에 미치는 영향을 막 조사하려던 참이었기 때문이다. 특히 그는 이른바 삼각 편대가 캐나다에 미칠 위험에 집중했다. 즉, 중공의 공작원, 중공과 강하게 연결된 홍콩인 및 중국인 사업가들, 그리고 중공이 공공연히 '애국 조직'이라고 부르는 삼합회 조직 등으로 이루어진 세력을 말하는 것이었다. 미쉘 주노-카츠야와 그의 직원들은 브라이언 맥애덤이 보관해오던 자료를 모아 분석했다. 그들은 CSIS가 설립된 이후 최초로 RCMP 수사관들과 함께 작전명 '사이드와인더(Sidewinder)'라는 이름 아래 마침내 '캐나다에서 중공 성보국과 삼합회 사이의 자금 연결 관계(Chinese Intelligence Services and Triads Financial Links in Canada)'라는 제목의 보고서 초안을 완성했다. 모두 24페이지로 구성된 이 기밀문서는 1997년 6월 24일에 RCMP-CSIS 공동심의위원회에 제출되었다. 이날은 마침 홍콩이 중국에 반환되기를 정확히 1주일 앞둔 시점이었다.

나중에 알고 보니, 사이드와인더 보고서가 제출되면서 CSIS와 RCMP 양측 모두 내부적으로도, 두 조직 사이에서도 한바탕 폭풍이 몰아닥쳤다고 한다. 결국 이 보고서를 통해 바뀐 것은 아무것도 없었고, 보고서가 말하는 대로 중공과 그들이 뻗치는 촉수가 캐나다의 안보에 큰 위협이 된다고 믿는 요원들은 큰 실망만 얻게 되었다. 캐나다 공직사회에서 흔히 그렇듯이, 정치인과 공직자들이 논란이 될만한 기록을 감추려 들수록 이 일은 더 큰 주목을 받게 되었다. 이 보고서의 내용은 1999년 8월에 거의 모든 캐나다 언론에 유출되었다.

사이드와인더 보고서는 중공 정권과 밀접히 연계된 중국 첩보기관들이 캐나다 기업과 공직사회에 광범위하게 스며들어 영향력을 행사해온 현황을 한눈에 보여주었다. 이것은 캐나다 사회에 던지는 크나큰 경고였다. 한마디로, 1980년대 이후 200개가 넘는 캐나다 기업이 중공과 그 연계조직의 영향을 받거나 아예 소유권이 넘어간 결과, 캐나다의 주요 전략 정보와 자원을 그들이 장악하게 되었다는 이야기였다. 보고서는 홍콩의 최대 갑부 리카싱과 그 아들 리처드가 캐나다 은행에 대규모 투자를 한 사실을 언급했다. 마카오의 카지노 거물 스탠리 호(Stanley Ho)는 온타리오주 마크험(Markham)에 본사를 둔 세미테크(Semi-Tech Corporation)의 최대 주주였다. 이 회사는 정부와 국방부, 그리고 경찰대에서 사용되는 보안정보 시스템을 구축하는 전문기업이었다. 보고서에는 중국, 그중에서도 홍콩에 있는 회사들이 캐나다의 중국어 언론매체와 엔터테인먼트 업계에 공격적인 투자를 벌여왔다는 내용도 들어있었다. 중국인의 투자는 캐나다 여러 도시의 부동산 업계에서도 활발하게 이루어졌고, 밴쿠버, 토론토, 그리고 몬트리올 일부는 그중에서도 가장 눈에 띄는 지역이었다. 보고서는 이렇게 서술하고 있다. "부동산은 그 자체로 캐나다의 안보에 뚜렷한 위협이 된다고 볼 수는 없다. 그러나 부동산은 지역별 정치인과 그들이 가진 영향력에 접근하는 훌륭한 수단이 된다." 따라서 보고서는 중공과 연계된 중국 기업들이 캐나다 기업에 급격히 투자를 늘리는 현상은 국가안보에 위협이 된다고 짚었다. 보고서는 수상쩍은 중국 투자자들이 "전국, 주, 지역 단위의 정치 지도자들에게 미치는 영향도 점점 증대되어왔다. 이 과정에서 일부 주요 중국 회사들은 캐나다의 최고위급 유력 정치인과 협조 관계를 맺고 그들에게 자사의 이사직을 제공했다. 이런 기업은 대개 중국의 국영기업인 경우가 많다"고 말했다. 즉 이들은 바로 중공의 직접적인 통제를 받는 기업이라는 것이다.

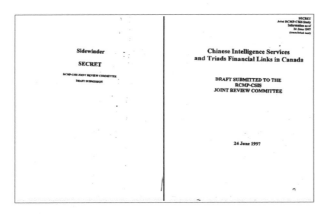

캐나다 안보정보청(CSIS)이 왕립기마경찰대(RCMP)와 함께 1997년에 작성한, 중공의 캐나다 침투 현황과 관련한 일명 '사이드와인더 리포트(Sidewindor Report)'는 캐나다의 대중공 외교안보 정책 전환에 크게 기여했다. (출처 : 퍼블릭도메인)

사이드와인더 보고서는 계속해서 중공이 캐나다의 대학에까지 여론공작원을 침투시킨 정황을 설명했다. 특히 토론토대학교와 웨스턴온타리오 대학교 두 곳을 중점적으로 지목했다. 안타깝게도 보고서 색인에 기재된 "대학교"와 "연구소"라는 두 항목이 출간본에서는 누락되었다. 유출된 보고서를 보면 중국 첩보기관들이 양국 간의 비즈니스 관계를 어떻게 이용하여 자신의 활동을 감추었는지를 상세하게 이야기하고 있다. 일례로 온타리오 하이드로(Ontario Hydro)라는 회사에서 도난당한 핵기술 정보가 중국 과학기술부에 팩스로 전송되었다는 사실이 드러난 적도 있었다. 중국 국가안전부와 인민해방군 관계자들이 무역 대표단의 일원으로 캐나다에 들어와 첩보작전을 펼치거나 민감한 기술을 손에 넣으려 한 사례도 많았다.

어쩌면 사이드와인더 보고서에서 가장 중요한 이야기는 캐나다 정부 관계자와 기관들이 이 모든 사실을 철저하게 부인해온 태도일지도 몰랐다. 사이드와인더 보고서가 날카로운 비판의 칼날을 휘두른 탓에 관계자들이 중공이 캐나다 사회에 얼마나 깊숙이 침투해 들어와 있는지, 그리고 베이징 정권에 영향을 미칠 만한 사안에 어느 정도나 영향력을 행사했는지를 파악하려는 의욕이 상당히 꺾였다고 볼 수도 있었다.

공평하게 말하자면 사이드와인더 보고서를 비판하는 사람들의 말에도 일리가 있었다. 보고서 초안에 담긴 분석 내용 중에는 중요한 허점도 군데군데 발견되었다. 역시 가장 큰 것은 중국이 왜 캐나다를 정보 수집과 정치, 경제적 네트워크 형성의 주요 과녁으로 삼았느냐는 것이었다. 다행히 이 질문에 대한 대답을 미셸 주노-카츠야가 내놓았다. 그가 정보기관에서 물러난 뒤 2009년에 파브리스 드 피에르부르(Fabrice de Pierrebourg)와 함께 집필한 책, 『스파이의 둥지(Nest of Spies)』가 그것이었다. 한마디로 말해 미셸 주노-카츠야는 캐나다가 비단 중국뿐만 아니라 모든 해외 정보기관들이 노리는 가장 매력적인 국가라고 주장하며 그 이유를 다음의 4가지로 제시했다. 첫째, 캐나다는 첨단 기술의 보고이면서도, 미국보다는 스파이가 훨씬 더 쉽게 접근할 수 있는 나라다. 둘째, 캐나다는 강한 경제를 바탕으로 풍부한 천연자원을 수출할 수 있고, 수입된 제조상품을 구매할 소비자도 충분히 확보하고 있다. 셋째, 캐나다에 있는 이민자들이 모국에 있는 정권의 이해를 해치지 못하도록 캐나다의 국내 및 국제 정치에 개입해야 할 이유가 너무나 뚜렷하게 존재한다. 넷째는 군사적인 첩보 가치이다. 소련이 존재하던 시대에 러시아인들은 캐나다가 미국과 기타 NATO 회원국의 기밀을 들여다볼 수 있는 매우 유용한 창문이라고 생각했다. 오늘날 중국 정부도 그들과 똑같은 생각을 하는 것이다.

중국 정부의 목표와 관련된 유사한 표현은 전 CIA 분석관 니콜라스 에프티미아데스(Nicholas Eftimiades)의 책 『중국의 첩보활동(Chinese Intelligence Operations)』에서도 찾아볼 수 있다. "전체적으로 볼 때, 중국은 다음의 3가지 첩보활동을 통해 자신의 정책적 이익을 뒷받침한다. 즉, 외국의 첨단 기술을(군사 및 민간의 용도로) 획득하고, 외국의 정책 동향(예컨대 양국간 정책이나 무역 문제 등)을 파악하여 이에 영향을 미치며, 반체제 단체(예컨대 민주화 운동가 또는 대만 독립주의자 등)를 감시하는 것이다."

사이드와인더 보고서에는 더욱 흥미진진한 이야기가 포함되어있었다. 중공의 작전이 이렇게 성공하게 된 이유 중 하나가, 툭하면 폭력을 서슴지 않는 삼합회 조직과 중국 정보기관이 긴밀히 연계되어있기 때문이라는 것이다. 최근 들어 캐나다의 여러 기업과 관련된 일에 부쩍 모습을 드러내는 리카싱이나 스탠리 호 등과 같은 홍콩의 유명 기업인들은 더욱 어두운 면모를 숨기고 있다. 보고서에 따르면 그들 역시 삼합회 조직에서 높은 지위를 차지하고 있다는 것이다. 이런 의혹은 이전부터 여러 차례 제기된 적이 있었고, 그중에서도 미국의 한 의회 기구의 주장이 가장 눈에 크게 띄는 것이지만, 아직 결정적인 증거가 제시된 적은 한 번도 없었다. 보고서의 요약문은 이렇게 말하고 있다. "중국 정부는 이런 연합세력을 이용해 캐나다 경제의 지배력을 극대화하고 있으며, 이를 통해 캐나다 정치에까지 영향력을 행사하고 있다."

보고서의 부록에는 17세기로 거슬러 올라가는 삼합회의 기원이 설명되어 있다. 그들은 원래 만주에서 일어선 청나라가 천하의 패권을 거머쥔 후 멸망한 명나라의 회복을 위해 싸우던 지하 저항군 출신이었다. 그들의 노력은 실패로 돌아가 명나라 잔당 신세가 되었고, 이내 삼합회라는 이름의 범죄조직으로 바뀌고 말았다. 그러나 그들이 살아남을 수 있었던 것은 엄격한 내부 규율과 강력한 위계질서를 구축하고, 평생토록 변치 않는 충성심을 배양했으며, 적에게는 무자비한 용맹심을 발휘한다는 명성을 얻었기 때문이었다. 이 부록의 내용은 주로 '삼합회와 기타 범죄조직(Triad and Other Organized Crime Group)'이라는 보고서에서 발췌한 것으로, 그 보고서를 작성한 사람은 홍콩 주재 캐나다 외교공관에서 근무하던 RCMP 수사관 게리 클레멘트(Gary Clement)와 당시 그곳에서 이민담당관으로 있던 브라이언 맥애덤이었다. 당시 홍콩은 삼합회가 암약하는 근거지였고, 게리 클레멘트와 브라이언 맥애덤은 홍콩경무처의 협조로 그 보고서를 작성할 수 있었다. 사이드와인더 보고서가 그랬듯이 이 삼합회 보고서도 캐나다 언론에 유출되었다. 필자가 1993년에 사우섬뉴스 아시아(Southam News Asia) 지국장으로 부임했을 때 그곳에 복사본이 1부 있었다.

압도적인 규모의 홍콩 이민자 수와 인종차별에 대한 캐나다 사회의 민감한 태도는 중국 정부가 스파이와 여론공작원을 침투시킬 수 있는 완벽한 보호막이 되었다. 그 결과, 사이드와인더 보고서는 "오늘날 중국의 지도력이 국제 시장에서 충분히 영향력을 발휘할 위치에 서게 되었고, 그 영향력은 캐나다의 경제와 정치에 대해 더욱 뚜렷하게 드러나고 있다"고 결론지었다. 이 보고서를 작성한 사람들은 중국으로부터의 인구 유입과 그들의 투자 자금에 대해 자신들은 아무런 이의를 제기할 수 없다고 말하며, 그 이유를 다음과 같이 설명했다. "그 모든 일이 대체로 합법적으로 이루어지고 있기 때문이다. 한 사람 한 사람을 살펴볼 때는 아무런 위협 요소를 발견할 수 없지만, 그들은 중국과 연합과 협조의 관계로 이어져 있다. 이런 사실들을 분석한 결과에 따르면 중국이 영향력을 획득해 온 과정은 처음부터 치밀하게 종합적으로 계획된 것이며, 따라서 이는 캐나다에 위협으로 작용한다고 판단된다."

필자가 입수한 사이드와인더 보고서 복사본에는 CSIS-RCMP 공동심의 위원회를 향한 7가지 제안이 결론으로 제시되어있었다. 첫 번째는 확장된 태스크포스팀을 꾸려야 하며, 여기에는 외교부와 이민부, 국세청 관계자와 RCMP 및 CSIS 요원이 모두 참가해야 한다고 제시했다. 태스크포스팀의 목표는 다시 3가지로 나눌 수 있다. 첫째는 중국 기업들이 캐나다 경제를 장악하고 있는 실태를 종합 진단하는 것이다. 둘째는 "캐나다 기업의 이사회에 실질적인 영향력을 행사하는 캐나다인들의 실체를 조사하는 것"이다. 이 문장에는 유출된 보고서에서 여러 차례 발견되는 문법적 오류 및 오타가 포함되어있는 것으로 보인다. 아마도 원래 프랑스어로 작성되었다가 영어로 옮기는 과정에서 발생한 오류인 것 같다. 맥락상 "캐나다 기입 이사회에 영향을 미치는 중국인의 실체를 조사하는 것"이 원래 의미였을 것으로 보인다. 셋째 목표는 FBI와 연계 조사를 펼치는 것이었다. 분명히 FBI도 최근에 미국에서 이와 유사한 조사 활동을 펼쳤을 것이기 때문이다.

두 번째 제안은 CSIS와 RCMP의 지역별 조직을 대상으로 여러 차례 설명회를 열어 "중국정보부와 삼합회, 그리고 중국 기업을 위해 일하는 기업가들 사이의 이 삼각 연계 실태를 파악하기 위해 중국인의 활동을 면밀히 조사해야 한다는 점을 지역 작전 책임자들에게 알려야 한다"는 것이었다. 세 번째는 이와 유사한 취지로 캐나다의 안보 및 정보 계통에 있는 고위급 요원들을 대상으로 필요한 만큼 설명회를 열어야 한다는 제안이었다. 네 번째는 "이런 문제와 관련이 있는 정부 부처, 예컨대 법무부와 산업부" 당국자들에게도 설명해야 한다는 것이었다. 다섯 번째는 연방 정부 기관이나 국영기업에 보안시스템을 설치한 회사를 전부 조사하여 그 실제 소유주가 누구인지, 혹시 그가 캐나다에 위협이 되는 인물인지 살펴보자는 것이었다. 여섯 번째는 캐나다에 있는 중국인 소유 기업들로부터 캐나다의 각 정당에 흘러 들어간 자금 규모와 경로를 철저히 파악해야 한다는 제안이었다. 마지막 일곱 번째로 보고서는 중국 정부와 삼합회 조직이 캐나다의 엔터테인먼트 산업과 언론계에 얼마나 깊이 개입하고 있는지 종합적으로 조사, 분석할 것을 제안했다.

사이드와인더 보고서는 그 내용과 혐의 자체로도 대중적 관심을 불러일으켰지만, 이 이야기가 연일 언론에 보도되면서 애초에 이 보고서가 왜 유출되었는지에 관한 호기심이 더욱 증폭되었다. 항간에는 사이드와인더 작전을 저지하고 이 보고서를 덮으려는 정치권의 강한 압력이 있었다는 주장이 제기되었다. 그 말은 곧 이 보고서가 홍콩 및 중국 투자자들과 한패가 된 캐나다인들의 경제적 이익에 위협이 되었다는 뜻이었다. 사이드와인더 보고서를 덮으려는 시도가 있었다는 의혹으로 인해, 중국 정보기관이 캐나다 공직사회에 미친 영향력이 지나치다 못해 이제는 중국 정부가 캐나다의 국가안보에 직접적인 위협이 되기에 이르렀다는 주장이 더욱 힘을 얻었다. 여기에 더해 CSIS와 RCMP의 고위급 인사들 사이에 사이드와인더 작전의 타당성과 그것을 처리하는 방법을 두고 격렬한 논쟁이 오고 갔다는 혐의도 불거져 나왔다. 이 주장에 따르면 CSIS 측 고위급 책임자들이 보고서에 결함과 오류가 있다는 증거를 찾아냈다는 것이었다. 반면, RCMP 측은 보고서의 내용을 지지하면서, 이 보고서를 기초로 도대체 중국이 캐나다에서 무슨 일을 꾸미고 있는지를 더욱 폭넓고 철저하게 수사해야 한다고 생각했다는 이야기였다. 설상가상으로 사이드와인더 보고서를 작성하기 위해 수집했던 자료 중 많은 부분이 소실되었다는 이야기도 들려왔다.

CSIS와 RCMP 사이에 틈이 벌어졌다는 이야기는 믿을 만한 것이었다. CSIS는 원래 방첩 기관 역할을 했던 RCMP 안보국이 제대로 기능을 발휘하지 못한다고 해서 만들어진 기관이었다. 1970년대에 RCMP 안보국이 수많은 무능을 드러냈고 불법을 저질렀다는 의혹이 제기되었고, 이에 따라 데이비드 맥도널드(David MacDonald) 판사가 이끄는 사법 수사가 진행되어, 1981년에 그 결과가 나왔다. 맥도널드 위원회가 제시한 핵심 내용은 기존의 경찰 조직과 별도로 새로운 안보 기관을 설립해야 한다는 것이었다. 그렇게 해서 1984년에 설립된 기관이 CSIS였다. 단, CSIS는 사법부로부터 영장 발부를 승인받아야만 감시활동에 나설 수 있으며, CSIS의 업무는 징부기 지명한 안보정보 심의위원회(Security Intelligence Review Committee, SIRC)와 감찰국의 감사 대상으로 지정되었다. SIRC는 CSIS의 과거 활동을 조사하고 그 업무의 성과와 적법성 여부를 판단하기 위해 설치되었다. 감찰국의 역할은 CSIS의 현재 활동을 검토하여 역시 그 적법성 여부에 관해 먼저 법무차관에게 보고하고 나중에 장관에게 권고하는 것이었다. 감찰국은 2012년에 스티븐 하퍼 정부에 들어와 폐지되었다. 이후 의회 내에 안보 관련 최고급 정보권을 가지는 위원회가 설치되어 CSIS의 활동 현황을 보고받는 형태로 바뀔 것이라고 했다.

RCMP가 국내 정보활동 기능을 박탈당하고 그 업무를 새로운 민간기관이 대체한다는 구도는, 변화과정이 시작부터 순탄치 않을 것이라는 예상을 낳았다. CSIS가 출범하더라도 어차피 그 초기 구성원 중 일부는 RCMP에 있다가 온 사람이 될 수밖에 없었다. 그들이 과연 캐나다 경찰의 끈끈한 동지애를 순순히 포기하고 CSIS에 새로 합류한 사람들과 호흡을 맞출 수 있겠느냐는 의문이 있었다. 그들은 학계와 군사, 기타 정보 관련 등 다양한 경력을 보유한 사람들일텐데 말이다. 새로 합류하는 사람들이 몸에 익히고 있는 조직문화는 RCMP의 준군사적인 전통과는 전혀 다를 것이고, 그들이 정보를 수집하고 우선순위를 판단하는 방식 또한 경찰과 완전히 다를 수도 있었다. RCMP 수사관들은 경험과 직관에 의존해서 판단을 내리는 경향이 있었다. 학계에 있다가 합류한 CSIS 신참 직원들은 먼저 사실이 무엇인지 확인한 후 그로부터 움직일 수 없는 결론을 도출하려는 태도를 보였다. 사실 알고 보면 이렇게 물과 기름처럼 섞일 수 없는 문화는 CSIS가 설립될 때부터 갈등을 빚어왔는데 10년이 지난 후에야 비로소 겉으로 드러났다는 사실이 더 놀라울 지경이었다.

사이드와인더 보고서를 어떻게 처리했는지 설명하라는 대중과 정치권의 목소리는 이제 도저히 외면할 수 없는 정도까지 이르렀다. 따라서 당연히 SIRC가 나서게 되었다. SIRC는 보고서가 작성된 경위와 그 처리 결과, 그리고 이에 대한 RCMP와 CSIS의 상반된 입장을 면밀하게 검토했다. SIRC의 5인 위원회는 회사법 및 상법 전문가인 폴 고티에(Paul Gauthier) 의장, 변호사이자 기업 이사인 제임스 앤드루스 그랜트(James Andrews Grant), 전 온타리오 주지사이자 자유당 임시 대표를 맡고 있던 밥 래(Bob Rae), 전 개혁당 의회의원 레이몬드 스피커(Raymond Speaker), 그리고 뉴브런즈윅 주지사와 워싱턴 주재 대사를 역임한 프랭크 맥케나(Frank McKenna)로 구성되었다.

위원회는 사이드와인더 사건 검토 결과를 1999-2000 회계연도 연례보고서에 포함해서 발표했다. SIRC의 판결은 단호한 어조로 유죄를 시사하는 내용으로서, 그동안의 논란을 종결지을 의도를 분명히 내비쳤다. 위원회는 해당 프로젝트에 대한 정치적인 방해나 뜻밖의 시도가 있었다는 증거를 발견하지 못했다. SIRC는 이렇게 말했다. "사이드와인더 작전은 종결되지 않았다. 단지 그 결과물이 불충분한 것으로 드러나 미루어졌을 뿐이다. SIRC는 보고서 초안이 모든 면에서 심각한 결함이 있다는 사실을 파악했다. 보고서는 해당 분야의 문서가 갖추어야 전문적이고 분석적인 엄밀함이라는 면에서 볼 때 가장 기초적인 기준조차 충족하지 못했다." 위원회는 판결문을 통해, CSIS와 RCMP의 고위관계자가 향후 두 기관 간에 진행될 공동 프로젝트가 더욱 높은 기준을 준수할 수 있도록 조치하는 것이 가장 바람직하다고 권고했다. 마찬가지로 SIRC 위원들은 CSIS와 RCMP가 사이드와인더에 관한 의견 불일치 때문에 심각한 균열을 일으켰다는 증거도 전혀 발견하지 못했다고 말했다. 물론 정보 수집 과정의 일부인 "임시 문서"가 소실되었다는 사실에 관해서도 그 어떤 의혹을 찾을 수 없었다는 것이 위원회의 입장이었다.

마찬가지로 SIRC는 보고서 초안의 핵심 내용을 완전히 무시했으며, 보고서 작성을 위해 기울인 노력에 대해서도 거의 경멸에 가까운 태도를 보였다. "위원회는... 거의 모든 면에서 심각한 결함을 안고 있으며 전혀 설득력이 없다는 것을 발견했다. 전반적으로 논리의 비약과 불합리한 추론이 전개되어 결국 모순된 결론을 낳고 말았다. 이 보고서는 유언비어와 음모론으로 가득 차 있다."

이어서 SIRC는 가장 중요한 문제점을 말했다. "위원회가 보기에 사이드와인더 보고서 초안은 주장하고자 하는 핵심 내용에 담긴 중요한 개념을 명확하게 정의하지 못하고 있다고 판단된다. 만약 누군가가 완전히 합법적이고 온건한 활동이 진행되는 바로 그곳에서 불법적이고 위협적인 행위가 얼마나 발생했는지를 조사했다고 주장하려면, 그 두 가지의 차이점이 무엇인지를 설명할 수 있어야 한다. 사이드와인더 보고서 초안은 그런 차이점을 제시하지는 않은 채, 암시와 확인되지 않은 주장으로 점철된 '사실'을 어수선하게 한 데 묶어서 내놓았을 뿐이다."

SIRC는 논리적인 다음 단계로써, 유출된 사이드와인더 초안과 여전히 기밀문서로 분류되어있던 최종본을 비교했다. 에코(Echo)라는 암호명이 붙어있던 최종본은 RCMP와 CSIS 사이의 의견충돌이 해결된 후 1999년 1월에 완성된 것이었다. SIRC 판결문은 RCMP 고위관계자의 말을 인용하며 RCMP가 "최종 보고서에 완전히 만족하지 못했으며", 그 이유는 초안과 달리 최종문이 "핵심적인 전략적 질문이나 추가 조사가 필요한 주요 분야를 도출해내지 못했기 때문"이라고 기록했다. 그러나 SIRC는 "두 가지 보고서를 모두 읽은 후 상당한 차이가 있음을 알게 되었다. 최종 보고서는 초안과 비교해 그 수준과 깊이가 훨씬 더 뛰어났다. 초안이 작성된 후 최종본이 나오기까지 몇 개월 사이에 상당한 후속 작업이 진행되었던 것이 분명했다"고 덧붙였다.

SIRC의 최종 판결 내용은 "사이드와인더 보고서 초안에서 예상한 것과 같은 상당하고 즉각적인 위협이 있다는 증거는 발견되지 않았고, 그런 위협이 있음에도 부주의나 고의에 의해 무시되었다는 증거도 없었으며, 그런 정도의 상당한 위협이 존재하는데도 정부가 이를 적절히 경고하지 않았다는 증거도 전혀 없었다"는 것이었다. 위원회는 RCMP와 CSIS 모두 캐나다의 국가안보에 미치는 중국과 다른 곳으로부터의 위협을 계속해서 조사하고 있다고 말했다.

사이드와인더 보고서 초안은 그 결과물이 부실하다는 점 외에도 중국 정보기관이 캐나다에 침투해 들어오는 활동을 너무나 좁은 시각으로 바라보았다는 문제가 있었다. 보고서 초안은 중국 공산당이 삼합회와 결탁하고 이들을 이용하는 관계를 지나치게 강조한 나머지 스스로 신뢰를 떨어뜨리는 결과를 초래했다. 물론 이런 관계가 존재한다는 것은 분명하지만, 중국 정부가 캐나다에서 자신의 이익을 도모하기 위한 수단으로는 얼마든지 훨씬 더 정교하고 효과적인 것들이 있는데, 한 나라의 정부가 범죄조직을 첩보활동의 선봉대로 삼았다는 주장은 쉽게 수긍하기 어려운 이야기였다.

사이드와인더 보고서가 비록 정보기관 고위관계자와 심의위원회 양측으로부터 불신을 받기는 했지만, 그 이후 CSIS 고위관계자와 일부 인사들이 CSIS는 보고서가 제기한 주요 논점이 사실이라고 생각한다는 말을 공개적으로 한 것도 사실이었다. 보고서가 작성되고 유출된 이후로, 중공이 캐나다의 언론과 학계, 산업계, 그리고 정계에 영향을 미치기 위해 끊임없이 애쓰고 있다는 내용의 다른 자료들이 속속 공개되었다.

1998년 겨울, 사이드와인더 보고서 초안이 완성될 무렵, 얄궂게도 CSIS 는 그것과 유사한 내용의 조사 보고서를 다른 문서와 함께 공개한 적이 있었다. '제72호 평론(Commentary No.72)'이라는 제목으로 간행된 이 보고서의 저자는 오타와에서 활동하는 안보 분석가 홀리 포티어스(Holly Porteous) 라는 인물이었다. '중국의 대홍콩 통일전선 전략(Beijing's United Front Strategy in Hong Kong)'이라는 부제가 달린 이 보고서는 1997년에 홍콩이 중국에 반환되기에 앞서 중국 공산당이 홍콩의 비공산주의 계열 지도자들을 회유했던 과정을 다루고 있었다. 홀리 포티어스의 설명에 따르면 홍콩이 중국에 반환되고 중국 공산당이 이곳을 장악하는 과정에서 600만 홍콩 주민으로부터 별다른 목소리나 반발의 움직임이 없었던 이유는 배후에서 이런 회유 공작이 성공을 거두었기 때문이었다. 중국 정부가 1984년 공동선언에서 했던 약속을 어기면서 상황은 꾸준히 바뀌어왔다. 그러나 통일전선은 1997년에 홍콩이 중국에 반환된 직후부터 "중화인민공화국이 이른바 '일국양제'를 통해 홍콩의 자본주의 체제를 유지하겠다는 약속을 반드시 지킨다는 인식을 대중들 사이에 광범위하게 정착시키는 데 성공했다." 홀리 포티어스는 이런 현상이 비단 홍콩에만 국한된 것이 아니라는 점을 자신의 해설 맨 앞부분에서 강조하고 있다. "통일전선이 꾸미는 일은 아무리 강조해도 지나치지 않을 정도로 중요하다. 통일전선 공작이 미치는 영향을 파악하기 위해서는 이 조직의 성격과 과업을 뒷받침하는 제도, 그들의 목표, 그리고 그들이 꿈꾸는 결과를 제대로 이해해야 한다. 이런 전후 사정을 이해하고 나면 캐나다는 홍콩에서 일어난 일을 결코 남의 일로만 넘길 수 없다. 이것은 캐나다에 존재하는 화교 사회의 규모만 생각해도 너무나 자명한 현실이다."

물론 홀리 포티어스의 말은 옳은 것이지만, 통일전선공작부와 그 공작원들이 노리는 목표가 굳이 화교 주민들에만 국한되지는 않는다는 점을 반드시 지적해야 한다. 이는 매우 중요한 사실이다. 통일전선공작부를 비롯한 중국의 첩보기관들은 중국계가 아닌 캐나다인도 얼마든지 여론 공작원으로 포섭한다. 사실 비중국계 캐나다인들이 오히려 더 순진하고 무지하며, 무엇보다 돈의 유혹에 훨씬 더 취약한 점 때문에 쉽게 중국 정부의 포섭 대상이 되는 것이 현실이다. 중국인 이민자들은 중공 정부가 어떤 존재인지 훨씬 더 잘 알고 있고, 그들이 캐나다로 탈출한 이유도 바로 거기에 있다.

홀리 포티어스의 보고서에는 통일전선이 홍콩인들을 인질로 포섭하거나, 혹은 최소한 그들을 중국 정부에 호의적인 여론 세력으로 붙들어두기 위해 활용하는 수단 중 하나가 중국의 국영방송인 신화통신사라는 사실이 언급되어있다. 또 그 보고서에는 없지만, 이 점은 포르투갈령 마카오에서도 마찬가지 현실이다. 마카오에 상주하는 신화통신사 직원 수는 포르투갈 공무원보다 더 많다.

(오래전에 마카오 최고의 레스토랑인 '마카오 밀리터리 클럽(Clube Militar de Macau)'에서 포르투갈 고위관계자와 만찬을 함께 하면서, 영국이 홍콩에서 겪었던 것과 같은 중국과의 갈등 문제를 어떻게 이곳 포르투갈 사람들은 피할 수 있었느냐고 물어본 적이 있다. 담당부처 수장이었던 그 관계자는 웃으면서 이렇게 대답했다. "저는 무슨 발표를 하든 항상 신화통신 뉴스를 먼저 확인한 다음에 결정하거든요.")

중국 공산당은 1980년대에 정치적 정당성의 두 기둥이었던 마르크스주의와 미오쩌둥사상을 버리고 중국 경제를 살리기 위해 기초적인 형태의 자본주의를 수용하면서, 국내외를 막론하고 기업가 계층과의 관계를 가장 중시하게 되었다. 홀리 포티어스는 이런 현상을 두고 "가장 보수적인 두 집단이 각자의 기득권을 유지해야 한다는 공통 이해가 맞아떨어져 서로 동맹을 맺은 사건"으로 정의했다. 다시 말하면 전 세계의 모든 기업가는 애초에 전체주의 정권과 동맹이 될 수밖에 없다는 것이다. 중국 정부로서는 그전까지 그토록 경멸해왔던 자본가 계급과 상호 이익의 관계를 발전시키기 위해 내딛은 첫걸음이 바로 1980년대에 홍콩의 최대 재벌들에게 접근한 모습이었다. 그들은 1997년에 홍콩이 중국에 이양된 이후에도 자신들의 사업이 중공에 잡아먹히거나 무너지는 일은 없을 것임을 확신하고 있었다. 그러기는커녕 그들은 시장경제 체제에서 사업을 영위해온 노하우를 전수해주는 대가로 자신의 사업을 중국 본토를 향해 무한히 확장할 기회를 부여받았다.

홀리 포티어스가 언급한 또 한 가지 사실은 바로 사이드와인더 보고서가 그토록 강조했던 주제, 즉 통일전선이 홍콩 삼합회 조직과 강고한 유대관계를 맺으려 했다는 대목이다. 홀리 포티어스는 전 신화통신 홍콩 지국장 윈만퐁(Wong Man-fong)의 말을 인용하여 그가 삼합회 두목에게 중국 정부의 말을 전하라는 지시를 베이징으로부터 받았다고 했다. 그것은 바로 "중국 정부는 삼합회가 7월 1일에 홍콩이 평화적으로 이양되는 데 협조한다면 그간 그들이 저질러 온 불법행위를 눈감아줄 수 있다"는 내용이었다고 한다. 그들이 베이징의 요구를 거절했다면 아마도 조직이 뿌리뽑히고 말았을 것이다.

홀리 포티어스는 1980년대 초 중국에 시장경제 혁명을 일으킨 최고지도자 덩샤오핑조차, 중국이 경제적 잠재력을 그토록 빨리 발휘했던 것도 화교의 도움이 없었다면 불가능한 일이었으리라고 생각했다고 말했다. 홀리 포티어스는 보고서에서 이렇게 말했다. "중국은 화교들에게 조국을 향한 의무를 강조할 때도 단지 돈이나 공감을 넘어서는 무언가를 요청했다. 통일전선공작부의 또 다른 목적은 협박을 동원하든, 애국심에 호소하든, 해외에 사는 화교들에게 경제나 기술에 관련된 첩보활동을 맡기는 것이었다." 그녀는 중국에서 미국으로 이주해온 공학자가 공작에 넘어가 미국의 핵기술 관련 상세 기밀을 중국 정부에 넘겨준 사례를 들었고, 중국 정부가 유령회사를 통해 자신들이 선호하는 정치인에게 자금을 제공하는 방식으로 미국과 영국의 선거에 개입하려고 시도한 사례도 제시했다. 그러나 홀리 포티어스는 호주 학자 데이비드 굿맨(David S.G.Goodman)의 연구 결과를 증거로 들면서 모든 중국 이주민을 어떤 식으로든 중국 정부의 제5열 집단으로 섣불리 간주해서는 안 된다는 점을 분명히 했다. 데이비드 굿맨이 화교를 대상으로 연구를 수행한 결과, 그와의 인터뷰에 응했던 대부분의 중국 이주민은 중국을 생각할 때마다 마음이 약해지는 모습을 보여주었다. 그러나 데이비드 굿맨은 한 가지 분명한 사실을 경고하고 있다. "해외 기업가 중에서도 중국 본토에 사업장을 두고 이를 통해 현지에 혈연관계나 연고를 남겨둔 사람들은 중국과 강력한 연대감을 드러내는 것을 느낄 수 있었다."

홀리 포티어스는 해설 부분의 말미에서 보고서의 주제인 홍콩 문제에서 한발 물러나 캐나다의 관점을 살펴본다. 그녀가 보기에 홍콩의 주권을 이양받은 중국의 시선은 이제 대만으로 향하고 있다. 엄연히 독립된 도서 국가인 대만을 바라보는 중국의 시각은 여전히 변절한 하나의 성(省)에 불과하다. 그녀는 중국이 전 세계 화교 사회를 대상으로 대만에 관한 중국의 주장을 지지하라는 압력을 강화할 것임을 이미 예전부터 내다본 적이 있었다. 그녀는 이렇게 말했다. "이런 운동을 펼칠 때도 분열 공작이라는 통일전선의 전형적인 전술을 꺼내 들 것이 분명하므로, 캐나다는 중국계 캐나다인들의 권리와 자유가 침해받는 일이 없도록 잠시도 한눈을 팔지 않아야 한다."

9장.
언론 통제

9장. 언론 통제

간단히 말해, 중국 정부는 국내의 검열체계를 기술을 이용해 해외로 은밀하게 확산하고 있다. 중국은 이를 통해 자신의 과거와 현재, 미래를 바라보는 세계인의 관점을 조작하고, 그들은 자신도 모르게 중국의 역사를 세탁하고 중국의 관점을 세계화하는 일에 동참하게 된다.

- 글렌 티퍼트(Glenn Tiffert),

『기억의 공백을 들여다보다(Peering Down the Memory Hole)』 -

중국 공산당은 대중의 머릿속에 자신들에 관한 온화한 이미지를 만들고, 자신들이 저지른 가장 난폭하고 지저분한 행동을 감추는 데 엄청난 에너지와 자원을 퍼부어왔다. 이 과정은 항상 처음에는 정치적 운동으로 시작해서 나중에는 굳건한 체제로 자리 잡게 된다. 예컨대 1930년대에서 40년대까지의 목표는, 미국과 그 서방 동맹을 향해 중공은 그저 수억 명에 이르는 가난하고 억압받는 농부들의 삶을 개선하느라 여념이 없는 농민 개혁운동을 하고 있을 뿐이라고 설득하는 것이었다. 자신들의 실체를 폭로하는 주장이 조금이라도 눈에 띄면 그것은 오로지 장제스의 국민당이 만들어낸 혐오 선동에 불과하다고 싹을 잘라버렸다. 즉, 중국 공산당이 사실은 레닌과 스탈린을 신봉하는 자들로 똘똘 뭉친 집단이며, 계급투쟁을 통해 중국 사회 모든 부문을 뒤집어엎는다는 목표를 품고 있다는 것과 같은 주장 말이다. 1980년대 초에 경제개혁이 시작되고, 특히 1989년에 전국적 시위와 천안문 광장 학살사건이 발생한 후 최근 수십 년까지도 중공의 목표는 위에 언급한 것에서 전혀 변한 것이 없었다. 국내 목표는 언론에서 다음과 같은 항목에 대한 언급을 모두 제거하거나 감쪽같이 바꿔놓는 것이었다. 즉, 정치 개혁, 인권 탄압, 독립적인 정치 운동, 지역별 분리주의, 국가와 당을 향한 지역별 봉기, 경제 문제, 환경오염 등과 같은 주제였다. 해외에서의 목표는 중국어를 사용하는 모든 화교 언론의 편집권을 직접 혹은 간접으로 통제하고, 서구 언론이 중공을 언급할 때도 중국이 경제, 군사, 정치적으로 부상하는 데 방해가 되는 내용은 모두 피하고 오로지 중공의 업적만 부각하도록 만드는 것이었다.

캐나다 언론은 중국의 이런 사고통제 작전의 집중적인 목표 중 하나였다. 물론 중국인 이민자가 많은 미국, 뉴질랜드, 호주 같은 나라의 신문과 잡지, 그리고 방송도 마찬가지였다. 1980년대 중반까지 캐나다의 중국어 언론은 그들과 긴밀히 연결된 미국 언론도 그렇듯이 주로 홍콩과 대만에 본부를 두고 있었다. 당시까지만 해도 그들이 중국 본토나 중공으로부터 영향을 받거나 소유권을 넘겨준 경우는 별로 없었다. 그러나 1985년경부터 이런 상황이 바뀌기 시작했다. 이때부터 중공은 중국 본토에서 북미지역으로 향하는 이주민의 흐름이 해외 화교 사회의 인구 구성을 대폭 바꿔놓고 있음을 감지했다. 같은 시기에 중공 정부는 해외 언론을 사들이거나 영향을 미치기에 충분한 자금을 자국의 제조업이 벌어들이는 돈으로 차곡차곡 모으고 있었다.

2001년 11월, 워싱턴 소재 제임스타운재단(Jamestown Foundation)은 메이뚜저(Mei Duzhe)가 작성한 '중국 정부는 어떻게 미국의 중국어 언론을 통제하는가(How China's Government is Attempting to Control Chinese Media in America)'라는 보고서를 발표했다. 이 보고서는 미국을 주로 다루었지만, 여기에서 언급된 신문은 모두 캐나다에도 배포되거나 캐나다판을 운영하고 있었다. 보고서가 파악한 주요 중국어 신문은 「월드 저널(World Journal)」, 「

싱타오 데일리(Sing Tao Daily)」, 「밍파오 데일리 뉴스(Ming Pao Daily News)」, 그리고 「차이나 프레스(China Press)」의 4종이었다. 「월드 저널」은 대만에 본사가 있고, 「차이나 프레스」는 중국 정부가 직접 통제하는 매체였으며, 「싱타오 데일리」와 「밍파오 데일리 뉴스」는 홍콩 출신의 신문이었다.

「싱타오 데일리」의 운영이 중공의 손아귀에 들어간 것은 1980년대 말의 일로, 당시 소유주였던 샐리 오시안(Sally Aw Sian)이 회사 재정위기로 곤란을 겪으면서 중공 정부에 도움을 요청한 일이 계기가 되었다. 이후 이 신문의 캐나다 사업 지분의 과반수를 「토론토 스타」의 소유주인 토스타 코퍼레이션(Torstar Corp.)이 인수했다. 사업운영 방식은 「싱타오 데일리」가 「토론토 스타」의 기사에 대한 번역 및 간행권을 얻는 구도였다. 그러나 「토론토 스타」는 자신들의 기사가 어떻게 사용되는지 별로 관심도 없는지, 「싱타오 데일리」가 그 중 일부를 중국의 시각에 맞추어 조작한 일이 몇 차례 발견된 일이 발생했다. 그중에 가장 눈에 띄는 것으로는 2008년에 티베트에서 소요가 일어났을 때 「토론토 스타」는 중국 정부를 향해 맹렬한 비난이 담긴 기사를 내놓았지만, 이를 인용한 「싱타오 데일리」는 정작 본지의 논지와 사뭇 다른 기사를 게재했던 적이 있었다.

중국은 1997년 홍콩 인수를 추진하면서, 중국의 시각을 여과 없이 투영하는 언론사가 이곳에도 하나 정도는 있어야겠다고 생각했다. 그들의 눈에 띈 것이 바로 「밍파오 데일리 뉴스」였고, 이 신문은 1995년에 말레이시아의 갑부이자 중공의 대리인이기도 한 티옹휴킹(Tiong Hiew King)에게 매각되었다. 목재사업으로 거부가 된 그는 동남아시아 전역에 중국어 신문과 「밍파오 데일리 뉴스」의 미국판과 캐나다판도 이미 소유하고 있던 인물이었다. 그는 사업적으로 중국과 긴밀한 유대를 맺고 있었고, 그의 신문들은 인권이나 정치개혁 등의 문제에서 중국의 입장을 세심하게 헤아리는 태도를 보이고 있었다.

「월드 저널」의 소유주는 대만의 최대 유력 신문그룹인 「연합신문망 (United Daily News, 聯合新聞網 또는 聯合報)」으로, 이 신문은 뉴욕과 보스턴, 시카고, 댈러스, 휴스턴, 로스앤젤레스, 필라델피아, 샌프란시스코에 지사를 두고 북미지역에도 배급망을 확보하고 있었다. 지난 수십 년간 북미지역에서 가장 폭넓은 독자층을 확보해온 중국어 신문이 바로 「연합보」였다. 이 신문의 논조는 대만으로 탈출한 중국 본토인인 장제스와 국민당 쪽에 치우친 시각을 대변하고 있었다. 「연합보」와 그 계열 신문들은 대만에서 민주화와 독립을 지지하는 운동이 점점 활발해질수록, 전통적으로 지켜왔던 중공의 반대파라는 위치에 점점 더 불편함을 느끼기 시작했다. 최근 몇 년 사이에 이 회사는 오히려 중공과 사업적 연대를 맺고 있었고, 그 결과는 「월드 저널」의 편집 방향에 고스란히 반영되었다. 북미지역 곳곳의 중국 영사관들이 「월드 저널」 지국의 보도 내용에 간섭하거나, 예컨대 파룬궁 관련 광고를 게재하지 말라는 등의 압력을 가한다는 보도가 나온 적도 있었다.

1990년, 중공이 직접 통제하는 신문이 북미 시장에서 여러 종류가 간행되었다. 「차이나 프레스」는 뉴욕에 본사를 두었지만, 그 계열 신문들은 밴쿠버, 토론토, 몬트리올 등지의 지국을 통해 캐나다에도 배포되었다. 「차이나 프레스」는 한 마디로 중공 정권의 들러리 역할에 충실한 신문이었다.

이런 주요 신문 외에도 좀 더 작은 규모의 중국어 무료신문들이 토론토를 중심으로 30여 종, 밴쿠버에는 최소 10개 이상이 존재했다. 그러나 그 대부분이 중국 정부를 공격하는 내용의 기사는 웬만해서는 싣지 않았다. 그러나 그 신문들은 중국계 캐나다인 사회의 계층구조를 엿볼 수 있는 유용한 정보를 제공했다. 그들은 중국 영사관 측이 선호하는 사업가나 유녕인들의 사진을 게재하는 경향이 있었기 때문이다.

　이런 사정은 중국어 언론이라면 어디나 마찬가지였다. 케이블TV나 디지털 미디어들은 중공 국영TV와 라디오 방송을 중국계 캐나다인 가정에 그대로 노출했다. 중국에서 갓 이주해온 많은 사람은 그동안 즐겨보던 웹사이트를 클릭했을 뿐, 캐나다에서 제작되는 중국어 콘텐츠는 들여다볼 생각도 하지 않았다. 화교 사회의 인구 구성이 이런 모습으로 바뀌면서, 광둥어를 사용하는 홍콩인을 중심으로 운영되던 기존의 페어차일드 미디어그룹(Fairchild Media Group) 같은 회사는 큰 압박을 받게 되었다. 중국 본토에서 이주해오는 사람이 점점 많아지면서 페이차일드는 프로그램의 내용을 바꿀 수밖에 없었다. 페어차일드 미디어그룹 회장 조셉 챈(Joseph Chan)은 2015년 4월에 간행된 브리티시컬럼비아대학교 학생신문 「선더버드(The Thunderbird)」와의 인터뷰에서 이렇게 말했다. "변화가 진행되는 것이 사실입니다. 중국어 독자층의 큰 잠재력 때문이지요. 더 큰 성장을 위해서는 이들의 시선을 사로잡아야 합니다." 그의 말은 중국어 자체만이 아니라 다루는 뉴스까지 달라진다는 뜻으로 봐야 할 것이다. 「선더버드」의 기사는 몇몇 편집인과 발행인의 말을 빌어, 중국 본토 이주민들은 그간 이 신문의 단골 소재였던 홍콩의 민주화 운동 같은 문제에는 관심이 없다고 전했다. 게다가 본토 출신들은 광둥어 신문들이 개혁과 민주화에 지지하는 태도에도 동의하지 않는 경우가 많았다. 따라서 방송사들은 논조를 누그러뜨릴 수밖에 없었다.

　중공이 이렇게 거대한 언론제국을 건설하면서, 중국계 캐나다인들로서는 중공의 영향을 받지 않는 중국어 뉴스를 도무지 찾아볼 수조차 없게 되었다. 오로지 남은 대안은 파룬궁과 연계된 신문 및 방송 매체뿐이었다. 그리고 캐나다와 다른 나라의 화교 사회에서 그 주요 채널은 바로 「에포크 타임스(Epoch Times)」와 NTD(New Tang Dynasty) TV였다. 물론 이 매체에서 일하는 언론인들이 뛰어난 전문성을 지니고 열심히 노력하는 것도 사실이지만, 파룬궁이 워낙 중공을 상대로 하루하루 생존을 건 사투를 벌이는 형편이다 보니, 어쩔 수 없이 이들의 보도와 논조에도 중공에 대한 적대감이 표출될 수밖에 없다.

중공이 캐나다의 중국어 언론을 지배하는 데 기울인 노력은 큰 성공을 거두었다. 그러나 이 성공에는 엄청난 대가가 따랐다. 헌신적인 중국계 캐나다 언론인들이 직장을 잃고, 물리적 위협에 처하거나 다른 방식으로 괴롭힘을 당했다. 자신의 보도로 중공의 보복 대상이 되기도 했던 유명 탐사보도 전문기자 셩쉬에(Sheng Xue)는 2015년 8월에 「에포크 타임스」와의 인터뷰에서 이렇게 말했다. "캐나다나 호주, 유럽 등 세계 어디에 있든, 중국어 언론매체는 거의 모두 중공 정권의 영향 아래 있다고 보면 됩니다. 매우 슬픈 현실이죠. 심지어 중국인 이민자들과 대화를 나누다 보면 캐나다의 보편적 가치가 뭔지도 모르는 사람이 태반입니다. 이것 역시 너무나 슬픈 일입니다. 캐나다에서 아무리 오래 살았더라도 여전히 예전의 공산당식 사고를 버리지 못한 사람들이 너무나 많습니다. 이것은 캐나다에도, 그들에게도, 무엇보다 중국인 사회에도 아주 좋지 않은 일입니다."

캐나다의 중국어 언론을 통제하고 감시하는 일은 이곳의 중국 외교공관이 맡아서 하고 있다. 즉, 오타와 주재 대사관이나, 중국 이민자가 가장 많이 사는 토론토와 밴쿠버 영사관이 이런 역할을 맡고 있다. 그러나 중공은 중국어 언론매체들을 자체 검열 체제로 몰아가는 손쉬운 방법을 알고 있다. 즉, 그들에게 중국 시장에 대한 특혜를 주거나, 혹시 언론사주가 중공에 저항적인 성향일 경우에는 캐나다나 중국에서 운영하는 그의 사업, 또는 중국에 있는 그의 가족에 해를 입히겠다고 위협하는 것이다.

개별 언론인들, 그중에서도 중공에 노골적으로 반대하는 인사들의 입을 강제로 다물게 한 증거는 이제 너무도 많다. 중공은 블랙리스트에 오르는 것이 두려운 고용주를 통해 그들을 파면하거나, 물리적 폭력이라는 직접적인 위협을 가하기도 한다. 앨버트 쳉(Albert Cheng)이 당했던 일은 캐나다에서 중국어 언론에 종사하는 사람이라면 그 누구도 잊지 못할 이야기다.

앨버트 쳉은 1946년에 홍콩에서 태어난 공학도 출신이었다. 그는 1969년에 캐나다로 이주하여 밴쿠버의 캐나디언퍼시픽 항공사(Canadian Pacific Airways)에서 항공기 기술자로 일했다. 그는 주관이 뚜렷하고 사회 문제에 적극적으로 참여하는 등, 불굴의 의지를 지닌 사나이였다. 그는 밴쿠버에 중국문화센터(Chinese Cultural Centre)가 설립되는 데 결정적인 역할을 한 인물이었다. 앨버트 쳉은 1980년대 중반에 홍콩으로 돌아가 「포브스(Forbes)」, 「플레이보이(Playboy)」, 「캐피털(Capital)」 등과 같은 세계적인 잡지의 중국어판 간행 사업에 종사했다. 그는 홍콩캐나다화교협회(Chinese Canadian Association of Hong Kong)를 창설하여 회장을 역임했다. 많은 홍콩인들이 그랬듯이, 앨버트 쳉 역시 천안문 광장 시위와 그 뒤에 일어난 사태로 인해 민주화와 개혁을 부르짖는 운동에 참여하게 되었다. 1994년, 그는 아시아 텔레비전(Asia Television)이 획기적인 기획으로 시작한 '뉴 티즈(New Tease)'라는 정치 토크쇼의 공동진행 역을 맡았다. 1년 후, 그는 홍콩상업라디오(Commercial Radio Hong Kong) 방송국에서 '태풍 속의 찻잔(Teacup in a Storm)'이라는 아침 방송을 진행하기 시작했다. 이 프로그램은 금세 홍콩 최고의 인기 프로그램이 되었고, 매일 아침 백만 명이 넘는 홍콩인들이 홍콩 기득권 체제의 수많은 죄상을 낱낱이 파헤치는 앨버트 쳉의 이야기를 듣게 되었다. 1998년 9월에 간행된 「타임」 지의 기사는 앨버트 쳉의 이야기를 이렇게 설명하고 있었다. "사람들은 언제나 언론의 자유를 탄광의 카나리아처럼 위험을 미리 경고해주는 역할로 이해했다. 바로 홍콩의 민주주의가 중국의 지배하에 놓일 위기에 처한 작금의 상황처럼 말이다. 그 누구도 앨버트 쳉에 버금가는 열정으로 그 자유를 행사한 사람은 없었다. 그의 공격적이고 거친 라디오 방송 앞에는 아무런 터부도 존재할 수 없었고, 어떤 재벌의 부도 보잘것없었으며, 그 어떠한 정치인의 권력도 무력했다. 앨버트 쳉은 아무런 두려움도 편견도 없이 모든 사람을 공격했고, 그 와중에도 폭풍처럼 터져 나오는 유머를 구사했다."

「타임」 지가 서둘러 이 기사를 낼 수밖에 없었던 것은 그 직전인 1998년 8월 19일, 홍콩상업라디오 방송국을 막 나서던 앨버트 쳉을 향해 두 사나이가 뛰어들어 정육점 식칼을 휘두른 사건이 터졌기 때문이었다. 그들은 용의주도한 솜씨로 앨버트 쳉의 등과 두 팔, 그리고 오른쪽 다리를 공격했다. 그들의 소행은 전형적인 삼합회의 방식이었다. 그들의 행동은 앨버트 쳉을 살해하려는 것이 아니라, 누가 봐도 알 수 있게 그를 불구에 빠뜨려 사람들에게 경고를 던지려는 의도였다. 앨버트 쳉의 부러진 뼈와 근육, 신경세포를 다시 제자리에 돌려놓기 위해 장장 4시간 반 동안 수술이 진행되었다. 이후 그는 2년의 재활을 거친 후에야 비로소 다시 걸을 수 있게 되었다. 앨버트 쳉은 기어이 홍콩상업라디오로 복귀했지만, 2004년에 이르러 그 방송국은 방송 사업권 재승인이 과연 이뤄질지 불확실한 상황에서 결국 정치적 압력에 굴복하고 말았다. 그는 해고되었다. 앨버트 쳉은 이에 굴하지 않고 오히려 홍콩입법부 선거에 출마하여 당당히 의석을 차지했고, 언론의 자유와 시민적 자유를 위해 싸우는 상징적 인물이 되었다.

폭력배의 공격을 받은 홍콩 언론인은 앨버트 쳉 외에도 또 있었다. 2014
년 2월, 「밍파오 데일리뉴스」의 홍콩판 편집장이었던 케빈 라우(Kevin Lau)
도 자신의 자동차를 향해 걸어가다가 두 남자의 공격을 받았다. 공격 방식
은 앨버트 쳉이 당했던 것과 똑같았다. 그들 역시 정육점 칼을 사용했고, 케
빈 라우를 살해하기보다는 불구로 만들려고 했다.

　　케빈 라우는 해직된 이후 홍콩 언론인들 사이에서 뜨거운 쟁점이 되고
있던 인물이었다. 그가 해직된 이유는 당연히 평소에 중국을 직설적으로 비
판하는 내용을 열심히 보도했기 때문이었다. 그의 전 동료들과 지역 언론
인들은 그의 해직을 항의하며 거리 시위에 나섰다. 이 시위는 홍콩의 언론
과 정치를 통제하려는 중공의 움직임에 대한 반대운동의 일환이었다. 약 1
개월 후인 2014년 3월, 홍콩모닝뉴스그룹(Hong Kong Morning News Group)
부사장이 점심 식사를 위해 홍콩과학관 근처를 거닐다가 역시 괴한의 공격
을 받았다. 이 일은 이 언론사가 새로운 독립 뉴스법인을 출범하기 직전에
일어난 사건이었다. 지금까지 캐나다 언론인 중 중공과 충돌을 빚은 사람들
은 그저 위협을 받거나 가장 심한 경우라고 해도 직장을 잃는 데 그쳤다. 그
러나 앨버트 쳉을 비롯한 다른 언론인들이 당한 끔찍한 사건은 매일매일 기
자의 명예와 전문성을 지키려고 애쓰는 중국계 캐나다 언론인들의 뇌리에
서 절대 떠날 수 없는 일이 분명하다.

　　앞에서 「토론토 스타」의 기사 중에 중공을 공격하는 것으로 보이는 내
용은 「싱타오 데일리」로 옮기는 과정에서 검열당하는 경우가 있었다고 이
야기했다. 2012년에 「밴쿠버 선」이 「타이양바오(太陽報)」라는 중국어 인터
넷판을 출범했을 때도 비슷한 현상이 눈에 띄었다. 당시 모기업인 포스트
미디어(Postmedia)에서 국제문제 칼럼니스트로 일하던 필자는 「밴쿠버 선」

건물 내에 사무실을 두고 있었다. 「타이양바오」가 겨냥하는 독자층은 밴쿠버나 캐나다 국내의 중국어 사용자뿐 아니라 중국 본토에 사는 사람들까지 포함하고 있었다. 「밴쿠버 선」 편집자는 중국 시장을 염두에 둔 디지털 신문을 계획하는 단계에서 밴쿠버 주재 중국 영사관을 찾아갔고, 그들 역시 이 프로젝트에 지대한 관심을 보였다. 심지어 이 신문의 번역일을 맡을 사람을 추천하기까지 했다. 「밴쿠버 선」 측은 그들의 제안을 수락했다. 그러나 「타이양바오」가 선을 보이자마자 중문판과 영문판을 모두 읽어본 독자 중에서 두 버전의 내용이 너무 다르다고 불평하는 사람이 나오기 시작했다. 바로 이 시점에 「밴쿠버 선」 편집장이 필자를 찾아와 조언을 구했다. 나는 먼저 현재 상황을 정확히 파악하는 것이 급선무라고 말했다. 그리고 영어와 중국어 기사를 모두 읽고 전체 내용을 서로 비교할 수 있는 팀을 꾸렸다.

며칠 후, 그 팀은 영사관이 소개한 번역가가 「밴쿠버 선」 기사에서 중공이 인정할 수 없는 부분을 모두 도려내었다는 보고서를 제출했다. 이 보고서를 기초로 「밴쿠버 선」은 영사관 측이 추천한 그 '검열관'을 해고하고 다른 번역가를 구했다. 그러나 불과 몇 시간 후에 「밴쿠버 선」 편집자는 「타이양바오」 사이트의 조회 수가 급격히 떨어지는 광경을 목격했다. 나는 중국에 사는 지인들과 연락책에 이 사실을 알렸고, 그들은 즉각 중국 내에서 이 사이트가 정부 측 검열관에 의해 차단되었다고 전해왔다. 「밴쿠버 선」이 감히 영사관과 중공의 권위에 반기를 든 데 대한 전형적이고 효과적인 보복 조치였다. 아울러 그것은 중국 시장에 접근하려는 모든 이들을 향한 메시지이기도 했다. 즉 오로지 중공이 정하는 규칙에 고분고분 따르는 사람만 중국 시장에 접근할 수 있다는 것이었다.

자유당과 보수당 정부 모두 중공의 이런 소행에 놀라나, 그들이 캐 ┤다

언론을 장악하거나 침투하는 움직임을 수수방관하는 사례가 여러 차례 눈에 띄었다. 어쩌면 이런 사례야말로 중공이 캐나다 공직사회에 심리적으로 얼마나 깊숙이 파고들었는지 여실히 보여주는 증거라고 할 수 있을지도 모른다.

2005년 1월, 의회출입기자협회(Parliamentary Press Gallery) 소속 기자와 통신사들은 폴 마틴(Paul Martin) 총리의 아시아 9개국 순방 일정의 하나인 3일간의 중국 방문을 취재하기 위해 준비하고 있었다. 그중 가장 중요한 일은 역시 중국대사관으로부터 실무 비자를 발급받는 일이었다. 이를 위해 총리실은 중국대사관과 함께 캐나다 언론인을 위한 서류작업을 진행했고, 이것은 이런 일이 있을 때마다 늘 있는 정례적인 업무였다. 1월 12일, 역시 의회출입기자협회 회원이었던 NTD TV의 데이비드 렌(David Ren)과 대니얼 주(Danielle Zhu)는 총리실로부터 비자 서류가 모두 준비되었으니 총리실에 와서 여권을 받아 가라는 전화를 받았다. 그러나 데이비드 렌과 대니얼 주가 총리실에 도착했을 때는 이미 중국대사관 측이 서류 일체를 회수해서 비자를 취소해버린 뒤였다.

중국 당국은 이에 대해 아무런 해명도 하지 않았다. 그러나 국제적인 언론 자유 운동단체 '국경없는 기자회(Reporters Without Borders, RWB)'는 사태의 원인이 어디에 있는지 심증을 굳히고 있었다. 2005년 1월 18일, RWB는 기자회견을 열어 다음과 같은 성명을 발표했다. "NTD TV는 전 세계에 50개 방송국을 거느린 뉴스채널로, 그중 4개가 캐나다에 있습니다. 중국 당국은 NTD TV를 자국이 금지한 파룬궁이라는 종교운동에 속한 기관으로 몰아세우고 있습니다. 그들은 이 단체를 '악의 세력'으로 규정하고 있습니다… 물론 NTD TV 직원 중에는 파룬궁 회원이 있는 것도 사실입니다. 그러나 이 회사는 광범위한 프로그램을 다루는 방송사입니다. 그중에는 중공의 국영방송인 CCTV

가 제공하는 선전물과는 전혀 다른 뉴스 방송도 포함되어있습니다."

RWB는 이 성명에서 NTD TV가 중공의 표적이 된 이유를 이 채널이 중공이 민감하고 당혹해할 만한 주제, 예컨대 2003년에 발생한 사스(SARS) 문제 등을 다룬 전력이 있기 때문이라고 설명했다. 실제로 그랬다. 당시 사스의 대유행을 처음 보도한 언론이 바로 NTD TV였다.

폴 마틴 총리는 중국 방문 기자단으로부터 NTD TV가 빠진 문제에 관한 질문을 받고 그것이 "매우 심각한 문제"이며, 캐나다 정부는 언론과 표현의 자유를 "이 나라의 가치 중 하나"로 생각한다고 말했다. 그러나 총리는 그해 9월에 후진타오 주석이 캐나다를 방문한 자리에서는 그 가치를 타협하고 말았다. NTD TV와 「에포크 타임스」 모두 그 행사에 참석할 길이 막혀버렸기 때문이다. 특히 그들은 후진타오 주석이 토론토에서 열린 캐나다-중국 비즈니스위원회 주최 만찬에서 연설할 때도 '좌석 제한'이라는 이유로 취재 승인을 얻지 못했다. 위원회 대변인은 「토론토 스타」와의 인터뷰에서 그 두 채널이 기자단에서 제외된 것과 관련해 캐나다 정부로부터 어떠한 압력도 받은 적이 없다고 말했다. "우리는 언론매체를 대할 때 협회의 이해를 가장 잘 대변해줄 수 있는지에만 관심을 기울일 뿐입니다." 위원회 대변인 빅터 헤이스(Victor Hayes)의 말이었다.

그러나 2010년 후진타오가 다시 캐나다를 방문했을 때는 스티븐 하퍼 정부가 직접 행동에 나서 「에포크 타임스」와 NTD TV를 공식 언론 행사에서 배제했다. 「토론토 스타」 오타와 지국의 수장 들라쿠르(Susan Delacourt) 기자는 6월 25일자 기사에서 중국 외교관들이 스티븐 하퍼와 후진타오가 공식 등장하는 4번의 장면에서 언론과의 접촉을 최소한으로 유지하며, 기자회견도 개최하지 않을 것을 요구했다고 전했다. 기사는 이어서 중국 관계자들이 이 모든 과정에서 NTD TV와 「에포크 타임스」를 철저히 배제해줄 것을 고집했다고 했다. 수잔 들라쿠르의 기사에 따르면 총리실은 "지난 몇 주 동안 기자협회 고위관계자들과 협의를 통해, 중국 측의 요구에 따라 이번 행사 기간 중 NTD TV와 「에포크 타임스」를 중국 주석과 일정 거리를 두도록 조치하는 데 합의했다"고 밝혔다. 수잔 들라쿠르 기자는 두 언론사 모두 "캐나다 의회출입기자협회 회원사로서, 「토론토 스타」나 CBC, CTV 등 여느 언론매체와 똑같이 뉴스를 취재할 권리가 있다"고 말했다.

이런 금지 조치와 상관없이 마지막에 웃은 쪽은 「에포크 타임스」였다. 이 신문은 오타와 주재 중국대사관의 교육 담당 제1서기관 류샤오화(Liu Shaohua)가 캐나다에서 공부하는 중국인 유학생 50명 앞에서 중국 정부 장학금을 제공하겠다고 발언한 내용을 보도했다. 이 기사는 대사관 측이 후진타오 수석을 환영하기 위해 3,000명의 인원을 오타와에 불러 모으고 그들의 숙박과 이동, 식사에 드는 비용 일체를 부담하기로 했다는 류샤오화의 발언도 인용했다. 신문은 류사오화가 이렇게 말했다고 전했다. "이번 일은 우리가 여러분의 비용을 모두 책임지겠습니다. 밖에 나가서는 이 일을 발설하면 안 됩니다. 이 방에 있는 분들 말고는 다른 누구와도 이야기하지 말아 주십시오."

「에포크 타임스」는 대사관이 중국 정부 지지자들을 그렇게 많이 소집한 이유는 지난번 캐나다 방문 때 중공에 반대하는 사람들이 훨씬 더 많았기 때문이라고 밝혔다. "류사오화는 2005년에 후진타오가 방문해서 시위대와 마주쳤을 때 중국 관계자들이 대단히 분노했다고 말한다. 그는 당시 캐나다 당국이 중국 측이 시위대와 관련하여 요구한 조치에 협조하지 않았다고 불평하면서, 이번에는 몇 가지 단서가 포함된 약속이 있었다고 말한다."

중공이 캐나다 언론에 압력을 가할 때 꼭 외교적 채널을 통해서만 전달하는 것이 아니다. 2007년에 중국에서 캐나다로 이주해온 NTD TV 기자 타오왕(Tao Wang)은 자신이 중공 국가안전부 요원들에게 협박을 받았다는 사실을 2010년에 「밴쿠버 선」과의 인터뷰에서 밝혔다. 타오왕은 그 신문 기사에서, 자신이 약 한달 동안 전화 협박을 받았으며, 전화 내용이 갈수록 험악해져서 나중에는 살해 위협까지 받게 되었다고 고백했다.

중공 국가안전부 측의 협박은 처음에 그가 아직 중국에서 운영하는 의료장비 회사의 고객들을 만나는 일과 관계되는 것으로 시작되었다. 「밴쿠버 선」 기사는 타오왕의 발언을 이렇게 소개했다. "그들은 제 고객들을 찾아가 제가 캐나다에서 중국의 국가안보를 해치는 불법 활동에 연루되었으니 앞으로는 내 회사와 거래를 중단하라고 말했습니다."

2010년 9월 2일이 되자 상황은 더욱 심각해졌다. 자신을 중공 국가안전부 요원이라고 밝힌 한 남자가 중국에 있는 타오왕의 회사에 나타나 그곳 직원에게 전화번호를 건네주며 타오왕에게 전화해달라는 말을 전해달라고 했다. 그 직원은 타오왕에게 그대로 전했다. 다음은 타오왕이 한 말이다. "그에게 왜 내 사업을 방해하느냐고 물었더니, 그가 '당신은 똑똑한 양반이니 우리가 왜 이러는지 당신이 더 잘 알 거요'라고 하더니 마침내, '당신이 캐나다에서 하는 행동이 중국의 국가안보에 위협이 되고 있단 말이오'라고 하는 겁니다. 그는 저더러 캐나다에서 하는 모든 행동을 그만두라고 했는데, 아무리 생각해도 그것은 저의 NTD TV 기자 활동을 가리키는 말이었습니다. 그것 말고 제가 하는 일이 없으니까요. 그는 제가 지시를 따르지 않으면 제 회사에 모종의 조치를 가할 수밖에 없다고 했습니다."

「밴쿠버 선」 기사에 따르면 그로부터 2주 후인 9월 17일, 중공 국가안전부 요원 한 명이 역시 타오왕의 중국 회사 직원을 통해 메시지를 전해왔다고 한다. 내용은 타오왕에게 캐나다에서 어떤 정치 활동에도 개입하지 않겠다는 서약서를 제출하라는 통지였다. 타오왕이 이 메시지를 무시하자, 다시 중공 국가안전부 요원으로부터 전화가 걸려왔다. "그는 '당신 정말 캐나다에 있다고 우리가 아무것도 못 한다고 생각하는 거요?'라고 말했습니다. 또, '이번 일마저 언론에 공개했다가는, 당신 정말 죽은 목숨인 줄 아시오'라는 말까지 했습니다. 그들이 무슨 말을 하는지는 너무나 분명했습니다." 「밴쿠버 선」은 바로 그날, 2명의 중공 국가안전부 요원이 그의 중국 회사에 들이닥쳐 사실상 회사를 폐업시킨 후, 직원 10명을 곧바로 쫓아냈다고 전했다.

같은 해 초반 무렵이었던 2010년 3월 24일, CSIS 청장 리처드 패든(Richard Fadden)이 토론토의 왕립캐나다군사연구소(Royal Canadian Military Institute)에서 연설한 일이 있었다. 연설이 끝나고 질의응답이 오가던 중 누군가 캐나다가 외국으로부터 간섭을 받는 문제를 질문했다. 리처드 패든이 이 질문에 답하면서 했던 발언은 이후 엄청난 논란과 비판을 촉발했고, 지금까지도 캐나다 공직사회에 큰 반향을 불러일으키고 있다. 리처드 패든은 이렇게 말했다. "우리는 브리티시컬럼비아주 지역 정치인 중 몇 명과 최소 2개 주의 일부 각료들이 적어도 외국 정부의 전반적인 영향을 받고 있다고 보고 있습니다. 사실 그들은 자신들의 유착 관계를 별로 숨기지도 않습니다. 그러나 우리가 놀랄 수밖에 없는 점은, 그런 현상이 너무나 오랫동안 광범위하게 진행되면서, 이제는 그들이 그 특정 국가의 태도에 반응하여 자신들의 정책마저 바꾸는 모습을 보인다는 사실입니다."

리처드 패든은 중국이 캐나다의 정치와 공직사회에 침투해 들어오는 주요 세력이라고 명시하지는 않았지만, 2010년 6월 그의 발언이 공개되자 이 말을 들은 거의 모든 사람은 즉각 중국을 떠올릴 수밖에 없었다. 이어서 리처드 패든이 시 위원회와 주 입법부에 당선된 중국계 캐나다인들의 애국심을 의심했다는 비판이 거세게 일어났다. 그 결과 리처드 패든은 캐나다 의회의 치안 관리 및 국가안보 관련 상임위원회에 출석해서 심문에 응해야 했다. 위원회는 리처드 패든이 "용납할 수 없는 발언"을 했으므로 정부가 나서서 이 발언을 취소하고 "중국계 캐나다인 사회에 사과할 것"을 권고했다. 위원회는 또 리처드 패든을 해임하고, "CSIS 청장급 이상의 고위 공직자가 공식 석상에서 특정 캐나다인 그룹을 함부로 비방하는 발언을 금지하는" 규칙을 마련하라고 촉구했다.

사건은 그 정도로 마무리되어 잊힌 듯했으나, 그로부터 5년 후인 2015년 6월 16일, 「글로브앤메일」에는 온타리오주 시민이민부 장관 마이클 챈(Michael Chan)이 바로 리처드 패든이 언급한 사람 중 한 명이라는 기사가 실렸다. 이 신문은 CSIS가 마이클 챈을 향해 반역이나 간첩 협의를 품고 있는 것은 아니지만, 이례적으로 "고위관계자를 파견하여 그가 퀸즈파크에서 보였던 행동을 문제 삼았다"고 전했다. 기사에는 당시 CSIS가 파악한 정보가 행정당국의 보고계통을 거쳐 온타리오 주 자유당 정부의 달턴 맥귄티(Dalton McGuinty) 총리에게까지 올라갔다는 내용이 실렸다. 마이클 챈의 공식 입장을 주정부 청렴위원실이 검토한 결과, 그의 행동은 온타리오 주법과 규정에 어긋남이 없다는 결론이 나왔다. 마이클 챈은 「글로브앤메일」 기사 내용을 강력하게 부인하며 이 신문에 대해 명예훼손 혐의로 소송을 제기했다.

마이클 챈은 이 기사에 대한 공식 대응 과정에서, CSIS가 자신에게 혐의를 제기하는 태도로 보아 이 기관이 캐나다의 모든 소수 집단을 의심하고 있는 것 같다는 뜻을 넌지시 내비쳤다. 6월 26일, 「차이니즈 캐나디언 포스트(Chinese Canadian Post)」의 자유기고가 조너선 폰(Jonathan Fon)은 마이클 챈이 CSIS를 포괄적으로 비난하고 있다고 비판하는 칼럼을 게재했다. CSIS

가 신경쓰는 대상은 오로지 마이클 챈 한 사람일 뿐, 중국계 캐나다인 사회 전체가 아니라는 것이었다. 그러나 일부 독자는 이 말을 달갑게 받아들이지 않았다. 「차이니즈 캐나디언 포스트」지의 편집장 헬렌 왕(Helen Wang)은 나중에 직속 상사인 조 장(Joe Zhang)이 그녀를 자기 방으로 불렀다고 말했다. 그는 토론토 주재 중국 영사관과 「차이니즈 캐나디언 포스트」지의 대주주 웨이 쳉이(Wei Chengyi)가 자신에게 불만을 제기했다고 그녀에게 말했다. 대형 수퍼마켓 체인의 소유주이기도 한 웨이 쳉이는 토론토화교단체연맹(Toronto Chinese Canadian Organizations, CTCCO) 회장을 맡고있는 인물이었다. 헬렌 왕은 상사로부터 마이클 챈을 옹호하는 기사를 늘리고, 토론토화교단체연맹이 주최하는 마이클 챈 옹호 기자회견에 참석해서 기사를 작성하고, 「글로브앤메일」에는 사과를 요구하라는 지시를 받았다고 했다. 그러나 그녀는 이후로도 언론인으로서 균형 잡힌 기사를 쓰려고 했기 때문에, 내내 상사와 업무 관계가 껄끄러웠다고 말했다. 7월 17일, 헬렌 왕은 해고되었다. 그 이후, 그 신문에는 매주 마이클 챈의 칼럼이 실렸다(「차이니즈 캐나디언 포스트」는 원래 중공의 기관지였다. 캐나다언론윤리위원회에 따르면 이 신문의 원래 이름은 「레드아미 포스트(Red Army Post, 赤軍報)」로, 주로 베이징에서 간행되다가 2013년경에 웨이 쳉이가 인수한 신문이라고 한다).

2016년 5월, 캐나다 정부의 장관이 언론과 표현의 자유를 지키지 못하는 심각한 일이 벌어졌다. 그달, 중국 외교부장 왕이(Wang Yi, 王毅)가 캐나다를 방문해서 오타와에서의 마지막 일정으로 캐나다 상무부 장관 스테판 디옹(Stéphane Dion)과 공동 기자회견을 열었다. 이 자리에서 온라인 신문 「아이폴리틱스(ipolitics)」(필자가 국제문제에 관한 주간 칼럼을 싣는 신문이기도 하다.)의 기자 아만다 코놀리(Amanda Connolly)가 스테판 디옹을 향해 왜 캐나다는 베이징의 인권 상황이 심각해지는데도 중국과 더 깊은 유대를 맺고자 하느냐고 질문했다. 그녀는 홍콩 서적상들에 대한 피랍 사건, 캐나다인 케빈 가랫(Kevin Garratt)의 구금 문제, 그리고 중국이 남중국해의 인공섬에 군사기지를 건설하는 상황 등을 언급했다. 스테판 디옹이 아무 답변을 하지 않는 동안, 왕이가 끼어들어 아만다 코놀리에게 일격을 가했다. "제가 듣기로는 당신은 지금 중국에 대한 편견과 오만으로 가득 찬 질문을 던지고 있소. 도저히 용납할 수 없는 일이오." 그는 중국 정부가 이룩한 경제적 성과를 열거한 후, 중국의 인권 상황은 중국인이 판단할 문제지 외국인이 간섭할 일이 아니라면서 이렇게 말을 맺었다. "그러니 앞으로는 그런 무책임한 태도의 질문은 삼가시오."

"중국의 인권 상황에 대해 묻겠...", "저 여자를 체포해!" 2016년초 캐나다 오타와에서 열린 중국과 캐나다의 장관급 회담 기자회견 현장은, 캐나다 언론 「이폴리틱스」의 아만다 코놀리 기자가 중국 인권 문제에 대해 질문을 하자 왕이 외교부장이 공개적으로 분노를 표출하면서 분위기가 크게 얼어붙었다. 당시 상황을 비꼰 「내쇼널포스트(National Post)」의 만평. ⓒGary Clement / National Post

이 기자회견을 지켜보거나 기사로 읽은 사람들이 가장 주목한 부분은 스테판 디옹이 철저하게 침묵을 지켰다는 사실이었다. 그는 당연히 아만다 코놀리를 변호하고 표현의 자유라는 캐나다의 가치를 지켰어야만 했다. 왕이의 협박 전술과 스테판 디옹의 침묵을 알아차린 것은 캐나다의 주류언론만이 아니었다. 유명 중국어 뉴스사이트 51.ca에 기고하는 토론토 거주 작가 신펑(Xin Feng)이 중국 외교부장의 오만하고 무례한 태도를 비판하는 기사를 게재했다. 신펑은 곧 혐오 발언의 집중 과녁이 되었다. 해당 기사 댓글 중에 이런 말이 등장했다. "당신 가족이 몰살당할 수도 있으니 조심해. 밖에 나다닐 때도 조심하고!" 물론 인터넷에서 흔히 보이는 악플러의 소행으로 생각하고 지나칠 수도 있겠지만, 그 혐오 발언의 대상이 정규 언론인이라는 데 문제의 심각성이 있다. 신펑의 기사에 달린 또 다른 댓글이다. "이 돼지 멱을 따버리자. 저건 인간이 아니고 짐승이야."

밴쿠버 인근 버나비 시의 신문 「글로벌 차이니즈 프레스(Global Chinese Press)」에 10년 이상 꾸준히 기사를 게재해온 자유기고가 가오 빙첸(Gao Bingchen) 역시, 소셜미디어에 왕이를 비판하는 글을 올린 후 평소 게재해오던 자신의 칼럼이 삭제당하는 일을 겪었다. 가오 빙첸은 신문 편집장으로부터 "신문에서 당신 이름을 보기 싫어하는 독자들이 있어요"라는 말을 들었다. 그러나 그는 자신의 악명을 오히려 더 크게 활용했다. 그는 자신의 블로그에서 중국계 캐나다인 사회의 이른바 "문제 있는" 지도자들에게 부패 의혹을 제기하며 맹공격을 퍼부었다. 그 일로 그는 명예훼손 혐의로 민사소송을 당했지만, 또 한편으로는 같은 화교 사회의 많은 이들로부터 지지를 얻었으며, 변론 비용에 쓰라는 후원금이 쇄도하기도 했다.

「글로벌 차이니즈 프레스」는 2017년 7월에 또 한 번 세간의 이목이 집중하는 주인공이 되었다. 이날 부편집장 레이진(Lei Jin)은 류샤오보(Liu Xiaobo, 劉曉波)의 부고 기사를 내려고 했다. 중국의 투옥작가이자 인권운동가이며, 2010년에는 노벨평화상을 받기도 했던 류샤오보가 결국 이날 옥중에서 간암으로 세상을 떠났다는 소식이 들려왔다. 편집실 고위층은 레이진이 계획한 부고 기사를 취소하고 일주일 후 그를 해고했다. 「글로벌 차이니스 프레스」의 소유주이자 대표인 시샤오홍(Si Xiaohong)은 「글로브앤메일」에 보낸 이메일에서 레이진이 해고된 것은 류샤오보 부고 건과 아무 상관없는 일이라고 말했다. 그녀는 이렇게 말했다. "우리 신문사의 인력 상황을 고려해서 레이진 씨의 해고를 결정했습니다."

과거 1990년대 중반, 홍콩의 어느 고위직 관료가 자신에게 있었던 일을 우스갯소리로 말하는 것을 들은 적이 있다. 그녀는 홍콩 식민정부에서 재무 분야의 아주 높은 직책을 맡은 인물이었는데, 어쩌다 보니 정보 관련 고위직으로 좌천이 되었다. 그녀는 당시 일을 이렇게 이야기했다. "그 후 얼마 지나지 않아 베이징을 방문하게 되었습니다. 그런데 그곳 사람들은 모두 만면에 웃음을 띠며 저보고 선전부 고위 간부로 승진한 것을 축하한다고 말하는 것이 아니겠습니까."

이것은 그저 작은 일화에 지나지 않지만, 우리는 여기에서 중공이 평소에 정보 통제를 얼마나 중시하는지뿐만 아니라, 베이징과 홍콩의 정치 문화가 얼마나 다른지도 알 수 있다. 아울러 중공이 신화통신을 대중과 당원에 관한 소식을 얻는 정보원으로뿐만 아니라, 첩보작전의 일환으로 이용하고 있다는 사실도 미루어 짐작할 수 있다.

2000년대 초, 중공은 캐나다를 비롯한 여러 나라의 화교들이 즐겨보는 중국어 언론매체를 통제하려고 애쓰는 한편, 신화통신사의 활동을 해외로 확대하는 작업에 나서기도 했다. 24시간 방송되는 영어 뉴스 방송국을 신설하고, 고수익을 보장하는 금융정보를 다루는 등의 시도도 이런 노력의 일환이었다. 신화통신은 해외 지국을 200여 개로 확대하여 전 세계에서 약 6,000명의 언론인을 고용했다. 이를 위해 신화통신은 해외 지국 일부 직책에 비 중국인을 채용하는 파격을 선보이기도 했다. 캐나다인 마크 부리 (Mark Bourrie)도 그중 한 명이었다. 당시 그는 오타와의 칼턴대학교에서 2년간 언론학을 가르치다가 막 프리랜서 기자로 복귀한 참이었다. 마크 부리는 2012년 9월 「오타와 매거진(Ottawa Magazine)」에 기고한 글에서 자신이 경험한 일을 이야기했다. 2009년 크리스마스에 캐나다 의회의사당에서 열린 파티에서 신화통신사 지국장 양시룽(Yang Shilong)과 우연히 만나 이야기를 나누던 중, 그로부터 전격적으로 프리랜서 기자직을 제안받았다는 것이었다. 양시룽은 마크 부리에게 신화통신은 전 세계 인터넷 독자층을 기반으로 급성장하는 주류언론에 편승하고자 열심히 노력하고 있다고 말했다. 그러면서 신화통신의 독자가 중국뿐만 아니라 전세계에서 급속히 증가하고 있으므로, 캐나다 기자를 다수 확보해서 독자들에게 정치, 금융 분야의 뉴스와 분석을 제공하고자 한다고 덧붙였다. 마크 부리는 그 제안이 너무나 솔깃했지만, 그렇게 쉽게 넘어갈 만큼 순진한 사람도 아니었다. 신화통신이 중국 첩보기관의 첨병 노릇을 한다는 것은 알만한 사람은 다 아는 사실이었으므로, 마크 부리는 이 회사에서 일하다가 자신의 평판에 오점이 남아서는 안 되겠다는 생각이 들었다. 그래서 그 자리에서는 제안을 승낙하지 않은 채, 캐나다 군대에 복무하는 친구에게 먼저 이야기했다. 그 친구가 대답하길, 캐나다 군대는 중국 스파이에게 기밀을 노출당할 걱정은 하지 않는다는 것이었다. 정말 취약한 쪽은 첨단산업 분야의 기업과 대학이라는 것이 그의 대답이었다. 친구는 마크 부리에게 CSIS에 연락해서 상담해보면 마음이 좀 놓일 것이라고 말해주었다. 마크 부리는 친구가 말하는 대로 해봤지만, 전화를 받는 사람은 아무도 없고 메시지를 남기라는 음성만 들렸다. 그 이후로 그에게 연락해오는 사람도 없었다.

마크 부리가 경험한 일에서 여러 가지 교훈을 얻을 수 있지만, 그중에서도 두 가지가 특히 눈에 띈다. 하나는 중공 첩보기관이 중국인 못지않게 비중국계 외국인에 대해서도 포섭이나 다른 방식의 이용을 위해 적극적인 공작을 편다는 사실이다. 마크 부리의 경험에서 얻은 또 다른 교훈은, 중공의 첩보활동에 다소 무질서한 측면이 있다는 것이다. 그럴 만도 한 것이, 그들의 간첩망에 걸려든 아마추어들이 너무 많은데다, 여러 가지 강제적인 방법을 동원하느라 정보원이 너무 많은 것도 사실이기 때문이다. 중공의 작전은 어찌 보면 성과보다는 활동 그 자체에, 또는 질보다는 양에 치중한다는 생각이 들 때도 있다. 베이징의 중공 지도부의 책상까지 올라가는 정보 중에 정말 쓸모 있는 것은 과연 얼마나 될까?

마크 부리는 신화통신사 프리랜서 기자로 일하기 시작했다. 보수는 그가 작성한 기사 건별로 받는 방식이었으나, 2010년 여름에 더 좋은 조건으로 협상해서 월급제로 바뀌었다. 마침 이때 신화통신 오타와 지국장으로 장다청(Zhang Dacheng)이라는 사람이 새로 부임해왔다. 장다청은 마크 부리에게 자신이 군 장교 출신이며(중국에서 그와 비슷한 나이와 교육 수준에 있는 사람들은 대개 인민해방군에서 의무복무 기간을 거친다.), 이라크와 동아프리카에서 신화통신 기자로 일했다고 소개했다. 장다청의 부인 시리는 신화통신 금융부문 기자로 일하고 있다고 했다. 마크 부리는 곧 장다청이 대체로 민주주의 체제에 관해 무지한 사람이며, 득히 캐나다의 의회제도에 대해서는 아무

것도 모른다는 사실을 알게 되었다. 마크 부리는 2012년 기고문에서 이렇게 말했다. "내가 그와 함께 일했던 2년 동안, 그는 자신의 SUV를 몰고 주로 알타비스타에 있던 자신의 집과 중국대사관, 그리고 중국문화센터만 왔다 갔다 하는 것이 일과의 거의 전부였다."

마크 부리가 기고문에서 신화통신의 은밀한 속사정까지 직접 이야기하지는 않았지만, 장다청은 자신이 현지 언론인을 고용함으로써 캐나다 의회의 권력층과 연이 닿았다고 생각했음이 틀림없다. 마크 부리의 말에 따르면 장다청이 이따금 자신에게 흥분에 찬 어조로 지금 당장 하원의장이나 캐나다 총독을 찾아가서 이러저러한 정치적 사안에 관한 대답을 들어오라는 이메일을 보냈다고 한다. 장다청은 이런 사람들의 직함만 보고 이들이 캐나다의 일상적인 정치 문제를 책임지는 중요 인물이라고만 생각했을 뿐, 입헌군주제와 의회 정치제도의 복잡 미묘한 구도는 전혀 이해하지 못했다. 그는 오직 일당 독재체제밖에 모르는 어린아이와 같았다고 한다. 그는 야당이라고 하면 그저 골칫덩이라고만 생각했고, 따라서 아무 관심도 기울이지 않았다.

마크 부리는 신화통신에서 일하는 동안 정치, 경제 분야의 지극히 평범한 기사만 수백 편을 작성했다. 마크 부리는 베이징 정권을 향한 반대운동이 표면으로 드러났을 때, 장다청이 자신을 통해서 뉴스가 아니라 그들에 관한 첩보를 수집하고 있는 것이 아닐까 두려웠다고 했다. 2010년 6월 토론토에서 G20 정상회담이 열렸고, 중국의 후진타오 주석이 그 행사에 참석하는 길에 오타와에 들렀다. 그것은 중국-캐나다 관계에서 매우 중요한 순간이었다. 보수당 정부의 스티븐 하퍼 총리는 처음에 대중 관계에 소극적인 자세를 보이다가 캐나다 기업인과 학계의 똘똘 뭉친 성화에 못 이겨 중국 정부와 교류를 트는 자리에 끌려 나오다시피 한 터였다. 중국이 캐나다를 중국 여행객들의 주요 목적지로 공식 승인한 것이 불과 얼마 전의 일이었고, 양국 간 상호투자가 본격적으로 재개될 것이라는 전망이 나오는 분위기였다. 그러나 막상 6월 23일 후진타오가 오타와에 도착했을 때, 그의 일행이 시내로 향하는 연도 일부에 소수의 파룬궁 시위자들이 줄을 지어 나타났다. 앞에서 소개했듯이 이 시위대는 곧 중국대사관 측이 사전에 모집한 열렬한 후 주석 환영 인파에 묻혀버리고 말았다. 그들은 여러 대의 버스를 타고 몰려온 중국 유학생들이었다. 아니나 다를까 마크 부리는 장다청으로부터 도대체 파룬궁 시위대가 어떤 사람들이며 지금 어디에 머무는지 알아내야 한다는 말을 들었다. 그에 대해 마크 부리는 이렇게 대꾸했다고 한다. "캐나다 기자는 그런 일을 하지 않습니다." 그러자 "그는 즉각 자신의 말을 취소했다"고 한다.

그러나 마크 부리는 이 사건을 통해 한 가지 깨달은 사실이 있었다. 즉, 자신이 그동안 써온 정규 기사는 신화통신 뉴스에 보도되지만, 이번처럼 위로부터의 지시로 작성한 자료는 뉴스에는 절대 노출되지 않고 중공 당국자와 첩보기관의 손에만 들어간다는 사실이었다. 마크 부리는 2010년 가을에 장다청으로부터 보고서를 한 부 작성하라는 지시를 받았다. 그 내용은 캐나다 정부는 어떻게 "종교 단체를 관리하고", 어떻게 "사악한 종교와 신앙숭배를 억제하며", 어떻게 "특정 인종을 향한 차별과 적대행위를 제한하는지"를 알려달라는 것이었다. 마크 부리는 장다청에게 캐나다에는 '캐나다인의 권리와 자유 헌장(Canadian Charter of Rights and Freedoms)'이라는 것이 헌법에 명시되어 있어서 누구나 종교의 자유를 누릴 권리가 있다고 설명한 후, 관련 배경지식을 보고서 형태로 정리해주었다. 그랬더니 징다청으로부터 그런 내용은 내가 원하는 것이 아니라는 퉁명스러운 이메일을 받았다고 한다. 장다청은 다시 한번 자신이 원하는 내용을 조목조목 열거했다. 그것은 이를테면 사악한 사교 집단을 관리하는 정부 부처는 어느 곳인지, 현재 캐나다에 존재하는 사악한 사교 집단의 수는 어느 정도인지, 정부는 그 집단을 제한하거나 공격하는지, 사악한 사교 숭배자는 기소되어 재판에 회부되는지, 또 캐나다는 어떻게 종교와 사악한 사교 집단을 구분하는지 등과 같은 질문이었다.

마크 부리가 언론인의 역할과 중국 첩보기관에 정보를 제공하는 역할 사이에서 느껴오던 갈등이 최고조에 달한 사건이 일어났다. 망명한 티베트의 영적 지도자 달라이 라마가 2012년 4월에 제6차 '티베트 문제에 관한 세계 의회인 대회(World Parliamentarians' Convention on Tibet)'에 참석하기 위해 오타와를 방문했던 것이다. 달라이 라마는 중국이 티베트를 침공하여 1951년에 조국을 점령한 후인 1959년에 인도로 망명했다. 그의 명성이 세계인의 뇌리에 계속해서 확산해가는 것이 중국 정부로서는 가장 큰 골칫덩이일 수밖에 없다. 스티븐 하퍼 총리가 오타와의 집무실에서 달라이 라마를 접견하기로 한 결정은, 중공 정부가 보기에 명백한 모욕이자 고도의 의도가 담긴 행동이었다. 이 회담은 누가 보더라도 캐나다 보수당 정부가 중국 정부와 캐나다의 친중 세력을 향해 던지는 경고가 분명했고, 따라서 결코 좌시할 수 없는 일이었다. 마크 부리는 장다청으로부터 달라이 라마의 기자회견을 취재하고 자신의 연락책을 동원해서 스티븐 하퍼 총리와 달라이 라마의 회담에 어떤 대화가 오갔는지 알아내라는 지시를 받았다. 마크 부리는 당시 상황을 이렇게 말했다. "저는 제가 취재한 내용이 신문에 보도되느냐고 물었습니다. 그러자 장다청은 아니라고 대답했습니다. 신화통신은 티베트 분리주의자에 관한 어떤 기사도 보도하지 않는다고 말하더군요." 부리는 장다청에게 그 기자회견에는 의회출입기자협회 소속 기자만 참석할 수 있다는 점을 상기한 후, 그러나 신화통신사 역시 그 자격을 가지고 있으면서도 왜 취재 내용을 언론에 보도하지 않고 단지 중국 정부를 비판하는 사람들의 정보 수집에만 열을 올리느냐고 따졌다. 마크 부리는 장다청에게 보낸 이메일에서 이렇게 말했다. "우리는 거기에 언론인으로 참석하는 겁니다. 그런데 당신이 지시한 내용은 언론인이 할 일이 아닙니다. 당신은 지금 나더러 중국의 첩보활동을 하라는 이야기 아닙니까." 그날 늦게, 마크 부리는 장다청에게 이메일로 사직서를 제출했다.

10장.
사상 통제

10장. 사상 통제

그들은 캐나다의 거의 모든 대학에 공자학원을 설치하고 자금을 지원합니다. 공
자학원은 사실상 중국대사관이나 영사관에서 나온 사람이 관리하는 기관입니다. 그
런데도 중국 당국이 관여한다는 사실을 아는 사람이 아무도 없습니다. 공자학원은
캐나다 정부의 대중국 정책이 마음에 들지 않을 때는 캐나다 정부 반대 시위를 직
접 조직하기도 합니다.

- 캐나다 안보정보청(CSIS) 청장 리처드 패든, 2010년 3월

중국 공산당은 언제나 국내와 해외의 주요 대학 조직을 그들의 생존과
권력 강화를 위한 치열한 격전장으로 인식해왔다. 중공은 국내외 대학이 경
제적, 군사적 기술을 습득하는 가장 중요한 통로라고 보고 있다. 그뿐만 아
니라 대학을 잘 활용하면 해외의 학생 및 교육기관과 우호 관계를 맺음으로
써 해외로부터 정치적 지지나, 최소한 묵인을 끌어낼 수 있다는 이점이 있
다. 지금의 학생들이 장차 거물로 성장한다고 볼 때, 이 점은 현재에도, 장
래에도 마찬가지다. 따라서 중국 공산당이 처음부터 가장 중요하게 여겼던
일은, 교육기관을 이용해 중국 공산당의 방침과 일치하는 역사와 사회정치
적 분석을 내놓는 것이었다.

중공 정권의 초기에는 전문성을 확보한 해외 친중 인사들을 적극적으로
중국에 불러들여 그들의 지식을 흡수했다. 아울러 해외의 학생들, 특히 화
교 학생들을 중국 대학에 초청하여 중국어와 모국 문화를 가르치는 프로그
램도 활발하게 운영되었다. 그러나 1960년대에서 70년대 초까지 문화대
혁명이 계속되면서 이런 프로그램이 모두 보류되었고, 역시 중국 학생들이

해외 대학으로 유학을 떠나는 일도 오랫동안 연기되었다. 그러다가 문화대혁명이 막을 내리고 1976년에 마오쩌둥이 사망한 다음, 덩샤오핑이 중국의 외교와 경제를 개방하면서 상황이 바뀌기 시작했다. 그 이후로 중공은 중국 학생들이 해외로 유학 가고, 해외의 화교 학생들이 조국의 대학에 와서 공부하는 일을 집중적으로 육성, 지원했다.

캐나다와 호주, 뉴질랜드, 미국, 영국 등지의 대학에서 공부하게 된 중국 국민을 감시하고 통제하는 전문 기관들이 설치되었다. 그중에서도 가장 중심적인 기관은 중국학생학자연합회(中国学生学者聯合, Chinese Student and Scholar Associations, CSSA)다. 이런 기관들은 중국 학생이 유학하거나 학위를 취득하기 위해 나가 있는 세계 모든 국가에서 활동한다. 물론 이들은 고향을 멀리 떠나 낯선 문화에서 공부하는 중국인 학생들을 돕는 중요한 역할을 하고 있다. 그러나 또 한편으로, 이 정부 산하 조직들이 띠고 있는 음흉한 목적은 바로 중국 유학생들의 일거수일투족을 감시, 통제하는 것이다. 호주 시드니 주재 중국 외교관 출신으로 2005년에 귀순한 첸용린(陳用林, Chen Yonglin)은 중국학생학자연합회가 위장 활동을 통해 어떤 목적을 추구했는지 알 수 있는 내용을 공개했다. 첸용린은 귀순 이후 응했던 여러 차례의 인터뷰에서, 중국 외교관 중에서도 정권의 최측근 직책인 교육 담당관들이 중국학생학자연합회를 감독했다고 말했다. 중국학생학자연합회는 학생 감시활동 외에도 서방국가 정부를 상대로 특정 이슈에 대해 중공의 정책을 지지해달라는 로비활동을 그 주요 목적으로 삼았다. 예컨대 티베트 지도자 달라이 라마와 접촉하지 말라는 요구도 이런 로비활동에 포함되었다.

첸용린의 말에 따르면 중국학생학자연합회와 중국 외교관들 사이의 긴밀한 협조 관계는 학생들도 모두 알고 있었으며, 이들은 국내에 있을 때도

301

언제나 정부의 감시하에 사는 데 익숙해 있었다. 그들이 중국학생학자연합회의 활동에 연루되는 일이 잦았던 또 하나의 이유는, 중국 외교공관으로부터 호의적인 추천서를 받을 수도 있다는 기대 때문이었다. 더구나 장학금이나 정규과정 이외의 활동에 대한 지원금을 확보할 수도 있고, 특별 행사에 초대되는 기회가 주어질 때도 있었다. 그러나 외교공관으로부터 좋은 점수를 따느냐 여부는 얼마나 열렬히 중공의 노선을 지지하고, 그들이 허락하지 않는 일에 발을 담그지 않느냐에 달린 일이었다.

오타와대학교(University of Ottawa) 컴퓨터공학과 학생인 장링디(Zhang Lingdi)는 2007년 7월 「에포크 타임스」와의 인터뷰에서, 최근 이 대학의 중국학생학자연합회 담당관으로부터 날카로운 경고가 담긴 이메일을 받았다고 말했다. "다른 학생들이 보고한 내용과 중국학생학자연합회 간부들이 조사한 바에 따르면, 당신은 아직 파룬궁 수련자라고 한다. 조심하기 바란다."

「에포크 타임스」의 그 기사는 2006년 4월 캘거리대학교(University of Calgary)에서도 비슷한 일이 있었다고 소개했다. 이 대학 중국학생학자연합회 회원들은 자신을 중국 공안부 요원 리친(Li Qin)이라고 소개한 남자로부터 이메일을 받았다. 그것은 '파룬궁의 친구들(Friends of Falun Gong)'이라는 모임이 매주 개최하는 영화감상회에 참석하지 말라는 경고 메시지였다. "이 행사에 참석하지 말기 바랍니다. 이 말을 어기는 사람은 이름과 사진이 중앙 정부에 보고됩니다."

첸용린에 따르면 중국학생학자연합회가 중국 외교공관을 위해 수행하는 일은 그것 말고도 또 있었다. "간혹 중국 외교공관이 직접 하기에는 좀 불편한 일이 있을 때가 있습니다. 그럴 때는 학생 단체라는 이름을 빌면 중립적인 이미지를 줄 수 있어 더 효과적이지요. 사실 이런 단체들은 중국 외교공관이 관리하기 때문에, 어떻게 보면 중국 공산당 정권의 해외 지부라고 해도 과언이 아닙니다."

2004년, 토론토대학교 중국학생학자연합회는 토론토시 당국에 서한을 보내 시 차원에서 '파룬궁의 날(Falun Gong Day)'을 지정하려는 움직임이 있는데, 평의회가 이것을 승인해서는 안 된다고 촉구했다. 2005년에 파룬궁과 연계된 NTD TV가 캐나다 방송사업 면허를 신청했을 때, 캐나다방송통신위원회에 반대 의견서를 제출한 곳 중 하나도 오타와대학교 중국학생학자연합회였다. 이 두 경우 모두, 중국학생학자연합회가 보낸 메시지는 중국 외교관들이 보낸 반대 서한의 문구와 토씨 하나 빠뜨리지 않고 똑같았다.

캐나다 안보 당국이 중국학생학자연합회의 간첩 활동을 제재하고 나선 일도 몇 번 있었다. 그 좋은 사례가 1991년에 콘코디아대학교(Concordia University) 석사과정에 진학한 중국 유학생 용지추(Yong Jie Qu)의 이야기다. 용지추는 이 대학에서 중국학생학자연합회 활동을 열심히 하다가 1994년 8월에 뉴욕주 버팔로 소재 캐나다 영사관에서 캐나다 영주권을 신청했다(당시만 해도 이런 신청 업무는 모두 캐나다 국외에서 해야 한다는 규정이 있었다). 용지추는 1995년 2월에 비자 담당 직원과 면담했는데, 그 면담 결과를 근거로 캐나다 안보정보청(CSIS)이 그의 신청 서류를 조회했다. 약 1년 후인 1996년 2월에 CSIS 요원 2명이 용지추와 면담했고, 용지추는 1998년 9월에 다시 비자 담당 직원을 만난 자리에서 자신의 영주권 신청이 거절되었다는 이야기를 들었다. 용지추가 받아든 거절통지서에는 다음과 같은 내용이 있었다.

"귀하와의 면담에서, 나는 심각한 우려와 함께 귀하가 캐나다의 민주적인 정부와 제도, 그리고 절차에 대한 간첩 및 반역 행위에 가담했다고 믿을 만한 합리적인 근거가 있다고 말씀드린 바 있습니다. 나는 귀하가 면담을 통해 직접 시인한 다음의 사실들에 주목했습니다. 우선, 귀하는 오타와 주재 중화인민공화국 대사관에 업무를 보고하는 행동을 일관되게 보였습니다. 또, 이른바 중국학생학자연합회에 소속된 개인들의 활동에 관한 첩보를 대사관 측에 제공했습니다. 아울러 이 단체를 외국 정부의 목적과 목표에 맞추어 뒤흔들려고 시도했습니다. 면담 당시, 나는 귀하에게 나의 이런 우려를 불식해달라고 요청했고, 만약 그러지 못한다면 귀하의 영주권 신청은 거절될 수 있다고 조언해드린 바 있습니다.

당시 귀하는 자신이 결코 외국 정부의 첩보원이 아니라고 대답했으나, 또 한편으로는 오랜 기간에 걸쳐 중국 외교관들과 여러 차례 접촉하면서 중국학생학자연합회의 '조직 개편 작업'에 중요한 역할을 담당했다는 사실을 기꺼이 인정했습니다. 그뿐만 아니라 중국학생학자연합회 회원들에 관한 정보를 중국 외교관에게 넘겨주었다는 사실도 인정했고, 아울러 이 단체의 회원 중 민주적 성향의 학생들과 공공연한 의견 불일치를 보였다는 사실, 이들의 정보를 확보해서 역시 중국대사관 측에 제공했다는 사실, 그리고 대사관 측이 특정 활동을 위해 지원하는 자금을 사용해 중국학생학자연합회를 "중국 정부와 중국 당국자의 말을 잘 듣는" 방향으로 바꾸려고 했다는 사실 등을 모두 인정했습니다. 귀하는 귀하의 활동이 중국 정부의 목적과 정책에 부합하는 측면이 있다 해도 그것은 순전히 우연일 뿐이며, 귀하의 행동은 오로지 개인적인 확신에서 나온 것일 뿐이라고 주장했습니다. 그러나 귀하가 스스로 인정한 모든 행동은 전형적인 첩보원의 모습이며, 따라서 귀하의 주장은 전혀 신뢰할 수 없을 뿐 아니라, 귀하에게 제기된 혐의를 부인한 발언은 그저 자기 위주의 편리한 언행으로 생각할 수밖에 없음을 말씀드립니다."

이 통지문에는 용지추가 중국대사관으로부터 매우 예외적인 면제 통지를 받았다는 언급도 있었다. 다시 말해 그는 중국 당국이 비용을 지불하는 콘코디아대학교 수업에 더 이상 출석하지 않아도 된다는 뜻이었다. 이것이야말로 용지추가 중국 당국의 전임 스파이였다는 사실을 강력하게 시사하는 대목이었다.

"나로서는 귀하가 외국 정부를 대신하여 적대적이고 반역적인 행위에 연루된 사람이라고 믿을 수 있는 합리적인 근거가 있습니다. 당신은 그 정부로부터 첩보 목적의 정보를 수집하라는 지시를 받아 그대로 행동했는데, 이는 캐나다에서는 개인의 권리 헌장을 침해하는 행위입니다." 통지문은 이렇게 결론 내리면서, 용지추가 출입국관리법이 규정하는 "부적격 등급의 인물"에 해당한다고 판정했다.

2000년대 초, 중국이 초강대국으로 부상하고 있다고 확신한 중공은 중국어와 중국 문화의 매력을 앞세워 외국인, 그중에서도 외국 대학을 겨냥하는 총체적 소프트파워 구사 전략을 개발했다. 당시 서구 대학 사회는 중국에 관해서라면 그것이 무엇이든 말 그대로 정신을 못 차릴 정도였다. 중국이라는 나라뿐 아니라 중국어, 중국 문화 등이 모두 대학가의 뜨거운 연구 주제가 되었고, 이런 분야가 큰돈이 된다는 사실도 분명했다. 중국인 학생들은 이미 수업료를 뜯어낼 수 있는 황금알의 거위로 인식된 지 오래였고,

한 대학이 유치할 수 있는 외국 학생 수의 법적 한계마저 점점 상향조정되고 있었다. 대학 내 특수목적 연구소도 이렇게 수익성 높은 사업에 앞다퉈 뛰어들었다. 각 대학에 우후죽순 나타난 아시아연구소는 대개 중국적인 요소들로만 채우고도 번성의 시절을 맞았다. 경영학 교수들은 중국 시장을 향해 엄청난 기대를 품은 기업계가 이 분야의 지식에 목말라 있음을 간파했고, 기업계도 관련 교육시설에 기꺼이 자금을 후원했다.

중공은 서구의 교육 기관들이 중국과 교류하기 위해 문호를 활짝 열어젖힌 모습을 지켜보았다. 그런데 이런 현실을 바라보는 중국 정부의 생각은 매우 역설적이었다. 중국은 불과 얼마 전까지만 해도 이른바 문화대혁명의 광풍을 벗어나지 못하고 있었다. 문화대혁명의 주요 투쟁 목표는 4대 구태, 즉 낡은 풍속, 낡은 문화, 낡은 관습, 그리고 낡은 사상을 타파한다는 것이었다. 그리고 이런 우상 타파 열풍의 핵심은 공자 사상에 기반하여 지난 2,000년 세월 동안 중국의 문화와 정치, 행정의 기초를 제공해온 봉건주의적 규범을 없애버리는 것이었다. 그러나 중공은 서구 세계와 상대할 때는 바로 그 공자를 현대 중국의 수호성인으로 내세우는 편이, 마오쩌둥의 이미지에 드리운 이념적 망령을 지워 그를 그럴듯한 대변자로 만드는 것보다 훨씬 더 쉬운 일이라는 사실을 깨달았다.

중공은 전 세계 대학과 각급 학교에 공자학원 네트워크를 수립해야겠다고 결정했다. 이 기관이 중공이 구상하는 목적을 달성하기 위해서는 중국어와 중국 문화를 가르칠 중국인 교사가 배치되어야 했고, 유치 기관이 충분히 매력을 느낄 정도의 보조금을 중국 정부가 제공해야 했다. 공자학원은 2004년 6월 우즈베키스탄의 수도 타슈켄트에서 처음으로 시범 운영되었다. 이 시도는 큰 성공을 거두어 불과 6개월 후인 2004년 11월에 대한

민국 서울에서 최초의 정규 공자학원이 문을 열었다. 공자학원 프로젝트의 전담 기관인 중국어국제보급사무국(国家漢語國際推廣領導小組辦公室, Office of Chinese Language Council International, 줄여서 '한판(漢辦)'이라고 한다.)의 발표에 따르면 2018년 초를 기준으로 전 세계에 총 511개의 공자학원이 존재한다고 한다. 캐나다에는 대학에 총 12개의 공자학원이 있고, 고등학교에 35개의 공자학당이 존재한다.

처음에는, 그리고 외견상으로는 공자학원을 반대할 이유가 없는 것처럼 보였다. 중국 당국자들은 이것이 몇몇 서구 국가들이 운영하는 문화 홍보 조직과 대동소이한 것처럼 소개했다. 예컨대 프랑스문화원(Alliance Française), 독일문화원(Goethe-Institut), 영국문화원(British Council) 등은 세계 어디를 가더라도 쉽게 찾아볼 수 있는 기관들이다. 중국 정부 조직도상에서 한판은 교육부 산하의 기관이었다. 따라서 한판이 해외 고등교육기관이나 지역 교육 당국과의 협정 하에 공자학원에 자금을 지원하고 교수를 파견하는 행동은 지극히 합법적인 교육 교류프로그램으로 보였다. 그러나 조금만 깊이 들여다보면 공자학원은 문화교류프로그램을 가장한 중공의 해외선전 및 간첩 활동이라는 사실을 알 수 있다. 2009년 10월 22일자 「이코노미스트(The Economist)」 지에는 중앙정치국 상무위원회 서열 5위에 해당하는 리창춘(李長春, Li Changchun)이 공자학원을 "중국이 해외에서 펼치는 선전 활동의 중요한 일부"라고 말했다는 기사가 실렸다. 그러나 이후에 드러난 현실은 훨씬 더 심각했다. 공자학원은 중국대사관과 영사관의 외곽 간첩 조직으로서, 중국 학생을 통제하고, 적으로 파악된 사람들의 정보를 수집하며, 반체제 인사를 겁박하는 행위를 광범위하게 자행했다. 이 책을 쓰는 현재, 공자학원을 관리하는 한판의 의상은 류엔둥(劉延東, Liu Yandong)

부총리가 맡고 있다. 그녀는 현재 중공 중앙정치국 위원일 뿐 아니라 과거 통일전선공작부장을 지낸 인물이다. 한판의 위원진은 그녀 외에도 중국 정부의 재정, 교육, 외교 부문의 부장들을 비롯하여 국무원 해외선전실(國務院新聞辦公室, State Council Information Office), 국가발전개혁위원회(國家發展和改革委員會, National Development and Reform Commission), 국가신문출판총국(國家新聞出版總局, Sate Press and Publication Commission) 등의 수장들이 대거 망라되어있다.

2006년 2월, 브리티시컬럼비아공과대학(British Columbia Institute of Technology, BCIT)에서는 캐나다 최초의 공자학원이 화려한 개소식으로 그 시작을 알렸다. 캐나다 측에서는 연방과 주 정부, 시 당국에서 온 200여 명의 공직자가 내빈석을 메웠으며, 그 자리에는 당시 브리티시컬럼비아 주 부총리였던 셜리 본드(Shirley Bond)도 있었다. 중국 측 대표단의 면면은 더욱 더 인상적이었다. 중국 공산당 고위 간부이자 교육부장이기도 한 천즈리(Chen Zhili)가 일행을 대표하고 있었다. 이쯤 되자, 브리티시컬럼비아 공과대학 공자학원이 도대체 어떤 곳인가라는 질문이 당연히 나올 수밖에 없었다. 2008년 초, 「밴쿠버 선」의 교육 부문 기자 자넷 스테펜하겐(Janet Steffenhagen)은 중국 정부가 브리티시컬럼비아공과대학 공자학원을 위해 대학 측에 제공한 자금의 영수증을 입수했다. 그녀가 확인한 지원금 총액은 약 40만 달러 규모였다. 그녀는 2008년 4월 2일자 기사에서 자신이 밴쿠버 시내에 위치한 이곳을 직접 찾아가 확인했을 때는 "활발하게 운영되는 흔적이 별로 보이지 않았다"고 전했다. "최근 「밴쿠버 선」 기자가 브리티시컬럼비아공과대학 건물 8층을 3번이나 방문했지만, 공자학원 명패가 부착된 접수처에는 직원이 아무도 없었다. 그중 한번은 8층 전체에 사람이라고는 보이지도 않았다. 또 한 번 찾아갔을 때는 몇 개 강좌가 열리고 있었지만, 모두 공자학원과는 무관한 강의였다."

짐 라이커트(Jim Reichert) 브리티시컬럼비아공과대학 부총장은 자넷 스테펜하겐과의 인터뷰에서, 아직 대학 측은 어떤 강의를 마련해야 브리티시컬럼비아 주민들의 중국 시장에 대한 기대를 충족할 수 있는지 열심히 구상하는 단계라고 답변했다. 그는 이렇게 말했다. "숫자가 중요하다고 생각하지는 않습니다. 공자학원의 진정한 목표는 캐나다 및 캐나다 대학과 중국 사이에 가교가 되는 것입니다."

자넷 스테펜하겐은 2008년 4월 4일자 이 신문의 블로그에서, 당시 자신이 썼던 기사에 담긴 브리티시컬럼비아공과대학 공자학원 관련 의혹을 정확하게 짚어놓았다. "내가 확보한 영수증 상으로는 40만 달러지만, 총액은 그보다 훨씬 더 클 가능성도 충분하다. 이 기간에(2006년 개소 이후 지금까지) 공자학원이 파트타임 과정으로 받아들인 학생 수는 100명에 조금 못 미친다. 브리티시컬럼비아공과대학은 등록 학생 수가 250명이라고 주장하지만, 그것은 '하루 만에 배우는 중국어'와 같은 1일 과정 수강생까지 다 포함한 숫자다. 중국은 왜 이런 조그마한 일에 그렇게 큰돈을 쓰려 하는가? 그리고 그 돈은 다 어디에 쓰였는가? 나로서는 알 수 없는 의문이다. 왜냐하면 브리티시컬럼비아공과대학과 중국 정부 사이의 협정 내용은 외부에는 비밀로 되어있기 때문이다. 이 점은 공자학원에 관한 모든 재무 보고서도 마찬가지다."

실제로 '한판'과 공자학원을 유치한 대학 간에는 비밀유지에 관한 강력한 협약이 맺어져 있다. 아울러 이 협정에는 공자학원에서 다룰 수 있는 정치적 주제와 그렇지 못한 것이 무엇인지를 결정할 때 한판이 절대적인 주도권을 가진다는 조항도 포함되어있다. 협정문에는 매우 엄격한 내용의 비밀 유지조항이 들어가 있다. "본 협약을 맺는 양방은 이 협약서를 비밀문서로 간주하며, 상대방이 서면으로 이를 승인하지 않는 한, 어느 일방 당사자도 상대방에 관해 획득한 정보나 자료, 혹은 습득한 지식을 출판, 노출, 공개하지 못하며, 다른 사람이 이를 출판, 노출, 공개하는 것을 허락해서도 안 된다. 단, 그 출판, 노출, 공개 행위가 본 협정의 일방 당사자가 협정에서 정한 의무를 준수하는 데 필요한 일일 경우에는 그러하지 아니하다."

특히 표준협약 제5항에는 매우 괴이한 내용이 들어있다. 공자학원에서 이루어지는 모든 활동은 캐나다뿐만 아니라 중국의 관습과 법률 및 규정을 따라야 한다는 규정이 그것이다. 캐나다뿐만 아니라 공자학원이 설립된 서구의 어느 나라에서도 이것은 불가능한 요구다. 캐나다 사회의 기초를 형성하는 법치주의와 헌법에 명시된 권리와 자유의 헌장을 중국의 현실과 비교하는 것은 가당치도 않은 이야기다. 중공은 법치주의를 아예 인정하지 않는 나라다. 그곳에서 헌법이란 얼마든지 마음대로 바꿔버릴 수 있는 문서나 정치적 방편에 지나지 않는다. 캐나다의 일부 대학 중에는 이 조항 때문에 한바탕 충돌을 일으킨 후 공자학원에 대한 환상에서 깨어나는 곳들이 나타나고 있다. 시간이 지날수록 공자학원이 학내에 자리를 차지하고 있을수록 자신의 학문적 명성에 손상을 입을 우려가 커진다는 사실을 깨닫는 캐나다 대학이 하나둘 늘어나고 있다.

CSIS는 이미 공자학원의 성격이 무엇인지 관심을 기울이고 있었지만, 그렇지 않았다 하더라도 공자학원이 캐나다 굴지의 과학 기술 대학인 브리티시컬럼비아공과대학에 자리를 잡은 이상 CSIS의 눈에 띄지 않을 리가 없었다. 그로부터 불과 1년 뒤인 2007년 2월, CSIS는 공자학원이 2008년 베이징 하계올림픽을 앞두고 중국이 펼치는 소프트파워 선전기관이라는 사실을 까밝히는 보고서를 작성했다. 「캐나디언 프레스(Canadian Press)」 통신사는 캐나다 정보공개법에 따라 이 보고서의 편집본을 입수하여 2007년 5월에 공개했다. 보고서는 공자학원의 주요 목적이 중국어와 중국 문화를 홍보하는 것이라고 했다. "다시 말해, 중국은 전 세계를 대상으로 중국과 중국의 모든 것에 긍정적인 이미지를 씌우려고 한다. 중국의 이런 목적이 달성되기 위해서는 사람들이 중국을 어느 정도는 존경해야 한다. 이른바 하드파워와 소프트파워 중 어느 것이 더 중요한가를 놓고 여전히 학문적 논쟁이 진행 중이지만, 중화인민공화국은 소프트파워 개념을 유용하다고 본 것이다."

편집본에 포함되지 않은 보고서의 나머지 부분에는 공자학원의 목적에 관해 더욱 심각한 차원의 조사내용이 담겼을 것이 틀림없다. 왜냐하면 이 보고서가 작성되는 중에도 CSIS 요원들은 한판과 협정을 체결한 대학들을 찾아다니며 조사했기 때문이다. 2007년 10월, 몬트리올에 있는 도슨칼리지(Dawson College)에도 공자학원이 개설되었다. 이 학교 공자학원의 원장인 맹롱(Meng Rong)은 나중에 캐나다 공영방송(CBC)과의 인터뷰에서, 개소식이 있던 날 CSIS 요원들이 자신을 찾아왔었다고 말했다. CSIS 요원들은 그날 그녀에게 공자학원의 목적에 관해 질문했고, 그 이후로도 두 번을 더 찾아가 면담했다. 맹롱은 CBC와의 인터뷰에서 이렇게 말했다. "우리(공자학원)는 정치나 스파이 활동과는 아무 관계가 없다고 그분들에게 분명히 밝혔습니다." CSIS 요원들이 그녀에게 명단을 하나 보여주었지만, 그중에서 그녀가 아는 이름은 베이징 주재 캐나다 대사 로버트 라이트(Robert Wright)를 제외하고는 아무도 없었냐고 했다. CSIS 요원들이 그녀의 집에까지 찾아가자, 맹룽은 당장 떠나지 않으면 그들을 인권침해 혐의로 제소하겠다고 말했다고 한다.

2008년 베이징 올림픽이 다가오면서 중공은 중국의 글로벌 패권국가를 향한 전망이 결코 후퇴하거나 훼손되지 않았음을 보여주기 위해 엄청난 자원을 투입하기 시작했다. 물론 중공 정권에 반대하는 진영으로서는 올림픽이 자신들의 주장을 제대로 내세울 수 있는 더할 나위 없는 무대였다. 3월에는 티베트의 수도 라사에서 중국 정부의 탄압과 문화 대학살에 항거하는 폭동이 일어났다. 폭동은 티베트인이 거주하는 간쑤성, 칭하이성, 그리고 쓰촨성 등지로 급속히 확산되었다. 서구 언론에서는 이런 폭동과 정부측 대응 진압에 관한 소식이 마치 올림픽 준비행사처럼 매일같이 대대적으로 보도되었다.

중공과 그 지지자들은 서구 언론의 보도에 반발하는 움직임을 보였다. 온타리오주 남서부에 있는 워털루대학교(University of Waterloo) 공자학원의 강사이자 전 신화통신 기자이기도 했던 얀리(Yan Li)는 '티베트 분리주의자'들에 대해 보이는 언론의 동정적 태도에 반대운동을 펼치기 시작했다. 그녀는 당시 자신의 학생들에게 '캐나다 언론에 대항해 함께 싸우자'고 독려했던 이야기를 나중에 북미지역 중문학자들을 위한 한 웹사이트에 공개하기도 했다. 그녀는 수업 시간에도 티베트의 역사와 현 상황에 관한 중국 정부의 시각을 학생들에게 설명했다. 그 웹사이트에는 이런 기록이 남아있다. "캐나다 학생 중에는 그녀의 영향을 받아 인터넷상에서 반중국적 요소에 관해 용감하게 토론을 펼치거나 TV 방송국이나 신문사에 편지를 보내 그들의 보도가 사실이 아니라고 지적하는 사람들이 있었다." 얀리는 중국의 티베트 점령을 바라보는 캐나다와 서구의 시각에 반대운동을 펼치는 것도 중공이 공자학원을 설립하지 않았으면 불가능한 일이었을 것이라고 말했다. "나라에 아직 급한 일이 많은데도 정부에서 큰돈을 들여 해외에 공자학원을 차근차근 설립하고 있다는 사실에 크게 감동받았다. 전략적으로 볼 때도 이것은 중국이 다시 세계 패권국으로 부상하는 과정에서 세계의 이해와 우정을 확보해가는 장기 계획에 꼭 포함되어야 할 필수 요소다."

얀리의 행동은 캐나다의 기준에 비춰볼 때 어떤 불법 요소도 없으며, 심지어 비난받을 일도 아니다. 그러나 중국 학생들이 학교에서 자국의 과거나 현재 상황에 대한 서구 대학의 시각을 접한 후에 보이는 분노의 반응은 허용할 수 있는 수준을 훨씬 뛰어넘는 경우가 많다. 캐나다뿐만 아니라 호주와 미국의 대학에서도 중국 학생들이 다른 중국 학생이나 비중국인들의 시각에 대해 도저히 이해할 수 없을 정도의 분노를 터뜨리는 일이 자주 발생한다.

온타리오주 남부 해밀턴의 맥마스터대학 공자학원에서는 2008년 워털루대학교에서 있었던 일과는 또 다른 양상의 논란이 일어났다. 2011년, 소니아 자오(Sonia Zhao)는 한판이 맥마스터대학교 공자학원에 파견한 교수요원으로 중국에서 캐나다로 건너왔다. 그녀는 캐나다로 이주해온 것과 자신이 맡은 일이 모두 마음에 들었다고 나중에 말했다. 그러나 1년 후, 그녀는 공자학원을 사임하고 온타리오 인권재판소에 "차별을 정당화한" 혐의로 맥마스터대학교 측을 제소했다. 그녀가 대학과 맺은 고용 계약에 자신이 파룬궁과 연계된 사실을 숨기라는 요구가 포함되어있다는 이유에서였다. 「글로브앤메일」은 그녀가 중국에서 서명한 고용계약서 사본을 공개했다. 그 내용 중에는 교수가 "파룬궁과 같은 불법단체에 가입해서는 안 된다"라는 조항이 늘어있었다. 소니아 자오는 이 신문과의 인터뷰에서, 자신이 베이

313

징에서 연수 과정을 밟을 때는 학생들과 티베트, 대만, 파룬궁과 같은 민감한 주제뿐 아니라 "중국 공산당이 좋아할 만한 내용에 관해서도" 이야기하지 말라고 배웠다고 말했다.

이 사건으로 대학 행정당국은 매우 곤란한 처지에 몰리게 되었다. 특히 중국 측의 채용 결정에 관해서는 '한판'과의 협약에 따라 자신들은 아무런 권한이 없었기 때문이다. 맥마스터대학교의 대정부 업무 책임자인 안드레아 파쿠하(Andrea Farquhar) 부총장보는 2013년 2월에 「글로브앤메일」과의 인터뷰에서 이렇게 말했다. "우리 심정은 불편했습니다. 채용과 관련한 대학 측의 입장이 전혀 고려되지 않았다는 생각도 들었지요." 그 결과, 맥마스터 대학은 한판과 맺은 5년 협약이 만료된 2013년 6월 31일, 공자학원과의 관계를 더 이상 지속하지 않기로 결정하고 협약 갱신을 포기했다.

이 일을 계기로 시간이 지날수록 공자학원을 향한 반대운동의 흐름이 점차 형성되기 시작했다. 2013년 12월, 약 7만 명에 이르는 캐나다 대학 교직원 사회를 대변하는 캐나다대학교사협의회(Canadian Association of University Teachers, CAUT)는 전국의 모든 공자학원 유치 대학을 향해 해당 기관을 폐쇄하고 한판과의 관계를 단절할 것을 촉구하는 결의안을 채택했다. 제임스 터크(James Turk) CAUT 사무총장은 성명서를 통해 이렇게 말했다. "공자학원의 본질은 중국 정부의 정치적 도구입니다. 그들은 중국 당국이 민감하게 여기는 주제에 관해서는 학내의 자유로운 토론마저 제한하고 있습니다. 따라서 우리 대학사회는 이런 기관에 발붙일 틈을 내줄 수 없습니다." 미국대학교수협의회(American Association of University Professors, AAUP)도 CAUT의 입장을 공식 지지했다. 2014년 6월, AAUP는 다음과 같은 성명서를 발표했다. "대학의 학문적인 사안에 제3자가 개입하여 통제하는 현실은 학문의 자유와 주권 분점, 그리고 대학의 제도적 자율권 등의 원리에 저촉되는 일이다." AAUP는 성명서에서 CAUT가 공자학원을 유치한 캐나다 대학들을 향해 권고한 내용에 동의한다고 말했다. 즉, 모든 학문적 사안과 교수 채용, 커리큘럼 결정, 수업교재 선정 등에 관한 통제권이 보장되지 않는 한 캐나다 대학들은 즉각 한판과의 관계를 단절하라는 내용이었다. 아울러 이 성명서는 한판을 향해 공자학원에 소속된 모든 교수요원에게 유치 국가에서 통용되는 학문적 자유를 허용하고, 한판과 유치대학 사이에 체결된 모든 협정문을 공개하라고 촉구했다.

CAUT와 AAUP의 입장 발표는 놀랍게도 이렇다 할 성과를 거두지 못했다. CAUT의 권고 성명에 반응한 캐나다 대학은 모두 6개교였으며, 그중에서 한판과 관계를 단절하겠다고 대답한 학교는 셔브룩대학교(Université de Sherbrooke) 단 한 곳뿐이었다. 이 학교는 실제로 2013년 12월 31일을 기준으로 한판과의 관계를 종결했다. 셔브룩대학교는 수개월 간 진행된 한판과의 협상이 무산된 후, 한판의 방향이 본교의 국제적 발전계획과 부합하지 않는다고 발표했다. 매니토바대학교(University of Manitoba)는 정치 검열에 관한 우려 때문에 공자학원을 유치하지 않겠다고 결정한 후, 공식 발표상으로는 "시설 관리상의 문제"로 교묘히 빠져나갔다. 토론토대학교나 브리티시컬럼비아대학교 등의 다른 주요 대학들은 한판과 협정을 체결하는 문제에 그다지 깊은 고민을 할 필요가 없던 것이, 그들은 중국어와 중국 문화를 다루는 교과를 설치하고 관련 교수도 채용하여 이미 많은 돈을 벌어들이고 있었기 때문이다. 그들은 더 이상의 보조금도 필요 없었고, 그에 따른 성가신 상황을 만들 이유도 없었다. 공자학원을 유치한 대학 중 이보다 규모가 삭은 곳들은 한판과의 관계를 계속 유지하는 데서 오는 이익이, 그들의 공동체적 질서나 학문적 평판에 미칠 위험보다 더 크다고 판단했다. 이 시점을 기준으로 공자학원과 협정을 체결한 캐나다 대학의 명단은 레지나대학교(University of Regina), 워털루대학교, 브록대학교(Brock University), 새스캐추언대학교(University of Saskatchewan), 도슨칼리지, 세인트매리대학교(St. Mary's University), 칼턴대학교, 세네카칼리지(Seneca College), 브리티시컬럼비아공과대학, 토론토지구교육위원회(Toronto District School Board), 에드먼턴공립교육위원회(Edmonton Public School Board), 뉴브런즈윅주교육부(New Bunswick Department of Education), 코퀴틀럼교육위원회(Coquitlam School Board) 등이다.

이 중 두 곳인 코퀴틀럼교육위원회과 토론토지구교육위원회에서는 공자학원을 둘러싼 뜨거운 논란이 일어났다. 2014년 5월 토론토지구교육위원회가 공자학원을 개설하겠다고 결정하자, 학부모들은 성난 목소리로 시끄럽게 격론을 벌이기 시작했다. 이들 학부모의 다수가 중국계 캐나다인이었다. 한판과의 협상을 주도했던 이곳의 크리스 볼턴(Chris Bolton) 위원장이 6월에 사임하자, 이 논란은 더욱 한 치 앞을 내다볼 수 없는 상황에 빠지고 말았다. 그는 이 자리를 떠난 후 베트남에 있는 한 캐나다학교의 교장직을 맡는 것으로 알려졌지만, 그 시점이 묘했다. 「글로브앤메일」에 크리스 볼턴이 교육위원회 이사에 선임되기 전에 토론토의 한 초등학교에 기부된 자금을 개인적인 용도로 전용한 일이 있다는 혐의에 대해 교육위원회 측이 조사에 나섰다는 보도가 나간 직후였기 때문이었다. 크리스 볼턴이 떠나고 나자 공자학원 찬성파는 절대적인 우군을 잃어버린 처지가 되었다. 교육위원회가 즉각 협약을 철회해야 한다는 내용의 이메일과 각종 메시지가 이사진 앞으로 쇄도했다. 요구의 근거는 공자학원이 중국 공산당과 깊숙이 연계되어있고 교육과정에서 정치적 검열 행위를 일삼기 때문이라는 것이었다. 역시 중공과 깊이 연계되어있던 캐나다화교단체연맹(Confederation of Chinese Canadian Organizations, CCCO) 토론토 지부는 교육위원회 이사진을 향해 "이번 일을 정치 문제로 만들지 말라. 공자학원은 어디까지나 중국어와 중국 문화를 가르치는 곳"이라는 메시지를 던졌다. 결국 교육위원회는 이 문제가 정치적인 사안이라고 판단했다. 2014년 10월 말에 토론토지구 교육위원회는 투표를 통해 한판과의 관계를 단절한다는 결정을 내렸다. 물론 이렇게 되면 공자학원 설립 명목으로 중국 정부로부터 받은 선금 22만 5,000달러를 반납해야 했다.

코퀴틀럼교육위원회의 경우, 공자학원과 협약을 맺는 과정에서 이사진 중 다수가 지원금을 수령한 사실이 밝혀져 정직성에 관한 의혹이 제기되었다. 이곳에서는 2008년 4월에 공자학당이 설립되면서부터 한판과 교육위원회의 관계가 시작되었다. 그러다가 2012년에 한판은 공자학당의 교육 프로그램을 공자학원 수준으로 격상하는 데 동의했다. "공자학원으로 지정받는 것이 중요하다고 생각해 우리가 추진한 일이었습니다." 2012년 2월 27일자 「밴쿠버 선」에 게재된 기사에서 이 학교 책임자 톰 그랜트(Tom Grant)가 한 말이었다. 같은 기사에서 톰 그랜트는 학교의 등급이 상향 조정되는 것이 이 교육지구가 운영하는 국제 교육 프로그램에 이로운 일이었다고 말했다. 물론 이렇게 되면서 베이징에서 오는 자금도 상당히 늘어난 것은 물론이었다. 공자학원이 되면 이 교육지구는 교재비 명목으로 100만 달러, 그리고 지역사회 중국어 강좌 지원금으로 약 3만 달러를 추가로 지원받게 되어있었다. 그뿐만 아니라 이 지구는 스포츠팀이나 학교 합창단의 중국 현지 방문 경비를 포함, 한판이 제공하는 총 15만 달러의 시원금을 추가로 획보하게 된다고 했다. 그런데 나중에 알고 보니 학생들의 중국 방문에만 돈이 지원된 것이 아니었다. 2017년 11월, 이 지역 신문 「트리시티뉴스(Tri-City News)」는 "지난 수년간, 교육위원회의 일부 이사진과 지구 관계자, 그리고 교사들은 봄방학 기간에 한판의 지원으로 10일간 중국 여행을 다녀왔다. 한판은 공자학원의 운영 자금을 지원하는 중국 정부 기관이다"라는 기사를 게재했다. 이 신문은 코퀴틀럼교육위원회 케리 파머 아이작(Kerri Palmer Isaak) 위원장의 말을 인용하여 "중국 정부가 1인당 약 8,000달러의 여행 경비를 부담했고, 이것은 코퀴틀럼교육지구로서는 매우 요긴한 금액이었다"고 보도했다. 또, 코퀴틀럼 공자학원의 책임자 패트리샤 가트랜드(Patricia Gartland)는 이 여행이 "글로벌 시대를 사는 우리에게 생생한 문화적 교류 활동의 기회가 됩니다. 학생과 교사들이 서로 생각을 교류하는 것은 중요한 일입니다. 이런 양국 교류를 통해 더 나은 세상을 만들 수 있습니다. 그런 점에서 공자학원이 중요한 역할을 하고 있다고 생각합니다"라고 말했다고 한다. 그러나 전 밴쿠버교육위원회 위원장 패티 바쿠스(Patti Bachus)는 이런 논리에 동의하지 않았다. 그녀는 「트리시티뉴스」와의 인터뷰에서 이런 무료 여행은 공직자가 외국 정부로부터 지원금을 받는다는 점에서 도덕적으로 심각한 경고의 대상이 될 수 있다고 말했다. 아울러 그녀는 전액 무료로 진행된 이런 현지 시찰을 통해 캐나다인들이 중국 정부의 선전 활동에 노출되지는 않았는지 훨씬 더 철저한 조사가 이루어져야 한다고 주장했다. 패티 바쿠스는 "분명히 이해 충돌 요소(conflict of interest)가 있다고 봅니다"라고 말하며, 문화 교류의 측면이 있다고 해서 공직자들이 지원금을 받은 행위가 정당화될 수는 없다고 덧붙였다.

  캐나다 교육기관과 중국 사이의 관계에 큰 영향을 미치는 것은 기업계나 정계와 마찬가지로 역시 돈(그것을 얻으려는 욕망과 잃을지도 모른다는 두려움)이었다. 2017년도만 해도 일부 학술 출판사들이 중공이 확고한 관점을 지닌 분야, 예컨대 티베트나 신장, 대만, 그리고 파룬궁 등에 관한 서적을 자기검열하거나 중국 정부의 요구에 맞춰 내용을 고치는 사례가 여러 차례나 있었다. 호주 맥쿼리대학교(Macquarie University) 케빈 캐리코(Kevin Carrico) 교수는 「인사이드 하이어 에듀케이션(Inside Higher Education)」지에 실린 기사에서, 서구의 학술 출판사들이 자기검열을 서슴지 않는 태도는 중공 정권이 적극적인 자기주장을 펼 뿐만 아니라, 서구사회에 자유민주주의적 가치에 대한 확신이 전과 같지 않기 때문에 벌어지는 현상이라고 말했다. 그는 이렇게 말했다. "사람들은 이제 중국 내의 학술 활동과 바깥의 그것을 가로막는 장벽이 사실상 존재하지 않는다는 사실을 깨닫게 되었습니다. 중국 밖에서의 학술 활동에 이런 종류의 압력이 점점 커지고 있으며, 저는 이런 현상이 역설적으로 사람들에게 중국의 현행 시스템에 얼마나 문제가 많은지 깨닫게 해주었다고 생각합니다."

서구 학계에서 이런 문제를 인식하고 있는 사람은 아직 소수에 불과하다. 오늘날 캐나다를 비롯한 여러 나라의 대학들은 외국 학생들에게서 받는 거액의 돈에 자신을 옥죄고 있는 것이 현실이며, 여기서 외국이란 주로 중국을 가리킨다. 대학들은 수익의 상당 부분을 중국에 의존하는 현실 속에서, 중공의 심기를 거스르거나 중국 정부로부터의 자금줄을 끊어버릴 수도 있는 일은 그 어떤 것도 하지 않을 뿐 아니라 언급조차 꺼리게 되었다. 그와 동시에 캐나다 대학들이 사상 유례없는 규모로 외국 학생을 받아들이다 보니, 급기야 캐나다 내에서도 사회적 갈등이 불거지기 시작했다. 캐나다 학생들은 점점 더 우수 대학에 입학하기가 어려워진 것이 현실이다. 이런 공립대학들은 대개 입학생의 30퍼센트 정도를 외국 학생들로 채우고 있기 때문이다. 그나마 그 30퍼센트의 외국 학생들이 과연 입학 자격을 갖추었는지도 알 수 없는 사례가 너무나도 많다. 캐나다를 비롯한 다른 나라 대학에 입학을 원하는 학생들에게 중국이 가짜 자격 서류를 발급해준다는 사실은 학계를 통틀어 모르는 사람이 없는 실정이다. 설상가상으로 중국인 학생과 그 가족 중 다수가 캐나다에 자리 잡으려는 주목적은 교육이 아니라고 볼 만한 충분한 근거도 있다. 교육은 꽤 쓸모 있기는 하지만 어디까지나 부차적인 이유일 뿐이며, 주목적은 중국에 있는 자신의 부를 해외로 옮기는 것과 장차 캐나다 시민권과 여권을 획득하려는 것이라고 볼 수 있다.

1995년 이후 중국인 중 이 계단을 밟아 오르려는 사람들이 그 첫 단계로 자녀를 캐나다의 고등학교에 진학시키는 현상이 우후죽순처럼 나타났다. 중국 본토에서 홍콩으로 이주한 뒤 섬유업계에서 부를 거머쥔 셔먼 젠(Sherman Jen)이라는 사람이 바로 그해에 중국 동북부의 항구도시 다롄에 풍엽국제학교(Maple Leaf International schools)를 처음으로 설립했다. 당시 다롄시장이었던 보시라이(薄熙來, Bo Xilai)의 부친은 바로 캐나다-중국 비즈니스위원회와 밀접한 관계를 유지했던 보이보(薄一波, Bo Yibo)라는 인물이었다. 2008년, 브리티시컬럼비아대학교 교육학과 한스 슈츠(Hans Schuetze)라는 학자가 캐나다 아시아태평양재단의 후원으로 작성한 '중국의 캐나다 연안 학교(Canadian Offshore Schools in China)'라는 연구보고서에 따르면 셔먼 젠은 "브리티시컬럼비아의 교육과정을 채택하고 브리티시컬럼비아의 교사 자격을 취득한 교사가 가르치는 브리티시컬럼비아 학교를 중국에 수출하면 주 수익에 크게 기여할 것이라고 브리티시컬럼비아주 교육부 장관을 설득했다. 그는 교육이야말로 브리티시컬럼비아의 다른 상품이 중국 시장에 들어갈 문을 미리 열어주는 훌륭한 열쇠가 될 것이라고 설명했다"고 한다. 이 프로젝트는 비즈니스 면에서도 놀라운 성공을 거두었다. 「포브스」 2017년 3월호에 따르면 셔먼 젠은 중국 전역의 주요 도시에 총 56개 학교와 2만 5,000명의 등록 학생으로 구성된 교육제국을 거느리고 있다. 온타리오주 역시 브리티시컬럼비아가 걸어간 길을 바짝 뒤쫓고 있다. 2016년까지 온타리오주가 온타리오주 고등학교 졸업장 수여 자격을 허가한 중국 사립학교는 모두 21개교에 달한다. 2018년 1월 현재 캐나다 외교부에는 중국 전역에서 캐나다의 학제를 따르며 캐나다학교의 졸업장을 수여하는 초등 및 고등학교가 모두 82개로 등록되어있다.

앞에서 언급한 2008년 캐나다 아시아태평양재단 보고서는 중국에 기업형 학교 시스템이 앞다퉈 진출했던 초기부터 문화, 제도, 법률, 행정 등 모든 면에서 수많은 문제가 있었다고 지적한다. 보고서는 그중에서도 가장 근본적인 문제가 바로 중국과 캐나다의 교육 목적이 서로 너무나 다르다는 것이라고 말한다. 캐나다 각주의 교육 목표는 젊은이들을 "민주적이고 다원적인 사회"에 적응할 수 있도록 교육하는 것이다. 반면, 중공의 목표는 학생들이 "애국심과 집단주의, 그리고 사회주의"를 갖추도록 하는 것이다. 그뿐만 아니라 주 정부에 관할권이 부여된 캐나다 교육의 특성도 문제다. 이것은 연방제도를 채택하는 캐나다의 여러 문제 중 하나이기도 하다. 보고서는 이렇게 지적한다. "캐나다 연안 학교들이 후원과 인증, 그리고 통제를 받는 방식은 다양하다. 그 결과 학교마다 표준과 절차도 모두 다른데, 이것은 다양성과 선택의 폭을 생각하면 긍정적인 면이지만, 일부 학교가 수준이 너무 떨어진다는 평을 얻는 등의 문제가 있다. 이런 평판은 언제든지 캐나다 연안 학교 전체에 영향을 미칠 가능성이 있다."

규정과 관련된 문제 중에서도 각주마다 학교를 점검하고 승인하는 정책이 다른 데서 오는 문제가 특히 심각했다. 브리티시컬럼비아주가 승인한 학교는 매년 교육부 관계자로부터 점검을 받고, 격년 단위로 외부 평가를 받아야 한다. 이와는 달리 온타리오주는 교육부의 승인을 한번 받으면 그것으로 끝이다. 한스 슈츠의 보고서에는 "온타리오주는 더 이상의 점검이나 평가를 시행하지 않았다"라고 나온다.

중국 학생들이 중국과 캐나다의 고등학교 졸업장을 모두 취득해야 한다는 것도 또 다른 문제다. 한스 슈츠의 보고서는 "양쪽의 교육과정을 동시에 수료하는 것은 매우 힘든 일이다. 두 가지를 모두 달성해내는 학생이 그리 많지 않은 정도였다"라고 말한다. 따라서 학생들은 대개 캐나다 졸업장에만 집중하는 편을 선택했다. "그 결과, 거의 모든 졸업생이 캐나다(혹은 다른 서구 국가) 대학에 진학했고, 일부 캐나다 대학은 이들 연안 학교를 학부 과정에 학생을 공급하는 학교로 여기기 시작했다."

자녀를 외국 대학에 진학시키려는 중국 학부모들의 열망이 워낙 크다 보니, 캐나다학교 행정당국은 절차를 무시하고 수업료를 최대한 올려받으려는 유혹에 항상 노출되어있었다. 연간 수업료는 1만 5,000달러였고 캐나다 고등학교 정규과정은 3년이었으니 수업료 총액은 4만 5,000달러 정도였다. 수년간 캐나다학교 사회에서는 국외에 거주하는 캐나다 교사들이 특정 학교를 상대로 각종 혐의를 제기하는 일이 너무나 많았다. 그들이 제기한 혐의는 대개 중국에 있는 학교들이 본국의 주에서 규정하는 교육과정을 준수하지 않았다거나, 무자격 교사를 채용했다거나, 비도덕적인 방법을 동원해서 학생들에게 졸업장을 수여했다는 등의 내용이었다(예컨대 교사들이 돈을 받고 학생의 점수를 올려주거나, 합격선을 넘길 때까지 계속해서 같은 시험을 볼 수 있게 해주는 등의 방법이었다).

2016년, 상하이 캐나다국제학교(Canadian International Academy)는 직원들의 수많은 부정행위 혐의 때문에 승인 주체인 온타리오 교육부로부터 정밀 조사를 받았다. 2016년 5월 「오타와 시티즌(Ottawa Citizen)」 신문 기사를 통해 발표된 이 조사 보고서는 해직 교사 데이비드 메이(David May)의 항의서한을 담고 있었다. "이 학교에서는 기본적으로 학생들을 존중하는 태도를 찾아볼 수 없었으며, 그들을 훌륭하게 자라도록 가르치고 돌봐야 할 대상이 아니라 그저 돈이 나오는 자원으로만 보는 시각이 팽배했다. 학생들이 교사를 찾아와 이 학교가 사실상 학점 공장에 불과하다는 것을 안다고 말한 경우가 여러 번이나 있었다. 최근 졸업생 부모 중에는 자신들이 학교에 충분한 지원을 해주지 않았다고 학교 당국으로부터 비난과 멸시를 당했다고 하소연하는 사람들이 많았다."

한스 슈츠 보고서에도 언급되어있듯이, 일부 교직원들이 저지르는 비리로 인해 중국에 있는 캐나다학교 전체가 오명을 뒤집어쓰는 경향이 있었다. 그러나 보고서는 학생들이 졸업장이라는 보장된 가치를 얻기 위해 힘겨운 장애물을 겪어야만 했던 주된 이유가 두 나라의 제도적 차이였다는 점도 분명히 했다.

이 글을 쓰는 2018년 중반을 기준으로, 캐나다 대학에서 공부하는 외국인 학생은 35만 명 이상으로, 불과 7년 전과 비교해 10만 명이 더 늘어난 숫자다. 캐나다 이민부 통계에 따르면 이중 약 5분의 1에 해당하는 7만 명이 넘는 사람들이 중국 유학생이라고 한다. 오늘날 많은 캐나다 대학들이 외국 학생 유치에 기울이는 노력은 저개발 국가를 돕는다는 애초의 인도적 취지를 뛰어넘어 이미 거대한 비스니스로 변했다. 심지어 몇몇 학교들이 경우는 그 정도도 넘어서서 학교의 재정을 살찌우는 데 없어서는 안 될 사업 분야가 되어버린 사례도 있다. 일부 연구 결과에 따르면 이런 현상은 각 주마다 대학급 이상의 학교에 대한 지원 예산을 삭감하는 추세와도 맞물려있다고 한다. 2017년 초, 브리티시컬럼비아주 대학교육자단체연맹(Federation of Post-Secondary Educators)이 발표한 보고서에 따르면 주 정부가 브리티시컬럼비아주의 국내 학생들에게 지원하는 1인당 학자금은 지난 16년 동안 20퍼센트 정도 줄었다고 한다. 주 당국자들은 이 숫자에 이의를 제기하고 있지만, 정부 보조금이 감소세를 보인다는 증거는 여러 학술 연구에서도 드러나고 있는 것이 사실이다. 일부 연구자들의 분석에 따르면, 대학들로서는 이런 자금 부족을 메꾸기 위해서라도 높은 등록금을 기꺼이 지불하는 외국 학생들을 쫓아다닐 수밖에 없고, 대학들의 이런 사정을 잘 아는 주 교육부 역시 별 부담 없이 교육 예산을 삭감하는 악순환이 계속된다고 한다.

이런 재정 의존 현상을 잘 보여주는 사례가 바로 브리티시컬럼비아대학교다. 2017-2018학년에 이 대학이 외국 학생들로부터 거둔 수업료 총액은 2억 7,700만 달러에 달하는 것으로 추정되며, 이는 국내 학생이 납부한 2억 2,700만 달러보다 5,000만 달러나 더 많은 금액이다.

캐나다의 정치, 사회, 문화 뉴스를 다루는 주간지 「맥클린스(Maclean's)」가 2017년 11월에 발표한 캐나다 대학 연례 평가 자료에 따르면 학부 1학년생 중 외국인 비율이 가장 높은 학교는 31퍼센트의 브리티시컬럼비아대학교였고, 30.7퍼센트의 맥길대학교가 그 뒤를 따랐다. 3위는 29.6퍼센트의 비숍대학교(Bishop's University), 4위는 25.7퍼센트의 토론토대학교였다. 외국인 대학원생 비중이 가장 높은 학교는 윈저대학교(University of Windsor)로, 57.2퍼센트의 비율을 보였다. 뉴펀들랜드메모리얼대학교

(Memorial University of Newfloundland)가 2위였고, 다음으로 콘코디아, 레지나, 브록, 워털루가 순위에 올랐으며, 앨버타대학교가 40퍼센트로 7위를 기록했다.

캐나다대학협회(Universities Canada)는 국내 학생과 해외 유학생들이 납부하는 수업료 통계를 별도로 발표한다. 이 자료를 보면 대부분의 유명 대학에서 외국 학생들이 국내 학생들에 비해 많게는 5배에 이르는 수업료를 납부한다는 것을 알 수 있다. 이런 학교에 비해 다소 유명세가 떨어지는 대학에서도 외국 학생들의 수업료는 국내 학생보다 2배에서 3배 정도 더 비싼 것이 보통이다. 예컨대 앨버타대학교에서 캐나다 학생의 수업료는 5,300 달러지만, 외국인 학생은 약 2만 400달러의 수업료를 내야 한다. 브리티시컬럼비아대학교도 사정은 거의 비슷해서, 외국 학생은 최대 3만 400달러의 수업료를 부담하지만, 캐나다 학생은 6,400달러만 내면 된다. 토론토대학교의 캐나다 학생들은 교수진이나 강좌에 따라 6,400달러에서 1만 1,500 달러 사이의 수업료를 내는 데 반해, 외국인 학생의 수업료는 3만 1,000달러에서 4만 2,560달러의 폭을 보인다. 이에 따라 토론토대학교는 캐나다에서 외국인 학생 수업료가 가장 비싼 대학의 자리를 굳건히 지키고 있다.

외국인 학생 가족, 특히 중국인 학부모 중에는 이런 수업료를 충분히 감당할 수 있다고 생각하는 사람들이 많다. 교육은 그들이 캐나다에 자녀를 보내는 이유 중에 단지 일부에 지나지 않기 때문이다. 그들은 수업료가 이렇게 비싸도 19세기에서 20세기 초반까지 캐나다 당국이 중국 이주민들에게 부과했던 인두세의 현대판 정도로 생각하고 기꺼이 부담할 준비가 되어 있는 것이다. 사실 캐나다에 자녀를 유학 보내는 가장 중요한 목적은 개인적 부를 중국 밖으로 옮겨놓기 위한 것이다. 또 하나 다른 목적이 있다면 캐

325

나다에서 고등교육을 이수하는 것이 영주권과 시민권을 취득하는 가장 확실한 방법이라는 것이다. 외국 유학생들은 10명 중 3명꼴로 시민권을 취득하는데, 이들은 일단 시민권을 취득하면 오타와시의 가족 재결합 지원 프로그램을 이용해 부모를 초청할 수 있게 된다.

2010년대에 밴쿠버와 토론토 지역에서 해외 자금, 그중에서도 중국에서 온 돈이 부동산 가격 인플레이션에 얼마나 영향을 미쳤는지에 관한 논쟁은 지금도 여전히 뜨거운 토론과 추측의 대상으로 남아있다. 그러나 캐나다 주택융자법인(Canada Mortgage and Housing Corporation)이 수집한 통계를 보면 중국인 학생 명의로 취득한 부동산이 이런 가격상승 현상에 한 요인이라는 증거를 찾을 수 있다. 도시설계 전문가이자 사이먼앤프레이저대학교 (Simon Fraser University) 도시계획과정 책임자인 앤디 얌(Andy Yam)이 2015년에 6개월간의 주택 거래량을 조사한 바에 따르면 밴쿠버에서도 부촌에 속하는 웨스트사이드(West Side) 지구에서 거래된 주택의 70퍼센트가 중국 본토인들이 구매한 것이었다고 한다. 그리고 이런 주택 중 36퍼센트에는 구매자가 직접 거주한 것이 아니라 주부나 학생들이 대신 살고 있었다. 학생 명의로 구매한 주택의 평균 가격은 320만 달러였으며, 대금 결제는 대부분 현금을 이체하는 방식으로 이루어졌다. 그중에서도 가장 눈에 띈 사례는 웨스트사이드 지구 포인트그레이(Point Grey) 구역의 한 고급주택을 티안 유조우(Tian Yu Zhou)라는 중국 유학생이 3,100만 달러에 매입한 건이었다.

11장.
금권 공세

11장. 금권 공세

1990년대판 노먼 베쑨이라 일컫는 다샨(大山)이 갑자기 큰 인기를 누리게 된 것은 중국의 선전 본부나 캐나다 정부, 그리고 캐나다 기업 모두에 이익이 되는 일이었으므로, 그들 모두가 적극적으로 환영하고 나섰다.

- 앤 마리 브래디(Anne-Marie Brady),

『외국인이 중국에 봉사하게 만들기(Making the Foreign Serve China)』

우리는 자유무역 협정을 체결한다는 원칙을 바꿀 생각도, 그 기조를 늦출 생각도 없습니다. 아울러 우리는 정치 조건을 경제적 협상에서 유리한 패로 사용하려는 시도에 반대합니다.

- 밴쿠버 주재 중국 총영사 퉁샤오링(佟曉玲, Tong Xiaoling)

중국 공산당의 캐나다와 캐나다 기업을 향한 태도가 달라졌음을 가장 압축적으로 보여준 것은 다름 아닌 마크 로스웰(Mark Rowswell)이라는 한 인물이었다. 오타와 출신의 캐나다인인 그는 1988년 11월에 중국중앙(CC) TV에서 방송된 국제 노래 경연 프로그램에서 유창한 중국어로 사회를 맡아 일약 유명인사가 된 인물이었다. 머지않아 사람들은 그를 다샨(大山), 즉 '큰 산'이라는 방송용 예명으로 부르기 시작했다. 그는 CCTV의 고정 출연자가 되었고, 나아가 중국에서 가장 유명한 외국인이 되었다. 마크 로스웰의 주특기는 100년이 넘는 역사를 자랑하는 중국의 전통 슬랩스틱 코미디 공연인 샹셩(相聲)에 능하다는 것이었다. 이것은 2명의 출연자가 서로 엄청나게 빠른 속도로 재담을 주고받는 일종의 만담 공연이다. 마크 로스웰이 빠른 기간에 스타가 될 수 있었던 것은, 거구의 외국인이 거칠고 임시변통적인 거리문화에서 나온 이 전통 공연을 능숙하게 펼치는 광경에 중국 관객들이 아낌없는 경탄을 보냈기 때문이다. 그는 1990년대부터 2000년대 초반까지 CCTV 고정 출연자로 활약했다. 마크 로스웰은 많은 교육 방송에 출연했는데, 그중에서도 CCTV 국제방송이 제작한 외국인을 위한 중국어 강좌 시리즈물에 출연한 것이 가장 눈에 띄는 대목이었다. 그는 마침내 『중국의 붉은 별(Red Star Over China)』을 원작으로 한 연극 무대에 미국 기자 에드거 스노 역으로 출연하면서 드라마까지 섭렵했다.

캐나다 외교관들과 기업인들은 다샨이 상업적 브랜드로 떠오르는 이 기회를 재빨리 포착했다. 그러나 캐나다인들이 갑자기 나타난 이런 공짜 기회에 앞다퉈 몰려가는 모습은 다소 민망한 측면이 있는 것이 사실이었다. 그들의 이런 태도는 평소 중국을 상대하는 데 확신이 부족했음을 은연중에 내비치는 것이라고 볼 수도 있었다. 그들은 마치 중국 측 상대방과 쌍방향 관계를 맺고 있다는 사실을 확신시켜줄 마스코트가 생겨서 크게 안심한 것처럼 보이기도 했다. 마크 로스웰은 바로 이런 마스코트 역할에 어울리게, 캐나다가 주최하는 상업적 행사나 무역전시회에 사회자나 발표자로 자주 등장했다. 실제로 장 크레티앵 총리가 팀캐나다 무역 사절단을 이끌고 중국을 방문했던 1994년에도 다샨의 모습이 쉽게 눈에 띄었다. 그는 2008년 베이징 올림픽에서는 캐나다올림픽 준비위원회 대외연락관을 맡아 일했고, 2010년 상하이 세계엑스포 때도 캐나다 참가단의 총감독직을 수행했다. 2012년, 스티븐 하퍼 총리는 마크 로스웰을 캐나다의 대중국 홍보대사로 지명했다. 2014년, 마크 로스웰은 3년 임기의 토론토대학교 관리이사회 위원에 선임되었다. 2017년에 그는 이 자리에서 3년 임기를 한 번 더 보장받았을 뿐 아니라, 이 대학의 아시아국제리더십위원회(Asia International Leadership Council) 위원에도 추가로 선임되었다. 2018년, 마크 로스웰은 앨버타대학교에서 명예박사 학위를 받았다.

이 이야기에 숨은 역설을 알아채는 사람은 극히 드물다. 불과 한 세대 만에 중국의 수억 인구에게 비친 캐나다의 이미지가 몰라보게 달라진 것이다. 한 세대 전에 중국인의 눈에 영웅으로 비친 캐나다인은 의사인 노먼 베쑨이었다. 그는 국공내전의 아수라장 속에서 부상병 치료에 인생을 바쳤다가 결국 전장에서 숨을 거두며 마오쩌둥으로부터 영웅으로 추앙된, 중공 혁명전쟁의 결함 있는 영웅이었다. 그런데 이런 영웅상이 갑자기 TV 코미디언으로 바뀌어버린 것이다. 물론 마크 로스웰이 뛰어난 재능과 영리함을 겸비한 인물이긴 했지만 말이다.

다샨 현상은 중국에 중요한 순서대로 형성된 태양계에서 캐나다의 궤도가 폭넓게 재설정되는 과정의 한 부분으로 볼 수 있다. 그뿐만 아니라 천안문 광장 대학살 사건 이후 지금까지의 시간은 과거 캐나다가 선교사를 파송하면서 꿈꾸었던 중국 사회 개혁의 열정이 사그라드는 과정이었다. 그러나 중국이 자유무역 협정에 대해 취하는 태도에서 알 수 있듯이, 캐나다의 정치적, 사회적 복음주의 계층은 아직도 이런 현실을 받아들이려 하지 않고 있다. 캐나다 정부가 중국과의 자유무역 협정에 노동, 환경 및 기타 사회적 기준을 포함하려고 노력했지만, 중국 정부는 이것을 이 장의 서두에서 인용한 밴쿠버 주재 중국 총영사 통샤오링의 무뚝뚝한 한 마디로 퇴짜 놓고 말았다.

그러나 더 큰 걱정은 앞으로 다가올 일이다. 캐나다 사회 전체, 그중에서도 정치 계층은 캐나다가 중국의 변화를 주도할 가능성이 극히 희박하다는 사실을 깨닫지 못하는 데 반해, 중국 공산당이 캐나다를 야금야금 바꿔 놓고 있는 것은 현재에도 미래에도 불을 보듯 뻔한 현실이기 때문이다. 중국이 주도하는 변화가 가장 두드러지게 나타나는 분야는 바로 기업계다. 중공이 보여주는 부패 관행, 그리고 법치주의와 계약의 존엄성을 무시하는 태도, 계급 질서에 따른 오만, 사회문화적 차이에 대한 무지와 같은 특징이 캐나다의 기업계를 깊숙이 오염시키고 있다.

1980년대와 90년대를 거치면서 중공이 바라보는 캐나다의 중요성은 빠르게 줄어든 반면, 중국을 중심으로 하는 태양계에서 더 가까운 궤도를 도는 위성 국가들이 점점 늘어났다. 이런 변화는 무역 통계에서도 분명히 드러난다. 캐나다는 1970년 상호 외교관계를 수립할 당시만 해도 중국의 교역 상대국 중 4번째로 큰 규모를 자랑했다. 그러나 2016년 기준으로 그 순위는 21위로 떨어졌고, 앞으로도 무역 규모는 더욱 줄어드는 추세에 있다. 캐나다는 과거 1970년대에 자신의 목적에 따라 중국이 글로벌 사회로 나올 수 있는 문을 열어주었고, 1994년에는 팀캐나다 무역 사절단을 파견하여 천안문 광장 대학살 이후 중국이 처해있던 국제적 고립상태에 다시 한번 종지부를 찍어주었다. 요크대학교 정치학과 버니 마이클 프롤릭(Bernie Michael Frolic) 교수는 같은 대학 아시아연구센터가 발간하는 「아시아 콜로퀴아(Asia Colloquia)」 2011년호에 '캐나다와 중국의 지난 40년(Canada and China at 40)'이라는 논문을 발표하면서 양국관계에 관한 뼈아픈 진단을 내놓았다. "시간이 지날수록 캐나다는 중국의 급격한 경제적 부상을 위해 '열심히 물을 주고 땔감을 제공하는' 신세로 전락해온 것처럼 보인다… 천안문 사태 이후 우리는 우리가 중국의 지도자들에게 영향을 미쳤다고 생각해온 것이 사실은 과장된 착각이었음을 깨달았다. 새천년의 벽두에 선 지금, 중국은 세계적 패권국가의 위상을 확보했지만 캐나다는 중국이 가장 선호하는 파트너의 지위를 잃어버렸다."

그러나 중공과 공산당 귀족들에게는 캐나다가 여전히 유용한 존재였다. 비록 그 의미가 파트너로서가 아니라 현금 인출기나 자금세탁을 위한 개인 금고 같은 용도이기는 했지만 말이다.

앞에서 설명했듯이, CSIS가 1997년에 작성한 사이드와인더 보고서는 중공이 캐나다 기업에 투자함으로써 캐나다 정치에 영향을 미치려 한다는 우려를 표현했다. 보고서는 중공이 펼치는 이런 작전이 1980년대에 시작된 사업투자 이민 프로그램과 관련이 있다고 말하면서, 이미 200개가 넘는 캐나다 기업이 "중국의 영향 아래 들어갔거나 소유권이 넘어갔다"고 지적했다. 중국은 1980년대에서 90년대까지 제조업 기지로서의 경쟁력을 점차 길러왔다. 이는 중국 정부가 값싼 제조시설과 노동력을 제공하며 서구 기업들이 자사의 제조공장을 중국으로 이전하도록 유도해왔기 때문이었다. 새롭게 조성된 제조공장에서 일하는 노동자의 대부분은 농촌의 고향을 떠나온 사람들이었다. 그들은 자신의 공식적인 거주지역에서만 일할 수 있다는 중국 사회의 기존 호구제도를 무시하고 도시로 이주해왔다. 따라서 대부분의 공장 노동자들은 급여나 근로 조건에 불만을 제기하거나 중국의 새로운 '열린' 경제 체제에 어떤 형태로든 반기를 들 경우, 언제든지 고향으로 쫓겨날 수 있는 신세에 불과했다. 이런 국가 주도형 자본주의 시스템은 중공과 연계된 국영기업에 막대한 이익을 안겨주었다. 이렇게 해서 벌어들인 돈은 중국 내의 다양한 기반시설 확충(싼샤 댐을 비롯한 에너지 분야와 거대한 규모의 도로망, 공항, 철도, 항만, 그리고 도시 외관을 놀랍게 변모시킨 빌딩 건설 등)에 사용되기도 했지만, 사실 그중 상당 비율이 해외 투자금 용도로 쓰였다. 해외투자의 주된 목표는 두 가지였다. 하나는 중국의 제조산업을 지탱할 천연자원을 확보하는 것이었다. 중국의 정치개혁이 천안문 광장에서 숨을 거둔 이후 지속적 성장을 거듭한 제조산업이야말로 중공이 내세울 수 있는 유일한 정치적 정당성이었다. 또 다른 목표는 해외 기업을 사들여 그들의 자산인 첨단기술을 확보함으로써 중국의 경제적, 군사적 목적을 달성하려는 것이었다.

중공이 천연자원을 장악하기 위해 총력을 기울이는 모습은 자못 흥미로운 사실을 알려준다. 중국 정부가 비록 시장경제(중국식 시장경제)를 수용한다고 주장하지만, 사실은 전혀 그렇지 않다는 것을 분명히 알 수 있기 때문이다. 지금도 여전히 마르크스주의 독재체제에 깊이 뿌리내린 중공은 글로벌 시장체제를 전혀 신뢰하지 않는다. 하물며 중국 공산당이 자신의 통제력이 직접 닿지 않는 중국의 민간기업에 신뢰를 주는 일도 결코 없다. 그들은 중국에서 운영하는 외국기업에도 똑같이 의심의 눈길을 보낸다. 2017년부터 중국 정부는 국영기업과 민간기업 양쪽에 대한 통제를 모두 강화하기 시작했다. 그것이 전부가 아니었다. 중공 당국은 중국에서 사업하는 외국기업 내의 세포조직 활동을 확대하여 회사의 의사결정을 감시하고 영향력을 발휘하는 데까지 나아갔다. 이런 사실은 영국에 본부를 둔 저명한 글로벌 정치경제 위험평가 회사 옥스퍼드 애널리티카(Oxford Analytica)가 고객들에게 배포한 2018년 1월 23일자 보고서에 담긴 내용이다.

이 보고서에 따르면 중공은 "기업은 독립된 영역이 아님"을 재확인했다고 한다. 최근까지만 해도 민간기업은 대체로 공산당이 아니라 국가의 규제를 받는 대상이었다. 그러나 점점 더 권위주의적으로 바뀌고 있는 시진핑 정권의 눈에 이런 정상적인 통제가 성이 찰 리가 없었다. 그는 중국 공산당이 상거래의 영역까지 직접 통제하기를 원했다. 2017년 10월, 205명으로 구성된 중국 공산당 중앙위원회는 내외국 법인을 막론하고 중국에 있는 모든 기업에 당세포 조직을 설치한다는 훈령을 발표했다. '중앙위원회'는 이보다 더 상위에 있는 두 기관, 즉 25명으로 구성된 '정치국'과 7명으로 구성된 시진핑 직속의 최고권력 기관인 '정치국 상무위원회'로부터 명령을 받아 전달하는 기관이었다.

옥스퍼드 애널리티카의 보고서는 이 명령에 따라 중국 공산당이 중국인의 삶의 모든 영역을 이끄는 전위 조직임이 재확인되었으며, 따라서 "기업을 더욱 면밀하게 지도하고 기업의 애국심을 요구하는 역할"을 맡게 되었다고 전했다. 보고서에 따르면 이 명령이 발효된 후 "주식시장에 상장된 수백여 개의 국영기업들이 2017년을 기준으로 회사의 주요 사안을 당 위원회에 문의하여 결정하기로 정관을 개정했다"고 한다. 아울러 외국기업에 설치된 당세포 조직도 점점 늘어나 중공은 이 기업들이 사업적으로 어떤 결정을 내리는지 더욱 자세히 파악하고 더 큰 영향력을 발휘할 수 있게 되었다고 한다. 이 명령에 따르면 공산당원이 3명 이상 속한 모든 조직은 의무적으로 당세포를 설치해야 한다. 중국 공산당 당헌 제46조에 명시된 당세포 조직의 의무는 "당의 노선과 원칙, 그리고 정책이 제대로 집행되는지 예의주시하는 것"이다.

1949년 중화인민공화국이 설립된 이래, 중공은 중국의 모든 주요 기관, 그리고 경제 및 행정 조직상의 모든 직책에 대한 임명권을 총괄해왔다. 또한 이 통제권의 대상은 공산당원인가 여부와도 상관없었다. 1980년대 중반부터 중국 정부가 명백히 시장경제를 수용하는 태도를 보이고, 이에 따라 민간기업이 활성화되면서 당의 이런 통제력은 다소 느슨해진 것이 사실이었다. 1990년대에서 2000년대 초까지 경제성장이 순조롭게 진행되면서 공산당은 국가 비전략 기관의 통제권을 중국 정부의 대외적 얼굴에 해당하는 국무원에 기꺼이 넘겨주었다. 그 시기에 중공은 민간기업에 별 관심을 기울이지 않았는데, 그것은 당시만 해도 민간기업의 규모가 너무 작아 중요성이 떨어졌고, 공산당이 통제하는 국영기업의 경제적 우위에 별로 위협이 되지도 않았기 때문이다. 게다가 민간기업은 그때까지도 노동자 계층의 피를 빨아먹는 사악한 부르주아 집단이라는 공산주의적 오명을 떨치지 못하고 있었다. 이런 상황에 변화가 온 것은 2001년의 일로, 당시 중공은 세계무역기구(WTO)에 가입하려는 노력의 일환으로 기업가들에게도 당원 자격을 허락했다. 어찌 됐든 중국 사회는 그때도 부패가 만연했기 때문에 새롭게 기업가가 된 사람 중 다수는 이미 중공 당국자의 친척이거나 그들과 깊이 결탁한 사이였다.

옥스퍼드 애널리티카의 보고서는 당시 중국의 민간기업 중에서 당세포 조직이 있던 곳은 불과 3퍼센트에 불과했다고 말한다. 그때부터 지금까지 민간기업이 중국 경제에서 차지하는 역할은 점점 더 커졌지만, 이런 회사들 내에 스며들어 지배력을 행사해온 중공 권력의 존재 역시 그에 못지않았다. 보고서는 2015년 이후 중국에 새로 설립된 민간기업의 수는 모두 360만 개이며, 그중 절반 정도의 회사에 중공의 세포조직이 들어앉았다고 말한다. 이들 회사에서 가장 막강한 권력을 지닌 직책은 주로 공산당원이 차지하는 것이 일반적이다. 보고서는 인터넷 기업 텐센트(Tencent)를 예로 들었다. 이 회사 직원 중 공산당원의 비율은 23퍼센트에 불과하지만, 그들은 회사 핵심 요직의 60퍼센트를 차지하고 있다. 2002년에 중국에 진출한 해외 기업 중 당세포 조직이 있던 곳은 17퍼센트였다. "현재 중국에 있는 외국계 회사(약 75만 개 기업이다.)의 70퍼센트에 당 조직이 구성되어 있다."

중공이 통제력을 잃을까 봐 걱정하는 것은 충분히 이해할 만한 일이다. 현 정권의 생존 여부는 역사상 그 어느 때보다 개선된 생활 수준과, 이를 경험한 13억 중국인의 기대 수준을 정부가 어떻게 충족하느냐에 달려있다. 그러나 중공이 그동안 인민들에게 약속해온 비전을 국내 자원으로만 실현한다는 것은 어림도 없고, 불가능한 일이다. 우선 경작 가능한 토지가 턱없이 부족하다. 중국이라는 광활한 대륙에서 농지로 적합한 토지는 11퍼센트로, 이는 전 세계 경작 가능 토지 중 10퍼센트를 차지하는 면적이다. 그러나 중국은 세계 인구의 20퍼센트를 차지하는 나라다. 산업화 과정에서 제대로 된 규제가 도입되지 않았던 탓에 이 농경지 중 상당한 면적이 중금속으로 오염되었다. 중국산 농작물의 상당수는 어느 정도 유독성을 띠고 있으며, 중국인들은 대개 자국의 시장이나 상점에서 파는 식품을 잘 믿지 않는다.

토양 오염의 주원인 중 하나는 수질 공해다. 이렇게 된 원인도 역시 규제 없는 산업화다. 수질 오염이 얼마나 심각한가 하면, 중국의 주요 대도시를 흐르는 강물은 모두 농업용수는 고사하고 공업용수 기준에도 미치지 못할 정도다. 2006년 중국 환경보호부가 발간한 보고서에 따르면 중국 전역의 강과 호수에 있는 물의 60퍼센트는 식수로 쓸 수 없다고 한다. 같은 해 영국 주재 중국대사관이 발표한 글에는 중국에서 깨끗한 물을 구할 수 없는 인구가 약 3억 명에 달한다는 내용이 담겨 있었다. 도시 지역 지하수의 90퍼센트, 그리고 중국의 강과 호수의 70퍼센트가 오염되어 있다. 대수층(帶水層, 지하수를 품고 있는 지층) 개발은 폭발적으로 성장해온 도시인구에 용수를 공급하는 과정에서 이미 그 도를 지나쳤고, 그 결과 상하이를 비롯한 대도시 곳곳에서 지하수를 퍼내다가 발생한 거대한 동굴이 출현하기에 이르렀다. 중국은 세계에서 광물 매장량과 그 종류가 가장 풍부한 나라 중 하나다. 그러나 최근 들어 너무나 활발한 채굴 활동을 펼친 결과 지금은 그 생산량과 비축량의 관계가 위험 수준에 접어들고 있다. 2014년에 언스트앤영(Ernst & Young, 영국 런던에 본사를 둔 세계 4대 회계법인 중 하나, 산업분석 및 컨설팅업으로도 유명하다. - 옮긴이)이 발표한 '광업 및 금속산업의 인수, 합병, 자본 모금 현황(Mergers, acquisitions and capital raising in mining and metals)'이라는 보고서에는 이런 내용이 나온다. "중국 정부가 당면한 필수 광물 자원 부족 문제를 해결하고, 이 나라의 야심 찬 경제개발 전략에 걸맞은 장기적이고 지속 가능한 공급량을 확보하기 위해서는, 지방 정부 주도형 민간기업을 통해 전 세계를 대상으로 적극적인 광물 개발 협상에 나서야 한다."

캐나다는 여러 투자 지역 중 하나에 불과했다. 중국 정부의 국영 투자회사들은 동남아시아와 중앙아시아, 호주, 아프리카, 그리고 남아메리카에서도 공격적인 투자를 이어갔다. 더구나 캐나다에 대한 투자를 간절히 원하는 아시아 국가는 중국만이 아니었다. 캐나다 아시아태평양재단(Asia-Pacific Foundation of Canada)이 2017년을 기준으로 작성해 2018년 1월에 발표한 '투자현황 관찰보고서(Investment Monitor Report)'에 따르면 일본과 호주 역시 2000년대 초반까지 캐나다의 주요 투자자였으며, 이 2개 국가가 아시아 태평양 국가 전체 투자금액의 70퍼센트를 차지했다고 한다. 일본은 이 보고서의 조사 대상 기간인 2003년부터 2016년까지 기간 중 초반 3분의 1 시점까지 투자 규모 면에서 아시아 국가 투자그룹의 선두를 달렸다. 그러나 2008년, 중국이 "세계화"를 기치로 공격적인 해외투자에 나서면서 일본을 재빨리 앞질러 캐나다 시장에서 아시아 투자자 중 압도적인 위치를 점유했다. 보고서에 따르면 2003년부터 2007년까지 중국의 국영 및 민간기업은 캐나다 기업을 대상으로 총 25건, 6억 7,700만 달러 규모의 투자거래를 성사시켰다. 2008년부터 2012년까지의 기간에는 캐나다 기업을 인수한 건수는 82건으로 껑충 뛰어올랐으며, 거래액 규모는 총 214억 달러에 달했다. 2013년부터 2016년까지 거래 규모는 비록 그 폭은 크지 않아도 또 한번 도약을 이루었다. 기업 인수 건수는 87건에 불과했지만, 투자 총액은 이전 기간보다 2배 이상 증가한 489억 달러에 이르렀다고 한다.

　보고서에 따르면 중국의 주요 투자 대상은 2003년부터 2016년까지의 조사 기간 전체에 걸쳐 캐나다의 에너지 및 자원 관련 기업이었다. 600억 달러에 달하는 투자 총액의 대부분이 캐나다 에너지 기업에 집중되었고, 그 뒤를 따라 캐나다의 광업 및 화학공업 분야 기업이 90억 달러를 차지하며 1위와 격차가 큰 2위에 올랐다. 중국이 이렇게 뚜렷한 목적을 가지고 에너지 일변도의 투자활동을 펼치자 2013년에는 급기야 국가안보에 대한 우려가 제기되었다. 보수당의 스티븐 하퍼 정부는 중국과의 무역 관계가 과열됨으로써 과연 어떤 이익이 있는지에 대해 처음부터 회의적인 시각을 분명히 내비쳤던 만큼, 과거 자유당 정부와 비교해 비즈니스 투자 유치에 그리 큰 열의를 보이지 않았다. 2012년 6월, 캐나다 캘거리에 본사를 둔 석유 및 천연가스 회사 넥센(Nexen Inc.)은 자사가 총액 151억 달러에 중국 해양석유집단유한공사(中国海洋石油 集团有限公司, China National Offshore Oil Corporation, CNOOC)에 매각되었다고 공식 발표했다. 이것은 당시로서 캐나다 기업이 외국기업에 인수된 것으로는 최대 규모의 거래였다. 중국해양석유집단유한공사는 북미지역 석유산업에 발판을 마련한다는 것은 뭔가 자만심에 따른 행동이 아닌가 하는 시선이 있었던 것도 사실이다. 그보다 앞선 2005년에 이 회사는 미국 석유회사 유노컬(Union Oil Company of California, Unocal) 인수전에 185억 달러를 부르며 뛰어들었다가, 미국의 정계와 규제당국(원래부터 미국은 캐나다보다 중국의 투자를 경계하는 편이었다.)이 끝없이 계속되는 승인 과정으로 압박을 가하고 있음이 분명해지자 이를 철회한 바 있었다. 넥센 인수 건은 2012년 2월에 캐나다 규제당국의 승인을 얻었고, 2013년 초에는 대미 외국인투자위원회의 승인이 났다. 넥센이 멕시코만에 자산을 보유하고 있었기 때문에 미국의 승인이 필요했던 것이다. 그러나 여당인 보수당 측은 이 거래에 여전히 많은 의혹을 보내고 있었다. 문제는 넥센이 북해와 멕시코만, 서아프리카, 중동에 보유한 자산과, 앨버타 오일샌드(Alberta oil sands) 지역에 있는 수십억 배럴의 석유 매장량이 중국 공산당의 한쪽 팔과도 같은 중국해양석유집단유한공사의 손에 넘어가게 되었다는 점이었다.

스티븐 하퍼 정부는 결국 이 거래를 승인했지만, 앞으로는 외국의 국영기업이 또다시 오일샌드 지역의 과반 지분을 점유하는 일은 허용하지 않겠다고 발표했다. 보수당은 한발 더 나아가 중국 기업이 캐나다의 기술기업을 인수하는 데 대해 매우 부정적인 시각을 드러냈다. 특히 이번에는 인수기업이 중공과 직결된 기관이었으므로 그 정도가 더욱 심했다.

2015년 7월, 스티븐 하퍼 내각은 몬트리올의 보안 통신 시스템 개발업체 ITF 테크놀로지의 인수에 나선 홍콩 기업 오넷 커뮤니케이션(O-Net Communication)에 대해 이 거래를 철회하라고 명령했다. ITF 테크놀로지웹사이트에는 이 회사가 군사 기술 표준을 만족하는 "고성능의 튼튼한 부품"을 방위산업 시장에 제공한다고 나와 있다. 이 회사는 캐나다의 국립 암호 전담 기관인 캐나다 통신보안청(Communication Security Establishment, CSE)과 협력해온 경력을 가지고 있었다. 이 분야는 제2차 세계대전 말기에 캐나다와 미국, 영국, 호주, 그리고 뉴질랜드가 결성한 이른바 파이브아이즈 정보 동맹의 핵심 내용이기도 했다. 스티븐 하퍼 정부는 이 인수거래를 막아선 이유를 공개하지 않았지만, 2017년 1월 23일자 「글로브앤메일」지는 정부의 이번 발표가 국방부와 CSIS가 이 거래를 국가안보의 관점에서 진단한 보고서를 내각에 제출한 데 따른 것이었다고 보도했다.

이 신문은 해당 진단보고서 내용의 일부를 공개했다. "만약 이 기술이 이전되면 중국은 그렇지 않았을 경우 상당 기간 달성하지 못할 서구 기준에 부합하는 첨단 군사 레이저 기술을 자체 생산할 수 있게 되어 캐나다와 그 동맹국의 군사적 우위가 위축될 위험이 있다." 이 보고서 작성자의 우려는 중국의 국영기업 중국전자정보산업집단유한공사(中国电子信息产业集团有限公司, China Electronics Corporation, CEC)의 한 자회사가 오넷 커뮤니케이션 지분의 25퍼센트를 보유하고 있다는 사실이 오넷 커뮤니케이션의 홍보 자료를 통해 밝혀지면서 더욱 고조되었다. 당시 보수당의 외교 분야 평론가로, ITF 테크놀로지 관련 결정이 내려질 당시 의회 국방 상임위원회 의장이기도 했던 피터 켄트(Peter Kent)의 발언이 「글로브앤메일」에 소개되었다. "중국 정부의 지분이 조금이라도 포함되어있다면 그 회사는 중공 정권이 통제하는 것으로 봐야 하며, 그들이 캐나다 기업을 인수한다면 그것이 어떤 회사든 중국에 장악된 것으로 봐야 한다."

오넷 커뮤니케이션은 매수 금지 조치에 법적으로 이의를 제기했고, 2015년 법정에 제출한 소장에서 이렇게 말했다. "ITF가 오넷 커뮤니케이션에 이전해줄 기술 중에서 시장에 곧바로 적용할 수 없는 기술은 하나도 없습니다." 그러나 2015년 11월에 자유당이 다시 정권을 차지하면서 더 이상의 법정 공방이 필요 없게 되었다. 1년 뒤인 2016년 말, 쥐스탱 트뤼도 정부는 이 금지 조치를 다시 검토하는 데 동의했다. 2017년 3월 27일, 오넷 커뮤니케이션은 캐나다 내각이 이 검토의 결과로 오넷 커뮤니케이션의 ITF 테크놀로지 인수를 다시 승인하기로 했다고 발표했다. 여기에는 몇 가지 단서가 있었지만, 외부에 공개되지는 않았다. 아마도 이 인수거래에는 캐나다 투자법이 규정하는 일부 조건이 적용된 것으로 보인다. 이에 따라 ITF 테크놀로지와 관련된 오넷 커뮤니케이션의 사업 범위와 보안 기준, 직원 채용 과정 등에 제한이 부여되었을 수도 있고, 캐나다에서 운영하는 사업내용에 관해 보고 의무가 부과되었을 수도 있다. 일부 추측성 보도에 따르면 쥐스탱 트뤼도 정부는 오넷 커뮤니케이션의 투자가 없었다면 ITF 테크놀로지가 파산했을 것으로 판단했다고도 한다. 정부는 이 거래를 허가하는 것만이 광섬유 레이저라는 민감한 기술을 보유한 캐나다 기업을 보존하는 유일한 길이라고 판단했다는 것이다.

관측자들로서는 이 결정을 쥐스탱 트뤼도 정부가 주장하는 대로 중국 정부와 자유무역 협정을 체결하겠다는 의지의 맥락에서 이해할 수밖에 없었다. 게다가 ITF 테크놀로지에 관한 결정은 캐나다 주재 중국 대사 루쉐이(卢沙野, Lu Shaye)가 특유의 퉁명한 어법으로 무역 문제에 관해 다음과 같이 언급한 지 불과 며칠 후에 나온 것이었다. "캐나다가 국가안보라는 명분을 내세워 우리 국영기업의 캐나다 기업 인수나 캐나다 연방 정부와의 협력사업을 금지한다면, 중국은 이를 명백한 보호무역주의로 간주할 수밖에 없다."

이 당시 낙관론자들은 ITF 관련 결정이 선례가 되지는 않을 것으로 보았으나, 불과 몇 개월 후부터는 의심스러운 태도로 바뀌기 시작했다. 2017년 6월, 쥐스탱 트뤼도 정부는 중국 남부의 선전에 위치한 하이테라커뮤니케이션(Hytera Communications)이 브리티시컬럼비아 소재 위성통신 기업 놀샛인터내셔널(Norsat International Inc.)을 인수하는 거래를 승인했다. 놀샛

인터내셔널이 매각되었다는 소식에 미국 의회의 미중경제안보검토위원회(U.S.-China Economic and Security Review Commission)는 긴급 경계 태세에 들어갔다. 그도 그럴 것이, 놀샛인터내셔널의 주요 고객에는 미 국방부와 미국 해병대, 미국 육군, 항공기 제작회사 보잉, NATO, 아일랜드 국방부, 대만 육군, 그리고 CBS와 로이터통신을 포함한 주요 언론사까지 망라되어 있었기 때문이다. 미의회 위원회 의장 마이클 웨셀(Michael Wessel)은 캐나다 언론을 상대로 이렇게 발언했다. "놀샛인터내셔널이 중국 기업에 매각되는 건을 캐나다 정부가 승인한 사실은 이 회사가 우리 군의 주요 공급사라는 점에서 미국의 국가안보에 상당한 우려가 되는 일입니다. 캐나다가 비록 자국의 안보 이익을 양보하면서까지 중국의 호의를 취할 수는 있다 하더라도, 그 과정에서 가까운 동맹국의 안보마저 위험에 빠뜨리는 일은 없어야 할 것입니다."

하이테라커뮤니케이션이라는 회사를 의심하는 데는 그럴 만한 이유가 있었다. 비록 겉으로는 민간기업처럼 보이지만, 이 회사 지분의 42퍼센트를 소유한 사람은 중국 공안부와 오랜 인연을 유지해온 억만장자 첸칭조우(Chen Qingzhou)라는 인물이었다. 공안부는 중국의 경찰을 이끄는 조직으로, 중공 독재체제의 최일선 기관인 셈이다. 하이테라커뮤니케이션은 중국의 여러 경찰 조직뿐 아니라 공안부 산하의 다른 기관과 오랜 기간에 걸쳐 모바일 및 디지털 통신 시스템 공급 계약을 맺어온 회사였다.

쥐스탱 트뤼도 정부는 놀샛인터내셔널의 매각을 승인하는 과정에서 통상적인 안보 분석을 거쳤을 뿐, 놀샛인터내셔널 기술의 해외 이전이 국가안보에 미칠 잠재적 영향을 전면적으로 검토하지는 않았다. 이것이 이상한 일이었다. 바로 같은 해인 2017년 초에 영국 정부도 하이테라커뮤니케이션이 케임브리지에 있는 디지털 통신장비 제조회사 세퓨라(Sepura)를 인수하려고 시도하자 이에 관한 전면적인 보안 검토를 수행한 일이 있었기 때문이다. 그 결과 영국 정부는 이 거래에 엄격한 제한 조건을 부과했다.

하이테라커뮤니케이션을 의심할 만한 또 다른 이유가 있었다. 2017년 3월, 시카고의 통신회사 모토로라솔루션(Motorola Solution)이 하이테라커뮤니케이션에 대해 지적 재산권과 영업비밀 절도 혐의로 소송을 제기했다. 원고 측은 하이테라커뮤니케이션이 "의도적으로 우리 기술에 대해 절도와 복제"를 모의했다고 주장했다. 소장에는 하이테라커뮤니케이션이 2008년에 모토로라 기술진 3명을 유인해서 이런 일을 저질렀다고 기록되어 있었다. 그 이전까지만 해도 하이테라커뮤니케이션은 아날로그 통신장비만 제조하던 회사였으나, 모토로라 기술자 3명을 영입한 후로는 "매우 빠른 속도로" 디지털 장비를 개발했다고 한다. 원고 측의 주장에 따르면 "모토로라가 통신장비 기술을 개발하고 지금의 명성을 쌓기까지는 거의 한 세기가 걸렸는데, 하이테라커뮤니케이션은 불과 몇 개월 만에 이 기술을 훔쳤고, 지금까지도 똑같은 행태를 보이고 있다"는 것이었다.

2018년 초까지 자유당 정부는 캐나다 국민 중 상당수가 중공의 통제를 받는 중국 기업이 캐나다 회사를 인수하는 데 강한 의심을 보냄과 동시에 이를 탐탁지 않게 여기고 있음을 인지하고 있었다. 그런데도 쥐스탱 트뤼도 정부는 여론의 분명한 메시지에 부합하는 정책을 펼치지 못했다. 2018년 3월, 랠프 구데일(Ralph Goodale) 치안부 장관은 의회에 출석하여 정부는 화웨이가 캐나다 국민에게 스마트폰과 통신장비를 판매하는 것을 금지하지 않겠다고 말했다. 랠프 구데일 장관은 화웨이가 자사 장비를 이용해 어떠한 긴첩 행위를 시도하더라도 정부는 이로부터 국민을 지키기 위한 모든 조치를 마련하고 있다고 주장했다. 이에 야당인 보수당 의원들은 미국 정보 기관들이 미 상원 정보위원회에 화웨이 스마트폰이 미국인을 상대로 한 스파이 행위에 사용된 사실이 있다고 보고한 사례를 들어 랠프 구데일 장관을 공격하고 나섰다. 미국의 FBI와 CIA, 국가안보국(National Security Agency, NSA), 그리고 국방정보국(Defence Intelligence Agency, DIA)의 수장들은 한 목소리로 스마트폰, 그중에서도 차세대 5G 기술이 적용된 기기는 특히 사용자를 대상으로 한 스파이 기능이 미리 프로그램되어있을 가능성이 크다고 말하고 있다. 이런 경고에 동의하는 캐나다 전문가들로는 캐나다 안보정보청(CSIS)의 두 전직 청장인 워드 엘코크(Ward Elcock)와 리처드 패든, 그리고 전 통신보안청(Communications Security Establishment, CSE) 청장 존 애덤스(John Adams) 등이 있다.

화웨이가 2008년부터 캐나다에서 사업을 운영해오면서 비록 그동안 어떤 문제가 있었다는 보고는 없었지만, 캐나다 정부는 화웨이 장비가 간첩행위에 사용될 가능성에 대해서 영국이나 미국처럼 적극적으로 대응하지 않고 있다는 경고가 일부 보안전문가들로부터 꾸준히 제기되어왔다. 화웨이는 1984년에 런정페이(任正非, Ren Zhengfei)가 창립한 기업으로, 외견상으로는 민간기업에 속한다. 그는 인민해방군 소속 엔지니어 출신으로, 중공 정권과 밀접한 관계를 맺고 있는 인물이다. 그는 중국 공산당 전국대표회의 의원이며, 서방국가의 정보기관들은 그의 회사가 중공이 펼치는 사이버공격과 산업스파이 활동의 첨병 노릇을 한다고 보고 있다. 전 CSIS 청장 워드 엘코크는 화웨이와 중국 공산당과의 관계에 대해 이렇게 말했다. "저로서는 화웨이 같은 회사가 중국 정부의 말을 그대로 따르지 않는다거나, 정부를 대신해서 자사의 기술을 함정으로 활용하지 않으리라고 생각하기는 어렵습니다." 중공의 첩보기관들은 바로 이런 화웨이의 기술을 함정으로 이용해서 무선통신망에 올라오는 민감한 데이터에 접근할 수 있게 된다. 워드 엘코크는 이렇게 덧붙였다. "저는 캐나다의 5G 통신망에 화웨이 장비를 채용하는 것을 반대합니다."

　화웨이에 관한 소식으로 인해 캐나다의 지적 재산권을 약탈하려는 중공의 시도에 더욱 의문이 제기된 계기가 있었다. 그것은 바로 2018년 5월 25일자 「글로브앤메일」에 화웨이가 캐나다에서 펼치는 활동에 관한 3페이지짜리 기사가 게재된 일이었다. 션 실코프(Sean Silcoff)와 로버트 파이프(Robert Fife), 스티븐 체이스(Steven Chase), 크리스틴 도비(Christine Dobby)가 연구, 작성한 이 기사는 화웨이가 차세대 무선통신 기술인 5G 이동통신의 세계시장을 지배하려는 목적으로 캐나다 대학의 연구 시설을 사용한 내용을 집중적으로 다루고 있었다. 이 기사에 따르면 중국은 2008년부터 총 6억 달러에 달하는 자국의 5G 연구개발 예산 중 4분의 1, 즉 약 1억 5,000만 달러를 캐나다에서 집행한 반면, "이 기술을 안보 사안으로 간주하는" 미국에서는 한 푼도 쓰지 않았다. 그 예산 중 약 5,000만 달러가 캐나다의 13개 대학에서 사용되었다. 보도에 따르면 화웨이는 캐나다에서 약 100명에 달하는 교수들과 공동 연구를 수행했는데, 그 교수들은 화웨이 외에도 캐나다 자연과학공학연구위원회(National Science and Engineering Research Council of Canada, NSERC)로부터 이미 수억 달러에 달하는 연구비를 지원받고 있었다. 캐나다 국민의 세금으로 지원된 이 연구가 캐나다에 도움이 된 부분은 거의 혹은 전혀 없었던 셈이다. 「글로브앤메일」 기자들이 이 교수들의 연구 결과에 따라 등록된 특허를 조사한 결과, "연구 결과(따지고 보면 이 연구는 모두 국민의 세금으로 이루어진 것이다.)가 지적 재산권으로 등록된 사례는

347

총 40건이었는데, 교수들은 이 모두를 화웨이의 권리로 등록했다"고 한다.

결국 캐나다는 자신의 돈을 써서 나라의 기술을 외국에 팔거나 주도권을 내준 꼴인데, 보고서에는 이뿐만 아니라 화웨이가 정부나 기타 기관으로부터 오히려 보조금을 받기도 했다는 내용이 상세하게 실렸다. 예컨대 온타리오주 주정부는 화웨이가 이 지역에서 사업을 확대하는 데 2,250만 달러의 보조금을 지원했다. 온타리오 연구기금은 칼턴대학교가 수행하는 5개년 연구계획에 74만 달러의 보조금을 지원했고, 이 연구 결과 17건의 발명과 13건의 특허가 발생했다. 화웨이는 또 자사의 연구개발비용에 대해 연방 정부와 온타리오, 퀘벡, 그리고 브리티시컬럼비아주 주정부로부터 15퍼센트의 세액 공제 혜택을 받기까지 했다.

스콧 브래들리(Scott Bradley)는 2011년에 화웨이의 대외협력 부사장에 선임된 인물로, 「글로브앤메일」은 그를 중국 기업들이 찾는 캐나다 기업인의 전형으로 묘사한다. "(화웨이의) 대외적 얼굴 역할을 하는 스콧 브래들리는 키가 크고 사교적인 성격의 인물로, 벨캐나다의 전기통신 부문 전직 경영자들과 인맥이 두터우며, 「힐 타임스(The Hill Times)」가 발표하는 오타와 100대 로비스트에 2번이나 선정된 적이 있다. 그는 2011년 총리 선거에 자유당 후보로 출마했다가 낙선한 경험이 있고, 캐나다-중국 비즈니스위원회(Canada-China Business Council) 위원을 역임했으며, 자유당 정부 성향의 싱크탱크인 '캐나다2020'의 공동 설립자 수전 스미스(Susan Smith)와는 인척 관계에 있다. 이 단체 역시 화웨이로부터 일부 자금을 지원받고 있다."

「글로브앤메일」의 보도가 나간 후, 쥐스탱 트뤼도 총리가 정보기관과 정책입안자들에게 캐나다의 지적 재산권이 화웨이로 이전되는 데 따른 안보 위협과 경제적 비용을 조사하라고 지시해야 한다는 정치적 요구가 거세게 일어났다.

화웨이에 대한 기사는 중공 정권이 기업이라는 촉수를 앞세워 펼치는 활동에 대한 자유당 정부의 태도가 완전히 바뀌어야 한다는 대중적 회의론이 얼마나 거센 압박으로 작용하는지를 보여주는 한 사례에 불과했다. 2018년 초, 정부는 중공의 기업이나 기관의 대캐나다 투자가 과연 캐나다에 얼마나 이익이 되는지에 대해 국민적 회의가 일고 있으며, 정부가 이 문제에 대응할 의무가 있다는 사실을 인지하고 있음을 보여주었다. 곧이어 정부의 태도 변화가 표면화된 일이 있었는데, 그것은 캘거리에 본사를 둔 캐나다 최대 규모의 건설업체 에콘 그룹(Aecon Group Inc.)에 대해 중국 기업인 CCCC 인터내셔널 홀딩스(CCCC International Holdings Ltd.)가 15억 달러 규모의 인수의향서를 제출하자, 이에 정부가 보인 반응이었다. CCCC 인터내셔널 홀딩스는 세계 최대 규모의 토목건설회사인 중국교통건설유한공사(中国交通建设股份有限公司, China Communications Construction Company Ltd.)의 해외투자 및 금융 분야 자회사였다. 그런데 이 회사는 지분의 64퍼센트를 정부가 소유하고 있었다. 다시 말해 에콘 그룹이 이 회사에 인수된다는 것은 곧 중국 공산당의 통제하에 들어간다는 말이나 다름없었다. 캐나다 건설기업들로 구성된 한 단체가 정부를 향해 이 인수거래가 성사되면 국내 건설시장의 경쟁력 저하가 우려되므로 이를 불허하라는 로비를 펼쳤다. 이 단체는 현재 에콘 그룹이 계약을 체결한 프로젝트 중에는 민감한 전략자산으로 볼 수 있는 곳이 포함되어있다고 주장했다. 예컨대 전기통신 기반시설이나 원자력 발전소, 그리고 브리티시컬럼비아주 C구역의 수력발전댐 등을 들 수 있다. 이를 반박하는 측에서는 에콘 그룹이 맡은 일은 주로 광섬유 케이블을 매설하거나 원자력 발전시설에 들어가는 터빈발전기를 보수하는 등의 일상적인 업무일 뿐이므로, CCCC 인터내셔널 홀딩스가 이 회사를 인수한다고 해서 지적 재산권을 도용할 가능성은 희박하다는 논리를 폈다. 이런 상황에서 정부는 2월에 인수 제안 건에 대한 국가안보와 관련한 심사를 명령했다. 3월이 되자 두 회사는 인수 협상 종료 시점을 6월 이후로 연기하면서 정부의 안보 심사가 마무리되기를 기다리기로 했다. 그러나 5월말이 되자 정부는 이 거래에 직접 개입하여 인수를 불허한다고 발표했다. 쥐스탱 트뤼도는 정부의 결정을 설명하는 자리에서 지난 2월에 호주 정부가 자국 영토와 기반시설에 대한 외국인의 투자를 제한한다고 발표한 사례를 언급했다. "호주에서 있었던 비슷한 투자 사례를 생각하면 금방 이해되실 겁니다. 호주 사람들은 어느 날 정신을 차리고 보니 자국의 에너지 그리드 중 상당량이 다른 나라 정부의 손에 들어가 그들의 통제를 받고 있음을 깨달았던 것입니다. 한 나라가 국민을 보호하고 그들에게 필수적인 서비스를 계속 제공하여 국민의 주권을 강화하고 유지할 수 있느냐 하는 걱정은 늘 있던 일이었습니다. 우리는 정보 및 안보 기관이 하는 일을 진지하게 여깁니다. 그런데 최근 그들은 이 거래를 계속 진행하는 것이 결코 캐나다의 안보 이익에 도움이 되지 않는다는 견해를 아주 분명히 밝혔습니다."

이미 어느 정도 짐작하고 있던 대로, 중국은 이 결정에 퉁명스러운 반응을 보였다. 중국 외교부 대변인 루캉(陸慷, Lu Kang)은 이렇게 말했다. "우리는 국가안보를 빙자한 정치적 간섭에 반대합니다. 우리는 캐나다 측이 편견을 버리고 중국 기업에 대해 공평한 경기장을 제공해줄 것을 기대합니다." 오타와 주재 중국 대사도 다음과 같은 성명으로 가세했다. "캐나다 정부의 결정이 중국과 캐나다 사이의 투자 협력에 결코 좋은 소식이 아니라는 사실에는 의심의 여지가 없습니다. 이번 일은 중국 투자자들의 확신에 심각한 저해 요인이 될 것입니다."

장기적으로 보면 중국의 국영기업이나 중공과 밀접한 관련이 있는 회사에 대해 한 번 더 진지하게 검토하는 것은 분명히 캐나다에 도움이 되는 일이다. 그러나 캐나다 정부의 거부권 행사에 대해 시장이 보인 반응은 한마디로 혼란 그 자체였다. 왜냐하면 이것은 정부가 불과 얼마 전까지 놀샛 인터내셔널이나 ITF테크놀로지 인수 건에 보인 반응과는 완전히 모순되는 행동이었기 때문이다. 앞으로도 중공과 밀접히 연계된 회사가 캐나다에 투자하는 경우가 생길 때, 자유당 정부가 이를 판단하기 위해 에콘 그룹 사례를 새로운 준거로 삼을 수 있을지는 두고 봐야 할 일이었다. 화웨이와 에콘 그룹 사이에 있었던 일이 자유당 정부가 중국인의 투자를 대하는 자세에 결정적인 변화가 일어난 것인지, 아니면 그저 정치적인 임시방편에 불과한지는 캐나다와 중국 관계에 지대한 영향을 미치게 될 것이다. 물론 가장 큰 관심사는 손에 잡힐 듯 말 듯 임박한 양국 간 자유무역 협정에 어떤 영향을 미칠 것인가 하는 것이었다.

사실 에콘 그룹에 관한 결정이 나오던 5월 이전부터 중국 관계자들은, 국내 기업이 중국 정부의 하수인이나 다름없는 회사에 인수되는 것을 우려하던 캐나다인(자유당 정부가 아니라)의 태도에 짜증을 내고 있었다. 2018년 4월, 오타와 주재 중국 대사 루쉐이는 중국이 1조 달러를 투입해 아시아와 아프리카, 유럽을 가로질러 기반시설을 건설한다는 이른바 일대일로 프로젝트에 관한 어떤 심포지엄에서 연설하던 도중, 캐나다의 태도를 맹비난하고 나섰다. "캐나다인 중에는 중국의 국영기업을 마치 괴물쯤 되는 듯이 생각하는 사람이 있습니다. 그분들은 중국 기업의 명예를 깎아내림으로써 그 경쟁력을 약화하기 위해 애쓰고 있습니다. 이것은 매우 비도덕적이면서도 헛된 시도가 될 것입니다." 그는 중국은 충분히 믿을 만한 존재이며 중국과의 협력은 캐나다의 이익에 가장 부합하는 결정이 될 것이라고 주장했다. "중국은 여러분이 생각하시는 것처럼 그렇게 무서운 존재가 아닙니다. 우리는 캐나다에 해가 될 행동을 할 생각이 전혀 없습니다. 우리는 지금이라도 캐나다가 사고방식을 바꿔 중국을 늘 색안경을 끼고 바라보지 않기를 바랍니다. 아울러 국가안보를 핑계 삼아 양국의 협력에 방해가 될 일을 하지 않기를 희망합니다."

그러나 이미 중공이 하수인 집단을 내세워 막대한 투자를 일삼았다는 이야기는 캐나다인들의 뇌리에 중국과의 자유무역 협정 자체를 불편하게 생각하는 태도를 심어놓았다. 여론조사 결과 중국과의 자유 무역 협정을 좋게 생각하느냐 그렇지 않느냐라는 단순하고 중립적인 질문을 받았을 때, 캐나다인의 대답은 정확히 찬반양론으로 나뉘는 것을 알 수 있었다. 2016년에 캐나다 아시아태평양재단이 여론조사를 통해 얻은 결과가 가장 표준적인 데이터였다. 자유무역 협정을 좋아한다고 대답한 비율이 46퍼센트였고, 반대한다는 대답도 역시 46퍼센트였다. 그러나 여론조사원의 보충 설명, 예컨대 중국과 캐나다의 경제적, 사회적 규모에서 보이는 거시적 불균형이나 중국 시장에서 차지하는 국영기업의 압도적인 위상 등의 상세한 설명을 들을수록 응답자들은 훨씬 더 부정적으로 대답했다. 예를 들어 2017년 11월에 나노스리서치(Nanos Research)가 발표한 설문 조사 결과에 따르면 중국 국영기업에 캐나다 시장을 개방하는 것을 어떻게 생각하느냐는 질문에 응답자의 88퍼센트가 "불편하다" 또는 "약간 불편하다"고 대답했다. 캐나다인들이 주저하는 태도를 보이는 데는 충분한 이유가 있었다. 중국과 캐나다가 자유무역 협정을 통해 얻고자 하는 목표는 서로 너무나 다르며, 그중 상당 부분은 도저히 양립할 수 없는 성격을 띠고 있기 때문이다. 브록대학교 정치학 교수이며 베이징 주재 캐나다 대사관에서 외교관을 지낸 바 있는 찰스 버튼(Charles Burton)은 2017년 7월에 맥도널드 로리에 연구소(Macdonald-Laurier Institute)가 간행한 한 연구논문에서 이 딜레마를 냉정하게 다루었다. "중국이 캐나다에 대해 보이는 관심은 단순한 무역을 넘어 양국 간 '전략적 동반자 관계(strategic partnership)'를 수립한다는 목표와 관련되어있다. 여기에는 광범위한 비경제적 요소들이 포함되며, 중국의 목표가 실현된다면 캐나다 경제는 중국과의 무역과 투자에 더욱 의존할 가능성이 있다. 캐나다 측은 협정을 통해 번영을 추구한다는 데에만 집중하고 있지만, 중국 정부는 자유무역을 자신의 지정학적 이해를 실현하는 수단으로 보고 있으며, 중국이 모든 분야에서 패권국가로 부상하는 과정이자 그 일부라고 생각하고 있다."

자유당은 2015년에 정권을 회복할 당시 이미 자유무역 협정을 추구한다는 목표를 지니고 있었는데, 거기에는 그들 나름의 지정학적 이해가 포함되어있었다. 자유당이 내세운 구호는 이른바 "진보적 무역 어젠다(progressive trade agenda)"라는 것이었다. 그들은 자유무역 협정이라는 틀 안에서 노동 관행, 인권, 여성의 사회적 권익 신장, 그리고 환경보호에 관한 표준 등을 다루는 그림을 구상하고 있었다. 이런 생각은 캐나다와 비슷한 가치를 공유한 국가를 상대할 때는 어느 정도 추진력을 발휘하는 것처럼 보였다. 예를 들어 EU와 자유무역 협정을 체결할 때나, 일본과 계속해서 협상을 이어나갈 때만 해도 충분히 실현 가능한 것으로 여겨졌다. 그러나 중국은 처음부터 이런 개념을 받아들일 생각이 추호도 없음을 분명히 내비쳤다. 그들은 캐나다의 요구를 기껏해야 내정간섭에 지나지 않거나 자국의 주권을 무시하는 태도로 치부했다. 2017년 4월, 오타와에 갓 부임한 중국 대사 루쉐이는 「힐 타임스」와의 인터뷰를 통해 이런 뜻을 너무나도 명백히 밝혔다. 루쉐이는 자유무역에 관한 논의에 '무역과 상관없는 요소'가 포함되는 것을 강력히 반대한다고 말했다. "나는 민주주의와 인권을 협상의 의제로 삼는 것 자체가 그런 가치에 대한 모욕이라고 생각합니다. 만약 그렇게 될 경우, 사람들은 민주주의와 인권의 가격이 도대체 얼마냐고 질문할지도 모릅니다." 왜 그런지는 모르겠지만 쥐스탱 트뤼도 정부는 이 말의 뜻을 알아차리지 못했다. 2017년 12월초, 총리를 비롯한 고위급 대표단이 자유무역 회담이 공식적으로 시작되었음을 알리는 화려한 선언식을 위해 베이징으로 날아갔고, 이런 선언은 당연히 사전에 명확하게 조정되어야 했다. 쥐스탱 트뤼도 일행은 며칠간 중국의 수도를 배회했지만 이루어진 일이나 중요한 발표는 하나도 없었다. 중국 측은 이미 예고했듯이 회담에 큰 열의를 보이지

않았다. 이 대목에서 오히려 놀라운 점은 양측이 모두 받아들일 수 있는 회담의 기초를 마련하지 못한 채 수개월이 흘렀는데도 어떻게 총리 일행의 베이징 방문이 성사되었느냐는 것이었다.

피에르 트뤼도(Pierre Elliott Trudeau) 총리는 1973년도에 중화인민공화국과 국교를 맺는데 중요한 역할을 했다. 그의 아들인 쥐스탱 트뤼도(Justin Pierre James Trudeau) 총리도 중공과의 외교에서 유독 유약하고 순진한 모습을 노출하고 있다는 비판을 받고 있다. ⓒLintao Zhang, ⓒBettmann / Getty Images

중국 공산당의 입장은 이 장의 서두에 인용된 밴쿠버 총영사 통샤오링 (Tong Xiaoling)의 발언에 잘 표현되어있다. "우리는 자유무역 협정을 체결한다는 원칙을 바꿀 생각도, 그 기조를 늦출 생각도 없습니다. 아울러 우리는 정치적 조건을 경제적 협상에서 유리한 패로 사용하려는 시도에 반대합니다." 물론 중국 정부가 캐나다와의 자유무역 협정으로 얻으려는 목적에 도움이 되는 것이라면 이 정치적 조건에 해당하지 않겠지만 말이다. 쥐스탱 트뤼도가 베이징까지 가서 망신을 당한 후에도 자유무역 협상을 추진해온 캐나다 기관들은 대부분 아직도 협정이 체결될 여지가 남아있다고 주장했다. 명확한 비전을 지니고 세심하게 협상을 추진한다면 가능하다는 것이었다. 그러나 일부 진영에서는 회의론이 팽배했다. 특히 아시아 지역에서 근무한 경험이 있는 전직 외교관들 사이에서 그랬다. 찰스 버튼이 다양한 간행물에 꾸준히 글을 기고하면서 열광론자들에게 냉정을 유지할 기회를 제공했다는 점은 이미 앞에서 언급한 바가 있다. 랜돌프 맹크(Randolph Mank)는 말레이시아와 파키스탄, 아프가니스탄 등에서 캐나다 대사를 역임한 후 블랙베리(Black Berry)의 부회장과 발실리 국제관계 대학원(Balsillie School of International Affairs)의 펠로우에 선임된 인물이다. 그가 작성하여 2018년 1월에 캐나다외교연구소(Canadian Global Affairs Institute)가 발표한 '캐나다의 대아시아 무역 재평가(Reassessing Canadian Trade in Asia)'라는 논문에는 매우 중요한 의미가 담겨 있다. 랜돌프 맹크의 논문은 이렇게 시작한다. "중국이 지난 11월에 자유무역 협상에 착수하려는 쥐스탱 트뤼도 총리의 노력을 거절한 것은 오히려 우리에게 호의를 베푼 것일지도 모른다." 그의 논문에 따르면 자유무역 협상이 중단된 것을 계기로 캐나다는 새롭게 형성되는 세계 질서 속에서 중국과 어떤 관계를 맺는 것이 캐나다에 가장 바람직한 지 찬찬히 생각해볼 기회를 얻었다. 가장 먼저 이해해야 할 사실은 캐나다와 중국 사이의 자유무역 협정은 "엄청난 규모의 부조화라는 사실이며, 이것을 단지 무역에 관한 일이라고만 생각하는 착각에 빠져서는 안 된다는 것이다. 지정학적 야망이나 이념, 지배구조, 문화, 언어 등에서의 너무나 분명한 차이점 외에도, 우리가 마주한 중국은 캐나다의 30배에 달하는 인구와 7배가 넘는 경제 규모, 그리고 약 3대 1의 비율로 그들에게 유리한 무역 불균형을 점유하고 있는 상대라는 점을 잊어서는 안 된다."

랜돌프 맹크의 말에 따르면 캐나다가 중국과의 무역을 통해 달성해야 하는 핵심 목표는 대중국 수출을 증대하고 중국시장 진출을 극대화하는 것이다. 그런데 이것은 결코 쉬운 일이 아니며 중공의 정치적 제한이 앞을 가로막고 있기도 하다. "중국은 중앙이 통제하는 계획경제를 채택하고 있으며, 일군의 국영기업 집단과 공산당의 눈에 든 일부 민간기업이 경제구조를 떠받치고 있다. 중국에는 무려 15만 개의 국영기업이 존재하며 중앙 및 지방정부가 이들을 모두 소유하고 있다." 그는 계속해서 자유무역은 이론적으로는 바람직한 목표가 될 수 있지만, "어느 한쪽이 압도적인 우위를 점하고 있고, 구조적으로 이런 현상이 앞으로도 계속될 것이 분명한 경우라면 이론보다는 현실적인 고려를 더 중시할 수밖에 없다"고 말했다.

랜돌프 맹크의 결론은 캐나다가 중국과 전면적인 자유무역 협정을 체결할 필요는 없다는 것이었다. "비록 간략한 진단에 따른 결론이지만, 우리에게 진정으로 필요한 것은 전통적인 자유무역 거래가 아니라는 점에서 수출을 활성화하기 위해 좀 더 공격적인 대중국 무역 추진 프로그램을 도입하여 (캐나다의) 수출을 활성화할 것을 제안한다. 무역 정책에 관해서는, 혹시 그런 것이 필요하다고 하더라도 대중국 수출 촉진이라는 목표에 부합하는 매우 민감하고 집중된 세부 전략만 수립하면 될 것이다." 캐나다는 사회적 진보를 추구하는 요소를 기꺼이 받아들일 수 있는 국가들과의 무역 협상에 박차를 가해야 한다. 예컨대 환태평양 경제동반자 협정(Comprehensive and Progressive Trans-Pacific Partnership, CPTPP)의 10대 회원국이나 동남아시아국가연합(Association of Southeast Asian Nations, ASEAN) 10개 회원국이 그 대상이 될 수 있을 것이다. "결국 캐나다와 중국 간의 자유무역 협정은 물론 이루어지면 좋겠지만, 중국은 별로 중요하게 생각하지 않는 데 반해 우리만 명운을 걸고 있는 것이 현실이다."

12장.
부패를 수입하다

12장. 부패를 수입하다

> *지난 행정부 하에서 우리 브리티시컬럼비아주가 국제적으로 법률위반 행위가 판*
> *치는 곳으로 낙인찍혔을까 봐 걱정입니다. 화이트칼라 범죄와 사기, 탈세, 자금세탁*
> *등의 행위에 법률이 적용되지도 않고, 혹 적용된다고 해도 집행이 안 되니 말입니다.*
> *– 브리티시컬럼비아주 법무장관 데이비드 에비(David Eby), 2017년 11월*

2000년대 초반, 중공이 중국의 국영기업이나 민간기업들을 향해 해외 자산 취득을 적극 권장하는 동안, 부유한 중국인들은 이것을 개인의 부를 보호하는 하나의 전략으로 보고 있었다. 상하이 소재 컨설팅 및 언론 기업 후룬리포트(Hurun Report Inc.,)가 중국인민은행과 공동으로 조사하여 2012년에 발표한 내용에 따르면 중국의 백만장자와 억만장자 중 약 60퍼센트가 이미 이민을 진행하는 중이거나, 그럴 계획이 있는 것으로 나타났다. 후룬리포트의 다른 조사에 따르면 중국의 최고 부유층들은 자신의 자산 중 평균 20퍼센트를 해외에 보유하고 있는 것으로 알려졌다. 2015년 중국 국영신문 「인민일보」 웹사이트에는 또 다른 조사 결과 중국 부유층의 50퍼센트 이상이 이민을 준비하고 있다는 기사가 실렸다. 이 기사는 해당 사이트에 잠깐 올랐다가 사라졌는데, 그 이유는 이런 통계가 정권의 안정에 도움이 안 된다는 사실을 중공 당국자들이 뒤늦게 알아차린 탓이라고 전해진다. 당연히 검열이 작동되었고, 해당 기사는 삭제되었다.

중국의 부자들은 왜 그토록 자신과 자신의 부를 해외로 빼돌리려고 마음먹고 있을까? 어쨌든 그들은 1980년대에 최고지도자 덩샤오핑이 추진한 경제개혁의 과실을 가장 크게 누려온 공산당 귀족 계층이다. 그들은 중공 권력의 최고 엘리트 계층이거나, 그들과 혈연이나 사업으로 가깝게 맺어진 사람들이다. 그들은 이른바 '새로운 중국'에서 가장 안전하고 행복한 사람들이어야 마땅하나, 현실은 분명히 그렇지 못하다. 2014년에 내부 경찰 조직인 중국 공산당 중앙기율검사위원회의 감찰 결과는 이들이 얼마나 가족과 자산을 해외로 옮기는 일에 절박하게 매달리고 있는지를 뚜렷이 보여주었다. 이 조사 결과, 정치국과 정치국 상무위원회에 이어 서열 3위에 해당하는 당 중앙위원회의 위원 204명 중에서 가까운 친척을 해외로 이주시킨 사람이 무려 91퍼센트에 달하는 것으로 드러났다. 더욱 가관인 것은, 기율검사위원회가 자체 감찰을 펼친 결과에서도 해당 위원 중 가까운 친척이 해외에 이주하여 외국 시민권까지 취득한 비율이 88퍼센트에 이르는 것으로 나타났다.

중국은 숱한 정권 교체를 겪으면서도 좀처럼 변하지 않고 안정된 놀라운 문화를 발전시켜왔으나, 그렇다고 주민들의 신뢰를 얻는 정부를 만들어낸 것은 아니었다. 가문의 자산을 국내나 해외에 은닉하는 행동에는 유구한 전통이 깃들어있다. 언제나 정치가 불안정한 나라에서는 당장 권력을 잡은 사람이 누구건 그의 눈과 손이 미치지 못하는 곳으로 자산을 숨겨놓는 것이 가장 절실한 일이었다. 2005년 이후로 중국의 부유층이 자신의 부를 국외로 빼돌려 해외의 부동산과 기업 및 기타 자산에 투자하는 양이 부쩍 늘어났다. 마침 이 당시는 중국의 주석이자 공산당 총서기인 후진타오의 무기력한 리더십 하에서 중국의 앞날이 가장 불확실했던 시기였다. 중국 전역에서 엄청난 규모의 주민 소요가 일어나고 있었으나 서방 언론에는 그중 극히 일부의 몇몇 사건만 알려졌다. 국무원 산하 주요 연구기관인 중국사회과학원(中国社会科学院, Chinese Academy of Social Sciences, CASS)이 일부 "대형 사태"에 관해 수년간 꾸준히 발표해온 보고서에는 이 사태가 약 1,000명 이상의 사람들이 일으킨 사회 불안의 결과이며, 폭동 진압반이나 인민무장경찰 부대가 나서서 진압해야 할 일이라고 정의하고 있었다. 그러나 중국사회과학원은 시위대의 숫자가 당혹스러운 수준에 이르자 이런 연례보고서를 발간하는 일마저도 그만두고 말았다. 2010년쯤 되었을 때는 한 해에 일어나는 시위가 거의 18만 회에 이르렀다. 그러나 이 숫자는 계속 집계되었고, 아무리 막으려고 해도 관련 보도가 밖으로 새어 나오지 않을 수는 없었다. 시위의 숫자는 수년간 약 18만 회 선을 유지했다. 즉 매일 500건 정도의 주요 시위가 오랫동안 계속되었다고 보면 된다. 중공이 소요사태를 더 크게 번지지 않게 억제할 수 있었던 이유는 이런 시위와 폭동이 항상 지역적 사건으로 촉발되었기 때문이다. 그들은 천안문 광장에 모였던 학생이나 파룬궁 수련자들처럼 전국 규모의 민주화 운동을 벌여 중공 당국에 실질적인 타격을 가한 적이 한 번도 없었다.

이렇게 매일 500여 건의 시위가 일어났던 이유는 주로 지역 공산당 관리들이 상대적으로 제한된 범위 내에서 저지르는 부패 행위 때문이었다. 아울러 부패 행위의 형태 역시 중국 어디를 가든 대체로 유사했다. 즉 지방 관리들은 소작농의 땅을 징발하거나, 중국 전역의 건설 붐에 편승한 부동산 개발업자들과의 거래에서도 부패 행위를 일삼았다. 또 다른 예로는 사업이 망할 처지에 놓인 기업주나 경영자들이 하룻밤 사이에 공장 문을 닫아건 채 남아있는 자산을 몽땅 들고 달아나버리는 일도 있었다. 그들은 근로자가 받아야 할 급여나 연금 등에는 아예 관심도 기울이지 않았다. 2010년대 초반에는 이런 시위 동향에 중요한 변화가 일어났다. 이 시기에 일어난 시위의 절반 이상은 지역의 공장을 비롯한 산업체들이 공기와 물, 토양을 오염시켜

인근 주민들이 도저히 살 수 없을 정도가 된 사태로 인해 일어난 것이었다.

2017년 11월, 비엔나대학교(Vienna University) 동아시아학과의 크리스천 고벨(Christian Gobel)이 중국 사회의 불안 상황을 새로운 시각으로 조망하는 논문을 발표했다. 그는 중국에 매년 약 20만 건에 가까운 시위가 일어난다는 사실을 인정하면서도, 중국 전역에서 발생한 7만 4,452건의 시위를 조사한 결과 이들 대부분의 동기와 태도가 별로 심각한 것이 아니었다고 주장했다. 이 논문에 따르면 거의 모든 시위는 참여 인원이 불과 몇 명에 지나지 않았고, 그중에서 폭력 시위로 이어진 경우도 거의 없었다. 대부분의 시위는 중국의 춘절을 전후해 제조공장이 집약된 지역에서 일어났다. 즉 근로자들이 명절을 맞아 고향으로 가기 전에 밀린 급여를 받아내기 위해 시위를 벌인 것이다. 그런데, 이 보고서는 주택소유자, 즉 신흥 중산층일수록 시위에 참여하는 비율이 급격히 높아진다는 사실을 지적했다. 이런 시위의 발생 원인은 주로 계약 조건을 이행하지 못한 건설업자와의 갈등 때문이었다. 이런 경우 건설업자들은 대개 파산하여 급여를 제대로 지급하지 못하거나, 기한 내에 약속한 품질의 건물을 완공하지 못할 때가 많았다.

2012년에 시진핑 정권이 들어서면서 중국 내 국가안전에 관한 공식이 바뀌었다. 한편으로는 시진핑이 국내 안전을 증진하고, 이른바 "중국몽"이라는 제국주의적 교리를 앞세워 극단적인 애국주의에 호소하는 정책이 소요 진압에 성과를 거두는 것처럼 보였다. 실제로 시진핑 정권은 중국의 끔찍한 환경오염 문제를 해결하기 위해 중요한 걸음을 내딛기도 했다. 또 다른 한편으로 시진핑은 반부패 운동이라는 미명 하에(그 결과 정권의 눈 밖에 난 수십만 명의 당 간부들이 재교육을 받았다.) 권력의 사유화를 향해 거침없이 내달렸다. 이런 광경을 지켜본 공산당 최상층 귀족들은 현대 중국에서 개인의 안전이란 존재하지 않는다고 생각할 수밖에 없었다. 시진핑의 중국에서 살아남는 길은 해외에 제2의 국적과 가문의 자산을 숨겨두는 것 말고는 없었다.

부유한 중국인들이 해외 도피처로 삼고 싶은 곳은 개인의 재산을 보호하는 사법적 체계를 갖춘 나라, 예컨대 미국이나 호주, 뉴질랜드, EU 회원국, 그리고 싱가포르와 같은 동남아시아 국가들이었다. 캐나다가 이들이 선호하는 국가에 포함된 이유는 투자이민 프로그램을 운영하고 해외 유학생에 문호를 개방하고 있기 때문이라는 것은 이미 언급한 대로다. 캐나다의 또 다른 장점은 당국이 부동산이나 기업의 실질 소유주를 파악해서 그 정보를 공개하려는 움직임이 거의 없다는 점이었다. 캐나다는 자금을 세탁하고 은닉하기가 너무나 쉬운 곳이었다. 그중에서도 밴쿠버와 토론토가 최적의 장소였다. 「후룬리포트(Hurun Report)」 지에도 밴쿠버가 시드니나 런던, 싱가포르보다 더 인기 있는 도시라는 내용이 나와 있다. 이 매거진은 밴쿠버가 선호되는 이유로 깨끗한 환경과 상대적으로 중국에서 가까운 거리, 훌륭한 학교, 그리고 기존의 중국계 인구가 정착되어있다는 점 등을 꼽았다.

이 분야에 관한 더욱 날카로운 분석보고서가 2017년 3월에 베를린에 본부를 둔 세계적인 부패 방지 연합 기구인 국제투명성기구(Transparency International, TI)의 조사 결과를 통해 발표되었다. '활짝 열린 문, 4대 핵심 시장에서의 부패와 부동산 문제(Doors Wide Open: Corruption and Real Estate in Four Key Markets)'라는 제목의 이 보고서는 "부패한 특권층"의 돈이 미국과 호주, 영국, 캐나다에 대거 유입된 이후 일어난 현상을 조목조목 파헤쳤다. TI 보고서는 1989년에 G7 국가들이 연합하여 조직한 자금세탁방지국제기구(Financial Action Task Force on Money Laundering)의 조사 결과를 바탕으로 작성되었다. 이 기구가 2013년에 조사한 바에 따르면, 2011년부터 2013년 사이에 관계 기관에 압수된 불법 자산 중 30퍼센트는 부동산에 투자된 돈이었다는 사실이 밝혀졌다. 이런 투자는 대개 유령회사나 신탁회사를 통해 이루어졌다.

TI 보고서는 이렇게 말한다. "이런 익명 회사나 신탁법인들이 그토록 쉽게 부동산을 취득하고 자금세탁을 할 수 있다는 것은 결국 이들이 선호하는 국가의 시장 규정이 불충분하고 강제 조치가 미흡하다는 사실과 직결된다." 조사 대상이 된 4개국 중에서도 캐나다는 자금세탁업자들이 이용한 10개의 법률적 허점 중 4개 분야에서 "심각한 결함"이 있는 것으로 판명되었다. 나머지 6개 분야에서도 캐나다는 "부동산 부문에서 자금세탁의 위험을 높이는 중대한 결함이 있고, 법률을 적용하고 강제하는 과정에 심각한 문제가 발견되었다."

TI 보고서는 계속해서 이렇게 말한다. "국제투명성기구 캐나다 지부가 토지 소유권 등기 사항을 조사한 바에 따르면 밴쿠버 광역지구(Greater Vancouver)에서 가장 값비싼 주거용 부동산 100건 중 약 절반이 실질 소유자가 드러나지 않는 구조였다. 조사 대상 부동산의 3분의 1은 유령회사가 소유하고 있었고, 등기부 등본에 명목상 소유주(실소유주를 숨기기 위한 대리인)를 내세운 부동산도 최소 11퍼센트에 달했다."

TI 보고서는 부동산 중개인과 건설업자, 회계사, 변호사 등이 "의심스럽거나 거액이 오가는 거래"를 보고해야 한다고 되어있는 캐나다의 규정이 온통 허점투성이라는 사실을 발견했다. 예를 들어, 캐나다 최고법원은 변호사가 자금세탁이 의심되는 사안을 보고한 건에 대해 "고객의 비밀 정보를 유지해야 하는 변호사의 의무를 위반한 행위"라는 이유를 들어 위헌이라고 판단했다. 보고서는 이를 두고 "부동산 거래에서 변호사가 맡은 역할을 생각할 때, 자금세탁 방지 의무를 도외시하는 캐나다 법원의 태도야말로 중대한 허점"이라고 말했다.

실소유주가 누군지 확인하는 문제에서도 캐나다는 별로 좋은 점수를 얻지 못하고 있다. TI 보고서는 "캐나다의 법과 지침에는 부동산 계약을 주도하는 비금융분야 전문가에게 고객을 철저히 조사하여 실소유주가 누군지 파악하도록 강제하는 조항이 없다"는 점을 지적한다. 익명성이 철저히 보장되는 캐나다의 이런 환경은 공산당 귀족들이 중앙당 기율검사위 요원의 감시를 피해 자산을 유유히 숨길 수 있는 완벽한 위장막 역할을 하고 있다.

캐나다 부동산 시장은 개인뿐 아니라 법인으로서도 자금세탁에 아주 유리한 환경이다. 보고서는 이렇게 말한다. "캐나다에서는 해외 기업의 부동산 구매에 대한 제한 요건이 전혀 없다. 더구나 캐나다 등기관리국은 부동산 실소유주에 관한 정보를 관리하지 않고, 단지 등기인 명부만 관리한다(여기에는 유령회사, 신탁회사, 명목상 소유주가 모두 포함된다)." 너무나 규정이 허술하다 보니 오히려 자금세탁을 비롯해 자산을 은닉하려는 사람들이 법안을 작성하지 않았나 의심될 정도다.

TI 보고서는 캐나다가 호주, 미국과 함께 부동산 거래를 명목으로 진행되는 자금세탁 행위를 찾아내고 보고하는 일을 금융기관에만 지나치게 의존하는 나라라고 지목했다. 이런 관행은 현실을 도외시한 것으로, 이 3개국에서는 "부동산 구매 계약 시 유독 현금이 많이 사용되며, 이렇게 되면 금융기관이 관여할 필요가 없어진다. 특히 외국인이 고액의 부동산을 구매할 때 그런 경우가 많다." 2015년에 재무부가 발간한 보고서에도 현금 구매나 거액의 계약금을 현금으로 치르는 과정에서 자금세탁이 빈번하게 이루어진다는 내용이 나온다.

 TI 보고서에 따르면 캐나다 기관들은 부동산 중개인과 건설업자, 그리고 회계사들이 "자금세탁이 의심되는 모든 부동산 거래에 대해 '혐의거래보고서'를 제출할 것"으로 막연히 기대하고 있다고 한다. 그러나 특히 경쟁이 치열한 부동산 시장의 경우, 회계사와 부동산 중개인, 건설업자들이 큰돈을 벌 수 있는 거래를 그토록 자세하게 들여다보리라고 기대하는 것은 너무나 낙관적인 태도다. TI 보고서는 캐나다 금융거래보고분석센터(Financial Transactions and Reports Analysis Centre of Canada, FINTRAC)의 발표를 인용하여 캐나다 부동산 시장에서 혐의거래보고서가 제출된 사례는 '최소한'에 지나지 않았다고 말했다. 지난 10년간 부동산 중개인이 제출한 혐의거래보고서는 모두 127건, 은행담당자나 증권거래인 등 다른 분야 전문가가 제출한 사례는 총 152건에 불과했다. TI 보고서는 이렇게 설명한다. "이런 수치는 2003년부터 2013년 사이에 이루어진 담보대출 거래 총액이 9조 달러에 달하고, 부동산 거래 총규모가 모두 500만 건에 달한다는 배경에 비추어 생각해보아야 한다." 이 기간에 이 모든 거래를 맡아 진행한 부동산 중개인과 변호사, 은행담당자들이 의심스러운 부동산 거래로 지목하여 제출한 보고서는 불과 279건이었다.

 부동산 거래를 중개하는 사람들이 물론 기본적으로는 정직한 태도를 갖추고 있겠지만, 그들이 자금세탁이라는 분야에서 전문적인 훈련이나 책임감을 갖추고 있다고 보기에는 너무나 허점이 많고 일관되지도 못했다. TI 보고서에 따르면 캐나다에서 부동산 중개업 면허는 주 정부 소관이었고, 전국적으로 통일된 규정이나 규격은 존재하지 않았다. 일부 주는 신청자가 면허를 취득하려면 자금세탁 방지 교육을 수강해야 한다는 의무 조항을 두기도 한다. 물론 그렇지 않은 주도 있다. 그 결과, 캐나다의 부동산 중개인이나 거래업자들 사이에는 자금세탁과 그 대응 요령에 대해 보편적인 인식이 형성되지 않은 것이 현실이다.

부동산 거래를 담당하는 변호사들의 상황은 더욱 불투명하다. TI 보고서에는 2015년에 캐나다 재무부가 발표한 자금세탁 관련 자료가 인용되어 있다. "부동산 거래 업무를 수행하는 변호사들은 고의든 그렇지 않든 불법 자금의 출처를 숨기는 역할을 하고 있다. 캐나다의 변호사와 법률사무소는 부동산 거래 업무를 하면서 자금세탁 방지 프로그램을 구축하거나 고객을 조사해야 할 의무가 없는 실정이다." 2016년에 「캐나디언 프레스」 통신사가 보도한 바에 따르면 "FINTRAC이 4년 남짓 총 800개의 부동산 회사를 방문해서 조사한 결과, 이들 중 60퍼센트가 자금세탁 방지 대책과 관련해 심각한 결함을 안고 있는 것으로 나타났다."

TI 보고서는 FINTRAC이 조사 대상국 중에서 "금융기관과 정부 지정 비금융 사업자, 예컨대 회계사, 공증인, 부동산 중개인 등의 자금세탁 방지 업무를 감독하는" 가장 훌륭한 모델이라고 극찬한다. FINTRAC은 캐나다 전역에 걸쳐 부동산 거래 조사 횟수를 3분의 1이나 늘렸고, 특히 브리티시컬럼비아주에서는 그 빈도를 무려 4배로 증대했다. "그러나 FINTRAC은 여전히 해당 분야의 전문지식을 강화하고 부동산 분야에 대한 감독을 늘려야 할 필요가 있다."

FINTRAC에도 약점은 있다. 그중 하나는 위반행위자를 제재하거나 벌칙을 부과할 권한이 제한되어있다는 점이다. TI 보고서도 이 점을 지적한다. "2010년부터 2015년 3월까지 행정조치에 따라 벌금형을 받은 부동산 거래업자는 모두 7명에, 총액은 19만 7,310달러였다. 그중 2명은 이름이 공개되었다. 규정 위반에 따른 벌금은 대개 수천 달러 선으로, 한 건당 평균 수임료에도 미치지 못하는 수준이다."

캐나다의 법률 체계는 제 역할을 다하기는커녕 불법 취득 자금을 세탁하고 의심스러운 자산을 은닉하는 일에 부동산 시장을 통째로 내어주고 있으며, 심하게 말하면 이를 부추기고 있다고 해도 과언이 아니다. 물론 TI 보고서가 직접 이렇게 표현하지는 않았지만, 전체적인 윤곽은 이런 결론을 내기에 충분한 내용이었다. 이런 현실을 더 솔직하게 꼬집은 사람도 있었다. 캐나다, 그중에서도 특히 밴쿠버는 부유한 중국인뿐만 아니라 중국 범죄집단의 자금 은닉 장소로 손꼽히는 지역이라는 소문이 국제 사회에 파다한 것이 현실이다. 이런 이미지가 얼마나 고착되었는지, 호주 맥쿼리대학교 범죄예방학과 존 랭데일(John Langdale) 박사가 2017년 11월에 캐나다 정보요원들에게 자금세탁에 관한 내용을 강의하면서 국제 범죄에 "밴쿠버 모델"이 있다고 소개하는 일까지 있었다.

캐나다가 이렇게 의심스러운 해외 자금에 문을 활짝 열어준 결과는 밴쿠버와 토론토의 최고급 주택시장 가격이 천정부지로 치솟는 것으로 나타났다. 이렇게 되자 만족도가 떨어지는 부동산의 가격까지 덩달아 가파르게 인상되었다. 2017년 밴쿠버 주택시장 가격의 중간치가 무려 100만 달러였다. 이렇게 폭포처럼 쏟아진 해외 자금은 밴쿠버에 깊은 영향을 미쳤다. 무엇보다 캐나다는 이제 전통적으로 생각해온 공평한 사회가 아니라, 소수의 엄청난 부자와 나머지 대다수 국민 사이에 극심한 부의 격차를 보이는 다른 나라들처럼 변해간다는 인식이 자리 잡으면서 사회적 분열이 위험한 수준으로 치닫게 되었다. 이미 주택을 소유하고 있거나 시장의 흐름을 제대로 올라탄 사람들은 이 경쟁의 광풍 속에 부동산을 사고팔며 큰돈을 벌었다. 똑똑한 사람들은 밴쿠버에 있는 자산을 오른 가격에 현금화한 후 캐나다의 다른 지역에서 더 크고 좋은 집을 사고도 남은 돈으로 은퇴 자금에 보탤 수 있었다. 그 정도의 안목이 없는 사람들은 주택담보 대출을 이용해 집을 개보수하거나 그저 생활자금으로 쓰기 시작했다. 펀드 방식의 은퇴 계획은 아예 포기하는 사람들이 늘어났다. 돈이 있으면 주택에 투자하는 편이 연간 30퍼센트 이상의 수익을 보장하는 판에 연수익률이 고작 5~6퍼센트에 불과한 뮤추얼펀드에 누가 가입하려고 하겠는가? 그러나 이런 생각이 몸에 밴 사람들은 부동산 경기가 하강기에 접어들면 큰 타격을 입게 되어있었다. 이렇게 시장이 과열되면서 특히 젊은 세대에게는 캐나다에서 정상적인 방법으로 주택을 소유하는 것이 거의 불가능한 일이라는 인식이 고착되었다. 2010년 중반에 이르러 밴쿠버 부동산 시장이 너무나 왜곡된 나머지, 기업들이 신규 직원 채용은 물론이고 기존 직원을 유지하는 것조차 어려워지는 현상이 나타나기 시작했다. 기업들은 어쩔 수 없이 중국의 자본 공세를 비껴간 다른 도시나, 아예 다른 주로 이전하는 길을 택하기 시작했다. 그레거 로버트슨 밴쿠버 시장은 2017년 11월 한 언론과의 인터뷰에서 브리티시컬럼비아주 동남부 중심지역이 자본 공세의 직격탄을 맞은 곳이라고 말했다. "어마어마한 타격을 입었습니다. 그동안 주 정부와 연방 정부가 저질렀던 큰 실책은 글로벌 자본이 부동산 업계에 유입되는 과정을 적절히 규제하지 못했고, 국민의 세금이 제대로 쓰이는지, 투기와 시장 편승 행위는 없는지 제대로 확인하지 못했다는 것입니다." 그러나 그가 말하지 않은 내용이 있었다. 그것은 바로 해외 유입 자금이 만들어낸 거품 덕에 정부의 모든 계층의 공직자들이 돈을 벌었고, 그들은 자신이 펼치고 있는 돈 잔치가 과연 무엇을 의미하는지 한 번도 진지하게 고민해보지 않았다는 사실이다.

2017년에 집권한 브리티시컬럼비아주 신민주당 정부에서 법무부 장관이 된 데이비드 에비(David Eby)는 그해 11월에 밴쿠버에서 있었던 자금세탁에 관한 연설에서 이 문제를 언급했다. 그가 생각하기에는 브리티시컬럼비아주의 직전 정부인 크리스티 클라크(Christie Clark)의 자유당 정권이 화이트칼라 범죄와 사기, 자금세탁 등을 근절할 생각이 있었음에도 현상 유지 쪽을 선택했다는 것이었다. 그는 자신으로서는 클라크 정부가 자금세탁 문제를 적당히 눈 감는 편을 주 경제를 살리는 길로 여겼다고 볼 수밖에 없다고 말했다. "우리 브리티시컬럼비아주를 바라보는 세간의 시선이 날로 심각해진다는 사실을 직전 행정부도 알고 있었음이 분명하다고 생각합니다."

다시 말해 데이비드 에비 장관은 직전 정부가 의도적으로 브리티시컬럼비아주를 현대판 토르투가섬(Tortuga, 남아메리카 아이티에 속한 섬으로, 17세기 카리브 해적들의 근거지였다고 한다. - 옮긴이)으로 만들려고 했다는 의혹을 제기한 것이었다. 그도 그럴 것이, 주 정부의 곳간을 가득 채우고 있는 돈이 알고 보면 범죄 행위에서 비롯된 파생 자금이었기 때문이다. 그 말이 사실이든 아니든, 데이비드 에비 장관의 발언이 나올 시점에는 이미 시장 왜곡이 위험한 수준에 이르러 정부의 조치로 질서를 회복할 때는 이미 지났음이 분명한 상황이었다. 정부가 어떤 규정이나 규제, 혹은 효과적인 세제를 마련하더라도 수만, 혹은 수십만 캐나다인들의 보유 주택이 마이너스 자산으로 변하고, 그들은 평생 빚에 갇히게 될 판이었다. 정부는 외국인 구매자에게 15퍼센트의 세금을 부과했으나 그 효과는 미미했다. 자신의 부를 해외에 보관하기를 간절히 원하는 중국인들에게 세금은 아무런 의미가 없었고, 그마저도 쉽게 회피할 방법이 얼마든지 있었다. TI 보고서가 지적한 손쉬운 탈세법 중 하나는, 영국령 버진아일랜드와 같은 조세 피난지에 법인 등기된 회사를 설립한 후, 자신의 부동산 자산을 서류상으로 그 회사에 소유 등기 설정을 해두는 것이다. 그런 다음 그 회사를 매각해버리면 캐나다에는 자산의 원래 소유주였던 그 회사 기록만 있지, 부동산 자산을 새로 취득한 소유주에 관한 기록이 전혀 남지 않는다. 즉 실소유자 정보가 사라지는 것이다.

중국은 원래 자금의 해외 유출을 엄격히 제한하는 나라다. 중국인이 해외여행을 한번 나갈 때마다 소지할 수 있는 최대 금액은 5천 달러이며, 연간 총액은 5만 달러를 넘지 못한다. 따라서 중국에서 거액의 돈이 해외로 반출되는 것은 애초에 비밀리에 이루어지는 일로서, 매년 그 액수가 얼마나 되는지 정확하게 알기가 매우 어렵다. 예전에는 중국의 중앙은행인 중국인민은행이 내놓은 추정치를 불법 해외 유출 자금 총액의 하한선으로 보기도 했다. 2000년대 중반에 나온 한 보고서에 따르면 중국인민은행은 1990년대 중반 이후 당시까지 해외로 반출된 자금 총액을 미화 1,300억 달러 정도로 추산한다고 했다. 은행 측은 이 돈이 약 1만 6,000명에서 1만 8,000명에 이르는 공산당의 부패한 관리와 기업인, 그리고 이 기간에 해외로 잠적한 사람들이 가지고 있던 불법 취득 자금으로 보고 있었다고 한다. 그러나 다른 추정치들이 그렇듯이, 약 20년 동안 사라진 돈이 미화 1,300억 달러밖에 안 된다는 것은 현실에 한참 못 미치는 이야기로 볼 수 있다. 실제로는 2000년대 이후 2015년 정도까지 그 정도 금액은 중국에서 6개월마다 한 번씩 사라졌다고 봐야 한다. 2015년 8월 한 달 사이에만 2,500억 달러의 돈이 중국에서 해외로 반출되었다.

최근에 나온 가장 권위 있는 추정치는 2013년 「월스트리트저널(Wallstreet Journal)」에 보도된 계산치다. 이 신문에 따르면, 2012년 9월을 기준으로 직전 12개월 사이에 중국의 부자들이 해외로 반출한 돈은 모두 2,250

억 달러였다고 한다. 이 금액은 같은 기간 중국에 들어온 해외 직접 투자액 1,210억 달러의 거의 2배에 가까운 액수였다. 런던에 본사를 둔 산업분석 기업 웰스인사이트(Wealth Insight)는 2015년을 기준으로 중국 부자들이 해외에 은닉해둔 자산 총액을 약 6,700억 달러로 추산하고 있다. 같은 기간에 보스턴컨설팅그룹(Boston Consulting Group)이 추산한 총액은 이보다 훨씬 낮은 4,500억 달러였다. 가장 믿을 만한 수치를 내놓는 곳은 워싱턴에 본부를 둔 국제금융청렴조사기구(Global Financial Integrity, GFI)로, 자금세탁의 허점과 기타 부패 경로를 봉쇄하기 위한 진정이나 탄원을 펼치는 기관이다. 2014년 말에 GFI가 발표한 자료에 따르면 2012년에 중국에서 해외로 유출된 불법 자금은 미화 2,500억 달러에 조금 못 미치며, 2003년 이후 10년간 통계를 계산하면 연평균 1,250억 달러, 총액은 1조 2,500억 달러에 달한다고 한다. 2015년에 중국인민은행이 조사한 수치는 다른 기관이 추정한 해외 유출 자금 액수와 엇비슷하게 맞아들어가고 있다. 중국인민은행은 2015년 5월에 그해 1사분기 금융 흐름 통계를 발표했다. 몇 주 뒤, 프랑스의 주요 은행인 BNP 파리바(BNP Paribas) 은행이 중국인민은행의 통계를 바탕으로 분석보고서를 내놓았다. BNP 파리바의 결론은 2015년 1사분기에 중국에서 해외로 나간 불법 자금 총액은 미화 800억 달러를 약간 상회하며, 이를 2015년 전체로 추산하면 약 3,200억 달러 규모가 된다는 것이었다. 이것은 전년도인 2014년에 동 은행이 중국 정부 발표 통계로부터 추산한 2,440억 달러보다 더 늘어난 수치였다. 사실 2015년 한 해에 3,200억 달러라는 추산치도 현실에 비하면 한참 모자라는 액수다. 블룸버그파이낸셜 통신사가 발표한 자료에 따르면 중국에서 빠져나간 돈이 4사분기에만 3,670억 달러에 이른다고 한다. 마지막으로 국제금융협회(Institute of International

Finance)의 추산치를 소개하면 2015년 한해에 중국에서 해외로 빠져나간 자금은 총 1조 달러에 약간 못 미치는 것으로 나타난다.

중국에서 돈을 해외로 빼내는 방법은 실로 다양하다. 중국의 부유층은 해외 어느 곳에서든 당국이 정한 연간 5만 달러 상한선을 넘는 합법적인 자금 반출 사례가 나타나면 언제든지 찾아 관련을 맺어두려고 애를 쓴다. 물론 가장 믿을 만한 경로는 해외 친척들과 서로 믿고 거래하는 방법이다. 친척들은 해외이주민이거나 해외 대학에 유학한 자녀들이다. 캐나다는 다른 서구 국가와 마찬가지로 학생 비자를 소지한 외국인의 은행 계좌 개설이나 부동산 취득, 신용한도 설정 등을 모두 허용한다.

홍콩은 세계적인 금융 중심지이자 중국의 부자들이 다른 나라에 돈을 보내는 주요 통로로 삼는 곳이다. 마카오도 마찬가지다. 특히 마카오는 도박 산업이 세계 최대 규모로 발달한 도시로, 중국의 자금이 세탁되어 전 세계로 퍼져나가는 큰 판이 벌어지는 곳이다. 한때는 캐나다의 카지노, 특히 브리티시컬럼비아주의 도박 시설에 자금세탁 세력이 몰려드는 것을 간신히 막아내던 시절도 있었다. 그러나 2010년대 중반에 이르러 캐나다 범죄조직들은 마약 거래로 벌어들인 돈으로 중국의 거액 도박꾼들에게 현금 대출을 제공할 정도로 세력이 커졌고, 도박꾼들은 그 돈으로 캐나다 카지노에서 칩을 샀다. 이런 구조가 형성되면서 브리티시컬럼비아주의 카지노들이 자금세탁 소굴로 변했을 뿐만 아니라, 중국의 부자들이 캐나다의 부동산이나 회사를 사는 데 돈을 쓰는 중요한 방법이 되었다. 이 세계에서 '고래'라고 불리는 거액 도박꾼들은 밴쿠버에서 빌린 판돈을 주로 중국에서 갚았다. 그들은 이런 방법으로 중국의 자금 반출 제한 규정을 피했다. 이것은 금세 거대한 규모의 매우 복잡한 산업으로 발전해갔다. 2017년 9월 「포스트미디어

(Postmedia)」신문은 샘 쿠퍼(Sam Cooper) 기자가 '이-파이레트(E-Pirate)'라는 암호명으로 진행된 RCMP의 수사 활동을 장장 6개월에 걸쳐 탐사 취재한 결과를 보도했다. 이-파이레트 작전의 주목표는 폴 킹 진(Paul King Jin)과 리치몬드의 빌딩에 자리한 그의 회사 실버인터내셔널인베스트먼트(Silver International Investment) 사무실이었다. 샘 쿠퍼는 여러 경찰 조직 및 기타 법 집행 기관과의 인터뷰와 정보공개법에 따라 열람한 자료를 바탕으로, 부유한 중국 도박꾼들에게 공급하는 자금이 어떻게 마약 밀매를 통한 자금세탁 과정과 맞물려있는지를 설명했다. 실버인터내셔널의 공작은 먼저 중국인 거액 도박꾼들에게 자금을 제공하는 것으로 시작된다. 대개 그들을 마카오에서 처음 접근한 다음, 밴쿠버 카지노로 진출해볼 의향이 없느냐고 유혹한다. 기사는 MNP LLP라는 회계법인이 브리티시컬럼비아주 복권공사(Lottery Corporation)를 감사한 일을 취재하여, 중국인 '고래'들이 "이미 중국 현지에서, 혹은 밴쿠버에 도착하기 직전에 밴쿠버 연락책을 만났다"고 보도했다. 도박꾼들은 "전화 통화로 만난 사람으로부터 현금을 전달받아", 그 돈으로 카지노에서 칩을 샀다. 도박꾼들은 빌린 돈을 갚을 때는 "중국에 있는 현금성 자산"을 이용했다. 도박꾼들이 카지노에서 더 많은 칩을 벌면(애초에 그들의 거래 목적이 바로 그것이었다.) 그 돈으로 캐나다에서 자산을 사들이기도 했다. RCMP 수사관이 「포스트미디어」에 말한 내용에 따르면, 실버인터내셔널에서 보낸 사람이 현금 10만 달러가 담긴 하키 가방을 들고 밴쿠버의 카지노(주로 리치몬드의 리버록 카지노 리조트(River Rock Casino Resort)를 애용했다.) 밖에서 중국 도박꾼을 만나는 것이 전형적인 접촉 수법이었다. 고래 도박꾼들의 손에 쥐어진 돈다발과 마약상들이 불법 거래 자금을 세탁할 목적이 서로 연결된다고 봐도 논리적으로 그리 큰 무리는 아니라는 것을 알

375

수 있다. 「포스트미디어」가 보도한 RCMP 수사관의 말에 따르면 실버인터내셔널은 마약 자금을 세탁하고 전 세계를 대상으로 대출 사업을 펼치는 중심지 역할을 했다고 한다. 마약상들은 거의 매일 실버인터내셔널에 약 150만 캐나다달러 정도의 현금을 제공했다. 그 돈은 중국인 도박꾼들에게 대출로 제공되었고, 마약상은 채권을 확보했다. 「포스트미디어」 기사는 다음과 같이 설명한다. "실버인터내셔널은 정교한 일솜씨를 바탕으로 승승장구하여 멕시코와 페루에 자금을 전송하는 데까지 사업을 확장했다. 덕분에 마약상들은 캐나다 밖으로 자금을 반출하지 않고도 마약을 구매할 수 있었고, 국제간 자금 이동을 중국발 무역 송장으로 꾸며서 위장했다."

2015년 10월에 RCMP가 실버인터내셔널 사무실을 급습하여 컴퓨터에서 회사 장부를 찾아낸 결과, 한 해에만 브리티시컬럼비아주에서 현금으로 2억 2,000만 캐나다달러를 세탁하고, 3억 캐나다달러를 해외로 송금했다는 사실이 드러났다.

「포스트미디어」를 비롯한 여러 언론에 이 사건이 보도된 이후, 법무장관 데이비드 에비는 RCMP 전 부청장 피터 저먼(Peter German)에게 브리티시컬럼비아주의 자금세탁 실태에 대한 조사 지휘권을 맡기고 특히 카지노를 중심으로 자세히 조사하라는 당부를 전달했다. 2018년 6월에 발표된 피터 저먼의 조사 보고서의 결론은 다음과 같았다. "밴쿠버는 중국 범죄조직이 저지르는 불법행위의 중심지 역할을 하고 있다. 여러 범죄조직이 지하 금융기관을 중심으로 동맹관계를 맺으며 복잡한 네트워크를 형성하고 있다. 밴쿠버와 중국을 오가는 자금세탁 구조가 형성되어있으며, 이 흐름은 멕시코와 콜롬비아 등지에까지 뻗어있다."

보고서는 브리티시컬럼비아주의 도박산업에 대한 규제 체계가 "제대로 작동하지 않는 것"이(이 사태는 브리티시컬럼비아 복권공사와 주 정부 산하 도박 규제 기관이 공동으로 책임져야 할 사안이었다.) 자금세탁 세력이 몰려들게 된 주원인이라고 지적했다. 이렇게 되자 브리티시컬럼비아주의 수입원 중 도박산업 수익이 차지하는 비중이 너무 커져, 주 정치인들이 카지노의 실태를 자세히 들여다보기를 꺼리는 지경에 이르고 말았다. 브리티시컬럼비아주가 카지노에서 벌어들이는 수익 규모는 일반과세의 뒤를 이어 2위 자리를 차지할 정도였다.

중국에서 신용 및 현금카드 사용량이 점점 늘어난 것도 자금의 해외 유출을 촉진하는 한 요인이었다. 부유한 중국인 손님이 많이 찾는 밴쿠버나 토론토의 상점 중에서는 수수료를 받고 중국 세관에 제출할 거액의 현금 및 가짜 신용카드 영수증을 기꺼이 발행해주는 곳이 많다. 불법 자금을 해외로 빼돌리는 놀랍도록 단순한 방법은, 그냥 가방에 돈을 담아 세관원에게 뇌물을 주고 비행기에 올라타는 것이다. 캐나다는 돈 가방을 들고 갈 최적의 목적지다. 캐나다 국경관리청으로서는 그 돈이 불법 자금인지 판단할 근거도 없고, 따라서 압수해야 할 이유도 찾기 힘들기 때문이다. 현금은 신고만 하면 거의 예외 없이 반입이 허용된다. 승객 중에 간혹 10만 달러 이상을 소지하고도 신고하지 않다가 발각된 경우에도 그것을 곧바로 범죄 자금으로 간주하지는 않으며, 특히 초범일 경우에는 벌금도 아주 미미한 정도에 그친다. 캐나다에서는 벌금만 납부하면 소지한 금액을 반입할 수 있다. 미신고 금액을 압수당하는 미국과 다른 점이다.

개인 소유 자금이 중국을 빠져나가는 규모도 엄청나지만, 기업을 통해 반출되는 금액은 이것과 비교도 안 될 정도로 더 많다. 당국을 속이고 자금의 해외 반출 허가를 받아내는 가장 흔한 방법은 위조 송장을 발행하는 것이다. 이것은 중국 회사가 해외에 지사를 둔 경우에는 너무나 간단한 방법이다. 해외 지사 운영비만 실제보다 높게 계상한 후 자산을 해외 계좌로 옮기면 되는 일이기 때문이다. 마찬가지로 해외에서 상품이나 서비스를 구매할 때 판매자에게 더 높은 가격의 가짜 송장을 발급해달라고 요청하는 방법도 있다. 국제금융청렴조사기구를 비롯한 몇몇 기관이 조사한 결과만 봐도 위조 송장이 중국에서 자금을 해외로 도피하는 방법 중 60퍼센트를 차지한다.

물론 해외로 부를 옮기는 가장 믿을 만하고 안전한 경로를 아는 사람들은 중국 공산당 먹이사슬의 최상층을 차지하는 계층이다. 2017년, 국제탐사보도언론인협회(International Consortium of Investigative Journalists, ICIJ)는 이른바 패러다이스 페이퍼스(Paradise Papers)라는 이름이 붙은 수백만 건의 비밀 전자 파일을 입수했다. 이 문건은 조세 피난지에 신탁법인이나 회사를 차리려는 사람을 도와주는 전문업체들이 관리하던 자료였다. 그중에서도 싱가포르 회사인 포트컬리스 트러스트넷(Portcullis TrustNet)과 영국령 버진아일랜드에 근거지를 둔 커먼웰스신탁회사(Commonwealth Trust Limited)라는 업체는, 조세 피난지에 자산을 옮겨둔 2만 2,000명의 중국 및 홍콩 고객을 관리하고 있던 것으로 드러났다. 고객 명단에는 시진핑 주석의 친척과 원자바오 전 총리의 아들, 후진타오 전 주석의 사촌 등을 비롯한 수많은 공산당 귀족들의 이름이 보였다. 결국 이 명단에는 총 7명의 정치국 상무위원 중 최소 5명의 친척과 중국 주요 기업 수장 대다수의 가까운 친척이 모두 포함되어있었다. 영국령 버진아일랜드 관계자의 말에 따르면 아시아, 특히 중국 회사가 그곳에 등록된 외국 법인의 40퍼센트를 차지한다고 한다.

이른바 패러다이스 페이퍼스가 공개되기 전인 2016년도에도 이미 영국령 버진아일랜드나 케이맨 제도와 같은 조세 피난지에 등록된 법인이 조세 회피와 탈세 행위뿐 아니라 신분 위장 수단으로 이용된다는 소식이 자세하게 드러난 바 있었다.

이 문건은 앞서 언급한 국제투명성기구의 부동산 거래 보고서와 연방 정부의 여러 조사 결과와 함께 한 가지 중요한 사실을 지적하고 있다. 중국에서 캐나다로 유입되는 자금은 결코 깨끗하지도 결백하지도 않다는 것이다. 중국에서 돈을 몰래 빼내는 체계가 구축되기 위해서는 반드시 해당 국가의 상대방도 기꺼이 위조 서류를 꾸며줄 수 있어야 한다. 다시 말해 캐나다는 돈과 함께 부패도 수입한다는 뜻이다. 캐나다에는 이미 여러 분야에서 이런 증상이 감지되고 있다. 부동산 시장에 만연한 부패 행위라든가, 항상 위조 가능성이 의심되는 교육기관 수료증에 눈을 감는 행위, 그리고 의도적으로 해외 자금의 원천을 깊이 조사하지 않는 관행 등이 그것이다. 물론 공산당 귀족들이 쏟아부은 수백만 달러의 돈이 캐나다에 부패를 싹틔운 직접적인 원인은 아니다. 이 땅에 유럽 이주민이 정착했던 초기부터 지역의 실권자와 부동산 업계는 모든 분야에서 모든 형태로 별로 건전하지 못한 관계를 형성해왔다. 캐나다는 시, 주 단위 정부와 건설업계가 서로 추문과 부패로 얽혀있는 경우가 많은 나라다. 캐나다의 시의회와 지역 부동산 업계의 이해관계가 때로 구분하기조차 어려운 이유는, 건설업자들이 대개 시의회 의석을 차지한 인물들이기 때문이다. 국제투명성기구 보고서가 지적하듯이, 중국 자금은 그저 열린 문을 비집고 들어온 것뿐이다. 문제는 캐나다가 파도처럼 밀려드는 이 자금이 결코 좋은 것만은 아니라는 사실을 깨닫게 된 지금, 이미 부패는 과거 어느 때보다 우리 사회에 깊이 뿌리내린 후여서 이를 근절하는 데는 오랜 시간이 필요하다는 사실이다(어쩌면 수십 년이 걸릴지도 모른다).

오늘날 캐나다가 국제 사회에서 자금세탁과 부패의 온상이 되어버린 현실에 대해 정부와 사법 체계가 국민과 자신의 관행 앞에서 도덕적, 사회적 책임을 실천해야 한다는 것은 너무나 분명한 사실이다. 그러나 중공이 범죄자로 간주하는 사람을 체포하고 처벌하는 일을 캐나다가 도와야 할 도덕적 책임이 있는지는 그리 분명하지 않다. 아니, 오히려 그렇지 않다는 편이 훨씬 더 옳은 판단일 것이다. 앞에서도 몇 번 언급했듯이, 중국에는 서구의 자유민주 체제가 이해하는 것과 같은 법치주의 개념이 존재하지 않는다. 중국의 사법 체계는 오로지 정부의 이익에 복무할 뿐이다. 중국에서 범죄자란 중공이 범죄자로 낙인찍은 사람을 뜻한다. 그리고 대개 그들은 공산당에 정치적으로 위협이 되는 사람이거나, 이런저런 이유로 정치적인 보호망을 잃어버린 사람들이다. 2012년 말에 권좌에 오른 시진핑 주석이 어마어마한 기세로 부패를 척결하겠다고 나선 행동은 법이라는 수단을 정치적 경쟁자와 잠재적인 정적을 몰아내는 데 이용한 전형적인 사례로 볼 수 있다. 시진핑이 부패 척결이라는 명분을 내세워 공산당 내부 숙청에 성공한 모습은 1960년대와 70년대 초에 마오쩌둥이 문화대혁명을 통해 달성한 결과와 여러모로 닮은 점이 많다.

캐나다는 중국의 사법 체계가 어떤 방식으로 작동되는지 냉철한 시각으로 바라볼 줄 알아야 한다. 이것이 꼭 필요한 이유는 여러 가지가 있지만, 그중에서도 두 가지가 가장 절박하다. 하나는 공정한 갈등 조정을 한사코 거부하는 정권과 자유무역 협정을 맺거나 여러 종류의 무역 관계를 강화해야 할 시간이 코앞에 다가왔기 때문이다. 또 다른 긴급 사안은 중공이 캐나다 정부를 향해 범죄인 인도조약을 요구하고 있다는 사실이다. 이렇게 되면 캐나다는 중공이 범죄인이라고 주장하는 사람들은 무조건 송환하는 법적 체계를 마련해야 한다.

범죄인 인도조약이 체결되지 않은 가운데, 중공 비밀경찰이 몇 차례 여행 비자를 통해 캐나다를 방문한 일이 있다. 그들은 자신들의 목표 인물을 추적한 다음 중국으로 데려가려고 협박을 시도했다. 탈주자들이 순순히 말을 듣지 않을 경우, 비밀경찰이 꺼내 드는 방법은 대개 그들의 가족을 처벌하겠다고 위협하는 것이다. 중국 남부의 항구도시 샤먼을 중심으로 엄청난 규모의 밀수 활동을 일삼아온 것으로 유명한 라이창싱(Lai Changxing) 사건은 중국 비밀경찰이 캐나다에서 편 작전이 대중들에게 알려진 최초의 사례다. 라이창싱은 1999년에 정치적 분위기가 자신에게 불리하게 돌아가자 아내와 자녀를 데리고 캐나다로 피신했다. 그는 12년 동안이나 본국 송환의 위협에 맞서 싸웠다. 이 기간에 중국 비밀경찰 한 팀이 캐나다에 몰래 잠입했는데, 그들은 라이창싱의 가족에 대한 위협 의사를 분명히 보여주기 위해 그의 형제 중 한 사람을 데리고 오기도 했다. 그러나 라이창싱은 이미 이런 종류의 강압에 익숙했으므로 이에 굴하지 않고 자신의 사건을 캐나다 법정과 난민 재판소로 끌고 가서 끝까지 싸웠다. 그는 결국 2011년 7월에 중국으로 송환되고 말았다. 이듬해, 그는 밀수와 뇌물 혐의로 무기징역형을 선고받았다.

　라이창싱 사건은 캐나다가 중국과 어떤 종류의 공식협정을 맺더라도 크나큰 위험이 따른다는 것을 보여주는 완벽한 사례다. 중공의 법률 및 사법체계는 공산당 내의 권력 투쟁에 이용되는 하나의 수단에 지나지 않는다. 라이창싱이 밀수 제국을 건설하고 이것이 번창할 수 있었던 것은 그가 푸젠성의 군과 관료들과 결탁하여 그들에게 일정한 보상을 제공했고, 샤먼이 바로 이를 뒷받침하는 상업의 중심지였기 때문이다. 더구나 라이창싱의 인맥은 푸젠성의 그저 그런 당국자 정도가 아니었다. 그가 군에서 끈이 닿아 있는 인물은 인민해방군 정보부를 지휘하는 지셩더(Ji Shengde) 소장이었다.

대만의 믿을 만한 언론이 보도한 바에 따르면 라이창싱의 밀수 작전은 군 병력의 보호를 받았을 정도였고, 심지어 인민해방군 해군 함정의 호위하에 진행된 적도 있다고 한다. 라이창싱은 장쩌민 주석의 계파에 속해 일정한 정치권력을 지닌 인물이었다. 푸젠성 공산당 서기장 자칭린(賈慶林, Jia Qinglin)이 바로 장쩌민 주석의 측근이었다. 자칭린은 1996년에 당의 지도급 중책을 맡아 베이징으로 영전했고 이듬해에는 중앙위원회 정치국 위원에 선임되었다. 2007년에는 한 계단 격상한 자리인 정치국 상무위원에 올랐다. 자칭린이 푸젠성의 실질적인 통치자였다면, 그의 부인 린유팡(Lin Youfang)은 푸젠성의 무역통상부를 책임지는 위치에 있었다. 자칭린과 린유팡이 비록 라이창싱의 밀수 행위에 직접 연루되지는 않았다 하더라도, 그의 행동을 전혀 모르고 있었다고 보기는 매우 어려운 것이 사실이다.

정치 기류가 라이창싱에게 불리해진 것은 1998년, 중국 경제개혁의 거의 모든 분야를 실질적으로 설계한 주룽지가 총리에 오르면서부터였다. 주룽지는 중공 권력의 핵심부에서 다소 비켜선 인물로, 당의 원로와 실세들 역시 그에 대해 회의적인 시각을 가지고 있었다. 주룽지가 총리까지 될 수 있었던 데는 그의 경제 분야에 대한 전문성과 이념에 얽매이지 않는 실용주의 성향에 대해 외국 정부로부터 높은 인정을 받았던 덕이 컸다. 중공은 그를 전면에 내세움으로써 중국이 세계무역기구(WTO)의 일원으로 인정받는데 큰 도움이 되리라고 판단했고, 실제로 그 판단은 적중했다. 그러나 중국 공산당 내에서 생존하려면 경쟁자가 나를 치기 전에 내가 먼저 그를 몰아내야 할 때가 있게 마련이다. 주룽지는 총리에 오르자마자 경쟁자를 물리치는 전형적인 경로를 따라 부패 척결 운동을 시작했다. 물론 그는 장쩌민을 비롯해 점점 부패로 곪아가는 중공 권력의 최상부 핵심층을 직접 공격하지는 않았다. 라이창싱은 그들을 대신해 표적이 된 대리인이 분명했다. 그러나 라이창싱도 어리석은 사람은 아니었다. 그는 현명하게도 1991년에 이미 홍콩에 영주권을 취득해두었고, 당시만 해도 베이징의 권력이 미치지 않았던 영국 식민지에 자신의 밀수 제국을 운영하고 있었다. 1998년 초, 중국 세관 특별조사팀이 방대한 분석작업을 끝낸 후 라이창싱이 밀수 거래를 통해 미화 100억 달러에 상당하는 상품의 관세를 회피했다고 결론내렸다. 4월 20일, 중국 공산당 중앙기율검사위원회는 200명으로 구성된 과학수사 전문 회계사 팀을 파견해 라이창싱의 밀수 활동과 푸젠성 정부로부터 확보한 산더미 같은 서류를 검토하라고 지시했다. 그와 함께 인근 성에 있던 300명의 무장 경찰 부대가 회계팀의 급습을 지원하고, 증거를 확보하며, 용의자를 검거하라는 명을 받고 푸젠성으로 출동했다. 라이창싱의 제국을 거세게 몰아치는 움직임과 별개로, 그보다 이름이 덜 알려진 최소 14명의 인사에게 사형이 선고되었고, 수백 명이 징역형을 받았으며, 대략 1,000명 정도의 사람들이 수사 대상이 된 후 다양한 기한의 구금형에 처해 졌다. 라이창싱은 캐나다에서 송환될 때 사형을 면제받는다는 조건이 있었기 때문에 2012년에 간신히 처형을 면했다.

라이창싱 사건에 뒤이어, 부패 척결이라는 명분을 내건 시진핑의 정적 제거 활동이 가속화됨에 따라, 중공은 이 나라를 떠난 부가 가장 많이 찾아드는 피난지들과 범죄인 인도조약을 모색하기 시작했다. 사실 베이징은 2007년에 이미 호주와 이와 유사한 조약을 맺은 일이 있었지만, 캔버라의 의회가 비준을 거부하는 바람에 조약은 10년이 넘도록 발효되지 못했다. 2017년 3월에 이르자 사태는 더욱 악화되었다. 당시 맬컴 턴불 총리가 이끄는 호주 정부는 집권당 평의원들의 저항에 직면하여 어떤 법안이든 상원에 올라가면 부결될 것이 뻔했기에 중국과의 조약 비준을 의제에서 제외했다. 호주 입법부는 중공의 사법 체계가 범죄인 인도조약에 걸맞은 원칙에 따라 운영된다고 볼 수 없다는 판단을 내렸고, 이것이 비준이 무산된 근본적인 이유였다.

　　중국과 호주의 범죄인 인도조약이 무산될 운명에 처한 것이 눈에 보이는 상황에서도, 캐나다는 오히려 중국과 비슷한 조약의 가능성을 활짝 열고 있었다. 2016년 9월 12일, 베이징에서는 쥐스탱 트뤼도 총리의 국가안보 보좌관 다니엘 장(Daniel Jean)과 중공의 안보 분야 책임자 간에 회담이 열리고 있었다. 다니엘 장의 방문 목적은 중국으로부터 캐나다 선교사 케빈 가랫(Kevin Garratt)을 석방하겠다는 약속을 받아내기 위한 것이었다. 그는 중국 정부로부터 간첩 및 국가기밀 절도 혐의로 2년째 구금되어있던 인물이었다. 다니엘 장이 회담을 마친 다음 날, 케빈 가랫 선교사는 단둥시(중국과 북한의 접경 도시로, 케빈 가랫이 살던 곳이었다.) 법원으로부터 유죄 선고와 함께 강제 추방 명령을 받았다. 중공의 태도는 케빈 가랫을 석방해주었으니 그 대가로 범죄인 인도조약을 맺자는 것으로 보였다. 캐나다 정부는 곧 공식 성명을 발표했다. "캐나다와 중국 양측은 안보와 법치주의 분야의 협력을 달성하기 위한 단기적 목표로서, 범죄인 인도조약을 포함한 여러 사안에 관한 대화에 착수하기로 합의했다."

　　일부 캐나다 언론은 범죄인 인도조약이 가져올 이익이 있을 것이라고 주장하는 전직 외교관과 학자들의 의견을 보도했다. 그중에서도 두 가지 주장이 가장 눈에 띄었다. 하나는 조약이 체결되면 중국의 비밀경찰이 탈주자들을 찾아 캐나다에서 비밀 작전을 펼칠 일은 없어질 것이라는 논리였다. 다른 하나는 중국의 부자들이 본국으로 강제 추방될 것이 두려워 캐나다를 피신처로 삼기를 주저하게 되리라는 것이었다. 그러나 캐나다의 다수

여론은 그런 생각과는 전혀 달랐다. 2명의 전직 캐나다 안보정보청(CSIS) 청장 레이드 모든(Reid Morden)과 워드 엘코크마저도 공산당 치하의 중국과 범죄인 인도조약을 맺는 일은 별로 좋은 생각이 아니라는 견해를 밝혔다. 1994년부터 2004년까지 CSIS 청장을 지낸 워드 엘코크는 중공 정권이 건재한 이상, 캐나다가 중국으로 돌려보낸 사람이 공정한 사법적 청문절차를 밟게 된다는 보장은 그 어디에도 없다고 말했다. 1988년부터 1992년까지 CSIS 청장을 역임했던 레이드 모든은 캐나다 정부가 중공의 인권 실태에 관한 종합적인 정책을 수립하지도 않은 채 어떻게 중국 정부와 범죄인 인도조약을 맺으려고 하는지 이해하지 못하겠다는 태도를 보였다. 심지어 평소 캐나다와 중국의 관계 강화를 가장 적극적으로 부르짖던 존 맥컬럼(John McCallum) 베이징 주재 캐나다 대사조차 범죄인 인도조약이 캐나다 국민의 바람과는 거리가 먼 이야기라는 사실을 인정했다. 존 맥컬럼은 2017년 4월 초에 「글로브앤메일」 베이징 특파원 내이선 밴더클립(Nathan Vanderklippe)과의 인터뷰에서 이렇게 말했다. "협정 체결은 고사하고 협상에 착수하는 것도 우리로서는 아직 너무 먼일입니다. 그 조약은 제가 생각하는 우선순위에는 없습니다."

범죄인 인도조약과 자유무역 협정 문제로 분명히 알게 된 사실은, 중공이 자유민주 체제의 공개적이고 대의적이며 책임 있는 정부를 상대할 때는 뚜렷하게 발휘할 만한 영향력이 별로 없다는 것이다. 캐나다의 자유당 고위층과 기업계를 비롯한 여러 사회 핵심 분야의 자유당 지지 세력은 당연히 중국과의 관계를 더 긴밀히 유지하는 데 찬성할 것이다. 그러나 국민 여론이 그들에게 등을 돌릴 때는 그들로서도 이 주제를 포기하고 나중에 다시 여론이 바뀌기를 기다리는 것 외에는 선택의 여지가 별로 없다.

13장.
중국, 캐나다를
좌지우지하다

13장. 중국, 캐나다를 좌지우지하다

우선, 외국의 간섭이란 무엇입니까? 그것은 한 마디로 외국의 기관이 정치적, 정책적, 경제적 우위를 점하기 위해 캐나다인의 의견과 관점, 그리고 결정에 영향을 미치려는 시도입니다. 물론 이것은 여러 가지 측면을 포괄하는 광의의 정의입니다만, 외국의 어떤 행동을 간섭이라고 부를 수 있으려면 무엇보다 그것이 캐나다의 이익에 반하는 것이어야 하고, 기만의 속성을 포함해야 한다는 점이 중요합니다.

— 캐나다 안보정보청(CSIS) 청장 리처드 패든, 2010년 7월 5일

캐나다에서 활동하는 중국 공산당 여론공작원에 대한 리처드 패든의 정의는 호주, 뉴질랜드, 미국, 그리고 몇몇 유럽 국가에서 일어난 일과 비교해봐도 그대로 적용되는 내용이었다. 중국이 이들 나라의 일반 대중과 학계, 그리고 비즈니스계를 교란하려던 시도는 모두 놀랍도록 유사한 특성을 보여준다. 그리고 이런 사실이야말로, 중공이 자신과 중요한 관계를 맺고 있는 나라의 내정을 간섭하려는 의도를 품고 있다는 결정적인 증거가 아닐 수 없다.

특히 중공은 시진핑이 권좌에 오른 이후 지금까지 자유민주 세계의 질서를 무너뜨리겠다는 의지를 더욱 뚜렷이 드러내고 있다. 이로부터 그들이 세계 경제와 정치의 유일한 패권국의 위상을 회복하려는 야망을 품고 있음을 알 수 있다. 중공은 캐나다를 비롯한 여러 나라의 자유민주 질서와 법치주의를 무너뜨리려고 애쓸 뿐만 아니라, 제2차 세계대전 이후 자유민주 국가들이 만들고 가꾸어온 국제 사회의 여러 제도와 기관을 그들의 손으로 바꾸고 개조한다는 목표를 세우고 있다. 중공은 이미 그들의 가치관에 따라

예컨대 아시아인프라투자은행(Asian Infrastructure Investment Bank, AIIB) 등의 기관을 직접 만들고 있다. 시진핑 주석 겸 공산당 총서기는 이미 중국식 권위주의적 자본주의야말로 자유민주 체제보다 안정적인 정부를 달성하는 데 훨씬 더 나은 모델임을 몇 차례 연설을 통해 너무나 분명하게 밝혔으며, 중국 정부와 강한 결속을 원하는 나라라면 누구나 따라야 할 모범이라고 강조했다.

중공이 다른 나라를 파괴하려는 시도를 보면서 캐나다가 교훈을 얻어야 할 사례는 호주와 뉴질랜드에서 찾아볼 수 있다. 이 세 나라는 역사와 정치, 경제, 그리고 현대적 세계관이라는 측면에서 매우 유사한 성격을 지니고 있다. 또 중공이 파괴 공작을 일삼고, 정치적 영향력을 행사하며, 학술적인 토론과 표현의 자유를 억누르고, 자신에게 위협이라고 판단하는 다양한 화교 사회 주민들을 겁박하는 행위는 모두 똑같은 작전 계획에서 나온 것이다. 중요한 차이점이 있다면 호주와 뉴질랜드 모두 중공의 이런 행동을 드러내고 반박하는 일에 캐나다보다 훨씬 더 투명하고 적극적인 태도를 보인다는 점이다. 사실 그러기 위해서는 호주 정부가 캐나다 정부보다 정치적으로 훨씬 더 큰 용기가 필요하다. 중국은 호주가 수출하는 상품의 3분의 1을 수입하는 최대 무역 상대국이자 소비국이다. 호주의 수출품은 대부분 원자재다. 게다가 호주는 중국의 투자 대상국 중 미국에 이어 2위에 해당하는 국가다. 2005년부터 2015년까지 중국이 호주에 투자한 금액은 캐나다에 투자한 액수의 2배에 달한다. 그러므로 맬컴 턴불 호주 총리가 해외 공작원과 은밀한 내정간섭 행위를 억제하겠다는 입법 의지를 공공연히 드러낸 것은 정말로 큰 위험을 무릅쓴 행동이었다. 호주국립대학교 국가안보대학 로이 멧켈프(Roy Metcalf) 학장은 2017년 6월에 한 언론과의 인터뷰에서 이렇게 말했다. "이 나라 정치권은 이제 한 가지 중요한 사실에 대해 공감대를 형성하고 있습니다. 그것은 바로 우리가 중국에 맞서야 한다는 것입니다."

캐나다에는 아직 이런 공감대가 없다. 이 나라 정치권이 중국의 파괴 공작을 심각한 문제로 인식하는 길은 아직도 요원하다. 물론 분위기가 바뀌는 징조가 보이기는 한다. 캐나다의 국가안보 기관들은 그래도 아직 정치인들처럼 불안한 모습을 보이지는 않고 있다. 그러나 앞서 9장에서 잠깐 설명했던 리처드 패든 사건에서도 알 수 있듯이, 캐나다 정치 지도자들은 안보 관계자들의 조언을 받아들이기를 주저하며, 그 정보가 이 나라의 사회적, 정치적 가치의 생존에 중요한 의미를 지니고 있음을 인정하려 들지 않는다.

2010년 초, 리처드 패든 CSIS 청장이 스티븐 하퍼 총리의 국가안보 보좌관 마리 루시 모린(Marie-Lucie Morin)에게 CSIS 요원이 "캐나다 특정 정치인을 겨냥한 외국의 정치적 간섭이 있다"는 증거를 확보했다고 알렸다. 리처드 패든은 그 요원이 발견한 사실이 캐나다의 안보 법률에 저촉되는 사항인지는 아직 확실치 않지만 "CSIS 수사가 완료된 이상 어떤 절차를 따라야 할지 판단하기 위해" 해당 정보를 알리는 것이라고 마리 루시 모린에게 말했다. 안보 법률 위반 여부를 확인하는 과정은 2010년 3월 24일, 그가 토론토의 왕립캐나다군사연구소(Royal Canadian Military Institute)에서 연설을 하던 순간까지도 아직 진행 중이었다. 이후 그가 어려움을 겪는 원인이 되었던 바로 그 연설이었다. 리처드 패든은 이날 연설 내용에 관해 안보 당국의 고위층으로부터 사전 승인을 받은 터였다. CBC 방송이 리처드 패든의 연설을 모두 녹화하고, 그중 일부는 CSIS 창립 25주년 기념 다큐멘터리 제작물로 사용된다는 사실까지 모두 알고 있던 사항이었다. 리처드 패든은 나중에 자신이 참석자의 질문에 대답하겠다고 했을 때는 CBC 카메라가 아직 돌아가고 있다는 사실을 순간적으로 깜빡했다고 말했고, 그 점은 순전히 자신의 잘못이었다고 인정했다. 리처드 패든은 이후 몇 개월이나 자신에게 비난이 쏟아지는 상황에서도 자신은 숨기는 것이 아무것도 없다는 입장에서 단 한 치도 물러서지 않았다. 그러나 그는 의회 상임위원회에 출석해서는 다음과 같이 증언했다. "나는 일반 대중 앞에서라면 말하지 않았을 내용을 경찰, 정보기관, 그리고 군의 전문가 집단 앞에서 상당히 세부적으로 언급했습니다." 그리고 왕립군사연구소 강연장에서 나온 질문에 대한 대답 중 문제의 그 민감한 언급이 나왔다. "우리는 브리티시컬럼비아주 지역 정치인 중 몇 명과 최소 2개 주의 일부 각료들이 적어도 외국 정부의 전반적인 영향을 받고 있다고 보고 있습니다."

리처드 패든은 2010년 6월 22일 CBC의 '내셔널(The National)' 뉴스 방송에 출연해 피터 맨스브릿지(Peter Mansbridge) 앵커와 대담할 때는 중국의 여론공작원으로 알려진 사람들에 관해 좀 더 많은 내용을 공개했다. "사실 그들은 자신들의 유착 관계를 별로 숨기지도 않습니다. 그러나 우리가 놀랄 수밖에 없는 점은, 그런 현상이 너무나 오랫동안 광범위하게 진행되면서, 이제는 그들이 그 특정 국가의 태도에 반응하여 자신들의 정책마저 바꾸는 모습을 보인다는 사실입니다."

6월, 리처드 패든은 캐나다 하원 치안 관리 및 국가안보 상임위원회(House of Commons Standing Committee on Public Safety and National Security)에 출석해서 심문에 응해야 했다. 리처드 패든이 3월에 있었던 자신의 연설에 대해 유감을 표시한 후 퀘벡블록(Bloc Québécois)당의 마리아 모라니(Maria Mourani) 의원이 맨 먼저 질문했는데, 여기서도 그를 향한 상임위원들의 분노가 고스란히 드러났다.

그녀는 이렇게 말했다. "리처드 패든 씨, 당신이 사과했다고 해서 브리 티시컬럼비아주의 일부 시 공직자와 주정부 장관들이 당신의 발언으로 입 은 피해가 사라지는 것이 아니라는 것을 알고 계십니까? 당신이 상황을 분 명히 밝히지 않으면 모든 분의 명예에 오점이 남습니다. 리처드 패든 씨, 지 금 도대체 누가 정치적 반역자입니까?"

리처드 패든은 "반역자(traitor)"라는 단어는 자신이 지적했던 중국과의 관계를 설명하는 말로 적합하지 않다고 대답했다. 그러나 곧이어 마리아 모 라니 의원이 자신의 원래 취지를 잃지 않고 이렇게 물었다. "당신이 말한 그 장관들이 누군지 밝히지 않겠다는 겁니까? 저는 지금 당신에게 기회를 드 리고 있는 겁니다. 리처드 패든 씨, 반역죄를 저지른 장관이 누구입니까?"

리처드 패든도 자신의 말을 반복했다. "저는 반역이나 법률위반 행위 가 있었다고 말씀드린 적이 한 번도 없습니다. 이 문제와 관련해 가장 중요 한 관심사는 캐나다의 의사결정은 캐나다인이 내려야 한다는 것입니다. 우 리는 캐나다인을 보호해야 합니다. 우리는 바로 그것을 위해 노력하고 있 습니다."

2011년 3월에 위원회가 보고서를 제출하면서 서열 3위의 위원이 리처 드 패든의 해임을 건의한 것도 어찌 보면 당연한 일이었다. 위원회는 이 제 안의 근거를 다음과 같이 들었다. "그는 자신이 완전히 통제 가능한 상황에 서 2개 주의 장관과 브리티시컬럼비아주 일부 도시의 선출직 공직자가 외 국 정부의 여론공작원이라고 말했고, 그로 인해 여러 선출직 공직자의 정직 성과 진실성에 의문이 제기됐으며 의혹과 피해망상의 분위기를 조성했다."

위원회는 "의혹과 피해망상의 분위기"라는 표현을 써가며 리처드 패든 의 발언이 불안한 분위기를 조성했다고 말했지만, 그에 관한 증거는 아무

것도 제시하지 않았다. 게다가 당시 오타와 지역 외의 어디에서도 리처드 패든의 발언이 이런 효과를 불러왔음을 보여주는 반응이나 사건은 전혀 없었다. 위원회가 리처드 패든을 향해 던진 심문의 논조는 모두 PC(political correctness, 21세기 서구사회의 주류 이념에서 벗어난 사상이나 행동에 표현의 자유를 적용하는 것이 아니라 비난과 묵살, 혹은 집단적 따돌림으로 대응하는 태도를 뜻하는 말로, 일종의 문화적 병리 현상이며 한국어로는 '정치적 정도(正道)'라고 번역할 수 있다. - 옮긴이)에 물든 위원들의 과잉 반응으로 볼 수밖에 없다. 리처드 패든은 2013년에 CSIS에서 국방부 차관으로 자리를 옮겼고, 2015년에는 총리 직속 국가안보 보좌관에 임명되었다. 그는 2016년 3월에 은퇴했다.

2010년 3월에 CSIS 요원이 "캐나다 특정 정치인에 대한 외국의 정치적 간섭 혐의"에 대한 수사를 마친 직후, 오타와의 CSIS 고위관계자 한 사람이 온타리오주 내각장관 셸리 제이미슨(Shelly Jamieson)과 공식 회동한 일이 있었다. 회담의 주제는 달턴 맥귄티(Dalton McGuinty) 총리가 이끄는 온타리오주 자유당 정부에서 관광문화부 장관(재임 기간은 2010년부터 2014년까지였다. - 옮긴이)을 맡고 있던 마이클 챈의 활동에 관한 것이었다. 2015년 6월 16일자 「글로브앤메일」 기사에는 CSIS는 이미 2007년에 마이클 챈이 주의회 의원에 당선된 직후부터 그의 행동을 주시하면서 그가 "외국 정부의 과도한 영향을 받는" 것이 아닌지 염려해왔다는 사실을 CSIS 요원이 셸리 제이미슨 장관에게 말했다는 내용이 실렸다.

마이클 챈(Michael Chan)은 1951년생으로, 중국 남부 광저우시에서 태어났다. 당시는 중국 공산당이 국공내전에서 막 승리를 거둔 때였다. 마이클 챈의 부친은 축출된 국민당 정권에서 공직을 맡던 인물이었으므로, 공산당이 정권을 장악한 후 그들의 공격 대상이 될 가능성이 매우 컸다. 따라서 그 가족 모두는 일단 포르투갈령 마카오로 피신한 후, 수만 명의 다른 국민당 피난민과 함께 영국령 홍콩으로 이주했다. 마이클 챈이 18세가 되던 1969년에 그의 가족은 다시 그곳에서 캐나다로 이주했다. 그는 처음에 토론토의 한 중국 식당에서 일하다가 나중에는 보험중개인이 되었다. 그는 1983년에 연방 정부의 집권당이었던 자유당에 입당했다. 당시 피에르 트뤼도 총리가 표방하던 다문화주의와 1970년에 중국과 외교관계를 수립한 당의 노선을 보고 내린 결정이었다.

중공은 1989년 천안문 광장 대학살 사건의 악몽을 겪은 이후, 외국 정부의 제재를 극복하고 장차 그들과 맺을 경제적 유대의 기초를 마련하기 위해 총력을 기울였다. 중공이 해외 화교 사회에 수많은 조직의 설립을 지원하고, 특히 중국 본토 출신의 새로운 중국계 이민자 그룹에 정성을 기울인 것도 모두 그런 노력의 일환이었다. 1991년에 설립된 전국캐나다화교연합회(全加華人聯會, National Congress of Chinese Canadians, NCCC)도 그중 하나였고, 마이클 챈도 이 단체와 연관되어 있었다. 1992년에는 캐나다중국전문직업인협회(加拿大中國專業人協會, Chinese Professionals Association of Canada, CPAC)가 설립되었다. 이런 단체들은 이미 튼튼한 조직력을 자랑하는 토론토화교단체연맹(CTCCO) 등과 함께 캐나다와 중국의 관계를 더욱 폭넓고 깊게 발전시키기 위한 강력한 지원 조직들이다. 그러나 이들은 언제나 논란이 되는 이슈에서는 꼭 중공의 입장을 옹호하는 조직이기도 하다. 중국 정부의 공식 웹사이트에는 토론토화교단체연맹을 가리켜 이렇게 설명했다. "중국의 이익에 반하는 일이 생길 때마다, 이 연맹은 시위대를 조직하거나 언론을 통해 중국의 이미지를 지키기 위해 나서줄 것이다."

중국 정부에 대한 그들의 충성심은 2016년 5월에 있었던 일에서 너무나 뚜렷이 드러났다. 이 연맹을 구성하는 80개 중국계 캐나다인 단체는 이때 남중국해의 소유권을 주장하는 중국의 입장을 지지하는 기자회견을 열었다. 이것은 네덜란드 헤이그에 본부를 둔 국제중재재판소가 필리핀 정부가 제출한 탄원에 관해 판결을 내놓기 직전에 일어난 일이었다. 중국 선박들은 오랫동안 필리핀의 스카버러 암초 인근 배타적 경제수역에서 조업 활동을 해왔는데, 중국 정부는 이에 관해 설명할 때마다 남중국해의 거의 전부가 자신들의 권역이라는 맥락에서 주장해왔다. 그러면서도 중국 정부는 이에 관한 어떠한 증거도 법정에 제출한 적이 없었다. 이것만 봐도 그들은 재판소가 어떤 판결을 내놓든 따를 생각이 없다는 것을 알 수 있었다. 그뿐만 아니라 중국 정부는 파라셀 제도(Paracel Islands)와 스프래틀리 군도(Spratly Islands)의 소유권을 둘러싸고 베트남, 말레이시아, 브루나이 등의 연안 국가들과 벌이고 있는 영유권 분쟁에 관해서도 다자간 방식이 아니라 쌍방 간에 해결해야 한다는 입장을 고수했다. 중국 측으로서는 일대일 협상을 펼치는 편이 당연히 훨씬 더 유리한 위치를 점하는 방법이었다.

토론토화교단체연맹의 기자회견은 국제중재재판소가 중국에 불리한 평결을 내릴 것에 대비한 선제공격의 성격을 띠고 있었다. 토론토화교단체연맹의 성명은 다음과 같았다. "우리 회원단체는 중국의 제안을 만장일치로 지지하며, 해외에 사는 중국인들이 한 명이라도 더 조국의 입장을 응원하여 이 지역의 평화와 안정을 유지하는 데 이바지할 수 있기를 바랍니다." 2016년 6월 12일에 국제중재재판소는 실제로 중국 정부의 주장에 "법적 근거가 없다"는 평결을 내렸다.

캐나다의 화교 사회는 결코 의견이 통일된 단일 집단이 아니라는 사실에 주목해야 한다. 캐나디 화교 사회는 거기에 속한 사람이 중국 어느 지역 출신인지, 또 혼란에 가득 찬 최근의 중국 역사 중에서도 어떤 사건을 계기로 이주했는지에 따라 다양한 정치적 관점과 경향이 모두 섞인 집단으로 봐야 한다. 공산당 정권의 교묘한 술책과 통제로부터 탈출해 태평양을 건넌 많은 중국계 캐나다인들은 친중공 성향의 단체들이 성장하는 오늘의 현실을 우려의 눈으로 지켜보고 있다. 물론 대다수는 중국의 정치 문제 따위는 아랑곳하지 않고 오직 캐나다인으로 살아가는 데만 골몰하는 것도 사실이다. 그러나 그중에는 중국 정치에 적극적인 태도를 보이는 사람도 있다. 예를 들어 홍콩의 민주화 운동을 지지하는 그룹이나 티베트와 신장의 진정한 자율권을 보장하라는 사람들, 중국에 종교적 관용을 호소하는 단체, 그리고 대만의 독립을 옹호하는 사람들이 여전히 활발하게 움직이고 있다. 그들이 보기에 친중공 단체가 속속 설립되는 현상은 마치 중공이 이 머나먼 캐나다의 새로운 보금자리에까지 손을 뻗어 자신들의 삶을 계속해서 통제하려는 것처럼 보일 수밖에 없다.

마이클 챈은 「글로브앤메일」과의 인터뷰에서 자신이 친중공 단체 중 하나인 전국캐나다화교연합회에서 맡았던 일은 아주 미미한 분야였을 뿐이고, 그나마도 단기간에 그쳤다고 말했다. 마이클 챈은 1995년에 온타리오주 마크험(Markham)으로 이주했고, 그곳에서 마크험-유니온빌(Markham-Unionbille) 지역구 출마 자격이 부여되는 연방 자유당 연합회 회장직을 맡았다. 당시 그 지역구의 의석은 자유당 존 맥컬럼 의원이 차지하고 있었다(존 맥컬럼에 관해서는 뒤에서 더 자세하게 다룬다). 마이클 챈이 정치인으로 한 단계 도약하게 된 것은 2007년 초, 마크험-유니온빌 지역구에서 온타리오주 입법부 의원에 당선되면서부터였다. 곧이어 그는 세무장관(minister of revenue)에 임명되었고, 이듬해 10월에는 시민이민부 장관(minister of immigration, refugees and citizenship)이 되었다.

마이클 챈은 2008년에 신화통신사와 인터뷰한 적이 있었는데, 그가 이 자리에서 중국인으로서의 혈통을 과시했던 것은 어찌 보면 충분히 이해할 만한 일이었다. 그는 이렇게 말했다. "엄밀히 말하자면 저는 캐나다인입니다. 그러나 항상 저의 문화적인 근본을 잊지는 않고 있습니다. 저는 중국과 관련된 일에 대단히 관심이 많습니다." 그는 지난 십여 년간 중국을 70회 이상 방문했다고 기자에게 말했다. 그는 입법부 의원에 당선된 이후 온타리오와 중국 기업인들 및 온타리오와 중국 정부의 관계에서, 그리고 온타리오주와 캐나다 전체의 자유당을 지지하는 중국계 캐나다인 사회에서 친중공 요소를 강조하는 일에 없어서는 안 될 중요 인사로 빠르게 자리매김했다. 마이클 챈이 정치적 권위를 얻게 된 배경에는 그가 중국계 캐나다인 사회에서 자유당에 대한 기부금 모집에 탁월한 능력을 발휘한다는 평을 듣게 된 것이 크게 작용했다. 그러나 캐나다인의 삶에 침입하는 중공의 행태에 반대하는 중국계 캐나다인들은 그를 불화를 조장하는 인물로 보는 것도 사실이었다. 2015년 6월, 「글로브앤메일」은 중국민주화토론토협회(Toronto Association for Democracy in China) 회장 척콴(Cheuk Kwan)의 말을 다음과 같이 보도했다. "마이클 챈은 큰 영향력을 지닌 인물이며, 그 힘을 친중 후보 네트워크를 구성하는 데 쏟고 있습니다. 제가 걱정하는 바는 그가 추켜세우는 후보들이 '나는 중국인이니까 나를 찍어주세요'라는 말 빼고는 내세울 만한 자격이 별로 없는 사람들이라는 사실입니다."

2010년 3월에 CSIS 요원은 이런 배경을 뒤로 하고 셸리 제이미슨 장관을 만나게 된 것이었다. 다음은 「글로브앤메일」이 2015년에 보도한 기사의 일부다. "CSIS는 마이클 챈이 2012년까지 토론토 주재 중국 총영사를 지낸 주타오잉(Zhu Taoying)과 흔치 않은 수준의 친밀한 관계를 유지했다고 생각했다. CSIS는 두 사람이 매일 연락을 주고받는 시기가 있었다는 혐의를 포착한 적도 있었다. 양국이 서로 방문일정이나 기타 행사를 협상할 때가 되면 꼭 그런 일이 있곤 했다. 그러나 대개 그런 세부 사항은 장관이나 총영사 같은 고위직이 나서서 해결하지는 않는다. 그런 일은 주로 전문 관료들이 하는 일이다."

CSIS가 우려한 바가 정확히 무엇이었는지 공개된 적은 한 번도 없다. 마이클 챈이 「글로브앤메일」과의 인터뷰에서 이 문제에 관해 직접 언급한 적이 있는데, 그 내용에 따르면 자신에게 제기되는 의혹은 두 가지였다고 한다. 하나는 자신에게 중국에 남겨둔 재산이 있다는 것이며, 또 하나는 자신이 주타오잉 총영사에게 직접 비자 발급을 부탁했다는 것이었다. 만약 주타오잉 총영사가 정규 절차를 무시하고 그에게 특혜를 제공했다면 그로서는 신세를 진 셈이니, 언젠가는 보답해야 하지 않겠느냐는 것이었다. 마이클 챈은 그 인터뷰에서 두 가지 주장 모두 사실이 아니라고 말했다. 그의 재산은 마크험 지역구에 있는 자신의 집 한 채뿐이며, 총영사와 자주 대화를 나눈 이유는 그가 담당한 부처와 관련된 문화 행사 건을 논의한 내용이었다는 것이다.

셸리 제이미슨 장관은 CSIS 관계자와의 회동 이후 관련 혐의를 주 정부 총리실에 보고했다. 달턴 맥귄티 총리의 비서실장 크리스 몰리(Chris Morley)는 CSIS의 정보에 관해 마이클 챈과 논의한 다음, 모든 내용을 주 정부 청렴위원실(Office of the Integrity Commissioner)에 회부했다. 조사 결과 마이클 챈은 청렴법에 저촉된 행동을 한 바가 없는 것으로 판명되었고, 이에 따라 총리실은 CSIS의 우려를 일축했다. 마이클 챈은 달턴 맥귄티의 후임인 캐슬린 윈(Katheleen Wynne)총리가 이끄는 주 정부에서 시민이민부 장관을 지냈고, 2016년에는 국제무역부 장관(minister of international trade)에 올랐다. 그는 2018년에 그해 말로 다가온 주의회 선거에 출마하지 않겠다고 선언하며 건강 문제로 정계를 은퇴한다고 발표했다.

마이클 챈이 반역적인 행동을 했다는 조짐은 어디에서도 찾을 수 없었으나, 그가 늘 중국 공산당이 좋아할 만한 입장을 지지해온 것은 사실이었다. 그중에서도 두 가지 사안이 특별히 눈에 띄었다. 2016년 6월, 마이클 챈은 유명 웹사이트 51.ca에서 자신이 운영해오던 중국어 블로그에 중국의 인권 문제에 관해 중공의 입장과 매우 유사한 내용의 글을 올렸다. 당시 캐나다를 방문 중이던 중국 외교부장 왕이가 오타와에서 열린 기자회견 도중 중국의 인권 상황에 관해 질문한 「아이폴리틱스」의 기자 아만다 코놀리에게 혹평을 날린 일로 세간의 비판을 한 몸에 받고 있었는데, 마이클 챈은 바로 이때 왕이 부장을 변호하는 글을 올렸다. 그는 블로그에서, 인권은 주민의 복지와 서로 얽힌 문제라고 했다. 그리고 둘을 굳이 비교하자면 주민의 생계가 더 중요한 문제일 수밖에 없다고 말했다. 그러므로 중국의 경제 발전이야말로 인권 신장의 첩경이라는 것이었다. 이것은 바로 중공에 내세우는 관점과 똑같은 말이었다. 즉 경제적 안정이 먼저 달성되고, 그에 따라 자연스럽게 조화로운 사회가 구현되는 것이 중국 역사의 현 단계에서는 인권보다 더 중요한 일이라는 논리였다. 그러나 설사 그 논리가 옳다고 해도, 중국 정부는 사회의 다양한 부문에서 평화적이고 점진적인 정치, 사회적 개혁을 부르짖는 사람들을 왜 박해와 구금, 고문, 심지어 처형으로 다스리는 것인지는 전혀 설명하지 못했다. 2013년에도 마이클 챈은 중국 정부의 입장에 동조한 적이 있었다. 그는 토론토 교육지구의 학교에 공자학원을 설립하는 문제로 토론토지구교육위원회와 협상을 벌여 결국 이를 관철해냈다. 10장에서 이미 설명했듯이, 이 교육위원회는 2014년 10월에 공자학원이 정치적 성향을 띠는 기관인가 여부에 관한 문제로 그 상위 조직인 한판과 맺고 있던 협약을 파기했다.

이제 남은 것은 마이클 챈의 활동을 조사하는 과정이 당시 상황에 적합한 것이었느냐라는 문제였다. 온타리오주 입법의원 청렴법은 오직 의원들이 외국에 자산을 소유했는지, 그리고 이해 충돌에 연루되었는지만 따진다. 이 법은 온타리오주 장관이나 입법부 의원들이 외국 정부를 대하는 태도와 양자관계의 적법한 경계 등에 관해 종합적인 지침을 제시해주지는 않는다. 이런 사실을 보면 오늘날 캐나다의 주 또는 시 정부가 과연 외국의 간섭과 영향력을 감지하고 이에 대처할 역량을 갖추고 있느냐라는 문제가 제기된다. 지금까지의 정황 증거로만 보면 이 질문에 대한 대답은 결코 긍정적일 수 없다. 확실히 중공도 캐나다에서 상대적으로 취약한 이런 주, 시 단위 정부에 정치적 영향력을 미치는 일에 더 역점을 두는 것 같다.

2014년 9월, CSIS 분석관 시절에 사이드와인더 보고서 작성에 참여했던 미쉘 주노 카츠야가 당시 「프로빈스」지 기자로 있던 샘 쿠퍼에게 말한 바에 따르면 CSIS는 "토론토 주재 중국 총영사가 선거에 직접 간섭했다는 증거를 확보했다. 그들은 중국어만 사용하는 가정에 중국계 학생들을 보내 주민들에게 총영사가 선호하는 후보에 투표하라고 독려했다"고 한다.

샘 쿠퍼의 보도에는 미쉘 주노 카츠야의 발언이 이렇게 소개되었다. "예를 들어 CSIS는 토론토 시의회의 다수 의원을 주요 감시 대상으로 꼽고 있습니다. 그들 중에는 장차 주의회나 연방 의회로 진출할 사람도 있으므로 대단히 경계할 수밖에 없습니다."

2018년 10월에 중공이 캐나다 선거에 개입했음을 보여주는 가장 결정적인 의혹이 터져 나왔다. 10월 20일에 있을 선거를 앞둔 몇 주 전, RCMP 와 밴쿠버 시경 양측이 중공의 통일전선과 연계된 단체가 표를 매수하려고 시도한다는 주장에 대해 수사를 벌이고 있다고 발표했다. 캐나다원저우친 선협회(Canada Wenzhou Friendship Society)가 중국의 소셜미디어 플랫폼 위 챗을 이용해 중국계 후보에 투표하는 사람들에게 20달러짜리 "여행권"을 제공했다는 의혹이 제기되었다. 원저우는 중국 저장성 동남부 연해의 도시 로, 친선협회는 이곳에서 캐나다로 이주한 사람들이 자신의 출신 고장과 강 력한 유대를 지속할 수 있도록 통일전선공작부가 기획한 단체였다.

브리티시컬럼비아지자체연합(Union of British Columbia Municipalities, UBCM)이 개최한 연례대회의 본 행사도 또 다른 논란을 불러일으켰다. 2012년, 주 밴쿠버 중국 총영사 류페이(Liu Fei)는 대표단 중 초대한 사람만 참석하는 연회를 개최한 적이 있었다. 그때부터 류페이 총영사는 연례 모임 의 비공식 사교모임의 단골 후원자가 되었다(브리티시컬럼비아주 정부와 공동 후원을 할 때도 있었다). UBCM에는 190개 지역구 및 자치단체와 8개의 원주 민구역이 회원단체로 가입되어있다. 이론상으로는 캐나다 주재 중국 외교 관이 지자체 관계자 및 선출직 지도자들과 만나 비즈니스 관계를 맺는 것이 특별히 잘못된 일이라고 볼 수는 없다. 그러나 이들 기업인과 지자체 공직 자들이 만난 대상은 다름 아닌 중공이며, 이런 유대관계 역시 중공이 캐나 다에서 벌이고 있는 다른 일들의 맥락에서 생각해보아야 할 문제다.

중국 외에 다른 어느 나라의 정부도 UBCM 회원들을 위해 연회를 열었 던 사례가 없으며, 중국 영사관이 개최한 연회의 규모는 이 모임의 다른 회 원들뿐 아니라 외부 제3자들까지 눈살을 찌푸리게 했다. 이 일을 통해 중공 외교관들이 노리는 목적은 브리티시컬럼비아주 자치단체 관계자와 정치인들에게 중국과의 관계에서 일종의 의무감을 심어주려는 것이 명백했다. 그들의 이런 의도는 공자학원을 설립을 추진할 때도 교육위원회나 대학 관계자들에게 중국 방문 기회를 제공하면서 관련 경비 일체를 중국 정부가 부담하는 대목에서 뻔히 드러났다. 이런 여행의 명분을 찾는다면 대개 캐나다 자치단체 관계자와 중국 현지 관계자들 사이에 이해를 도모하고 나아가 제휴 관계를 맺을 수 있다는 것 정도가 될 것이다. 이런 현상의 한 단면을 보여주는 게시물이 2015년 12월 1일자 밴쿠버 주재 중국 영사관 웹사이트에 올라왔다. 이 게시물의 압권은 류페이 총영사가 21명의 UBCM 소속 간부들과 회의를 마치고 그들에 둘러싸인 채 찍은 한 장의 사진이었다. 사진에는 다음과 같은 설명이 달려있었다. "양측은 캐나다와 중국이 이루어온 협력관계와 최근 몇 년간 진행된 UBCM 일부 회원들의 중국 방문 결과를 되돌아보고, 앞으로도 이러한 교류와 상호 이익 관계를 지속 발전해간다는 데 합의한다."

공짜 중국 여행의 유혹을 받은 사람들은 지자체 관계자와 주 정치인들만이 아니다. 이 공짜 여행 전술은 시진핑의 "마법의 무기(法寶·법보)"라 일컬어지는 통일전선공작부가 만들어낸 여러 작전 중 하나였다. 캐나다의 상원과 하원이 관리하는 기록을 모두 종합해보면 2006년부터 2017년 11월 사이에 상하원 의원의 중국 방문 횟수는 도합 36회에 달하며, 이 모든 경비를 중국 정부나 각 성 단위 기업체들이 부담했다. 2017년 11월에 나온 「글로브앤메일」의 보도에 따르면 여행 경비를 부담한 주체가 중국인민외교연구소(中國人民外交學會, Chinese People's Institute of Foreign Affairs, CPIFA)라고 하는데, 사실 통일전선과 한 몸으로 봐도 될 정도의 기관이다. 이 기간에 중공이 베푼 환대의 가장 큰 수혜자는 야당인 자유당 의원이었던 존 맥컬럼이었다. 존 맥컬럼이 중국을 방문한 횟수를 경비로 환산하면 총 7만 3,300

달러 상당의 규모였다. 존 맥컬럼의 호화 유람이 충격적인 것은 2015년에 자유당이 정권을 회복하면서 그가 시민이민부 장관에 오른다는 사실이었다. 2017년 1월, 존 맥컬럼은 내각에서 물러나면서 연방 의회의 마크험-유니온빌 지역구 의석(마이클 챈의 주 입법부 지역구와 같은 지역이다.)까지 사임한 뒤 중국 주재 캐나다 대사에 임명되었다. 존 맥컬럼은 중공 정권과 지나치게 긴밀한 관계를 맺는 자신의 행보에 캐나다의 여러 동맹국이 우려를 보내는 데도 전혀 아랑곳하지 않고 중국의 수도에 부임했고, 이후 중국 정부와 자유무역 협정을 비롯한 각종 유대관계를 맺는 방향으로 외교 노선을 밟아갔다. 다음은 2017년 3월 27일자 「토론토 스타」에 실린 기사의 일부다.

존 맥컬럼은 11일 전에 중국의 수도에 도착했고, 이후 24시간 안에 시진핑 주석에게 자신의 외교 신임장을 직접 제출했다.

그는 시 주석을 접견하는 데 불과 5분이 소요되었으며, 그러나 양국 관계 개선에 대한 쥐스탱 트뤼도의 약속을 중국 공산당 정부 최고지도자에게 전달하는 데는 충분한 시간이었다고 말했다.

존 맥컬럼은 다음과 같이 말했다. "저는 총리를 대신하여 캐나다는 중국과의 관계를 더욱 넓고 깊게 발전시켜 이전 지도자들 간에 합의되었던 것을 뛰어넘어 더 많은 일을 이루기를 희망한다고 말했습니다. 저의 구호는 '더욱, 더욱, 더욱'입니다. 우리가 원하는 것은 더 많은 무역, 더 많은 투자, 더 많은 상호 방문, 그리고 여러 분야에서 더 많은 협력을 달성하는 것입니다. 그중에서도 양국의 이해가 합치되는 분야인 환경과 기후 변화 분야에서 더 많은 협력을 기대합니다."

존 맥컬럼은 열정이 지나치다 못해 일을 그르치는 경우가 많았다. 2018년 1월, 퀘벡주 총리 필리프 쿠야르(Philippe Couillard)가 중국을 방문한 기간에 존 맥컬럼은 일부 핵심 이슈에 관한 한 캐나다는 도널드 트럼프 행정부가 이끄는 미국보다 베이징의 중공 정권과 더 많은 공통점을 가지고 있다고 발언했다. 그가 말한 핵심 이슈란 환경, 지구 온난화, 그리고 세계화와 같은 문제였다. "최근 중국인들은 도널드 트럼프와 관련된 정치 상황 때문에 이전보다 우리와의 협력에 더 많은 관심을 기울이게 되었다고 생각합니다." 이어서 그는 미국과 중국의 사이가 벌어진 것이 캐나다로서는 오히려 잘된 일이라고 말했다. "지금 상황은 어찌 보면 주중대사인 저에게나, 캐나다와 중국의 관계에 있어서나 좋은 일이라고 생각합니다. 미중 관계가 이토록 크게 벌어지면서 우리가 중국에서 기회를 얻게 되었으니 말입니다. 캐나다가 가진 중국과의 협력에 대한 의지는 의심할 필요도 없습니다. 그리고 이것이 바로 총리가 저를 이곳에 파견하면서 당부한 말씀이기도 합니다." 마침 세계경제포럼(World Economic Forum, WEF) 연례회의 참석차 스위스 다보스에 가 있던 쥐스탱 트뤼도 총리는 존 맥컬럼의 발언에 관한 질문을 받고, 정부의 외교 방침은 모든 나라와 공통의 이해를 모색하는 것이며, 거기에는 중국도 예외가 아니라는 말밖에 뚜렷이 내놓을 답변이 없었다. 그러나 야당 정치인들은 곧바로, 존 맥컬럼이 권위주의 일당 독재체제 국가와 돈독한 관계를 맺는 것이 동맹국들 사이에서 캐나다가 얻는 이미지에 어떤 도움이 되느냐고 총리에게 호된 질책을 던져댔다.

중공 측 인사들이 캐나다 정치인과 공직자의 환심을 사려는 언행을 자주 보였지만, 그럴수록 좋지 못한 분위기만 조성되었다. 캐나다 기관이 어떤 결정을 내렸을 때, 거기에 중국 정부에 호의적인 요소가 조금이라도 포함되면 어김없이 의혹의 눈길이 날아들었기 때문이다. 2006년에 벌어졌던 상황이 그 좋은 예다. 당시 밴쿠버 시의회는 2001년에 그랜빌스트리트(Granville Street)의 중국 영사관 외벽 가까이에 파룬궁 추종자들이 설치한 반영구 시설인 오두막과 게시판을 철거할 계획을 추진하고 있었다. 영사관 벽에 부착된 게시판에는 파룬궁 측의 주장으로는 중공의 공안 요원들이 중국에서 파룬궁 추종자들을 고문할 때 썼던 방법이라는 그림이 그려져 있었다. 오두막 안에서는 파룬궁 수련자들이 불교식 참선을 하는 자세로 밤낮없이 앉아있었다. 그 광경은 누가 보더라도 영사관과 총영사 관저를 출입하는 사람들에게 모욕을 안겨주려는 의도가 분명했다.

2006년, 샘 설리번(Sam Sullivan) 시장은 구조물이 지방 조례를 위반했다고 판단했고, 이에 따라 시 관계자들은 오두막과 게시판을 철거하라고 명령했다. 이에 밴쿠버시의 파룬궁 수련자들이 해당 명령의 제고를 요청하면서 결국 이 사건은 법정으로 갔다. 법정에서는 공공장소에서 표현의 자유를 누릴 권리가 있다는 파룬궁 측의 주장과 이 단체의 점유행위가 보행자가 누릴 통행의 자유를 침해한다는 시 측의 논박을 둘러싸고 지루한 논쟁이 이어졌다. 2009년, 브리티시컬럼비아주 대법원은 시의회의 결정을 유지한다고 판결했고, 이에 따라 오두막은 철거되었다. 그러나 2010년에 상소법원은 해당 지방 조례가 위헌이라는 점을 들어 앞선 법원의 결정을 번복했다. 그리고 시 측에는 6개월의 시한 내에 지방 조례를 개정할 것을 명령했다. 이 당시는 밴쿠버 시의회의 정치 지형이 달라졌고 시장도 그레거 로버트슨으로 바뀌어 있었다.

사실 처음부터 샘 설리번 시장은 중국 영사관의 입김 아래 시위대를 공격할 의도로 행동한 것이 아닌가 하는 세긴의 추측이 있었다. 2011년, 그레거 로버트슨 시장과 시 당국자들이 중국 영사관 관계자에게 그들이 이해 당사자라는 이유로 지방 조례 개정안과 관련한 자문을 구했다는 사실이 드러났다. 이 일은 곧장 언론의 분노를 촉발했다. 중국 정부는 어떤 이유로도 시 조례의 이해당사자가 될 수 없으며, 특히 중공 정권이 도저히 이해할 수도 없는 언론의 자유에 관한 문제라면 더 말할 나위가 없다는 비판이 봇물처럼 터져 나왔다. 마침내 이제 아무도 이의를 제기할 수 없는 조례가 승인되었는데, 여기에는 시위를 지원하는 시설물의 종류와 시위를 한번 시작한 후 지속할 수 있는 기한이 규정되어 있었다.

지금까지 캐나다에서 겉으로 드러난 사건 중에는 여전히 모호하고 해결되지 않은 의혹이 강하게 남아있는 이야기가 많다. 물론 그 바탕에는 중공 측 공작원의 개입이 작용했을 수도, 그렇지 않을 수도 있다. 어쩌면 이런 혼란이 끊임없이 되풀이되는 이유 중에는 캐나다인 특유의 과묵한 성격이 큰 몫을 차지하는지도 모른다. 캐나다인들이 대체로 이런 문제를 너무 강하게 제기하면 인종주의적 편견으로 비칠까 염려하는 성향을 보이는 것도 사실이다. 중공이 캐나다에서 벌이는 활동에 의문을 제기하는 것이 어디까지나 합당한 일이라는 사실을 잘 아는 사람들조차 인종차별주의자로 낙인찍히는 것이 두려워 입을 다물고 마는 것이다. 그 결과 캐나다의 가치와 사회의 근본을 뒤흔들기 시작한 이 문제를 엄정하게 따지고 들려는 태도가 우리 사회 전반에서 점점 사라지고 있다. 중공은 호주와 뉴질랜드에서도 똑같은 파괴 공작을 펼치고 있는데, 이 두 나라가 이에 대해 공개 해부에 가까운 토론으로 대응하는 모습은 우리에게 귀감이 될 만한 일이다.

2017년 9월, 뉴질랜드 캔터베리대학교 정치학 교수 앤 마리 브래디(중공의 해외 파괴 공작 네트워크를 파헤친 그녀의 책 『외국인이 중국에 봉사하게 만들기』

를 앞에서 언급한 바 있다.)는 오늘날 뉴질랜드가 처한 상황을 자세하게 설명한 보고서를 내놓았다. 그녀는 2012년에 시진핑이 정권을 승계한 이후 중공의 소프트파워 운동이 뉴질랜드의 정치, 경제, 사회 각 분야에서 강화되었다는 증거를 제시했으며, 그 일환으로 중공 측은 뉴질랜드의 여러 정당 활동에 기부금을 지원하기도 했다고 밝혔다. 보고서는 특히 전직 고위급 정치인에(총리와 여러 명의 시장까지 포함된다.) 더하여 현 정부의 장관 가족들까지 중국의 국영은행과 기업, 싱크탱크 등에 이사로 선임된 사실을 강조했다. 앤 마리 브래디는 또 중국대사관이나 화교 단체들의 영향을 받는 것으로 의심되는 중국계 정치인 2명의 이름을 지목하기도 했다. 이런 경우 해당 화교 단체는 중국 외교관들이 중공의 주장을 홍보하는 데 이용하는 최일선 조직이었다. 앤 마리 브래디가 언급한 2명의 정치인은 중도우파 성향의 뉴질랜드 국민당 의원 진양(Jin Yang)과, 좌파 정당인 노동당 의원 레이몬드 후(Raymond Huo)였다. 레이몬드 후는 앤 마리 브래디가 한 말을 부인하면서, 통일전선공작부와 연계된 화교단체 모임에 자신이 참석한 것은 의회 의원이 마땅히 해야 할 일에 속한다고 말했다. 진양은 2017년 9월 23일 전국 총선에서 재선되기 직전에 더욱 난처한 처지에 빠졌다. 「파이낸셜타임스(Financial Times)」와 온라인 언론매체인 「뉴스룸(Newsroom)」이 공동 취재를 통해 진양이 뉴질랜드로 이주하기 전에 중국 공산당 당원이었으며 두 곳의 중국 첩보원 양성 기관에서 영어를 가르친 일이 있다는 증거를 공개했다. 결정적으로, 그는 뉴질랜드 시민권을 신청할 때 자신의 이런 경력을 전혀 밝히지 않았다. 그 대신, 그는 자신이 일했던 대학을 "협력관계의 민간 대학"이라고 부르면서 거명했었다. 이 사실이 드러나자 그는 첩보원 양성학교에서 자신이 영어를 가르친 일을 사실로 인정하면서도 자신은 간

407

첩이 아니라고 고집했다. 그러나 언론은 뉴질랜드 안보정보청(New Zealand Security Intelligence Service)이 2017년 초에 진양의 이력을 수사하기 시작한 이후, 그가 2014년부터 활동해오던 의회 외교, 국방 및 무역 선임위원회(Parliamentary Select Committee on Foreign Affairs, Defence and Trade)에서 면직된 사실을 보도했다.

뉴질랜드는 비록 경제 규모나 군사력 면에서 규모가 작은 나라지만, 제 2차 세계대전 이후 미국, 영국, 캐나다, 호주, 그리고 뉴질랜드가 결성한 이른바 파이브아이즈 동맹의 당당한 일원이다. 이들 5개국은 서로 신호정보(각종 전자 도청)와 인적정보(첩보원)를 모두 공유한다. 따라서 이들 중 한 나라에 침투하면 나머지 다른 나라의 정보망이 모두 뚫리게 된다.

캐나다는 수년간이나 안보 정보 계통의 고위 관리들이 하는 모호한 말을 알아듣지 못해 고생하고 있었지만, 호주 정보 당국자들은 거침없는 태도로 그들의 우려 사항을 공개적으로 발언했다. 2017년 5월, 호주 국방부의 최고 당국자인 데니스 리처드슨(Dennis Richardson)은 한 연설에서 중국이 호주를 상대로 전방위 첩보전을 펼치고 있다고 말했다. "중국이 우리를 향해 활발한 첩보활동을 펼치는 것은 이제 비밀도 아닙니다. 그것은 사이버 공간을 넘어선 현실입니다. 중국 정부는 중국계 호주인 사회 내부를 속속들이 들여다보고 있으며, 호주의 몇몇 중국어 언론을 효과적으로 통제합니다." 데니스 리처드슨은 특히 2015년에 논란이 되었던 문제를 언급했다. 당시 호주는 북부 도시 다윈(Darwin)의 무역 및 군사 항구를 중국 기업에 임대한 적이 있었다. 그런데 그 기업은 인민해방군과 깊이 연계되어있다는 말이 있었다. 그러자 미국이 호주를 호되게 질책하고 나섰다. 미국은 마침 바로 그 인근에 해병대의 주요 기지를 건설 중이었다. 그때 이후로 호주는 국내 기반 시설 프로젝트에 몇몇 중국 기업이 입찰하는 것을 모두 차단했다. 호주 정부가 이 문제를 얼마나 진지하게 생각했는지는 2017년 초에 취한 조치만 봐도 알 수 있다. 당시 호주 정부는 기반 시설 전담 기관을 신설해 항구나 전력망 등의 기반 시설을 건설하는 과정에 해외 기업이 입찰할 때는 반드시 국가안보에 위협이 되는지 확인하는 절차를 거치도록 했다. 그와 동시에 호주 정부는 호주비밀정보국(Australian Secret Intelligence Service, ASIS) 국장을 역임한 데이비드 어빈(David Irvine)을 해외투자자문위원회 위원장에 임명했다. 이 기구는 해외 무역 분야의 정부 보좌 기관이다.

다음 달인 2017년 6월, 던컨 루이스(Duncan Lewis) ASIS 국장이 의회에 출석해서, 중공이 호주에 영향을 미치는 정도는 이제 국가의 자유와 주권을 직접 위협하는 수준에 이르렀다고 말했다. 그는 오늘날 호주에서 벌어지는 외국의 첩보활동과 간섭 행위가 "전례 없는 규모에 다다랐습니다. 따라서 국가의 주권과 정치체제의 건전성, 국가안보 역량, 그리고 국가 경제와 이익에 심각한 손해를 입을 가능성이 있습니다"라고 말했다.

던컨 루이스의 발언과 때를 같이하여 중공의 파괴, 침투 공작을 고발하는 주요 연재 기사와 프로그램이 「페어팩스미디어(Fairfax Media)」 신문과 호주방송공사(Australian Broadcasting Corporation, ABC)의 시사 취재 프로그램 '4코너스(4Corners)'의 공동 기획으로 선을 보였다. 6개월에 걸친 취재 결과, 중공과 그 첩보기관들이 중국계 호주 주민들에게 중국에 남아있는 가족을 위협하는 방법으로 그들의 반대의견을 통제해왔다는 사실이 드러났다. 중국인 학생 단체들 역시 그들 스스로에 대한 첩보활동에 이용되었을 뿐만 아니라, 중공이 수세에 몰리는 이슈, 즉 남중국해 문제나 달라이 라마의 역할, 홍콩 민주화, 대만 독립, 그리고 파룬궁의 싱격 등에 관해 논란이 일어날 때마다 중공 측을 대변하는 시위부대로 동원되었다. 언론인들은 중국 외교관들이 호주의 여러 대학에 설치된 공자학원을 직접 관리해왔다는 사실도 밝혀냈다. 중공의 이런 모든 행동은 캐나다에서 해오던 것과 똑같이 닮아있었다. 전직 정치인과 정부에서 공직을 맡았던 사람들이 은퇴 후에 중국의 기업이나 기관에서 돈이 되는 자리를 맡는 행태도 언론을 통해 드러났는데, 이것 역시 캐나다와 똑같았다. 그리고 이런 현실을 미루어볼 때, 그들이 현재 얻게 된 자리가 퇴직 전에 내렸던 공적 결정에 과연 영향이 없었겠는가 하는 의문이 제기되었다. 캐나다에서는 이런 시각으로 문제가 제기된 적이 한 번도 없는데, 당연히 짚고 넘어가야 할 일이 아닐 수 없다.

2017년에 호주에서 논란이 되었던 또 하나의 이슈는 국내 정당이 해외로부터 기부금을 받는 것을 과연 어떻게 볼 것인가 하는 문제였다. 캐나다를 비롯한 서구의 여러 자유민주 국가들과는 다르게 호주에서는 이것이 허용되고 있었다. 물론 필자가 이 글을 쓰는 2018년 중반에는 사정이 달라져서 호주 정부는 지금까지의 관행을 제한하는 방안을 검토하고 있다.

캐나다 자유당은 2015년에 집권한 이후로 토론토 및 밴쿠버 지역의 부유한 중국계 캐나다인들의 환심을 사기 위해 애써왔다. 그동안 쥐스탱 트뤼도가 인기 스타로 나선 수많은 개인 모금 행사가 꼼꼼히 다 기록되어 있다. 이런 행사를 기획하는 서부 연안 지역의 핵심 인물은 1990년대에 자유당 정부에서 외교부 산하 아시아태평양 사무국장을 지낸 레이몬드 챈이다. 2015년 선거 당시 브리티시컬럼비아주에서 자유당 후원 모금을 주도한 인물도 바로 그였다. 토론토 지역에서 그 역할을 맡은 인물은 비즈니스 컨설턴트이자 자유당의 조직 관리를 담당했던 리처드 저우(Richard Zhou)였다. 그가 기획한 행사에 참석하는 사람들은 1장당 1,500달러 가격의 입장권을 기꺼이 샀고, 때로는 중국계 캐나다 기업인들이 중국인 인맥을 대동하고 나타나기도 했다. 그래서 중국 국영기업의 대표나 중공과 연계된 인사가 모금 행사에 모습을 보이는 일이 드물지 않았다.

2016년 말에 이런 모금 행사에 관한 보도가 나돌자, 당시 보수당 대표를 맡고 있던 로나 앰브로즈(Rona Ambrose)는 하원에서 이렇게 쏘아붙였다. "현금이 오가는 이런 모임에서 부자들과 희희낙락하는 모습은 아무리 봐도 떳떳한 행동으로는 판단되지 않습니다."

이에 쥐스탱 트뤼도 총리는 이렇게 응수했다. "이전 행정부가 집권한 지난 10년 동안 캐나다 경제는 기대 이하의 성장률을 기록해왔습니다. 우리가 전 세계와 긍정적인 관계를 맺으며 열심히 투자 유치에 힘써야 하는 이유도 바로 그 때문입니다. 우리는 해외투자 유치야말로 경제를 성장시키고 일자리를 창출하는 좋은 방법이라고 생각합니다."

쥐스탱 트뤼도의 대답에 결정적인 모순이 있다는 것은 정부가 하는 일과 당무의 차이를 묻는 기자의 질문에 자유당 관계자가 대답하는 장면에서 그대로 노출되었다. 자유당 대변인 브래든 캘리(Braeden Caley)는 한 기자회견에서 그런 질문을 받고 이렇게 대답했다. "지금껏 수차례에 걸쳐 밝혔듯이, 모금 행사는 당에서 진행하는 일로서 정부의 공식 업무와는 아무런 상관이 없습니다. 그런 문제를 놓고 저희와 토의를 시작하려는 분이 있다면 정부로서는 즉각 그 일을 맡은 해당 부서와 연결해드리겠다는 것 외에는 드릴 말씀이 없습니다."

집권당과 기업계가 서로 구분이 안 될 정도로 엮여있고 양측이 맺은 상호의무 관계에 따라 생존과 번영이 좌우되는 중국의 문화에 젖은 사람들에게 위와 같은 세세한 차이를 분별하기를 기대하는 것은 무리일 수도 있

411

다. 여기에 딱 들어맞는 사례가 바로 2016년 5월 19일에 열린 쥐스탱 트뤼도의 모금 행사였다. 이날 행사가 열린 장소는 토론토에 있는 중국상공회의소(加拿大中華商會, Chinese Business Chamber of Commerce, CBCC) 회장 벤슨 웡(Benson Wong)의 집이었다. 참가비를 내고 들어온 약 30명의 참석자 중에는 중국 기업인 장빈(張彬, Zhang Bin)과 그의 동업자 뉴근성(牛根生, Niu GenSheng)도 있었다. 행사가 끝나고 몇 주 후, 그들은 피에르엘리엇트뤼도재단(Pierre Elliott Trudeau Foundation)과 몬트리올대학교 법학대학에 100만 달러를 기부했다. 분명한 사실은 100만 달러 중 20만 달러는 트뤼도재단으로 갔고, 5만 달러는 피에르 트뤼도의 동상 건립 비용에 쓰였다는 것이다. 이것은 피에르 트뤼도가 총리로 재임 중이던 1970년에 중국과 외교관계 수립의 문을 연 데 대한 감사의 표시였다.

쥐스탱 트뤼도가 모습을 보인 또 다른 모금 행사에서는 이런 공사 구분이 더욱 모호한 장면이 연출되었다. 이 행사는 2016년 11월에 부동산개발업자 미야오페이판(Miaofei Pan)이 웨스트 밴쿠버에 있는 자신의 집에서 개최한 것이었다. 이 행사에는 약 80명의 초청객이 1인당 1,500달러의 참가비를 내고 모여들었다. 미야오페이판은 2006년에 캐나다에 왔으나 지금도 여전히 캐나다와 중국 양쪽에서 중공과 보조를 맞추는 조직에 관여하고 있다. 그는 전국에 존재하는 200여 중국계 캐나다인 단체를 총괄하는 캐나다화교단체연합회(加拿大華人聯席會, Canadian Alliance of Chinese Associations) 회장을 지낸 인물이었다. 이 단체는 중국 외교공관과 긴밀한 관계를 맺고 있으며 중공과는 모든 현안에서 강한 결속력을 과시하고 있다. 이는 중공이 남중국해나, 동중국해의 일본 센카쿠 열도에 관한 입장에서도 마찬가지다. 2012년 마카오의 한 신문은 미야오페이판이 설명하는 이 단체의 입장을 소개했다. 그는 이렇게 말했다. "우리 단체가 밝힌 입장은 신문에 다 나와 있습니다. 중국인은 해외 어디에서 살든 중국의 영토 보전을 위해 나서야 할 책임이 있습니다."

쥐스탱 트뤼도의 모금 행사에는 자유당과 중공 양쪽과 연계되어 두 곳 모두에 충성심을 보이는 사람들뿐 아니라 경력이 의심스러운 사람들까지 모여들 수밖에 없었다(물론 후자는 다른 어느 당의 모금 행사나, 나아가 캐나다 사회의 어떤 분야에서도 똑같이 일어나는 현상이기는 하다.). 그러나 2015년과 2016년에, 홍콩 신문 「사우스차이나모닝포스트(South China Morning Post)」는 밴쿠버의 개발업자 마이클 칭(Michael Ching)에 관한 기사를 연재했다. 그는 단순한 자유당 후원자가 아니라 2013년에 쥐스탱 트뤼도가 자유당 당권에 도전한 선거에서 승리를 거둘 때 그의 선거 캠프에서 긴밀하게 협조한 인물이었다. 그러나 마이클 칭은 중국으로부터 부패 혐의로 지명 수배 중인 인물이었다. 그러나 그것만으로 그에게 결정적인 흠이 있다고 볼 수는 없다. 마이클 칭의 부친은 후베이성의 성장을 지내다가 2003년에 부패 혐의로 중공 당국으로부터 축출당했다. 다시 말해 중국에서 마이클 칭 정도의 유명 인사가 범죄 혐의를 뒤집어쓰는 일은 정치적 실권을 잃은 경우가 아니면 있을 수 없다. 그러나 마이클 칭의 과거사는 야당인 보수당 의원들에게는 하원에서 중국계 캐나다인을 대상으로 개최하는 자유당의 모금 행사와 이 행사에 관련된 쥐스탱 트뤼도의 정직성을 공격할 좋은 먹잇감이 되었다. 결국 자유당은 이 사안을 매리 도슨(Mary Dawson) 윤리위원장에게 제출할 수밖에 없었다. 2017년 2월에 그녀가 내놓은 판결은 쥐스탱 트뤼도가 이해충돌법(Conflict of Interest Act)을 위반하지 않았다는 것이었다. "본인의 요청에 대해 쥐스탱 트뤼도 씨가 제출한 성보와 기록을 주의 깊게 검토한 결과, 쥐스탱 트뤼도 씨가 모금 행사와 관련해 본 법률의 7항이나 16항을 위반했다고 볼 만한 그 어떤 이유도 찾을 수 없었다."

그러나 자유당은 자신들이 기부를 부탁한 사람들이 중공과 어떤 관련을 맺고 있는지 분명히 밝히려는 의지가 없다는 것이 너무나 명백했다(물론 정부를 구성하는 다른 모든 정당도 마찬가지였다). 캐나다의 정치인과 정부 공직자, 기업인, 학자, 그리고 언론사주는 자신들이 중공과 그 대리인을 상대하는 태도를 과거보다 더욱 주의 깊게 돌아보아야 한다. 그들은 중공이 이끄는 중국이 결코 온건한 강대국이 아님을 깨달아야 한다. 사실 그 어떤 강대국도 온건한 법은 없다. 중국은 이미 자신의 가치관을 국제질서에 강요하고 있으며, 그들의 가치는 캐나다를 비롯한 서구 자유민주 체제 국가의 가치와 너무나 다르다.

캐나다와 같은 중견 국가들이 중국을 상대하는 일은 점점 더 힘겨운 도전이 될 것이다. 그것은 미국이 맞이한 정치, 사회적 위기가 계속되고 있기 때문이다. 미국은 지금 내부에서 불거져 나오는 심각한 불협화음으로 세계 무대에서의 압도적인 위상을 날이 갈수록 갉아먹고 있다. 워싱턴과 미국 사회 전반은 제2차 세계대전이 끝난 이후 계속해서 수행해왔던 자유민주 체제의 최종관리자 역할을 더 이상 감당하지 못할 것이다. 물론 그렇다고 당장 캐나다와 서구 민주국가가 재앙을 맞이한다는 이야기는 아니다. 그러나 캐나다는 중공의 침공에 맞서 자신을 지키는 힘을 강화하기 위해 많은 일을 해야 하고, 또 그럴 수 있다.

중공이 캐나다에 공작원을 심어 이 나라를 통제하고 간섭하려던 시도 중에는 중대한 실패 사례도 많이 발견된다. 중공이 대개 몇 가지 이유로 자신의 목적을 달성하지 못할 때가 많다. 캐나다와 같이 개방된 자유민주 체제가 확고하게 자리 잡은 나라를 제멋대로 뒤흔드는 것이 생각처럼 그리 쉬운 일은 아니다. 돈에 좌우되기 쉬운 인간의 약점을 누구보다 잘 이용할 줄 아는 것이 중공이지만, 그들은 자유롭고 개방된 사회의 강점을 이해하지 못하거나 오판하는 경우가 너무나 많다. 게다가 이제 더 이상 중공은 중국 주민들과의 사회적 계약에 따라 세워진 지속 가능한 정권이 아니다. 권위주의 체제는 절대로 무너지지 않는 강력한 면모를 세상에 보여주는 데 성공했고, 때로는 그 기간이 놀라울 정도로 오래 지속되기도 하지만, 이런 정권은 본질적으로 취약한 속성을 지니고 있다. 어린아이가 위험한 장소에서 오랫동안 제멋대로 놀다 보면 어쩔 수 없이 크게 다치게 되어있는 것이 세상의 이치다.

에필로그:
캐나다는 중국에 대해
선교사 마인드를 버려야 한다

에필로그 :
캐나다는 중국에 대해 선교사 마인드를 버려야 한다

우리 앞에 놓인 것은 중국과 관계를 맺을 것이냐 여부를 선택하는 것이 아니다.
중국 정부와 그 주민은 앞으로 계속해서 우리와 관계를 맺으려는 의지가 너무나 확
실하고, 우리와의 관계도 그들 방식대로 밀고 나갈 것이다. 우리가 진짜 선택해야
할 문제는 그 관계를 우리 측은 어떻게 관리할 것인가이다.

- 데이비드 멀로니,
『전진: 캐나다-중국 관계의 제반 문제(moving forward: issues in canada-china relations)』
(캐나다-중국 수교 45주년 기념 토론토대학교 아시아연구소 특별 연구논문집 - 옮긴이)

중국 공산당은 이제 캐나다의 자유민주 체제를 위협하는 유일한 존재가
되었다. 물론 미국이나 유럽에서 일어난 포퓰리즘 열풍도 중공만큼이나 캐
나다인의 가치에 중대한 위협이다. 오히려 포퓰리즘이 더 해로울 수도 있는
이유는, 그것이 북대서양 문화권에서 배태된 자유민주 체제 내부의 병리 현
상이므로 수많은 사람이 자신이 몸담고 살아온 지배적인 제도와 단절된 느
낌을 안게 되기 때문이다. 유럽 각국에서 포퓰리스트 국가주의 정당이 득세
하고, 2016년 여름에 영국이 국민투표를 통해 브렉시트(Brexit, 영국의 유럽
연합 탈퇴 - 옮긴이) 안을 통과시켰으며, 5개월 후에는 도널드 트럼프가 미국
대통령에 재선될 것으로 전망되는(저자가 책을 마무리하던 시점이 2020년 5월에
서 6월 사이임을 알 수 있다. - 옮긴이) 이 모든 현상은 자유민주 체제의 생존이
위협을 받고 있는가 하는 문제를 제기한다. 이런 말이 지나치게 비관적으로
들릴 수도 있겠지만, 실제로 북대서양을 둘러싼 자유민주 국가의 유권자 중

에는 기존 정치사회 질서에 심각한 환멸을 느끼는 이들이 적지 않다. 이런 불협화음은 수많은 사람이 경험한 좌절에서 비롯되었고, 그중에 어떤 요소가 가장 핵심인지는 나라마다 상대적으로 차이가 있는 것이 당연하다. 가장 큰 줄기는 역시 사람들이 느끼는 삶의 질이 개선되지 않고, 앞으로도 그럴 전망이 보이지 않는다는 점일 것이다. 제2차 세계대전 이후 수십 년 동안 많은 나라에서는 생활 수준이 계속해서 향상될 것이며 자녀들은 그 부모보다 더욱 풍요로운 삶을 살 수 있을 거라는 확고한 믿음이 있었다. 그러나 이제 유럽과 북미지역에서 그런 믿음은 더 이상 유효하지 않다. 제조업의 세계화와 생산 자동화가 가속되면서 자유민주 체제의 선진공업국에 사는 국민 다수는 사회적, 경제적 불확실성에 직면하게 되었다.

서구 자유민주 국가에서 무기력증이 만연한 지금, 시민사회가 제대로 작동하지 않는다고 느끼는 사람이 많은 데에는 충분한 이유가 있다. 일부 국가에서는 예컨대 이민 제도와 같은 기존의 정치적 가치와, 새롭게 유입되는 인구에 위협을 느끼는 사회적 취약계층의 시각 사이에는 괴리가 있는 것 같다. 좌절감과 무기력에 지친 사람들이라면 쉬운 대안을 제시하는 사람들에게 분명히 매력을 느낄 수도 있다. 예를 들면 영국의 보리스 존슨(Boris Johnson)이나 미국의 도널드 트럼프(Donald Trump), 프랑스의 마린 르 펜(Marine LePen), 네덜란드의 헤이르트 빌더르스(Geert Wilders), 그리고 헝가리의 오르반 빅토르(Orbán Victor) 같은 사람들 말이다. 캐나다에는 지배계층에 대한 반감이나 리버럴리즘(liberalism, 원래 의미는 자유주의이나, 21세기 서구사회에서 이 말이 보수주의와 반대되는 진보주의와 유사한 의미로 사용되고 있어 최근 국내 독서계 일부에서 원문 발음 그대로 사용하자는 움직임이 있다. - 옮긴이)에 대한 맹목적 확신이 미국이니 유럽처럼 사회 전반에 폭넓게 퍼지지는 않았다.

그러나 상황은 분명히 바뀔 수 있다. 특히 북미지역의 경제 침체가 장기간 계속된다면 변화의 속도는 더욱 가팔라질 것이다. 2018년 중반 온타리오 주 선거에서 포퓰리스트 정치인 더그 포드(Doug Ford)가 온타리오 주의 산적한 문제에 너무나 단순한 대안을 제시하여 당선된 장면은 최근 미국과 유럽에서 일어난 일들과 일맥상통하는 대목이다.

서구 자유민주 체제를 개조하고 정부와 시민사회의 관계를 재설정하는 일은 분명히 필요하다. 그러나 하필이면 바로 지금, 우리는 외부의 압력이 점증하는 불편한 시기에 놓여있고, 그 외부 압력 중 가장 큰 몫을 차지하는 주체는 다름 아닌 중국을 통치하는 중공 정권이다. 중국을 비롯한 신흥 비유럽국가들이 세계 무대에서 영향력을 키워가는 것과 달리, 제2차 세계대전 이후 국제관계를 규정해온 민권을 바탕으로 한 여러 가치는 점점 빛을 잃고 있다. 캐나다를 비롯한 서구 자유민주 국가들은 경제와 정치, 외교 관계를 유지하기 위해 사회의 내적 구조와 세계를 바라보는 관점이 우리와는 너무나 다른 나라들과 과연 어디까지 타협해야 하는지 결정해야 할 날을 앞두고 있다.

캐나다는 이미 이 결정의 시간을 눈앞에 두고 있다. 중공이 캐나다인의 공적 활동에 간섭하여 이를 왜곡하고, 나아가 캐나다인을 협박하거나 괴롭히기까지 하는 현실에 우리는 당연히 대응해야 한다. 지금까지 캐나다의 정치가와 공직자, 안보 기관, 기업인, 학자, 그리고 언론인들은 중공과 그들이 캐나다에서 캐나다인을 상대로 펼치는 활동에 정당한 비판을 가하지 못한 채 그저 외면하는 경우가 너무 많았다. 이제 이런 태도는 바뀌어야 한다. 중공이 캐나다에서 은밀한 공작을 꾸미는 행동은 결코 용납될 수 없고 당연히 공개적인 비난을 받아 마땅하다. 여기에는 더 이상 이론의 여지가 없다. 어떤 정부든 외국 공작원의 협박으로부터 국민을 지키는 것은 당연한 의무이자 책임이다.

2018년 5월, 캐나다 정부가 마침내 통일전선을 통해 침투하여 불법적으로 영향력을 행사하는 중공에 반대의 메시지를 분명히 전달하기로 했음을 보여주는 일이 있었다. 당시 밴쿠버에서는 중국 남부 광둥성 출신 화교들의 연합체인 세계광둥공동체연맹(World Guangdong Community Federation)이 제9회 대회를 준비하고 있었다. 광둥은 홍콩과의 접경지대이며, 광둥어(canonese)를 쓰는 인구가 대부분을 차지한다. 교무판공실 광둥성 지부가 주최한 이 행사에는 중국과 세계 각지에서 약 2,000명의 광둥인들이 집결할 것으로 예상되었다. 그러나 캐나다 정부는 이 행사에 참석하는 교무판공실 관계자와 기타 광둥성 관리로 구성된 약 200명의 대표단이 신청한 방문 비자를 거절했다. 캐나다 관계자는 비자가 거부된 이유를 묻는 기자의 질문에 대답하지 않았다. 그러나 이미 앞에서 여러 차례 설명했듯이 교무판공실의 각 지부를 감독하는 상위 기관은 바로 통일전선공작부다. 통일전선공작원의 입국 신청 비자를 거부한 일은, 캐나다가 더 이상 협박 행위와 불법적인 영향력을 마음대로 펼칠 수 있는 곳이 아니라는 사실을 중공에 알려주는 뚜렷한 메시지였다.

여기에 그쳐서는 안 된다. 지금 캐나다에는 용납되는 행동과 그렇지 않은 것 사이에 뚜렷한 경계선을 그어야 하는 분야가 많다. 캐나다의 여러 정당과 각급 학교, 그리고 언론은 뻔히 신세를 지는 일인 줄 알면서도 너무나 거리낌 없는 태도로 금전을 비롯한 여러 혜택을 받는다. 가장 의심스러운 일은 캐나다의 정치인과 공직자들이 자리에서 물러난 후에 중공에 소속 기관에서 두둑한 보수가 따르는 지문역을 맡는 모습이다. 이런 행태가 드러날 때마다 높은 자리에 있는 캐나다인들이 안락한 은퇴 생활을 위해 중공의 공작원 노릇을 하는 것이 아닌가 하는 의심이 들 수밖에 없다. 물론 이런 의혹은 중국이나 중공에만 적용되는 것은 아닐 것이다. 정부 요직에 있다가 외국 기관이나 기업의 고연봉 직책으로 옮기는 데는 너무나 다양하고 폭넓은 길이 존재한다.

민간과 군을 막론한 캐나다의 안보 및 정보기관들은 중공이 우리 경제와 산업 분야에서 펼치는 첩보활동을 연방 정부와 주 정부의 정치인들이 생각하는 것보다 훨씬 더 심각한 위협으로 받아들이고 있다. 정보기관들이 정치인들의 무관심과 이에 따른 지원 부족을 제약 조건으로 여기고 있는지는 알 수 없는 일이다. 그러나 지난 30년간 중공이 산업계와 기술 분야에서 저지른 간첩 혐의가 캐나다 법정에까지 올라온 적이 없다는 사실은 주목할 만하다. 참고로 미국에서는 중공의 기술 절도 행위가 기소로 이어지는 흐름이 꾸준히 형성되고 있다. 그렇게 절도 대상이 된 기술은 캐나다에서도 그대로 사용되고 있는 것들이다. 이런 사실을 보면 캐나다에도 미국과 같은 수준의 산업스파이 활동이 전혀 없으리라는 보장이 없다는 것을 알 수 있다.

캐나다에서는 역사적으로도 공직에 진출하려는 외국 출신 이민자의 충성심에 관해 의문이 제기된 적이 거의 없다. 의회제도가 가지는 강점은 후보로 선출되는 사람이 최소한 생애의 어느 시기에는 활발한 정치 활동을 펼친 경력이 있으므로, 그것을 근거로 공동체의 의사결정이 이루어진다는 점이다. 그러나 여기에도 약점은 있다. 캐나다 정당들은 대체로 이민자 그룹을 똑같은 투표 성향을 보이는 단일 집단으로 바라보는 오류에서 벗어나 본 적이 거의 없다. 그래서 그 공동체의 리더만 제대로 포섭하면 해당 그룹의 표를 독식할 수 있다고 생각한다. 이런 태도는 이민자 출신 캐나다인에 대한 모욕일 뿐만 아니라, 중공을 비롯한 외국의 이해당사자들에게 언제든지 캐나다에 여론공작원을 육성하고자 하는 동기를 제공하게 된다.

캐나다가 국제무대에서 보이는 행동이나 여러 이슈에 대한 발언이 중공이 어떻게 나오느냐에 따라 좌우되는 일은 앞으로는 더 이상 있어서는 안 된다. 캐나다는 중국에서 자행되는 인권 탄압 행위에 침묵해서는 안 되며, 중공이 남중국해와 티베트, 신장에서 펼치는 제국주의적 팽창 운동을 마땅히 규탄해야 한다. 캐나다는 홍콩이 자유민주 체제와 법치주의를 유지하고 확장할 수 있도록 확고한 지지를 보내야 한다. 홍콩은 언제나 30만 명 정도의 캐나다인이 사는, 세계 최대의 캐나다인 거주지역이다. 캐나다는 대만의 자유민주주의와 독립을 지지하는 방침을 굳게 재확인해야 한다. 대만은 캐나다가 경제적, 정치적 관계를 강화해야 하는 아시아 자유민주 국가 중에서도 높은 순위에 꼽히는 나라가 틀림없다. 공식적인 자료에 대만을 중국의 일부로 표시해야 한다는 중공의 고집에 굴복하면 캐나다의 항공사를 비롯한 여러 기업은 분명히 영향을 받을 수밖에 없다. 캐나다는 일본과 한국, 몽골, 호주, 인도, 스리랑카, 방글라데시, 뉴질랜드 등의 아시아 환태평양 지역의 자유민주 국가들, 그리고 인도네시아를 필두로 한 동남아시아 신흥 자유민주 국가들과 정치, 무역, 군사 분야의 동맹을 강화, 확대해야 한다.

2015년에 자유당이 재집권을 달성한 직후, 학계를 비롯한 여러 분야의 필진이 캐나다와 중국의 협력 강화를 지지하는 논문집을 한 권 낸 적이 있다. 『전진 : 캐나다-중국 관계의 제반 문제(Moving Forward: Issues in Canada-China Relations)』라는 제목의 이 논문집이 내건 전제는 다음과 같았다. "중국과 아시아는 자유당 정부의 외교정책에서 빼놓을 수 없는 주요 대상이다. 쥐스탱 트뤼도 총리는 최근 몇 차례 다자간 회담에서 시진핑 주석과 만나 처음으로 두 번의 회담을 했었는데, 여기서 드러난 그의 스타일과 어조를 보면 그는 이전 정부의 보수당 지도자들과는 사뭇 다른 성향과 감각, 그리고 세계관을 가지고 있다." 오타와에서 흘러나온 보도에 따르면 이 책자는 '상무부(Global Affairs Canada)'로 이름이 바뀐 부처의 외교관들이 반드시 읽어야 할 자료가 되었다고 한다. 1장을 쓴 필진은 토론토대학교 경영대학 교수이자 국제경영연구소 공동 소장인 웬디 돕슨(Wendy Dobson)과 브리티시컬럼비아대학교 아시아연구센터 및 국제문제연구소 폴 에반스(Paul Evans) 교수다. 그들은 1장에서 "대중국 관계의 심화, 확대는 캐나다의 국가적 이해가 달린 문제"라고 밝히면서, 새 정부가 단순히 보수당 집권 시절 이전으로 시간을 되돌리는 것은 불가능한 일이라고 말했다. "우리는 과거의 기초를 바탕으로 관계 회복에 나설 것이 아니라 좀 더 야심 찬 전략에 기초하여 양국 관계의 새로운 의제를 창달해야 한다."

그러기 전에 캐나다 정부가 가장 시급히 달성해야 할 과제로, 웬디 돕슨과 폴 에반스는 중국과의 관계를 대단히 회의적으로 바라보는 시민사회와 공통 이해의 기반을 마련하는 일을 꼽았다. "대중의 우려는 지금도 손에 만져질 듯이 분명하다. 최근 2년간 실시된 여론조사에 따르면 캐나다인의 3분의 2가 중국의 힘이 미국보다 강해질 것으로 내다보면서도, 중국을 캐나다 경제에 매우 중요한 나라로 생각하고 자유무역 협상을 지지하는 사람은 불과 3분의 1에 지나지 않았다. 중국 국영기업이 캐나다의 주요 기업의 통제권을 소유하는 데 찬성하는 사람은 14퍼센트에 불과했다. 응답자의 절대다수가 중국의 인권 상황이 점점 더 열악해지고 있고, 중국이 국민의 자유를 전혀 존중하지 않으며, 중국의 군사력 강화가 캐나다에 위협이 된다고 답했다. 중국이 미치는 영향력이 캐나다인의 삶에 위협이 된다고 답한 사람은 과반수에 달했다. 중국을 설명하는 가장 대표적인 단어로는 권위주의, 성장, 부패, 위협, 강력함, 그리고 비호감 등을 꼽았다."

폴 에반스와 웬디 돕슨의 보고서에 나타난 캐나다의 여론은 공산당 정권과 거의 50년 동안 관계를 맺으며 그 속에서 혜택을 누려온 기득권 계층이 보인 행동에 비해, 중공이 지배하는 중국과 그 위험에 대해 훨씬 더 현실적인 시각을 보여주고 있다. 캐나다 정부는 대중의 불안과 동요에 더욱 세심하게 귀 기울이는 편이 좋다. 중공 측 여론공작원들이 그리는 화려한 환상에 속거나 캐나다의 고유한 시민적 가치가 중국을 바꿔놓을 모범이 될 수 있다는 그 옛날 선교사들의 낭만에 머물러 있기보다는 말이다.

감사의 글

이 책을 쓰기까지는 25년이라는 시간이 필요했다. 필자는 1993년에 홍콩의 사우섬뉴스 아시아 지국(Southam News Asian Bureau)에 부임했을 당시이 책을 맨 먼저 구상했다. 당시는 천안문 광장 학살 사건의 기억이 아직 생생할 때였다. 사우섬 신문사는 캐나다 대도시에서 발행되는 일간신문사 중에 가장 큰 규모를 자랑하는 신문사로, 필자는 천안문 사태 이후 이 신문사 기자로는 최초로 중국에 들어가서 취재했다. 필자의 선임자였던 벤 티어니(Ben Tierney) 기자는 천안문 사태와 중국 공산당이 티베트에서 벌인 제국주의적 행태를 보도했다는 이유로 입국이 금지된 터였다.

반면 필자가 비자를 받아 중국에 들어가 수년간이나 중국 각지를 돌아다니며 베이징을 훨씬 넘어선 지역까지 취재할 수 있었던 것은 또 다른 이야기이다. 그러나 중국의 다양한 문화권에 속한 사람들을 만나며 그들의 태도와 역사가 엄청나게 복잡하다는 사실을 깨닫는데 그리 오랜 시간이 걸리지 않았다. 그리고 약 20년에 걸친 외신기자 생활을 마무리하고 1998년에 캐나다로 돌아온 뒤 그 깨달음은 더욱 강화되었다. 캐나다에 돌아와 정착한 곳은 밴쿠버였는데, 이곳은 토론토를 비롯한 몇몇 지역과 함께 중국의 정치사상과 문화를 경험한 사람이라면 누구나 고향처럼 생각하는 도시라고 할 수 있다. 집필을 기획하면서부터 필자는 오로지 공식 기록으로 검증될 수 있는 내용만 써야겠다고 생각했다. 이 책에 등장하는 중국 공산당과 그 여론공작원들이 캐나다의 공적 영역에 간섭해온 일들은 모두 공식적인 기록에 나와 있는 내용이다. 아울러 필자는 독자 여러분에게 이 이야기를 전달하면서 중국을 경험한 여러 캐나다인 중 어느 특정 정파의 시각을 지지하거나 옹호하기보다는 오로지 '캐나다인'의 관점을 유지하고자 노력했다.

필자의 노력이 성공했다면 그것은 오로지 두 가지 사실 덕분이다. 첫째, 캐나다와 중국 관계의 역사와 분석에 관해서는 탄탄한 참고문헌이 이미 확보되어있다. 책의 뒷부분에 참고도서를 제시하였다. 그리고 둘째, 가장 중요한 사실은 중공이 캐나다를 상대로 파괴 공작을 펼치는 일들이 이미 오랫동안 캐나다 언론들에서 꾸준히 보도되어왔다는 사실이다. 필자가 한 일은 그저 다른 기자들이 썼던 기사를 조합하고 완성한 것에 지나지 않는다. 동료 기자들이 아니었다면, 이 책은 세상에 나오지 못했을 것이다. 그들은 중공이 결코 세계 무대에서 얌전하게 행동할 존재가 아니라는 사실을 캐나다의 어느 정치인이나 기업가, 학자들보다 똑똑히 지켜보고 이해하고 있다. 그들이 쓴 기사에는 중국계 캐나다인들이야말로 중공의 가장 큰 희생자들이며, 중공은 그들이 떨어져 산 지 오래되다 못해 심지어 수세대가 지났어도 여전히 중국의 국민으로 여기고 있다는 사실이 똑똑히 드러나 있다.

중공의 공작원들이 캐나다에서 캐나다 시민을 염탐하고 협박을 시도했다는 증거는, 관심이 있는 사람이라면 누구나 찾아볼 수 있는 공식 자료에 수없이 나와 있다. 2017년, '중국의 인권을 걱정하는 캐나다인 연합(CCHRC)'은 중공이 이런 저속한 행위를 일삼았음을 보여주는 여러 증거를 모아 보고서를 작성했다. 그해 4월에 이 보고서는 연방 정부와 캐나다의 여러 안보 기관에 제출되었다. 필자에게도 한 부를 제공해준 CCHRC 측에 감사드린다.

이 책의 기초 조사와 집필 작업에 착수할 당시, 필자는 홍콩 시절에 함께 일했던 오랜 친구와 동료로부터 격려를 받았다. 당시 우리는 콘래드 블랙(Conrad Black)의 언론 군단과 중국 학자 그레이엄 허칭스(Graham Hutch-ings)와 함께 동맹군을 맺고 있었다. 그레이엄 허칭스와 필자의 또 다른 친구이자 동료인 신문 및 매거진 편집자 클라이브 모스틴(Clive Mostyn)은 초고를 검토한 후 이 책의 구조와 방향에 관해 꼭 필요한 조언을 제공해주었다. 초고의 여러 사실관계를 검토해준 전 베이징 주재 캐나다 대사 데이비드 멀로니에게도 감사를 전한다. 나는 데이비드 멀로니가 사실상 주 대만 캐나다 대사로 있던 시절, 내가 『금지된 국가: 대만의 역사(Forbidden Nations: A History of Taiwan)』를 쓰기 위해 사전 조사 작업을 할 때 그를 처음 만났다.

1973년 맥밀란 캐나다 지사에 근무할 당시 나의 첫 책 『권력과 보수당(The Power and the Tories)』의 편집을 담당했던 덕 깁슨(Doug Gibson)은 이번에도 이 책의 출판에 없어서는 안 될 역할을 맡아주었다. 그는 코모란트 북스(Cormorant Books)의 대표 마크 코트(Marc Côté)에게 나를 소개해주었다. 마크 코트는 나를 만나자마자 자신이 작가들을 까다롭게 대하는 편이라며, 우리 사이가 껄끄러워질 수도 있다고 미리 양해를 구했다. 그리고 실제로 이것저것 요구사항이 많았기도 했지만, 자신이 경고했던 것만큼 그렇게 엄한 사람은 아니었다. 그가 원고에서 삭제하고, 고치고, 추가하자고 말했던 내용은 모두 상당한 근거가 있는 것들이었다. 나는 그와 함께 일할 수 있게 된 것을 매우 기쁘게 생각하며, 캐나다의 정치와 사회적 지평에 대한 그의 지식은 너무나 소중한 것이었다. 마지막으로 안드레아 워터스(Andrea Waters)에게 큰 신세를 졌음을 꼭 밝혀두고 싶다. 그는 발휘해준 꼼꼼한 편집 솜씨에는 책의 내용을 좀 더 분명히 밝혀주는 사려 깊은 제안이 곳곳에 담겨 있다.

이런 글에서는 대개 이분들이 베풀어주신 도움에 대한 감사의 말로 최종 결과물에 대해 혹 있을지도 모를 책임을 면하는 것이 관례다. 필자도 기꺼이 그 관례를 따르고자 한다.

이 책을 포함, 모두 세 권의 책을 쓰면서 가벼운 집안일만 거드는 동안, 나머지 일을 다 하면서 자녀들을 양육하고 일상의 기쁨과 슬픔을 함께 나눈 사랑하는 아내 페트리나(Petrina)에게 이 책을 바친다. 앞으로도 이 일은 계속될 것이다.

2018년 10월, 브리티시컬럼비아주 빅토리아에서

참고문헌

Austin, Alving. *Saving China.* Toronto: University of Toronto Press, 1986.

Andrew, Arthur. *Rise and Fall of a Middle Power: Canadian DIplomacy from King to Mulroney.* Toronto: Lorimer, 1993.

Brady, Anne-Marie. *Making the Foreign Serve China.* Toronto: Rowman & Littlefield, 2003

Campbell Charles M. *Betrayal and Deceit.* West Vancouver, BC: Jasmine Books, 2000

Cao, Huhaua Cao, and Vivienne Poy. *The China Challenge.* Ottawa: University of Ottawa Press, 2011

Chan, Anthony B. *Li Ka-shing: Hong Kong's Elusive Billionaire.* Hong Kong: Oxford University Press, 1996.

Chinese Ministry of Foreign Affairs. *The Diplomacy of Modern China.* Beijing: 1990

Cottrell, Robert. *The End of Hong Kong: The Secret Diplomacy of Imperial Retreat.* London: John Murray (Publishers) Ltd., 1993.

Drake, Earl. *A Stubble-Jumper in Striped Pants.* Toronto: University of Toronto Press, 1999.

Eftimiades, Nicholas. *Chinese Intelligence Operations.* Annapolis, Maryland: Naval Institute Press, 1994.

Endicott, Stephen. *James G Endicott: Rebel Out of China.* Toronto: University of Toronto Press, 1980.

Evans, Brian. *Pursuing China.* Edmonton: University of Alberta Press, 2012.

Evans, Paul, and Michael Frolic. *Reluctant Adversaries: Canada and the People's Republic of China 1949-1970,* Toronto: Toronto: University of Toronto Press, 1991.

Hsu, Immanuel. *The Rise of Modern China.* Oxford University Press, 1970.

Huang, Cicung. *The Analects of Confucius.* Oxford University Press, 1997.

Hutchings, Graham. *Modern China. A Companion To A Rising Power*. London: Penguin, 2000.

Kurlantzick, Joshua. *Charm Offensive*. Yale University Press, 2007.

Lin, Paul. *In the Eye of the China Storm*. Montreal: McGill-Queen's University Press, 2011.

Ma, Adrian. *How the Chinese Created Canada*. Edmonton: Dragon Hill Publishing Ltr., 2010.

Morgan, W.P. *Triad Societies in Hong Kong*. Hong Kong: Goverment Press, 1989.

Mounk, Yascha. *The People vs Democracy: Why Our Democracy Is In Danger & How To Save It*. Harvard University Press, 2018.

Mulroney, David. Middle Power. *Middle Kingdom*. Toronto: Allen Lane, 2015.

Nathan Andrew, and Andrew Scobell. *China's Search for Security*. New York: Columbia University Press, 2012.

Osnos, Evan. *Age of Ambition: Chasing Fortune, Truth, and Faith in the New China*. New York: Farrar, Straus and Giroux, 2014.

de Pierrebourg, Fabrice, and Michael Juneau-Katsuya. *Nest of Spies*. Toronto: HarperCollins, 2009.

Ronning, Chester. *A Memoir of China in Revolution*. New York: Pantheon Books, 1974.

Sawatsky, John. *For Services Rendered*. Toronto: Penguin Books, 1982.

Trudeau, Pierre. *Memoirs*. Toronto: McClelland & Stewart, 1993.

Trudeau, Pierre, and Jacques Berert. *Two Innocents in Red China*. Vancouver: Douglas & McIntyre, 1961.

Wong, Jan. *Red China Blues*. Toronto; New York; Doubleday/Anchor Books, 1997.

찾아보기 / INDEX

433

435

451

[숫자, 영문]

[보고서, 논문]

판다의 발톱, 캐나다에 침투한 중국 공산당

2021년 9월 27일 초판 1쇄 펴냄
2021년 9월 30일 초판 1쇄 찍음

지 은 이   조너선 맨소프 (Jonanan Manthorpe)
옮 긴 이   김동규
엮 은 이   황의원

디 자 인   미디어워치(미디어실크)
펴 낸 이   황의원
펴 낸 곳   미디어워치(미디어실크)

ISBN   979-11-92014-00-5
ISBN   979-11-959158-4-2 (세트)

주   소   서울특별시 마포구 마포대로 4길 36, 2층
전   화   02-720-8828
팩   스   02-720-8838
이 메 일   mediasilkhj@gmail.com
홈페이지   www.mediawatch.kr

값 22,000원